MW00910546

DICCIONARIO UNIVERSAL
LANGENSCHEIDT

DICCIONARIO
UNIVERSAL
DE LA
LENGUA ESPAÑOLA

Actualización 1998

LANGENSCHEIDT
BERLÍN · MUNICH · VIENA
ZURICH · NUEVA YORK

Actualización completa por Dr. Antonio Zapero Losada

*Ni la ausencia ni la presencia de una indicación
expresa de patentes o marcas registradas significa
que una denominación comercial figurando en
este diccionario carezca de protección legal.*

© 1998 Langenscheidt KG, Berlin und München
Impreso en Alemania
por Druckhaus Langenscheidt, Berlin-Schöneberg

fam	familiar	*prep*	preposición
fig	figurado	*pron*	pronombre
fil	filosofía	*pronl*	verbo pronominal
fis	física	*psic*	psicología
gastr	gastronomía	*quím*	química
geo	geografía	*rel*	religión
gram	gramática	*s*	sustantivo masculino
hist	historia		y femenino
impers	verbo impersonal	*sf*	sustantivo femenino
inform	informática		(dentro del párrafo)
interj	interjección	*sm*	sustantivo masculino
irón	irónico		(dentro del párrafo)
jur	jurídico, derecho	*tea*	teatro
m	sustantivo masculino	*téc*	técnica
mat	matemáticas, geo-	*v*	verbo
	metría	*vi*	verbo intransitivo
med	medicina, anatomía	*vt*	verbo transitivo
mús	música	*vt/i/pronl*	verbo transitivo,
mil	militar		intransitivo y pro-
pint	pintura		nominal
pl	plural	*vulg*	vulgar
pol	política	*zoo*	zoología

A

abad, ~esa s superior de algunas comunidades religiosas

abajo adv en o hacia un lugar inferior; interj expresa desaprobación

abalanzarse pronl lanzarse sobre alguien o algo

abandonar vt dejar, desamparar; renunciar a algo; pronl dejar de cuidarse

abandono m hecho de abandonar

abanicar vt dar aire moviendo un abanico u otro objeto

abanico m utensilio para dar aire

abarcar vt rodear con los brazos o manos; contener, incluir; am acaparar

abarrotar vt llenar por completo un espacio

abastecer vt proveer de cosas necesarias

abasto m dar ~ bastar, ser suficiente

abatir vt derribar, hacer caer al suelo; desanimar

abdicar vt renunciar, abandonar; vi ceder, sobre todo el rey, los derechos a otra persona

abdomen m parte del cuerpo inferior al pecho hasta la pelvis

abdominal adj relativo al abdomen

abecedario m serie de las letras de un idioma

abedul m árbol de corteza lisa y plateada

abeja f insecto que vive en colmenas y produce cera y miel

abejorro m insecto velludo y más grande que la abeja

aberración f desviación de lo considerado normal

abertura f acción y efecto de abrir; agujero, grieta

abeto m árbol de las coníferas

abierto, -a adj de un lugar sin impedimento para la visión; fig de la persona espontánea

abismal adj muy grande o profundo

abismo m profundidad grande y con peligro; **al borde del ~** en un gran peligro

ablandar vt/pronl poner blando

ablución f rel acto de purificación por medio del agua

abnegación *f* renuncia a los intereses propios por ocuparse de los otros

abnegado, -a *adj* desinteresado, altruista

abocado, -a *adj* que va inevitablemente hacia algo

abochornar *vt* dar bochorno; *fig pronl* avergonzarse

abofetear *vt* dar bofetadas

abogado, -a *s* titulado en derecho y autorizado para defender en los juicios a otras personas

abogar *vi* interceder por alguien o defender algo

abolición *f* hecho de abolir

abolir *vt* suprimir una ley o costumbre

abolladura *f* hecho de abollar

abollar *vt* hundir una superficie al apretarla o golpearla

abombar *vt* dar a una superficie una forma curva hacia afuera; *am* empezar a descomponerse algo

abominable *adj* digno de ser rechazado; terrible

abominar *vt* aborrecer, condenar

abonar *vt agr* echar abono a la tierra; *econ* pagar una cantidad de dinero; **_se a** *pronl* dar dinero para tener derecho a unos servicios periódicos

abono *m agr* sustancia con que se fertiliza la tierra; *econ* pago a cambio de algo

abordaje *m* hecho de abordar un barco

abordar *vt* colocar cerca o chocar un barco con otro; *fig* empezar a ocuparse de un asunto

aborigen *s* primitivo poblador de un lugar

aborrecer *vt* sentir desagrado o rechazo

aborregarse *pronl fig* cubrirse el cielo de nubes; *fig* comportarse sin sentido crítico

abortar *vi/t med* interrumpir el embarazo de forma natural o artificial; *fig* hacer fracasar un intento

aborto *m med* acción de abortar; *fam* persona o cosa muy fea o mal hecha

abotonar *vt* abrochar con botones

abrasador, -a *adj* algo tan caliente que quema

abrasar *vt* quemar hasta reducir a ceniza; *vi* estar muy caliente algo

abrazadera *f* aro de metal para sujetar algo

abrazar *vt* rodear con los brazos; *fig* adherirse a una religión o idea

abrazo *m* hecho de abrazar; *fam* despedida en cartas o al teléfono

abrebotellas *m* objeto para abrir botellas

abrelatas *m* objeto para abrir latas de conserva

abrevadero *m* lugar donde bebe el ganado

abreviar *vt* hacer más corto o breve; *vi* darse prisa

abreviatura *f* letra o letras que representan a una o varias palabras enteras

abridor *m* objeto para abrir botellas o latas

abrigar *vt* proteger del frío; *fig* tener un deseo

abrigo *m* prenda de vestir larga; lugar protegido del viento; *fig* protección de alguien; *de ~* de cuidado, peligroso

abril *m* cuarto mes del año; *fam* año de edad de alguien joven

abrillantar *vt* dar brillo

abrir *vt* mover aquello que cierra para poder ver, tocar, entrar; hacer un agujero, raja; empezar un negocio, provocar el apetito; iniciar un período para realizar algo; ofrecer una posibilidad nueva; *vi/impers* despejarse el cielo; *pronl* aceptar ideas nuevas; relacionarse con los demás; confiarse a alguien; *am* apartarse de algo; volverse atrás de una decisión

abrochar *vt* cerrar con botones o algo semejante

abrumador, -a *adj fig* total, aplastante

abrupto, -a *adj* de un terreno accidentado

absceso *m med* acumulación de pus

ábside *m arq* parte semicircular del templo que sobresale en la fachada posterior

absolución *f* hecho de absolver

absoluto, -a *adj* que excluye toda relación o comparación; *en ~* de ninguna manera

absolver *vt jur* declarar un tribunal libre de culpa a un acusado; *rel* perdonar los pecados un sacerdote en la confesión

absorber *vt* atraer una sustancia y conservarla dentro; *fig* interesar mucho algo a alguien

absorto, -a *adj* de la persona concentrada sólo en algo

abstemio, -a *adj/s* de quien no toma bebidas alcohólicas

abstención *f* renuncia por voluntad propia a hacer algo

abstenerse *pronl* privarse de; renunciar a un derecho

abstinencia *f* renuncia a satisfacer un deseo; *rel* privación de comer carne

abstracto, -a *adj* de las ideas sin realidad material; *pint* del arte que no representa las cosas reales según la percepción del ojo humano; *fam* impreciso

absurdo, -a *adj* que no tiene sentido

abuchear vt mostrar desagrado con gritos o ruidos

abuelo, -a s padre o madre de los padres de alguien

abultado, -a adj de mucho bulto o que está hinchado; muy grande

abundancia f gran cantidad; **nadar en la ~** estar en una buena situación económica

abundar vi haber en abundancia

aburrido, -a adj que aburre o cansa; s persona incapaz de divertirse

aburrir vt resultar pesado algo porque no divierte

abusar vi usar algo con exceso; aprovecharse de alguien

acabado, -a adj de lo que está viejo, destruido; de alguien fracasado; sm perfeccionamiento de un trabajo

acabar vt llevar algo a un fin; gastar, consumir; **~ con algo** destruirlo

academia f sociedad o institución artística, literaria o científica; centro de enseñanza

acalorarse pronl fig excitarse en una conversación

acampar vi vivir en un lugar al aire libre durante un tiempo

acantilado m geo costa rocosa cortada

acaparar vt adquirir el total o la mayor parte de algo

acariciar vt hacer caricias;

fig complacerse pensando en realizar algo agradable

acarrear vt llevar en carro o por otro medio algo de un lugar a otro; fig ocasionar

acaso adv indica duda o posibilidad, tal vez; **por si ~** por si ocurre algo

acatar vt obedecer una orden o aceptar la autoridad de alguien

acatarrarse pronl coger un catarro

acaudalado, -a adj rico

acceder vi consentir en lo que otro pide o impone; conseguir una categoría superior

accesible adj de algo que puede conseguirse; de una persona amable

acceso m acción de acercarse o llegar a un lugar; lugar por el que se llega a un sitio; posibilidad de llegar a alguien o a algo y de usarlo; med manifestación repentina de una enfermedad, ataque, arrebato

accesorio, -a adj que depende de lo principal; sm objeto secundario o de adorno; pieza de una máquina que se puede recambiar

accidental adj que no es principal o sustancial; casual o fortuito

accidentarse pronl sufrir un accidente

accidente *m* suceso inesperado y desagradable; casualidad; *geo* cada una de las características de un terreno

acción *f* ejercicio de la facultad de actuar; influencia y efecto producidos por algo; conjunto de hechos que componen el argumento de una obra; *econ* cada una de las partes en que se divide el capital de una empresa

accionar *vt* hacer funcionar un mecanismo

accionista *s econ* propietario de una o varias acciones

acechar *vt* observar cautelosamente con algún fin

aceite *m* líquido graso de origen vegetal, animal o mineral

aceituna *f* fruto del olivo

aceleración *f* aumento de la velocidad de un vehículo

acelerador *m* pieza de un vehículo para variar la velocidad

acelerar *vt* hacer que algo o alguien vaya más deprisa; *pronl* ponerse nervioso

acelga *f agr* planta con hojas grandes, anchas y lisas

acento *m* mayor intensidad con que se pronuncia una sílaba de una palabra; signo gráfico; importancia especial que se da a algo, énfasis

acepción *f* cada uno de los significados que puede tener una palabra

aceptable *adj* se puede aceptar

aceptación *f* acción de aceptar; éxito o acogida favorable de algo

aceptar *vt* admitir algo por propia voluntad; dar por bueno algo; soportar

acequia *f* zanja por donde se conduce el agua

acera *f* lado de una calle reservado para los peatones

acerca de *exp prep* expresa la materia sobre la que se trata

acercar *vt* poner más cerca; *fam* llevar a alguien o algo a un lugar; *pronl* ir a un lugar

acero *m* hierro con pequeña cantidad de carbono; **de ~** *fig* que es muy duro y resistente

acertar *vt* adivinar; *vi* dar con la solución correcta; dar en el punto al que se dirige algo

acertijo *m* enigma de entretenimiento en el que hay que acertar el significado de una palabra o frase

achacar *vt* atribuir a alguien sin fundamento algo negativo

achacoso, -a *adj* que sufre achaques, enfermo o débil

achantarse *pronl* callarse por cobardía o astucia

achaque *m* enfermedad habitual; *fig* excusa

achicar vt reducir o hacer algo más chico; sacar el agua que ha entrado en un barco; pronl acobardarse

achicharrar vt freír, asar o tostar demasiado un alimento; pronl fig sentir mucho calor

acholado, -a adj/s am que tiene características de cholo o mestizo

acholar vt am avergonzar a alguien

achuchado, -a adj fam escaso de dinero

achuchar vt fam incitar a una persona o animal contra otro; empujar a alguien

aciago, -a adj triste; que anuncia desgracias

acicalarse pronl arreglarse

acicate m espuela con una punta de hierro; fig motivación, estímulo

acidez f sabor ácido; med ardor de estómago

ácido, -a adj que tiene un sabor agrio; fig que tiene un carácter desagradable; sm quím sustancia química

acierto m hecho de acertar

aclamación f hecho de aclamar, aplauso; **por** ~ por unanimidad

aclamar vt aplaudir y dar voces en honor de alguien

aclarar vt hacer algo menos espeso o tupido; hacer que algo se entienda mejor; impers desaparecer las nubes; pronl fam poner en claro las propias ideas

aclimatarse pronl acostumbrarse a un nuevo clima

acobardar vt causar miedo; pronl tener miedo

acogedor, -a adj que está cómodo y es agradable

acoger vt dar a alguien protección; recibir en su casa o en su compañía; recibir algo de determinada manera; pronl ampararse en un derecho

acogido, -a adj/s persona recogida en una institución benéfica; sf hecho de acoger

acogotar vt inmovilizar a alguien cogiéndolo por el cogote; fig intimidar, oprimir

acojonar vt vulg producir miedo; pronl vulg asustarse

acometer vt/i dirigirse violentamente contra alguien o algo

acometida f hecho de acometer; punto de empalme de un tubo a otro

acomodado, -a adj que goza de buena posición económica, rico

acomodador, -a s persona encargada de indicar los asientos respectivos en los espectáculos

acomodar vt colocar en su lugar; pronl colocarse; adaptarse a una situación

acompañamiento m persona o personas que acompañan a alguien; *gastr* alimentos con que se acompaña otro principal

acompañante *s* persona que acompaña a otra

acompañar *vt* estar con una o varias personas; sentir lo mismo que el otro; ejecutar el acompañamiento musical

acompasar *vt* hacer que algo vaya al mismo compás

acomplejar *vt* causar a alguien un complejo psíquico

acondicionar *vt* preparar algo adecuadamente

aconsejar *vt* dar un consejo

acontecer *vi* producirse un hecho espontáneamente

acontecimiento *m* hecho importante que ocurre

acoplar *vt* unir entre sí dos piezas de modo que se ajusten exactamente; adaptar algo a un fin distinto; *fam* acostumbrarse alguien a una nueva situación

acorazado, -a *adj* revestido con planchas de hierro o acero; *sm* buque grande de guerra

acorazar *vt* revestir algo con materiales protectores, blindar

acordar *vt* ponerse varias personas de acuerdo; tomar alguien una decisión; *-se de* *pronl* venir algo o alguien a la memoria, recordarlos

acorde *adj* conforme con alguien o algo; *sm* *mús* conjunto de sonidos combinados armónicamente

acordeón *m* instrumento musical de viento

acorralar *vt* perseguir a una persona o animal hasta un sitio donde no tiene salida

acortar *vt* hacer algo más corto

acosar *vt* perseguir a una persona o animal sin descanso; *fig* molestar a alguien con preguntas contínuas e insistentes

acostar *vt* meter a alguien en la cama; *pronl* echarse en la cama; *-se con alguien* hacer el acto sexual con alguien

acostumbrar *vt* hacer que se adquiera una costumbre, habituar; *vi* hacer algo por costumbre; *pronl* adquirir una costumbre o adaptarse a nuevas circunstancias

acreditar *vt* demostrar que algo puede ser creído; proveer de un documento a alguien

acreedor, -a *adj/s* que merece algo; *econ* que tiene derecho a que se le pague una deuda

acristalar *vt* poner cristales

acrobacia *f* ejercicio difícil de equilibrio o de habilidad

acróbata *s* persona cuya profesión consiste en hacer acrobacia

acta f **el, un ~** escrito que recoge lo tratado en una reunión; certificado oficial de un hecho

actitud f forma de comportamiento ante un hecho

activar vt poner algo en funcionamiento; aumentar la velocidad o la fuerza

actividad f conjunto de acciones de alguien o algo; gran cantidad de acciones y de personas en un momento determinado

activo, -a adj que tiene capacidad para obrar; eficaz, diligente; sm total de los bienes que posee una persona o sociedad

acto m lo que se hace, acción; hecho público o solemne; **~ seguido** a continuación; **en el ~** en seguida

ac|tor, ~triz s persona que representa un papel en el cine o teatro

actuación f lo que hace alguien, conducta; tea trabajo de quien representa un papel

actual adj que ocurre en el momento presente; que está de moda

actualidad f momento actual, tiempo presente; situación de quien o de lo que está de moda; cualidad de alguien o algo del pasado que llama la atención en el presente

actualizar vt poner al día o de actualidad

actuar vi comportarse de una forma determinada; trabajar para el público en un espectáculo; producir determinado efecto

acuarela f pint técnica que utiliza colores diluidos en agua; obra realizada con esta técnica

acuario m recipiente preparado para que puedan vivir los peces en él; sm/adj astr uno de los doce signos del horóscopo

acuático, -a adj del agua o relativo a ella; que vive en el agua

acudir vi ir a alguien a donde tiene que hacer algo; recurrir a alguien buscando ayuda

acueducto m conducto artificial en forma de puente para llevar agua

acuerdo m decisión tomada entre dos o más personas; **de ~** de la misma opinión; **de ~ con** según

acumular vt/pronl juntar personas, animales o cosas en gran cantidad

acunar vt mecer al niño en la cuna

acuñar vt imprimir y sellar una pieza de metal; fabricar moneda

acurrucarse pronl encoger el cuerpo para no perder su calor o por otro motivo

acusación f atribución a alguien de una falta o delito; jur fiscal o abogado que acusa en un juicio

acusado, -a adj destacado; s persona a la que se acusa

acusar vt atribuir a alguien una falta o delito

acusica adj/s o **acus|ón, ~ona** adj/s fam que tiene costumbre de acusar para perjudicar

acústico, -a adj relativo al sonido o al oído; sf conjunto de cualidades sonoras de un lugar

adaptar vt ajustar dos cosas diferentes; hacer cambios en algo para darle una finalidad distinta; tea mús cine efectuar cambios en una obra; pronl acostumbrarse alguien a una situación nueva

adecuado, -a adj que es algo como debe ser

adecuar vt adaptar algo y que sea apropiado para un fin

adefesio m fam alguien o algo de aspecto ridículo

adelantado, -a adj que destaca entre otros; que se desarrolla antes de tiempo; **pagar por adelantado** pagar antes de recibir lo comprado

adelantar vt mover hacia adelante; hacer algo antes; dejar atrás; vi pasar a un nivel más alto, progresar; pronl moverse hacia adelante; hacer u ocurrir algo antes de tiempo

adelante adv hacia un lugar o para un momento futuro; se usa para indicar que alguien puede entrar en un lugar; se usa para animar a alguien; en ~ desde ahora

adelgazar vt hacer que pierda volumen; vi perder peso

además adv se dice de lo que añade algo a lo ya expresado; ~ de aparte de

adentrarse pronl meterse en el interior de un lugar

adentro adv hacia o en el interior; ~s sm pl pensamientos o sentimientos íntimos

adepto, -a adj/s seguidor de alguien, una idea o movimiento, partidario

aderezar vt gastr condimentar los alimentos; arreglar

adeudar vt deber una cantidad de dinero

adherir vt pegar una cosa con otra y que no se separen; pronl pegarse, unirse; mostrarse de acuerdo con la decisión de otro; unirse a una idea, movimiento

adhesivo, -a adj que se pega; sm tira de papel u otro material que se pega

adicción f tendencia del organismo al consumo habitual de drogas

adición f parte añadida a algo, a un texto; *mat* suma

adicto, -a *adj/s* partidario de alguien o algo; de la persona que tiene adicción a una droga

adiestrar *vt* preparar a una persona o a un animal para realizar ciertas habilidades

adinerado, -a *adj/s* que posee mucho dinero

adiós *interj* se usa para despedirse; indica sorpresa

adivinanza f pasatiempo que consiste en descubrir el sentido de una frase

adivinar *vt* descubrir el futuro o lo desconocido; acertar la solución correcta; *~se* percibirse algo de forma poco clara

adjetivo, -a *adj* secundario, accidental; *sm gram* parte de la oración que acompaña y determina al nombre

adjudicar *vt* dar a alguien algo a lo que aspiraban varios; *pronl* conseguir la victoria en una competición

administración f conjunto de los organismos públicos; organización de la economía o de algo; hecho de hacer tomar algo

administrar *vt* gobernar una nación o comunidad; organizar el uso del dinero o de algo; repartir algo; racionar algo para que haya suficiente; hacer tomar un medicamento; *rel* dar un sacramento

admirador, -a *adj/s* que admira a alguien o algo

admirar *vt* tener en gran estima; mirar algo con placer; *pronl* sorprenderse

admitir *vt* recibir o dejar entrar en un grupo o lugar; aceptar como válida la opinión de otro

adobe *m* bloque de barro y paja para construir muros

adolecer *vi ~ de* tener una cualidad negativa

adolescencia f período de la vida desde la infancia hasta el estado adulto

adolescente *adj/s* que está en la adolescencia o relativo a ella

adonde *adv* indica el lugar al que se va; *a dónde* pregunta a qué lugar

adoptar *vt* hacer que alguien que no es hijo propio sea reconocido como tal por la ley; empezar a tener un carácter o forma determinada

adoptivo, -a *adj* de quien adopta y de quien es adoptado

adoquín *m* bloque de piedra para pavimentar el suelo; *fam* ignorante por su poca inteligencia

adorable *adj* que es digno de adoración; que alguien es agradable y se hace querer

afán

adorar vt rel rendir culto a un dios; sentir gran amor por alguien o algo

adormecer vt producir sueño; calmar; pronl empezar a dormirse

adormilarse pronl quedarse medio dormido

adornar vt poner adornos; servir de adorno; existir cualidades en alguien

adosado, -a adj que está algo unido o apoyado a otra cosa por su parte lateral o trasera; sm edificio unido a otro por el lado o por atrás

adquirir vt llegar a tener o conseguir algo

adquisición f compra de algo; lo conseguido

adrede adv con intención

aduana f oficina pública donde se controla el comercio internacional; impuesto que se cobra

adueñarse pronl coger algo como propio; fig hacerse un estado de ánimo

adular vt alabar por interés a alguien

adulterar vt alterar las características de algo

adulterio m relación sexual de alguien casado con otra persona distinta de su cónyuge

adulto, -a adj/s de la persona o animal que ha crecido y ha llegado a su total desarrollo

adverbio m parte invariable de la oración que modifica a un verbo, a un adjetivo o a otro adverbio

adversario, -a s persona o grupo que está en contra

adversidad f mala suerte; situación desgraciada

adverso, -a adj que no es favorable

advertir vt comunicar algo a alguien aconsejándole o amenazándole; vt/i llamar la atención de alguien; darse cuenta de algo

adviento m rel tiempo que comprende las cuatro semanas anteriores a la Navidad

aéreo, -a adj relacionado con el aire

aeroespacial adj relativo a la aeronáutica

aerolínea f compañía de transporte aéreo

aeromodelismo m actividad recreativa con modelos pequeños de aviones

aeromoza f am azafata

aeronáutico, -a adj relativo a la navegación aérea; sf ciencia que estudia el diseño, construcción y manejo de aeronaves

aeronave f vehículo que navega por el aire o el espacio

aeroplano m avión

aeropuerto m conjunto de instalaciones para el despegue y aterrizaje de aviones

afán m interés y esfuerzo en realizar una tarea

afear vt poner feo; fig reprochar

afección f med enfermedad

afectado, -a adj/s que no se comporta de forma natural; que se ha contagiado de una enfermedad

afectar vt causar una impresión grande; producir cambios en algo; med producir alteración en algún órgano

afecto m cariño, aprecio

afeitar vt cortar la barba; limar los pitones de los cuernos del toro

afeminado, -a adj/s que tiene modales o características propias de una mujer

afición f inclinación que se siente hacia alguien o algo; conjunto de personas que asisten regularmente a un espectáculo

aficionado, -a adj/s que practica una actividad por gusto; que le gusta mucho un espectáculo o deporte

afilado, -a adj que corta muy bien

afiliarse pronl hacerse miembro de un grupo

afinar vt hacer más preciso; hacer más fino; mús establecer la relación correcta entre los sonidos

afirmar vt decir que sí; asegurar que algo es cierto

afligir vt causar tristeza; pronl ponerse muy triste

aflojar vt disminuir la presión sobre algo; fam dar dinero; vi perder fuerza algo; **~ alguien en algo** dejar alguien de esforzarse

afluente m río que desemboca en otro principal

afonía f falta total o parcial de voz

afortunado, -a adj/s que tiene buena suerte; acertado

africano, -a adj/s de África

afrontar vt hacer frente a una situación difícil

afuera adv en o hacia el exterior; **~s** sf pl alrededores de una población

agachar vt mover hacia abajo; pronl doblar el propio cuerpo hacia abajo

agalla f cada uno de los dos órganos respiratorios del pez; bulto anormal en las plantas; **tener ~s** fam tener valor y decisión

agarrado, -a adj/s fam que no da o gasta fácilmente el dinero, tacaño

agarrar vt coger fuertemente con la mano; am asir; empezar a tener una enfermedad, una borrachera, un enfado; vi empezar una planta a echar raíces; pronl asirse, cogerse; producir la enfermedad, borrachera o estado de ánimo un efecto considerable; **~se a algo** fam valerse de algo como disculpa

agarrotarse pronl ponerse

una parte del cuerpo rígida; inmovilizarse un mecanismo

agencia *f* oficina donde se resuelven ciertos asuntos; sucursal de una empresa

agenda *f* cuaderno donde se anotan las actividades de cada día

agente *s* persona que actúa en nombre de otra a quien representa; funcionario de policía; *m* lo que produce un efecto

ágil *adj* de los movimientos realizados con facilidad

agilidad *f* capacidad de moverse de forma rápida

agitar *vt* mover algo varias veces; *fig* intranquilizar

aglomerar *vt* reunir muchas cosas sin orden; unir piezas de una o varias sustancias, conglomerar; *pronl* reunirse un número de personas o cosas de forma desordenada y apretada

agobiar *vt/pronl* tener la sensación de ahogo, angustia o cansancio

agolparse *pronl* juntarse de golpe un grupo

agonizar *vi* estar en los últimos momentos de la vida

agosto *m* octavo mes del año; *hacer uno su* ~ hacer un buen negocio

agotamiento *m* falta total de fuerza

agotar *vt/pronl* terminar algo, gastarlo; cansar mucho

agraciado, -a *adj* de quien tiene buena suerte; que es guapo

agradable *adj* que gusta y da placer; amable o simpático

agradar *vi* producir agrado

agradecer *vt* dar las gracias

agradecido, -a *adj/s* que reconoce los favores recibidos

agrado *m* placer o satisfacción; amabilidad

agrandar *vt/pronl* hacer algo más grande

agrario, -a *adj* del campo o relacionado con él

agravar *vt/pronl* hacer más grave o poner peor

agredir *vt* atacar de forma violenta

agregado, -a *adj/s* persona que ayuda a otra en una tarea; *sm* conjunto de cosas unidas formando un todo

agresivo, -a *adj* propenso a actuar de forma violenta; *econ* que sabe luchar en el mercado

agresor, -a *adj/s* que ataca de forma violenta

agrícola *adj* de la agricultura

agricultura *f* cultivo del campo o de la tierra para obtener alimentos

agrietar *vt/pronl* hacer grietas en una superficie

agrio, -a *adj* de sabor ácido; *fig* de carácter malhumorado; *sm pl* cítricos

agropecuario, -a *adj* relativo a la agricultura y a la ganadería

agrupar vt/pronl colocar personas o cosas con un criterio y fin determinados

agua f el ~ sustancia líquida compuesta de un volumen de oxígeno y dos de hidrógeno

aguacate m fruto comestible parecido a la pera

aguacero m lluvia repentina, intensa

aguadilla f fam ahogadilla

aguafiestas s persona que estropea una diversión

aguantar vt sostener algo sin dejarlo caer; sufrir con paciencia; pronl soportar una contrariedad; dominar un impulso

aguar vt mezclar de forma indebida un líquido con agua; vt/pronl fig echar a perder una diversión

aguardar vt esperar a alguien o algo

aguardiente m bebida alcohólica obtenida por destilación del vino o frutas

agudo, -a adj se dice del objeto con el borde o la punta muy afilados; fig que tiene una inteligencia viva; de sentidos muy desarrollados; del sonido de frecuencia alta; de un dolor intenso; gram de una palabra que tiene el acento en la última sílaba

aguijón m órgano puntiagudo de algunos insectos; fig estímulo

águila f el, un ~ ave rapaz diurna; fig persona de inteligencia rápida

aguinaldo m regalo que se da en las fiestas de Navidad

aguja f barrita de metal terminada en punta; med barrita de metal hueca; barrita de algunos instrumentos; raíl móvil para cambiar de vía un tren

agujero m abertura, más o menos redonda

agujetas f pl dolor en los músculos después de un ejercicio físico

ahí adv es o ese lugar; por ~ por un lugar indeterminado; de ~ por eso

ahijado, -a s cualquier persona con respecto a su padrino o madrina

ahínco m esfuerzo en la realización de un trabajo

ahogadilla f broma consistente en meter la cabeza del otro en el agua o bañarse

ahogar vt/pronl matar impidiendo la respiración; fig acabar, dominar o impedir algo; sentir una sensación parecida al ahogo, oprimir

ahondar vt hacer más hondo o profundo; ~ en vi examinar algo a fondo

ahora adv en este momento; ~ bien pero, sin embargo

ahorcar vt/pronl matar atando y colgando de una cuerda o algo similar el cuello

ahorrar vt guardar parte del dinero; gastar de algo sólo io necesario; vt/pronl evitar inconveniencias

ahuecar vt poner hueco algo; ~ **el ala** fam marcharse

ahumado, -a adj manchado por el humo; de un alimento puesto al humo; fig de color oscuro; sm alimento puesto al humo

ahumar vt llenar de humo; poner alimentos al humo

ahuyentar vt hacer huir

airado, -a adj que siente ira

aire m mezcla gaseosa que envuelve la tierra; viento; fig apariencia, aspecto de alguien; ~ **acondicionado** aparato para regular la temperatura; **al** ~ sin cubrir; **al** ~ **libre** fuera de un lugar cerrado; **cambiar de** ~**s** fig marcharse a otro lugar; **darse** ~**s de** fam creerse superior a los otros en algo

airear vt poner al aire, ventilar; fig decir algo para que lo sepan todos

airoso, -a adj fig que tiene elegancia al hacer algo; que ha resuelto una situación

aislado, -a adj separado; poco frecuente

aislar vt dejar apartado y separado; proteger un lugar

para que no entre o salga nadie

ajedrez m juego sobre un tablero con 16 piezas

ajeno, -a adj que pertenece a otro; que no interesa o afecta a alguien

ajetreo m gran actividad o cantidad excesiva de movimientos en un trabajo

ajo m planta con la raíz redonda, blanca y dividida en dientes

ajuntarse pronl fam tener amistad entre niños; convivir sin estar casados

ajustar vt colocar una cosa con otra de manera que no quede espacio libre entre ellas; concertar el precio de algo; hacer más exacto un instrumento o máquina; contratar a alguien; pronl adaptarse

ajusticiar vt jur dar muerte por sentencia de un tribunal

ala f el, **un** ~ parte del cuerpo de algunos animales; cada parte plana y lateral del avión; parte de algo que se extiende hacia fuera; fig tendencia ideológica dentro de un movimiento o partido; ~ **delta** tela extendida que permite volar; **tocado del** ~ fam medio loco, chiflado

alabar vt decir algo bueno de alguien o de algo, elogiar

alacrán m zoo animal con la

cola terminada en un aguijón venenoso

alambrado, -a *adj* de alambre; *sf* cerca o valla de alambre

alambre *m* hilo de metal

alambrera *f* red de alambre

alameda *f* paseo con álamos u otros árboles

alarde *m* hacer ~ de algo presumir de eso

alargar *vt* hacer algo más largo; *pronl* extenderse en la exposición de un tema

alarma *f* señal de aviso ante un peligro; aparato que da la señal; *fig* inquietud, susto

alba *f* el, un ~ primera luz del día antes de salir el sol

alban|és, ...esa *adj/s* de Albania

albañil *s* persona que trabaja en la construcción

albaricoque *m* fruto con hueso, amarillento

alberca *f* estanque construido con muros para recoger agua y regar

albergue *m* lugar en el campo o la montaña para dar refugio; residencia juvenil

albóndiga *f gastr* bola pequeña hecha de carne

albornoz *m* bata de tela de toalla para después del baño

alboroto *m* mucho ruido y gran movimiento de personas; *pl am* palomitas de maíz

albufera *f* extensión de agua

del mar separada de éste por una masa de arena

álbum *m* especie de libro donde se colocan sellos, fotografías u otras cosas

alcachofa *f agr* planta de la huerta con cabeza carnosa; pieza de la ducha o de la regadera

alcahuete, -a *s* persona que media en las relaciones amorosas entre dos personas; *fam* persona chismosa

alcalde, ...sa *s* persona que gobierna un pueblo o ciudad

alcantarilla *f* canal subterráneo de una población; cada uno de los agujeros en la calle para recoger la lluvia

alcanzar *vt* llegar a juntarse con alguien o algo que va delante; obtener, conseguir; *vi fig* ser suficiente

alcázar *m* fortaleza construida para defensa y residencia real

alcoba *f* habitación para dormir, dormitorio

alcohol *m* líquido incoloro e inflamable; bebida que contiene este alcohol

alcohólico, -a *adj* de una bebida con alcohol; *adj/s* que bebe demasiado alcohol

alcoholismo *m* enfermedad producida por el abuso de bebidas alcohólicas

alcornoque *m* árbol de hoja perenne con la corteza áspera de la que se obtiene el corcho

aldea f pueblo muy pequeño

alegar vt exponer argumentos a favor o como excusa de algo; am discutir

alegrar vt/pronl poner alegre

alegre adj que siente, manifiesta o produce alegría; fig de un color vivo; de una habitación con mucha luz; fam animado por la bebidas alcohólicas

alegría f sentimiento de placer por algo que nos gusta; persona o cosa que produce este placer

alejar vt/pronl poner más lejos

alem|án, -ana adj/s de Alemania; _m lengua hablada principalmente en este país, Austria y parte de Suiza

alergia f med sensibilidad del cuerpo a ciertas sustancias que producen cambios anormales en él

alero m parte inferior del tejado que sobresale de los muros para protegerlos

alerta adv en estado de vigilancia, con atención; sf situación en la que hay que estar muy atento y vigilante

aleta f órgano exterior de algunos animales que les sirve para nadar; dep especie de zapato de goma para nadar

aletear vi mover un ave las alas sin volar

alfabetizar vt enseñar a leer y escribir

alfabeto m conjunto de las letras de un idioma

alfarería f técnica artística para fabricar objetos de barro con las manos; taller donde se fabrican

alfiler m barrita delgada de metal terminada en punta; con ~es pl fam poco seguro

alfombra f tela que cubre el suelo para adornarlo o protegerlo

alga f bot el, un ~ planta acuática

algo pron una cosa; cantidad de algo; adv un poco; por ~ por algún motivo

algodón m bot planta que tiene las semillas envueltas en fibras blancas; fibra de esta planta

alguien pron alguna persona o personas; llegar a ser ~ llegar a ser una persona importante

alguno, -a adj/pron de alguien o algo entre varios

alhaja f objeto fabricado con materiales preciosos, joya; fig fam alguien con grandes cualidades

alianza f unión de personas para conseguir un fin; anillo de boda

alicatar vt cubrir la pared con azulejos o baldosines

alicates m pl herramienta

como una tenaza con las puntas redondeadas

aliciente *m* atractivo, estímulo o motivación que produce algo

aliento *m* soplo de aire que sale por la boca al respirar, vaho; respiración; *fig* apoyo o ánimo dado a alguien

aligerar *vt* hacer que algo sea más ligero o menos pesado; *vt/i* hacer algo más deprisa

alijo *m* conjunto de mercancías de contrabando

alimaña *f* animal perjudicial para la caza; *fam* persona perversa

alimentar *vt/pronl* dar de comer; suministrar a algo lo necesario para su funcionamiento; *vi* servir de alimento

alinear *vt/pronl* poner en línea recta; *dep* decidir quién va a jugar en un equipo

aliñar *vt gastr* poner el condimento en la comida

aliviar *vt* quitar algo del peso o de la carga; *fig* disminuir las preocupaciones o el dolor; *pronl* mejorar en una enfermedad

allá *adv* en o a aquel lugar; ~ **por** en un tiempo pasado; *el más* ~ lo que sigue a la muerte

allanar *vt* poner llana una superficie; quitar obstáculos de un paso o camino; *fig* quitar dificultades o problemas; entrar en una casa sin permiso del dueño

allí *adv* en o a aquel lugar; entonces

alma *f* el, un ~ espíritu que forma junto con el cuerpo la esencia de una persona; *fig* alguien o algo importante en una actividad

almacén *m* lugar donde se guardan las mercancías; establecimiento donde se vende al por mayor; *am* tienda de comestibles; **grandes almacenes** establecimiento comercial muy grande

almacenar *vt* guardar mercancías en un almacén; *inform* introducir y conservar datos en la memoria del ordenador

almeja *f zoo* molusco marino que tiene concha

almena *f* bloque hecho de piedra que corona el muro de una fortaleza

almendra *f* fruto comestible con la cáscara marrón

almíbar *m* líquido dulce que se obtiene al cocer azúcar

almirante *m mil* grado militar en la armada

almohada *f* pieza de tela rellena de un material blando; **consultar algo con la** ~ *fam* pensar sobre algo

almorzar *vt/i* comer algo a media mañana; comer a mediodía

alojamiento *m* habitación o lugar para pasar la noche; permiso para que alguien pase la noche en un lugar

alpinista s persona que escala montañas

alquilar vt dar o tomar algo para usarlo mediante una cantidad de dinero

alquitrán m sustancia negra viscosa que se utiliza para cubrir una carretera

alrededor adv ~ de en torno, de forma que rodea; poco más o menos; sm pl ~es zona que rodea un lugar

alta f el, un ~ ingreso en una asociación; **dar de ~** hacer miembro de una asociación; dar por curado a un enfermo

altar m rel mesa sobre la que se celebra la misa; lugar donde se ofrecen sacrificios

altavoz m aparato que eleva la intensidad del sonido

alterar vt/pronl cambiar algo; inquietar o poner nervioso

alternar vt/i, pronl repetir sucesivamente cosas diferentes; vi tratar con la gente

alternativo, -a adj que se alterna; que ofrece otra posibilidad; sf posibilidad de elegir; cosa elegida entre las posibles; cambio o sustitución

alteza f tratamiento que se da a un príncipe

altitud f geo altura con relación al nivel del mar

alto, -a adj de una altura más

grande que la habitual, elevado; de gran estatura; fig que ocupa una posición superior en algo; excelente o muy bueno; sm parada durante una actividad; sitio elevado; **alto** adv en lugar elevado; con voz fuerte

alucinar vt ver cosas que no son reales; vi fam producir algo una gran sorpresa

alud m masa de nieve que resbala de la montaña

aludir vi referirse a alguien o algo; mencionar de pasada

alumbrado m conjunto de luces que alumbran un lugar

alumbrar vt dar luz, iluminar; dar a luz, parir

aluminio m metal de color de plata y muy ligero

alumno, -a s persona que va a una clase para aprender

alunizar vi posarse una nave espacial sobre la luna

aluvión m crecida fuerte y repentina de agua

alza f el, un ~ aumento o subida de algo

alzar vt mover de abajo hacia arriba; edificar; aumentar el precio; pronl ponerse en pie, levantarse; sublevarse; **~se de hombros** moverlos por ignorancia o indiferencia

amabilidad f trato agradable con los demás

amaestrar vt enseñar a un animal ciertas habilidades

amamantar *vt* dar de mamar

amanecer *impers* empezar a aparecer la luz del día; *sm* tiempo del día en que sale el sol

amanerado, -a *adj* falto de sencillez, artificioso; afeminado

amansar *vt* domesticar un animal

amante *adj/s* que ama; aficionado a algo; persona que mantiene relaciones amorosas con otra

amar *vt* sentir amor hacia alguien o algo; sentir una gran afición por algo

amargo, -a *adj* de sabor fuerte y poco agradable como el café; *fig* que causa disgusto o que lo muestra

amarillo, -a *adj* se dice del color parecido al oro; *fig* de la prensa sensacionalista

amarrar *vt* atar con cuerdas, cadenas

amasar *vt* hacer una masa; *fig* acumular dinero o bienes

amasijo *m* *fig* mezcla de ideas o cosas distintas sin orden

amateur *adj/s* que realiza una actividad por afición

amazona *f* *fig* mujer que monta a caballo

ámbar *adj* de color amarillo; *sm* resina fósil de color amarillo

ambición *f* deseo grande de conseguir algo

ambientador *m* producto con el que se perfuma el ambiente

ambiente *m* aire que rodea un cuerpo; *fig* conjunto de circunstancias; grupo o capa social

ambigüedad *f* posibilidad de que algo se entienda de varios modos

ámbito *m* espacio o conjunto de cosas comprendidas dentro de ciertos límites

ambos *adj* los dos

ambulancia *f* vehículo para transportar enfermos

ambulante *adj* que va de un lugar a otro

ambulatorio, -a *adj* del tratamiento médico, cuando el enfermo acude a un centro hospitalario; *sm* centro hospitalario

amenazar *vt* avisar de que va a ocurrir algo malo

ameno, -a *adj* es entretenido y divertido

americano, -a *adj/s* de América

amerindio, -a *adj* de los indios nativos de América

amerizar *vi* posarse sobre el agua un vehículo que vuela

ametrallador, -a *adj* que dispara balas rápidamente; *sf* arma de fuego automática

amianto *m* material resistente al fuego y al calor

amígdala *f* cada glándula en forma de almendra en el interior de la garganta

amigo, -a *adj/s* que tiene una relación de amistad; que tiene una afición por algo; *s* persona que tiene una relación amorosa

amistad *f* relación afectiva y desinteresada entre personas; *pl fam* conocidos influyentes

amnesia *f* pérdida parcial o total de la memoria

amnistía *f* perdón concedido por una ley

amo, -a *s* **el, un ama** propietario o dueño de algo; **amo** o **ama de casa** persona que se ocupa de las tareas de la casa

amoldar *vt/pronl* dar a algo la forma conveniente; *pronl* adaptarse a una nueva situación

amonestar *vt* avisar a alguien antes de tomar una decisión negativa

amontonar *vt* poner unas cosas sobre otras; *pronl* juntarse muchas personas

amor *m* conjunto de sentimientos y conocimiento que se tiene hacia otra persona; sentimiento por algo que nos gusta mucho; **hacer el ~** realizar el acto sexual

amordazar *vt* poner una mordaza; *fig* no permitir expresarse libremente

amorfo, -a *adj* que no tiene una forma bien determinada

amortajar *vt* vestir a un difunto para enterrarlo

amortiguar *vt* hacer menos violento algo

amortizar *vt* pagar un préstamo o deuda; recuperar un capital

amotinar *vt/pronl* levantar en motín a un grupo

amparar *vt* proteger, ayudar a alguien; *pronl* usar algo o a alguien para protegerse

amperio *m* unidad de medida de la corriente eléctrica

ampliar *vt* aumentar el tamaño de algo; alargar un período de tiempo

amplificador *m* aparato que aumenta la extensión o intensidad de algo

ampolla *f med* especie de bolsa llena de líquido que se forma en la piel; tubo pequeño de cristal cerrado

amputar *vt med* cortar un miembro del cuerpo

amueblar *vt* colocar muebles

amuleto *m* objeto al que se atribuye un poder sobrenatural

amurallado, -a *adj* que está rodeado de murallas

analfabeto, -a *adj/s* que no sabe leer ni escribir

analgésico, -a *adj/sm med* que disminuye o quita el dolor

análisis *m* estudio de algo en

el que se examinan sus partes

analogía *f* relación de semejanza entre cosas distintas

anaranjado, -a *adj/sm* parecido al color de la naranja

anarquía *f pol* movimiento que defiende la ausencia de autoridad en un Estado; *fig* falta de orden

anatomía *f bio med* ciencia que estudia la estructura y las partes del cuerpo

anatómico, -a *adj* de la anatomía o relativo a ella

anca *f* **el, un** ~ parte posterior y superior de las caballerías

ancho, -a *adj* que tiene una anchura considerable; amplio o no apretado; *sm* anchura

anchoa *f gastr* boquerón preparado con sal

anchura *f* dimensión menor de una superficie; distancia entre los dos lados de algo; dimensión horizontal

anciano, -a *adj/s* de la persona que tiene muchos años

ancla *f* **el, un** ~ objeto de hierro para sujetar un barco al fondo del mar

anclar *vt* sujetar un barco al fondo del mar con un ancla

andaluz, -a *adj/s* de la comunidad autónoma de Andalucía

andamio *m* estructura de

metal o de madera para trabajar en las partes más altas

andar *vi* ir de un lugar a otro dando pasos; funcionar una máquina; tocar algo con las manos, curiosear

andén *m* acera paralela a la vía en las estaciones del tren

andrajoso, -a *adj/s* de la ropa rota y vieja; que tiene la ropa rota y vieja

anécdota *f* narración breve de un suceso; suceso o aspecto secundario

anejo, -a *adj/sm* unido a algo, dependiente

anemia *f med* disminución de la sangre o de sus componentes

anestesia *f med* privación de la sensibilidad; sustancia que produce ese estado

anestesista *adj/s* especialista en anestesia

anfibio, -a *adj* que puede moverse en agua y en tierra

anfiteatro *m* edificio romano con gradas en forma semicircular; conjunto de asientos sobre gradas en cines, teatros, aulas

anfitrión, -ona *adj/s* de alguien que tiene invitados en su casa

ángel *m* ser sobrenatural que sirve a Dios; *fig* persona bondadosa

anginas *f pl med* inflamación de las amígdalas; *angina de pecho* enfermedad debida a la obstrucción de las arterias coronarias

angosto, -a *adj* estrecho, reducido

anguila *f zoo* pez delgado, largo, cilíndrico

angula *f zoo* cría de la anguila

ángulo *m mat* figura geométrica formada por dos líneas que parten de un mismo punto en distinta dirección

angustia *f* sentimiento de temor o preocupación; *fam* necesidad de vomitar

anhelar *vt* desear intensamente conseguir algo

anidar *vt* hacer un nido

anilla *f* pieza en forma de anillo

anillo *m* pieza pequeña circular de metal que se lleva como adorno en los dedos

animador, ~a *adj/s* que anima; persona que presenta algunos espectáculos; organizador de actividades

animal *m zoo* ser vivo con capacidad de movimiento y sensibilidad; *adj* del animal o relativo a él; *adj/s fig* de alguien con un comportamiento poco racional

animar *vt* dar ánimo a alguien; comunicar alegría en un grupo; *pronl* tener ganas de hacer algo

ánimo *m* situación afectiva o emocional; energía para hacer algo; intención

anís *m bot* planta aromática; bebida alcohólica elaborada con esta planta

aniversario *m* día en que se cumplen los años desde que ocurrió un suceso

ano *m* agujero con el que termina el tubo digestivo

anoche *adv* en la noche de ayer

anochecer *impers* empezar a faltar la luz del día; *sm* tiempo durante el que anochece, ocaso

anomalía *f* lo que se aparta de la norma y hace que algo no funcione bien, defecto

anónimo, -a *adj* de alguien de quien no se sabe el nombre; *adj/s* de una obra o escrito de los que se desconoce el autor; *sm* carta o escrito sin firmar

anorak *m* prenda de abrigo impermeable con capucha

anormal *adj* que se aparta de la norma o costumbre; *desp* subnormal

anotar *vt* escribir notas; *dep* conseguir un tanto en un partido; *pronl* conseguir un éxito o un fracaso

ansia *f* el, un ~ deseo intenso de conseguir algo

ansiedad *f psic* estado de inquietud que padece alguien

antagonista *adj/s* que actúa en sentido contrario o se opone a algo

ante *m* piel de venado curtida; *prep* delante de alguien

anteanoche *adv* en la noche de anteayer

anteayer *adv* en el día anterior a ayer

antecedente *m* lo que es anterior a algo; *pl jur* información sobre un delito pasado

anteceder *vt* estar, ir o suceder antes, preceder

antecesor, -a *s* persona que tuvo un cargo o trabajo antes que otra

antelación *f* anticipación o adelanto con respecto a un tiempo determinado

antemano, de - *exp adv* antes de un tiempo determinado, con anticipación

antena *f* elemento de un aparato electrónico para captar o emitir ondas; *zoo* órgano en forma de pelo duro a ambos lados de la cabeza

antepasado, -a *s* persona de la que desciende alguien

anterior *adj* que existe o sucede antes; que está delante

antes *adv* en un tiempo anterior; en un lugar anterior

antiaéreo, -a *adj mil* de la defensa o del arma contra ataques aéreos

antibiótico, -a *adj/sm med* del medicamento que destruye algunos microorganismos

anticiclón *m* situación atmosférica de altas presiones

anticipar *vt* hacer o decir algo antes del tiempo señalado; *pronl* hacer algo antes que otro; ocurrir algo antes

anticipo *m* parte de un todo que se adelanta

anticonceptivo, -a *adj/sm* que permite tener relaciones sexuales sin procrear

anticuado, -a *adj* pasado de moda; *adj/s* que tiene ideas y gustos de una época pasada

anticuario, -a *s* persona que colecciona objetos antiguos y los vende

antídoto *m med* sustancia que impide los efectos del veneno

antigüedad *f* Edad Antigua; tiempo que lleva alguien en una actividad; *pl* obras de arte u objetos antiguos

antiguo, -a *adj* que existe desde hace mucho tiempo; anticuado; *sm pl* personas que vivieron en una época pasada; **a la -a** según costumbres pasadas

antipatía *f* sentimiento de repugnancia o rechazo

antirrobo *m* sistema de seguridad para impedir el robo

antiséptico, -a *adj/sm med* que desinfecta

antojarse *pronl* desear algo de forma repentina y por capricho

antojo *m* deseo intenso y pasajero; lunar

antología *f* colección de obras o trozos artísticos escogidos de un conjunto

antónimo, -a *adj/sm* del significado de una palabra que es opuesto al de otra

antorcha *f* palo de un material inflamable que se enciende

antropófago, -a *adj/s* que come carne humana

antropología *f* ciencia sobre el hombre en su relación biológica, histórica

anual *adj* que se repite cada año; que dura un año

anuario *m* libro que se publica cada año

anudar *vt* hacer nudos

anular *vt* dar por nulo algo; *fig* desautorizar a alguien, impedirle actuar con libertad; *adj* relativo al anillo; *adj/sm* del cuarto dedo de la mano, junto al meñique

anunciar *vt* decir una noticia o aviso; *econ* poner un anuncio, hacer propaganda; pronosticar el futuro

anzuelo *m* gancho para pescar; ***tragarse el ~*** caer en la trampa

añadir *vt* poner una cosa a otra; decir algo más

añicos *m pl* **hacerse ~** romperse algo en trozos; ***estar hecho alguien ~*** *fig* estar muy cansado

añil *adj/sm* de color azul oscuro

año *m* tiempo que tarda la tierra en dar una vuelta alrededor del sol

añorar *vt* echar de menos la ausencia de alguien

aorta *f* arteria del cuerpo

apacentar *vt* llevar el ganado a pastar

apacible *adj* que es agradable y tranquilo

apaciguar *vt/pronl* calmar los ánimos, tranquilizar

apadrinar *vt* hacer de padrino; *fig* proteger a alguien

apagado, -a *adj* de carácter poco vivo, apocado; de un color o brillo poco vivo

apagar *vt* hacer que termine el fuego; interrumpir la corriente de energía; hacer desaparecer una sensación

apalabrar *vt* llegar a un acuerdo sólo de palabra y no por escrito

apalear *vt* dar golpes con un palo a otra cosa

aparador *m* mueble donde se guarda todo lo necesario para poner la mesa

aparato *m* conjunto de piezas que funcionan; *bio* conjunto de órganos del cuerpo con una misma función; *fam* teléfono

aparcamiento *m* lugar preparado para dejar el coche

aparcar *vt* poner un vehículo en un lugar y dejarlo ahí; *fig* retrasar un asunto

aparecer *vi/pronl* mostrarse,

aparejador

32

dejarse ver; *vi* encontrar lo que estaba perdido; *econ* salir al mercado para venta

aparejador, -a *s* técnico de la construcción

aparentar *vt* dar a entender algo que no es o no hay; presumir mucho

aparente *adj* que parece algo y no es así; que da buena impresión

aparición *f* hecho de aparecer; visión de un ser sobrenatural o fantástico

apariencia *f* aspecto externo; lo que parece algo y no es

apartado, -a *adj* que está lejos; *sm* lugar en una oficina de correos donde se deposita la correspondencia; parte de algo

apartamento *m* vivienda pequeña en un edificio

apartar *vt/pronl* separar a alguien o algo de otro u otra cosa

aparte *adv* en otro lugar; a distancia; por separado; a excepción de; *adj* que es diferente y distinto

apasionante *adj* que gusta mucho y es muy interesante

apasionar *vt* causar una pasión; *pronl* sentir un vivo interés

apatía *f* falta de ánimo, energía o interés

apeadero *m* lugar de parada del tren

apear *vt/pronl* bajar de un vehículo o de un animal

apechugar *vi fig fam ~ con algo* cargar o aceptar algo desagradable

apedrear *vt* tirar piedras; matar a pedradas; *impers* caer pedrisco

apego *m* cariño o afición hacia alguien o algo

apelar *vi jur* recurrir a un tribunal superior; *fig* recurrir a alguien o algo

apellido *m* nombre de familia que pasa de padres a hijos

apelotonarse *pronl* juntarse formando un grupo sin orden, amontonarse

apenar *vt* causar pena; *pronl* ponerse triste; *am* sentir vergüenza

apenas *adv* casi no; *conj* en el momento que

apéndice *m* algo secundario o dependiente; parte del cuerpo de un animal unida a otra mayor; *med* prolongación delgada y hueca del intestino ciego

apendicitis *f med* inflamación del apéndice

aperitivo *m* bebida y comida ligeras

apertura *f* hecho de abrir; inauguración; *fig* tendencia a aceptar ideas y costumbres nuevas

apestar *vi* arrojar mal olor

apetecer *vi* tener ganas de algo, desear

apetito m ganas de comer

apiadarse pronl sentir pena ante el dolor de los otros

apicultura f arte de criar abejas

apisonadora f máquina para allanar el suelo

aplacar vt/pronl disminuir la fuerza de algo, calmar

aplanar vt poner llano o plano; vt/pronl fig quedar alguien sin fuerza, abatir

aplastante adj fig de algo que es evidente, total

aplastar vt/pronl apretar algo hasta ponerlo plano o deformarlo; fig derrotar totalmente a alguien

aplaudir vt dar palmadas; fig alabar

aplazar vt retrasar; am suspender un examen

aplicado, -a adj que se dedica con interés a algo; que pone en práctica una teoría

aplicar vt poner una cosa extendiéndola sobre otra; poner en práctica; pronl dedicarse con interés

aplique m lámpara que se fija a la pared; lo que se añade a algo como protección o adorno

aplomo m tranquilidad en los momentos difíciles

apocado, -a adj/s de la persona muy tímida

apodar vt llamar a alguien por un apodo o mote

apoderar vt dar alguien poder a otro para que le represente; pronl hacerse dueño de algo; fig fam dominar un sentimiento a alguien

apodo m nombre que se da a alguien en lugar del suyo propio

apogeo m momento de mayor importancia; astr distancia máxima entre la tierra y un astro

aporrear vt golpear con una porra, palo

aportar vt dar dinero, bienes, ideas

aposento m habitación de una casa; alojamiento

aposición f gram nombre que explica el significado de otro anterior

aposta adv con intención

apostar vt arriesgar algo en un juego; manifestar la sospecha de que algo es de determinada forma

apóstata s rel persona que reniega de sus creencias

apóstol m cada uno de los discípulos de Jesucristo; propagador de una doctrina

apostólico, -a adj relativo a los apóstoles, al papa o a la iglesia

apoteosis f momento más importante de algo

apoyar vt/pronl poner algo sobre otra cosa; fig basar o fundar; ayudar a alguien

apreciar vt reconocer el valor; estimar a alguien

apremiar vt/i incitar a alguien para que haga algo con rapidez

aprender vt conseguir conocimientos; fijar algo en la memoria

aprendiz, ~a s persona que aprende un arte u oficio

aprendizaje m tiempo durante el que se aprende algo

aprensión f miedo hacia una posible enfermedad o daño

apresar vt hacer presa con los dientes; detener a alguien o hacer una presa

apresurar vt/pronl darse prisa en hacer algo

apretar vt hacer fuerza o presión; hacer que algo quede justo o tirante; vi fam ocurrir algo con mayor intensidad; pronl juntarse para que haya sitio

apretón m acción de apretar; esfuerzo mayor que el normal

aprieto m situación difícil

aprisa adv con rapidez

aprisionar vt atrapar con fuerza sin posibilidad de soltarse

aprobado, -a adj/sm nota en un examen

aprobar vt dar por bueno algo; obtener la nota suficiente en un examen

apropiado, -a adj que se ajusta a un fin

apropiarse pronl tomar para sí algo ajeno

aprovechado, -a adj/s que saca provecho de todo

aprovechar vt emplear útilmente algo; vi servir de provecho algo; pronl utilizar a alguien o algo para el propio provecho

aproximado, -a adj que se acerca a lo exacto

aproximar vt/pronl poner más cerca

aptitud f capacidad para hacer algo bien

apto, -a adj que tiene capacidad para hacer algo bien; que es apropiado

apuesto, -a adj guapo; sf acuerdo por el que paga quien no acierta

apuntar vt tomar nota por escrito; dirigir un arma hacia un objetivo; recordar a alguien algo olvidado; vt/pronl incluir en una lista o grupo; vi empezar a aparecer

apunte m pint dibujo sencillo; pl hojas con notas tomadas por escrito

apuñalar vt herir con un puñal

apurado, -a adj que hay poca cantidad de algo; que se está en una situación difícil

apurar vt gastar algo hasta el fin, acabar; vt/pronl meter prisa a alguien o darse prisa; preocupar o angustiar; dar vergüenza

apuro *m* situación difícil de resolver; vergüenza

aque|l, ~lla, ~llo *pron dem* señala lo que está más lejos del que habla y del que escucha

aquí *adv* indica el lugar cerca del que habla

árabe *adj/s* de las naciones y sus habitantes que tienen como lengua el árabe; *sm* lengua de estos países

arado *m* instrumento de la agricultura para arar

aragon|és, ~esa *adj/s* de la comunidad autónoma de Aragón

arandela *f* pieza metálica plana parecida a un anillo

araña *f* animal con ocho patas que produce una red para cazar insectos

arañar *vt* hacer heridas superficiales en la piel; hacer señales alargadas o rayas

arañazo *m* herida superficial en la piel; señal, raya

arar *vt* labrar la tierra con el arado

árbitro, ~a *s dep* persona que dirige un juego

árbol *m* planta perenne leñosa con un tronco del que nacen ramas y hojas; *téc* eje de ciertas máquinas; **~ genealógico** esquema con el parentesco de una familia

arboleda *f* lugar lleno de árboles menor que un bosque

arbusto *m* planta perenne menor que un árbol

arca *f* **el, un ~** caja grande de madera; caja para guardar dinero

arcada *f* *arq* serie de arcos; *med* movimiento repentino y rápido del estómago antes de vomitar

arcaico, -a *adj* que es muy antiguo

arcángel *m* espíritu de orden superior entre los ángeles

arcén *m* orilla que hay a cada lado de una carretera

archipiélago *m* conjunto de islas cercanas entre sí

archivador, ~a *adj/s* que archiva; *sm* mueble, carpeta para archivar documentos

archivar *vt* guardar documentos de forma ordenada en un archivo; *fig* dar por terminado un asunto

archivo *m* lugar donde se guardan los documentos; conjunto de tales documentos; *inform* conjunto de datos almacenados

arcilla *f* sustancia mineral para la alfarería

arco *m* *mat* porción de un círculo geométrico; *arq* construcción curva que se apoya sobre sus dos lados; *dep mil* arma con una varilla flexible y una cuerda; *mús* vara con unas cerdas sujetas a sus extremos; *am dep* portería; ~ **iris** banda curva de colores formada por los rayos de luz y las gotas de agua

arder *vi* estar encendido o quemarse algo; estar algo muy caliente

ardiente *adj* que arde; que está muy caliente y quema; que es muy vivo y fuerte

ardilla *f zoo* mamífero roedor de tamaño pequeño y cola larga y poblada

ardor *m* calor fuerte; sensación de ese calor; energía al hacer algo

arduo, -a *adj* muy difícil o trabajoso

área *f el, un* ~ espacio comprendido dentro de unos límites; conjunto de ideas o materias relacionadas entre sí; campo de acción; *dep* zona más cercana a la portería; ~ **de servicio** zona de diferentes servicios al lado de la carretera

arena *f* conjunto de partículas desprendidas de las rocas; *dep* lugar para algunos tipos de lucha; redondel de la plaza de toros, ruedo; ~**s movedizas** las desplazadas por el viento o las húmedas en las que se hunde cualquier peso

arenal *m* extensión grande de suelo arenoso

arenga *f* discurso pronunciado con el fin de enardecer los ánimos

arenque *m zoo* pez marino de los mares del norte

argentino, -a *adj/s* de Argentina; *adj* de plata o parecido a ella

argolla *f* aro grueso de hierro fijo en un lugar

argot *m* lenguaje especial de una clase o grupo social

argumentar *vt/i* dar razones a favor o en contra de algo

argumento *m* razonamiento para demostrar algo; asunto de que trata una obra

árido, -a *adj* seco; de una lectura o explicación que aburre

aries *m astr* primer signo del horóscopo; *adj/s* de la persona nacida bajo este signo

arisco, -a *adj* que resulta difícil de tratar

arista *f* línea formada en la unión de dos superficies

aristocracia *f* clase noble; *fig* clase social que destaca por alguna circunstancia

aritmética *f* parte de las matemáticas

arma *f el, un* ~ objeto que sirve para atacar o defenderse; ~ **blanca** la que hiere con el filo o la punta de metal; ~ **de doble filo** *fig* lo que puede producir el efecto deseado o su contrario

armadura *f* traje de piezas de metal articuladas; conjunto de piezas para sujetar algo

armamento m conjunto de armas de un ejército

armar vt/pronl proporcionar armas; vt ajustar distintas piezas para que formen un objeto; vt/pronl fam producir, causar o hacer

armario m mueble con puertas

armatoste m fam objeto poco útil y que estorba

armazón m estructura de diferentes piezas

armonía f relación adecuada entre las partes de un todo; buena relación entre personas o grupos; mús arte de combinar los sonidos

aro m pieza en forma de circunferencia; pasar por el ~ tener que aceptar algo

aroma m olor agradable

arpa f mús el, un ~ instrumento de forma triangular con cuerdas verticales

arpón m instrumento para la pesca con mango largo

arqueología f ciencia que estudia las civilizaciones antiguas

arquero, -a s persona que dispara con el arco; am dep portero

arquitectura f ciencia y arte para construir edificios

arraigar vi/pronl echar raíces una planta; hacerse firme un sentimiento o costumbre; pronl establecerse en un lugar

arrancar vt separar con fuerza; quitar algo con violencia; vi empezar a funcionar una máquina

arrasar vt destruir por completo; vi fam tener éxito

arrastrar vt llevar a alguien o algo por el suelo; fig entusiasmar; vi/pronl ir tocando el suelo con el cuerpo; pronl fig aceptar cualquier cosa para conseguir algo, humillarse

arrear vt estimular a un animal de carga para que ande más deprisa; fam dar un golpe, pegar; **arrea** interj expresa asombro

arrebatar vt quitar con violencia; fig entusiasmar; pronl cocinar algo con demasiado fuego

arrebato m sentimiento intenso y repentino; éxtasis

arrechucho m fam enfermedad de aparición repentina

arreciar vi hacerse algo más violento o fuerte

arrecife m conjunto de rocas en el mar

arreglar vt ordenar; hacer que algo vuelva a funcionar; vt/pronl solucionar algo; asear, vestir

arreglo m hecho de arreglar; reparación de algo; acuerdo; mús trabajo sobre una composición musical; con ~ a según

arremeter vi atacar

arremolinarse *pronl fig* formarse un grupo apretado y sin orden, amontonarse

arrendar *vt* dar o tomar algo de forma temporal a cambio de dinero, alquilar

arrepentimiento *m* pena por haber hecho algo

arrepentirse *pronl* sentir pena por haber hecho algo o haber dejado de hacerlo

arrestar *vt* detener a alguien

arriar *vt* bajar una bandera

arriba *adv* en un lugar más alto o posición superior; hacia un lugar más alto; *interj* se usa para dar ánimos o para que alguien se levante

arriesgado, -a *adj* peligroso; que se pone en peligro voluntariamente

arriesgar *vt/pronl* poner en peligro o exponerse a un riesgo

arrimar *vt/pronl* poner más cerca; *pronl* apoyarse; acogerse a la protección de alguien

arrinconar *vt* poner en un rincón; perseguir a alguien; *fig* abandonar

arrodillarse *pronl* ponerse de rodillas

arrogancia *f* sentimiento de creerse superior a los demás

arrogante *adj* que se cree superior, orgulloso

arrojadizo, -a *adj* que se puede arrojar o lanzar

arrojar *vt* lanzar o tirar algo;

salir algo con fuerza hacia fuera; echar algo en un lugar

arrojo *m* valor para hacer algo difícil

arrollador, -a *adj* que arrolla; de un éxito grande

arrollar *vt* pasar violentamente por encima produciendo daño; *fig* vencer o tener un gran éxito

arropar *vt/pronl* abrigar con ropa; *fig* proteger

arroyo *m* caudal corto de agua; cauce por donde corre

arroz *m agr* planta cultivada en terrenos húmedos; conjunto de estos granos

arrozal *m* terreno donde se siembra el arroz

arruga *f* pliegue o doblez que se forma en algunos materiales y en la piel

arrugar *vt/pronl* hacer arrugas

arruinar *vt/pronl* causar ruina; destruir, estropear

arrullar *vt* atraerse con sonidos del macho y la hembra de algunas aves; *fig* dormir a un niño

arrullo *m* sonido continuo y suave

arsenal *m* lugar donde se construyen los barcos, astillero; lugar donde se guardan las armas; armamento

arte *s* capacidad para hacer algo bien; conjunto de conocimientos, técnicas o normas para hacer algo bien;

conjunto de obras con características comunes; habilidad para conseguir lo que se quiere

artefacto *m* máquina grande o aparato grande y raro

arteria *f med* conducto que lleva la sangre desde el corazón a todo el cuerpo; *fig* calle con mucho tráfico

artesanía *f* técnica y arte de hacer objetos a mano

ártico, -a *adj geo* del lugar situado en el polo norte

articulación *f* zona de unión de dos o más cosas que permite el movimiento entre ellas

articulado, -a *adj* que está formado por piezas que se mueven entre ellas

articular *vt* unir dos o más cosas para que puedan moverse entre sí; colocar los órganos de la voz para pronunciar las palabras; disponer un documento o ley en artículos

artículo *m gram* palabra que acompaña al nombre para indicar su género y número; *econ* producto que se compra y vende; texto sobre un tema en publicaciones periódicas

artificial *adj* que está hecho por el hombre y no por la naturaleza; falso, fingido

artillería *f mil* disciplina sobre la construcción y uso de

máquinas de guerra; cuerpo del ejército que usa estas armas

artimaña *f fam* lo que se hace con habilidad para conseguir algo

artista *s* persona que crea obras de arte; persona que actúa ante el público

artístico, -a *adj* del arte o relacionado con él

arzobispo *m* obispo de una diócesis metropolitana

as *m* carta de la baraja con el número uno; *fam* persona que destaca mucho en una actividad

asa *f el, un* ~ parte que sobresale de un objeto y sirve para cogerlo

asado, -a *adj* que se ha cocinado directamente en el fuego; *sm* alimento que se cocina de esta forma

asaltar *vt mil* atacar por sorpresa; *fig* abordar a alguien con muchas preguntas

asalto *m* ataque hecho por sorpresa y de forma violenta; *dep* cada parte de una pelea

asamblea *f* reunión de muchas personas para un fin

asar *vt/ pronl* cocinar un alimento directamente al fuego; *pronl* sentir mucho calor

ascendencia *f* serie de ascendientes o antepasados

ascendente *adj* que asciende

de o sube; *sm astr* astro en el horizonte durante el nacimiento de alguien

ascender *vi* ir a un lugar más alto; llegar a una cantidad de dinero una compra; pasar a una categoría o puesto superior

ascendiente *s* persona de la que se desciende

ascensión *f* subida a un lugar más alto; *rel* subida de Cristo al cielo

ascenso *m* subida a un lugar más alto; paso a un grado o categoría superior

ascensor *m* aparato para subir y bajar de un piso a otro

asco *m* malestar físico producido por algo; desagrado por algo que no gusta o molesta; *estar hecho un ~ fig fam* estar muy sucio

asear *vt* limpiar y ordenar; *pronl* lavarse

asediar *vt mil* rodear un lugar para impedir la salida y la ayuda exterior

asegurar *vt* fijar o poner algo seguro; hacer que algo funcione según un plan; afirmar que algo dicho es cierto; *pronl* comprobar algo

asentir *vi* manifestar acuerdo con lo propuesto

aseo *m* limpieza y arreglo; habitación donde uno se lava y se arregla

asequible *adj* que puede conseguirse fácilmente

aserrar *vt* cortar algo con una sierra, serrar

asesinar *vt* matar a alguien voluntariamente

asesinato *m* muerte de una persona por otra voluntariamente

asesino, -a *adj/s* que asesina

asesor, ~a *adj/s* que informa o aconseja

asesoramiento *m* información o consejo

asesorar *vt/pronl* informar o aconsejar a alguien

asesoría *f* hecho de informar o aconsejar; oficina especializada en una materia

asfalto *m* mezcla de color negro para pavimentar las carreteras y calles

asfixia *f* falta de oxígeno en la sangre al no poder respirar; sensación de agobio

asfixiar *vt* producir asfixia; *pronl* sentir asfixia

así *adv* de esta manera; indica cantidad; *~ ~* regular, ni mal ni bien; *~ como* de igual manera; *~ como ~* de cualquier manera, a la ligera; *~ que* en consecuencia

asiático, -a *adj/s* de Asia

asiduo, -a *adj/s* frecuente, constante

asiento *m* mueble u otro objeto donde uno se sienta; base o apoyo de algo

asignar *vt* señalar lo que pertenece a alguien o a algo

asignatura *f* cada una de las materias que se enseñan

asilo *m* lugar de protección para los perseguidos; establecimiento benéfico

asimilar *vt* comprender lo que se aprende; aprovechar el cuerpo una sustancia

asir *vt* coger o agarrar con la mano; *pronl* agarrarse con fuerza a algo

asistencia *f* hecho de asistir o estar presente; ayuda que se presta a alguien

asistenta *f* mujer que trabaja por horas en una casa

asistente *s* persona que ayuda a otra; **~ social** profesional que ayuda a personas en su integración social

asistir *vi* estar presente en un lugar o acto; *vt* ayudar o cuidar a alguien; **~ el derecho de** estar un derecho de parte de alguien

asno, -a *s zoo* animal usado como bestia de carga, burro; *s/adj fam* persona ruda y poco inteligente

asociación *f* conjunto de personas que se unen para un fin; relación entre cosas o ideas

asocial *adj* que ignora o no acepta las normas de la sociedad

asociar *vt/pronl* unir a personas o cosas para conseguir un fin; relacionar

asolar *vt* destruir totalmente

asomar *vi* empezar a aparecer o mostrarse; *vt/pronl* mostrar por una abertura o por detrás de algo

asombrar *vt/pronl* causar una gran sorpresa

asombro *m* sorpresa o admiración grande

aspa *f* **el, un ~** signo u objeto en forma de X

aspaviento *m* gesto exagerado con el que se muestran sentimientos

aspecto *m* conjunto de rasgos o características exteriores; cada matiz o punto de vista de algo

áspero, -a *adj* que no tiene la superficie lisa; que es poco amable

aspersión *f* forma de riego en gotas pequeñas a presión

aspiración *f* introducción de aire en los pulmones; deseo de conseguir algo

aspirador, -a *adj* que aspira; *s* aparato eléctrico para limpiar el polvo

aspirante *s* persona que intenta conseguir un empleo o título

aspirar *vt* introducir aire en los pulmones; absorber una sustancia; pronunciar algunas letras rozando el aire en la garganta; *vi* **~ a algo** tener deseos de conseguirlo

aspirina *f med* medicamento para calmar el dolor

asquear *vt/i* producir o sentir asco

asquerosidad *f* lo que produce asco

asqueroso, -a *adj* de algo que produce asco; *adj/s* de alguien que siente asco por todo

asta *f* **el, un ~** palo en el que se sujeta una bandera; *zoo* cuerno de un animal; *a media ~* bandera izada hasta la mitad

asterisco *m* signo ortográfico para llamar la atención

asteroide *m astr* cuerpo celeste de pequeño tamaño

astigmatismo *m med* defecto de la vista

astil *m* mango de algunas herramientas

astilla *f* trozo pequeño y fino que se desprende de la madera al romperse ésta

astillero *m* lugar donde se construyen y arreglan barcos

astro *m astr* cada uno de los cuerpos celestes; *fig* persona que destaca en una actividad, sobre todo en el cine

astrología *f* estudio sobre la influencia de los astros en las personas

astronauta *s* persona que conduce una nave espacial

astronave *f* vehículo para viajar por el espacio

astronomía *f* ciencia que estudia los astros y las leyes que los gobiernan

astronómico, -a *adj* relacionado o perteneciente a la astronomía; *fam* de una cantidad grande o exagerada

astucia *f* habilidad para conseguir lo que se quiere

asturiano, -a *adj/s* de la comunidad autónoma del Principado de Asturias

astuto, -a *adj/s* hábil para engañar o evitar el engaño

asumir *vt* aceptar algo y sus consecuencias

asunción *f* hecho de asumir; *rel* elevación de la Virgen María al cielo

asunto *m* tema del que se trata; negocio

asustadizo, -a *adj* que se asusta con facilidad

asustar *vt/pronl* producir o sentir un susto o miedo

atacar *vt* lanzarse de forma violenta contra alguien o algo; aparecer de forma repentina una enfermedad, el sueño

atajar *vi* tomar un atajo; *vt* cortar o interrumpir algo

atajo *m* camino por donde se llega antes a un sitio

atalaya *f* torre construida en un lugar alto para vigilar

ataque *m* acción de atacar; crítica violenta; aparición repentina y con fuerza de una enfermedad, sentimiento

atar vt/pronl sujetar o unir con cuerdas u otro material; *fig* impedir la libertad de acción

atardecer m último tiempo de la tarde; *impers* empezar a terminar la tarde

atareado, -a adj que tiene mucho trabajo que hacer

atascar vt/pronl cerrar u obstruir el paso por un conducto; *pronl* quedarse detenido; *fam* tener dificultades al hablar

atasco m obstrucción de un conducto; tráfico intenso que impide la circulación

ataúd m caja donde se mete el cadáver

ataviar vt/pronl adornar, arreglar o vestir

ateísmo m doctrina que niega la existencia de Dios

atemorizar vt/pronl producir o sentir temor o miedo

atención f interés al hacer algo; demostración de un comportamiento amable; *interj* palabra de advertencia; *llamar la ~* causar sorpresa o interés; amonestar, reprochar

atender vi prestar atención; vt/i ocuparse de alguien o algo

atenerse pronl someterse alguien a algo sabido

atentado m agresión o ataque violento; acción contraria a lo considerado justo

atentar vi cometer un atentado; actuar en contra de lo considerado justo

atento, -a adj que tiene la atención fija en algo; amable, cariñoso

ateo, -a adj/s que niega la existencia de Dios

aterrizaje m descenso de una aeronave hasta el suelo

aterrizar vi descender una aeronave hasta el suelo; *fam* caer alguien al suelo; *fig* acabar de llegar a un sitio

aterrorizar vt/pronl causar o sentir terror

atesorar vt reunir y guardar dinero o cosas de valor

atestado, -a adj que está lleno al máximo; *fam desp* que tiene ideas fijas; sm documento oficial en el que constan ciertos hechos

atestar vt llenar u ocupar algo al máximo; declarar

ático m último piso de un edificio

atinar vi acertar; hacer lo más adecuado

atizar vt mover el fuego; *fig* avivar sentimientos; *fam* golpear

atlántico, -a adj del océano Atlántico o relacionado con él

atlas m libro de mapas geográficos

atleta s persona que practica el atletismo; persona musculosa

atletismo m deporte basado en la carrera, el salto y el lanzamiento del peso

atmósfera f capa de gases que rodea la Tierra; aire de un lugar; *fig* ambiente

atolladero m lugar o situación de los que es difícil salir

atolondrado, -a *adj* que no piensa en lo que hace

atolondrarse *pronl* ponerse nervioso y no pensar en lo que se hace

átomo m *fís quím* parte muy pequeña de la materia

atontar *vt/pronl* poner tonto

atontolinado, -a *adj* que tiene poca capacidad para entender lo que ocurre

atormentar *vt/pronl* causar dolor o molestia física; producir pena o angustia

atornillar *vt* meter un tornillo; sujetar con tornillos

atosigar *vt/pronl* agobiar con prisas o exigencias

atracador, -a s persona que ataca para robar

atracar *vt* atacar para robar; *vt/i* arrimar una embarcación al muelle; *vt/pronl fam* comer o beber demasiado

atracción f interés que despierta alguien o algo; lo que despierta este interés; espectáculo

atraco m ataque que se realiza para robar

atracón m *fam* **darse un ~**

de algo comer o beber demasiado

atractivo, -a *adj* que despierta interés y gusta; *sm* cualidad o conjunto de cualidades de alguien

atraer *vt/i/pronl* traer por propia fuerza hacia sí un cuerpo a otro; *vt/pronl* despertar el interés a alguien

atragantarse *pronl* sentir ahogo al atravesarse algo en la garganta; *fam* no gustar

atrancar *vt* cerrar una puerta por dentro con una tranca; *vt/pronl* cerrar el paso por un conducto, atascar

atrapar *vt* coger a alguien o algo que va delante

atrás *adv* hacia un lugar que está a la espalda; en un lugar posterior; en o hacia un tiempo pasado; *interj* ordena que se retroceda

atrasar *vt/pronl* hacer que algo suceda más tarde; *pronl* llegar tarde; quedarse atrás

atraso m hecho de que algo suceda más tarde; *pl* cantidad de dinero no pagada a su debido tiempo

atravesar *vt/pronl* poner algo cruzado de un lado a otro; cruzar un lugar de un lado a otro; *vt* pasar por una situación determinada; *pronl fam* no gustar nada algo o alguien

atrayente *adj* que atrae

atreverse *pronl* tener valor para hacer algo con riesgo

atrevido, -a *adj/s* que tiene valor; que falta al respeto

atrevimiento *m* valor para hacer algo con riesgo; falta de respeto

atribuir *vt/pronl* considerar algo como propio de alguien; responsabilizar a alguien o algo de un hecho

atributo *m* cada una de las cualidades de un ser; *gram* parte de la oración que califica al sujeto

atril *m* mueble para sostener libros o papeles

atrio *m* patio interior con columnas; entrada cubierta y limitada con columnas

atrocidad *f* crueldad grande; *fam* hecho que se sale de lo normal o es un gran error

atrofia *f med* falta de desarrollo en una parte del cuerpo; *fig* poco desarrollo de una cualidad

atropellar *vt* pasar un vehículo por encima de alguien; empujar para abrirse paso; *fig* no respetar los derechos de las personas

atropello *m* paso de un vehículo por encima de alguien; *fig* falta de respeto a los derechos de las personas

atroz *adj* muy cruel; mucho; muy feo

atuendo *m* vestido o conjunto de ropas

atufar *vt/pronl* trastornar al respirar gases; *vi fam* producir mal olor

atún *m* pez marino de gran tamaño

aturdir *vt/pronl* producir o sentir una alteración de los sentidos; confundir hasta perder la serenidad para hablar o actuar

aturullar *vt/pronl fam* confundir hasta no saber qué decir o cómo actuar

atusar *vt/pronl* arreglar el pelo con la mano o el peine

audacia *f* valor para hacer algo nuevo o difícil

audaz *adj* valiente, atrevido

audición *f* capacidad para oír; concierto, recital

audiencia *f* acto en el que una autoridad recibe; conjunto de personas que sigue un programa de radio o televisión; *jur* tribunal de justicia; lugar donde actúa este tribunal

audiovisual *adj* que se refiere al oído y a la vista

auditivo, -a *adj* del oído o relacionado con él

auditoría *f* estudio de la situación financiera y administrativa de una empresa

auditorio *m* conjunto de oyentes en un acto público; lugar preparado para un acto público

auge *m* momento de mayor importancia en un proceso

augurar *vt* decir lo que va a suceder

augurio *m* anuncio o indicio de lo que va a suceder

aula *f* el, un ~ sala o habitación donde enseña un profesor

aullar *vi* emitir ciertos animales unos sonidos tristes

aullido *m* conjunto de sonidos tristes y continuos emitidos por lobos, perros; *fig* sonido parecido a éstos

aumentar *vt/i* hacer mayor algo en cantidad, extensión

aumentativo, -a *adj* que indica aumento; *gram* del sufijo que aumenta el significado de la palabra

aumento *m* proceso en el que algo se hace mayor en cantidad, extensión; *fís* cualidad aumentativa propia de algunos cristales

aun *adv* incluso, hasta; *conj* seguido de un gerundio expresa una dificultad

aún *adv* hasta el momento en que se habla, todavía

aunar *vt/pronl* unir personas o cosas distintas para un fin

aunque *conj* expresa una dificultad; expresa oposición, pero, sin embargo

aúpa *interj fam* se usa para dar ánimo; **de ~** enorme, muy grande; **ser de ~** *fam* ser de cuidado

aupar *vt/pronl* levantar a un niño o ayudarle a que se levante

aurícula *f med* cada una de las dos cavidades superiores del corazón

auricular *adj* que se refiere al oído o a las aurículas; *sm* receptor que se pone en la oreja para oír algo

aurora *f* luz difusa que precede a la salida del sol

auscultar *vt med* examinar con el oído o con un instrumento

ausencia *f* tiempo durante el que alguien no está en un lugar; falta o privación de algo

ausentarse *pronl* irse de un lugar

ausente *adj/s* que no está en un lugar; *adj* distraído

austeridad *f* falta de lo superfluo

austero, -a *adj* sencillo, práctico, sin adornos

austral *adj geo* que se refiere al polo o hemisferio sur

australiano, -a *adj/s* de Australia

austriaco, -a o **austríaco, -a** *adj/s* de Austria

auténtico, -a *adj* que no es falso

auto *m* automóvil

autobiografía *f* historia sobre la propia vida del autor

autobiográfico, -a *adj* de la propia vida de alguien

autobús *m* vehículo público

con trayecto fijo para llevar pasajeros

autocar *m* automóvil grande de turismo, autobús

autóctono, -a *adj* que ha nacido en el mismo sitio o país en que vive

autodidacta *adj/s* que aprende sin ayuda de maestro

autoescuela *f* escuela en la que se enseña a conducir

autógrafo, -a *adj* escrito de mano del mismo autor; *sm* firma de alguien famoso

automático, -a *adj* que funciona por sí mismo; *fam* que se hace sin pensar; *sm* cierre de dos piezas para la ropa

automatizar *vt* hacer que algo sea automático; aplicar máquinas en un proceso

automóvil *adj* que se mueve por sí mismo; *sm* vehículo que se mueve con su propio motor sobre ruedas

automovilismo *m* deporte con automóviles

automovilista *s* persona que conduce un automóvil

autonomía *f* situación de alguien o algo que no depende de otro u otra cosa; en España, comunidad autónoma

autonómico, -a *adj* de la autonomía o relacionado con ella

autónomo, -a *adj* que goza de autonomía; que trabaja por cuenta propia

autopista *f* carretera con varios carriles para ambos sentidos y sin cruces

autopsia *f med* examen médico de un cadáver

autor, -a *s* persona que hace o causa algo

autoridad *f* poder de alguien para mandar; persona que tiene este poder; capacidad de mando o aptitud para que le obedezcan; prestigio de alguien o la persona misma que sabe mucho de una materia

autoritario, -a *adj* que se apoya de forma exagerada en la autoridad; *adj/s* que quiere imponer su criterio

autorización *f* permiso que se da para poder hacer algo

autorizar *vt* permitir o dar la posibilidad de hacer algo

autorretrato *m* retrato que hace alguien de sí mismo

autoservicio *m* establecimiento donde el cliente se sirve a sí mismo

autostop *m* modo de viajar haciendo alguien una señal a un automovilista para que éste pare

autovía *f* carretera semejante a la autopista

auxiliar *adj* que presta ayuda o auxilio; *adj/s* que depende de alguien o algo; *vt* prestar ayuda en una necesidad o peligro

auxilio *m* ayuda; lo que se da

como ayuda; **primeros ~s** lo primero que se debe hacer con alguien en caso de accidente

aval *m econ* acción de garantizar que algo se va a cumplir; documento en que consta esa acción

avalancha *f* masa de nieve que resbala de la montaña, alud; *fig* gran cantidad de personas o cosas que se acumulan de pronto

avance *m* movimiento hacia adelante; mejoría en el desarrollo de algo; adelanto de una información

avanzar *vt* mover hacia adelante; adelantar una noticia; *vi* ir hacia adelante; transcurrir el tiempo; mejorar o progresar en el desarrollo de algo

avaricia *f* afán de tener y guardar muchas riquezas; **con ~** *fig* mucho

avaricioso, -a *adj/s* que tiene avaricia

avaro, -a *adj/s* ansioso de poseer cosas; que no le gusta gastar nada

avasallar *vt* someter a otro sin respetar sus derechos

avatares *m pl* conjunto de cambios y sucesos

ave *f* **el, un ~** animal cubierto de plumas con pico y alas

avecinarse *pronl* aproximarse o ir a ocurrir de pronto

avellana *f* fruto del avellano

avellano *m bot* árbol o arbusto alto de hoja caduca

avemaría *f* **el, un ~** oración a la Virgen María

avena *f bot* planta de caña delgada y hojas estrechas del grupo de los cereales; grano de esta planta

avenida *f* crecida impetuosa de un río; calle ancha

aventajar *vt* llevar ventaja

aventura *f* suceso extraordinario; situación arriesgada; relación amorosa pasajera

aventurero, -a *adj/s* que busca aventuras

avergonzar *vt/pronl* producir vergüenza o sentirla

avería *f* daño o fallo por lo que algo no funciona

averiar *vt/pronl* romper algo y dejar de funcionar

averiguar *vt* investigar para conocer algo

avestruz *m zoo* ave muy grande que puede correr, pero no volar

aviación *f* sistema de navegación aérea

aviador, ~a *s* persona que conduce un avión, piloto

avidez *f* deseo muy fuerte de algo

ávido, -a *adj* que desea algo intensamente

avión *m* vehículo que vuela

avisar *vt* comunicar; llamar la atención; llamar a alguien

aviso *m* noticia oral o escrita; señal de algo

avispa f zoo insecto de color amarillo y negro

avispero m lugar donde se encuentran las avispas

avivar vt aumentar la intensidad de algo; aumentar la fuerza del fuego

axila f med hueco entre el cuerpo y el comienzo del brazo

axioma m principio aceptado como verdadero

ay interj expresa dolor, admiración; sm expresión de dolor

ayer adv en el día anterior al de hoy; en un tiempo pasado; sm tiempo ya pasado

aya f el ~ persona encargada de los niños en una familia

ayuda f acción de una persona en favor de otra; lo que se da a la persona necesitada

ayudante adj/s que ayuda a otro superior en su actividad

ayudar vt cooperar para que otro consiga algo

ayunar vi abstenerse de comer o beber durante un tiempo

ayuno, -a adj que no ha comido; fig que no sabe nada de algo; sm hecho de no comer o beber; **estar en ayunas** no haber desayunado; fig no saber nada de algo

ayuntamiento m corporación formada por el alcalde y los concejales; edificio donde se reúne

azabache m mineral duro y de color negro

azada f agr herramienta con una pala de extremo cortante y un mango

azadón m agr azada con la pala y el mango más largos

azafata f empleada de las líneas aéreas; empleada que atiende al público en algunos actos

azafrán m bot planta con flor de color violeta

azahar m bot flor blanca del naranjo y otros cítricos

azalea f bot arbusto con flores blancas, rosas o rojas

azar m casualidad, suerte; suceso no esperado

azor m zoo ave rapaz diurna

azotaina f serie de azotes dados en el culo con una cuerda

azotar vt dar azotes con la mano, una cuerda; golpear algo de forma repetida y violenta

azote m golpe dado en el culo con la mano abierta, con una cuerda; golpe repetido y violento

azotea f cubierta plana de un edificio sobre la que se puede andar; fam cabeza humana

azteca adj/s de un pueblo amerindio nativo de México; sm lengua hablada por los aztecas

azúcar s sustancia sólida y blanca empleada para dar sabor dulce a los alimentos

azucarar *vt* poner dulce echando azúcar

azucarero, -a *adj* relacionado con el azúcar; *sm* recipiente para guardar y servir el azúcar; *sf* fábrica de azúcar

azucena *f bot* planta con largas hojas y flores muy olorosas

azufre *m quím* sustancia de color amarillo

azul *adj/sm* de un color semejante al cielo sin nubes

azulado, -a *adj* de un color con tonos azules

azulejo *m* ladrillo pequeño, delgado y recubierto con un barniz por una cara

B

baba *f* saliva; líquido que sueltan ciertos animales o plantas; *caérsele a alguien la ~ fam* sentir agrado o cariño; *tener mala ~ fam* tener mala intención

babear *vi* echar babas

babero *m* prenda para los niños que se sujeta al cuello

babi *m fam* bata de los niños

Babia, estar en ~ *fam* estar distraído

babor *m* lado izquierdo de un barco

babosear *vt* manchar de babas; *am* burlarse

baboso, -a *adj/s* que echa muchas babas; *fam* que no tiene todavía edad para algo; *am* tonto; *sf zoo* caracol alargado y sin concha

babucha *f* zapatilla ligera

baca *f* estructura de metal colocada sobre el techo del automóvil

bacalao *m zoo* pez marino del ártico

bache *m* hoyo que hay en una carretera o camino; *fig* situación pasajera en la que aparece una dificultad

bachillerato *m* conjunto de cursos de enseñanza; grado o título que se obtiene al terminar estos estudios

bacon *m* beicon

bacteria *f* organismo muy pequeño de una célula sin núcleo

badajo *m* pieza que cuelga en el interior de una campana

badén *m* zanja formada en el terreno por el agua; depresión en el firme de una carretera; acera al nivel de la calle para el paso de coches

bádminton *m dep* juego con raquetas y pelota con plumas

bafle *m mús* plancha que mejora el sonido; altavoz de un equipo sonoro

bah *interj* se usa para expresar desprecio o disgusto

bahía *f* entrada extensa del mar en la costa

bailaor, ~a *s* profesional que baila flamenco

bailar *vi/t* mover el cuerpo al ritmo de una música; *vi* moverse algo que no está bien sujeto; **~ con la más fea** *fam* tocarle lo peor de algo

bailar|ín, ~ina *adj/s* que baila o le gusta bailar; *s* profesional del baile

baile *m* conjunto de movimientos con el cuerpo al ritmo de la música; cada estilo de bailar; fiesta en la que se baila; **~ de salón** baile por parejas en un local; **~ de san Vito** enfermedad nerviosa

bajada *f* terreno que desciende; disminución de la calidad, cantidad o fuerza de algo

bajar *vi/t/pronl* ir a un lugar más bajo; *vi/pronl* salir de un vehículo; disminuir la calidad, cantidad o fuerza de algo; *vt* poner en un lugar más bajo o inferior

bajo, -a *adj* que tiene poca altura; que tiene una calidad, cantidad o fuerza inferior a lo normal; que ocupa una posición inferior; de mal gusto, vulgar; *adj/sm* piso de un edificio al nivel de la calle; *más* instrumento o persona con voz de sonidos graves; *sf* hecho de dejar una asociación, grupo o empresa; documento médico que justifica la ausencia del trabajo; *mil* muerte en la guerra; *adv* con voz suave; a poca altura; *prep* expresa un lugar inferior

bajón *m* descenso o disminución importante y rápido

bala *f* proyectil de un arma de fuego; *sm fam* persona que actúa con poco juicio

balance *m econ* hecho de comparar el activo y el pasivo; valoración de algo

balancear *vt/pronl* mover de un lado al otro

balanceo *m* movimiento repetido de un lado al otro

balancín *m* barra larga apoyada en el centro y con dos asientos en sus extremos; asiento colgante o sujeto al suelo para balancearse; *téc* barra que se mueve alrededor de un eje

balanza *f* instrumento para medir pesos pequeños

balar *vi* dar balidos

balazo *m* impacto de bala disparada por un arma de fuego

balbuc|ear o **~ir** *vi* hablar con dificultad

balcón *m* hueco grande en un muro con una barandilla por fuera

balde *m* cubo; **de ~** gratis, sin pagar; **en ~** inútilmente

baldosa *f* ladrillo fino para cubrir el suelo

baldosín *m* baldosa pequeña

balear *adj/s* de la comunidad autónoma de las islas Baleares; *vt am* disparar balas

balido *m* voz de la oveja, cabra y de otros animales

ballena *f zoo* mamífero marino

ballenato *m zoo* cría de la ballena

ballet *m* representación que combina danza, mímica y música de orquesta

balneario *m* lugar para tomar baños medicinales

balón *m* pelota grande

balonazo *m* golpe dado a alguien al lanzar un balón

baloncesto *m dep* juego del balón con la mano para meterlo en la cesta o red

balonmano *m dep* juego del balón con la mano para meterlo en la portería

balonvolea *m dep* juego del balón con la mano para pasarlo por encima de una red

balsa *f* embarcación construida con troncos; depresión del terreno donde se acumula agua

bálsamo *m* líquido aromático de ciertos árboles; medicamento aromático; *fig* lo que sirve de consuelo

bambú *m* planta de tallos altos con hojas alargadas

banana *f* fruto alargado y curvo, plátano

banca *f econ* conjunto de bancos y otras organizaciones financieras; conjunto de dinero o fichas en ciertos juegos

bancario, -a *adj econ* de los bancos o relacionado con ellos

banco *m* asiento alargado; *econ* organización financiera; mesa de trabajo para ciertos oficios manuales; gran número de peces que nadan juntos; gran cantidad de arena en el fondo del mar o de un río; *med* institución que recoge y conserva sangre, órganos humanos; **~ de datos** conjunto de datos almacenados en fichas, cintas, discos

banda *f mús* conjunto de músicos que tocan ciertos instrumentos; *fam* grupo organizado para cometer delitos; lado o zona lateral; **~ sonora** sonido y música de una película

bandada *f* gran número de aves que vuelan juntas

bandeja *f* pieza plana sobre la que se ponen cosas para llevarlas a otro sitio; **servir en ~** *fam* facilitar mucho algo

bandera *f* trozo de tela de diferentes colores como insignia de una nación, institución o grupo

banderilla *f* palo como un arpón que el torero clava al toro; *gastr* tapa picante pinchada en un palillo de dientes

banderín *m* bandera triangular pequeña que sirve como insignia o para adornar con distintos colores

bandido, -a *s* persona que roba; *fam* persona lista y habilidosa, pícaro

bando *m* grupo de personas opuesto a otro; aviso oficial que da una autoridad

bandolero, -a *s* persona que roba en los caminos; *sf* correa colgada desde un hombro hasta el costado opuesto

bandurria *f mús* instrumento con seis cuerdas dobles

banquero, -a *s econ* propietario o directivo de un banco; el que tiene la banca en ciertos juegos

banqueta *f* asiento bajo y sin respaldo; *am* acera de la calle

banquete *m* comida para celebrar algo

banquillo *m dep* lugar donde se sientan el entrenador y los reservas; *jur* asiento donde se coloca al acusado

bañador *m* prenda que se usa para bañarse

bañar *vt/pronl* meter en agua u otro líquido un cuerpo; *vt* cubrir la superficie de algo con una capa de otra cosa; tocar un lugar el agua del mar o de un río

bañera *f* recipiente grande para bañarse

bañista *s* persona que se baña; persona que cuida de los se bañan, socorrista

baño *m* hecho de baño o bañarse; bañera; cuarto de aseo; capa fina de una sustancia con la que se cubre algo; *fam* victoria clara sobre un adversario; *pl* balneario

bar *m* local público donde se sirven bebidas y algo para comer

baraja *f* conjunto de cartas para algunos juegos; *jugar con dos -s fam* actuar con falsedad

barajar *vt* mezclar las cartas de una baraja; considerar las posibles soluciones

barandilla *f* parte de una escalera, balcón que sirve de protección y apoyo

baratija *f* lo que tiene poco valor

barato, -a *adj* con un precio bajo; *adv* **barato** a un precio bajo

barba *f* pelo que nace en el mentón y en las mejillas; *zoo* grupo de pelos en la mandíbula inferior de algunos animales; *por - fam* cada persona; *subirse a las*

..s de alguien *fam* faltarle al respeto

barbacoa *f* parrilla para asar alimentos al aire libre

barbaridad *f* lo que es imprudente, equivocado o cruel; **una .. ** *fam* gran cantidad o excesivo

bárbaro, -a *adj/s* cruel o brutal; imprudente o grosero; *fam* estupendamente; *adv* **bárbaro** estupendamente

barbecho *m agr* tierra de labor que no se cultiva

barbilla *f* parte de la cara que está debajo de la boca

barbudo, -a *adj/s* que tiene mucha barba

barca *f* barco pequeño

barco *m* vehículo para transportar por el agua personas o mercancías

baremo *m* lista de tarifas; escala de valores para juzgar ciertos datos

barítono *m mús* voz masculina entre el tenor y el bajo

barniz *m* producto líquido que se extiende sobre la superficie de algunos objetos; *fig* conocimiento muy superficial

barnizar *vt* extender sobre una superficie barniz

barómetro *m* instrumento que sirve para medir la presión atmosférica

bar|ón, ..onesa *s* título de la clase noble

barquero, -a *s* persona que conduce una barca

barquillo *m gastr* dulce elaborado con harina sin levadura, azúcar y canela

barra *f* pieza larga y delgada de material rígido; pieza alargada de pan o de otra cosa; *am* grupo de personas que asiste a una sesión pública, espectáculo; grupo de amigos

barraca *f* casa de campo hecha con materiales ligeros; construcción desmontable; *am* almacén

barracón *m* edificio de un solo piso sin tabiques

barranco *m geo* corte profundo del terreno; cauce profundo

barrena *f* herramienta de acero con forma de espiral para taladrar materiales

barrendero, -a *s* persona que trabaja barriendo

barreño *m* recipiente de barro, plástico u otro material más ancho que alto

barrer *vt* limpiar el polvo y la basura del suelo; *vt/i fig* obtener una gran victoria en una competición; **.. hacia dentro** *fam* actuar en interés propio

barrera *f* obstáculo con barras; dificultad o inconveniente; valla en una plaza de toros; *dep* fila de jugadores delante de su portería; **ver**

los toros desde la ~ fam mirar sin comprometerse en un asunto

barriada *f* barrio o parte de él

barricada *f* obstáculo con objetos diversos para impedir el paso y defenderse

barriga *f* parte abdominal de los vertebrados; *fam* abdomen abultado; *rascarse la ~ fam* estar haciendo el holgazán

barril *m* recipiente cilíndrico de madera o de metal; medida para el petróleo

barrio *m* cada una de las zonas en que se divide una población; *~ chino* el que tiene locales dedicados al sexo; *irse al otro ~ fam* morirse

barrizal *m* terreno lleno de barro

barro *m* mezcla de tierra y agua; mezcla de arcilla y agua

barroco, -a *adj* del Barroco o relacionado con él; *fig* demasiado adornado; *sm* estilo artístico de Europa y América en el siglo XVII

barrote *m* barra gruesa

bártulos *m pl fam* objetos necesarios para una actividad o de uso cotidiano

barullo *m fam* situación en la que reina el desorden

basar *vt/pronl* fundar una afirmación en argumentos; poner sobre una base

báscula *f* instrumento para medir pesos grandes

base *f* aquello que sirve de apoyo; conjunto de miembros de una asociación o partido; *mat* línea o cara sobre la que parece que se apoya una figura; *a ~ de bien fam* mucho; *partir de la ~* dar por supuesto lo fundamental; *inform ~ de datos* sistema que permite almacenar y guardar mucha información

básico, -a *adj* que es la base o el fundamento de algo

basílica *f rel* título que se concede a ciertas iglesias

bastante *adj/pron/adv* que basta o es suficiente; que es más de lo normal

bastar *vi/pronl* ser suficiente; *impers basta con* es suficiente; *interj basta* se usa para interrumpir una acción

bastardo, -a *adj/s desp* del hijo nacido fuera del matrimonio

bastidor *m* utensilio en el que se sujetan telas o lienzos; *tea* estructura que sirve de decorado; *téc* estructura sobre la que se apoya un motor; *entre ~es fam* de forma secreta

basto, -a *adj* de algo mal acabado, de baja calidad; *adj/s* de la conducta o del lenguaje poco delicados groseros; *sm pl* cartas que pertenecen a este palo

bastón *m* especie de palo que sirve para apoyarse; especie de vara como insignia de mando

bastonazo *m* golpe dado con un bastón

basura *f* conjunto de desperdicios y suciedad; aquello que tiene muy poco valor; estiércol de las caballerías

basurero, -a *s* persona que trabaja en la recogida de la basura; *sm* lugar donde se tira la basura; *am* basural

bata *f* prenda de vestir ancha y cómoda

batacazo *m* caída fuerte y con ruido; *fig* fracaso o decepción; *am* triunfo sorprendente; **pegarse** o **darse un ~** caer o golpearse de esta manera

batalla *f* combate entre dos ejércitos; lucha entre dos o más para conseguir algo; ~ o **batallita** *fig fam* relato que cuenta alguien; **de ~** prenda de vestir u otro objeto resistente al uso

batallón *m mil* unidad del ejército; *fam* grupo numeroso de personas

bate *m dep* bastón en el béisbol para golpear la pelota

batería *f mil* conjunto de piezas de artillería; *téc* aparato que almacena energía eléctrica; *mús* conjunto formado por tambores, platillos; *s* persona que toca este conjunto; **en ~** aparcamiento de coches uno al lado del otro y no en fila

batido *m* bebida que se prepara batiendo varios productos

batidor *m* objeto que se usa para batir alimentos

batidora *f* electrodoméstico que se usa para batir alimentos

batir *vt* remover con energía una sustancia; recorrer un terreno con atención; golpear repetidamente algo, contra otra cosa; vencer a un adversario; ir más allá de un límite o marca; *pronl* luchar contra alguien; **~se el cobre** *fam* trabajar con empeño

batuta *f mús* palo corto y delgado del director de una orquesta; **llevar la ~** *fam* mandar y dirigir un asunto

baúl *m* caja grande reforzada con chapa metálica

bautismo *m rel* sacramento de la Iglesia

bautizar *vt/pronl rel* administrar el sacramento del bautismo; *fam* adulterar con agua el vino, la leche

bautizo *m* celebración del bautismo

bávaro, -a *adj/s* de Baviera, estado federal de Alemania

baya f bot fruto redondo de ciertas plantas

bayeta f paño absorbente

bayoneta f mil arma de acero con forma de espada

bazar m tienda; mercado público en algunos países orientales

bazo m med órgano interno del cuerpo

beato, -a adj/s rel de un cristiano difunto, a quien el Papa declara como modelo; fam de la persona que exagera en su conducta religiosa

bebé m niño recién nacido

bebedor, -a adj/s que bebe bebidas alcohólicas; que abusa de las bebidas

beber vt/i/pronl tomar un líquido tragándolo; vi beber bebidas alcohólicas; brindar

bebido, -a adj que está bajo los efectos del alcohol; sf líquido para beber; hecho de beber

beca f ayuda económica para realizar estudios

becerro, -a s zoo cría de la vaca hasta los dos años

bechamel f besamel

bedel, -a s empleado en un centro oficial

beduino, -a adj/s de los pueblos nómadas de los desiertos árabes y norteafricanos

begonia f bot planta de hojas grandes

beicon m gastr carne de cerdo con tocino ahumada, panceta ahumada

beige o **beis** adj/sm de color marrón muy claro

béisbol m dep juego entre dos equipos en el que se golpea la pelota con el bate

belén m representación de cómo nació Jesucristo

belga adj/s de Bélgica

bélico, -a adj de la guerra o relativo a ella

belleza f cualidad de bello; persona o cosa que tiene gran hermosura

bello, -a adj muy agradable para la vista o el oído; muy bueno en el plano intelectual o moral

bellota f bot fruto de la encina, del roble

bendecir vt alabar, agradecer o desear felicidad; rel conceder Dios o pedir su protección; dar carácter sagrado a algo

bendición f lo que produce gran felicidad o alegría; rel petición de la protección divina; acción de dar a algo carácter sagrado

bendito, -a adj rel que se ha bendecido; referido a los santos; s fam persona muy buena o poco inteligente

beneficiar vt obtener un beneficio; am descuartizar una res

beneficio m fruto o ganancia que se da o se obtiene

beneficioso, -a *adj* que resuelta bueno o útil

benéfico, -a *adj* que se realiza de forma gratuita; beneficioso

benigno, -a *adj* de una enfermedad no muy grave; del clima templado

berberecho *m zoo* animal marino con dos conchas

berenjena *f bot* planta de color morado y comestible

bermellón *m* polvo y color entre rojo vivo y naranja

bermudas *adj/s pl* de los pantalones cortos

berrear *vi* emitir un becerro, un ciervo su voz característica; llorar a gritos

berrido *m* voz del animal que berrea; grito que molesta

berrinche *m fam* llanto fuerte y continuo; disgusto o enfado grande

besamel *f gastr* pasta blanca de leche, harina y mantequilla

besar *vt/pronl* tocar con los labios; **~ el suelo** *fig* caer de bruces

beso *m* hecho de besar

bestia *f zoo* animal cuadrúpedo, sobre todo el de carga; *s/adj fam* persona que tiene mucha fuerza; persona que se comporta de forma violenta; persona que destaca en una actividad

bestial *adj* propio de una bestia; *fam* muy grande

best-seller *m* gran éxito de ventas

bestialidad *f* lo que es imprudente, equivocado

besucón, ~ona *adj/s fam* que le gusta dar besos

besugo *m zoo* pez marino con ojos de gran tamaño; *fam* persona torpe

betún *m* crema para limpiar y dar brillo al calzado

biberón *m* botella pequeña para el tiempo de la lactancia

biblia *f* libro con los textos sagrados de la fe cristiana y judía; **ser la ~ en verso** *fam* ser el colmo

bíblico, -a *adj* de la Biblia o relacionado con ella

bibliografía *f* lista de libros sobre una materia o autor

biblioteca *f* lugar donde hay muchos libros ordenados; mueble o estantería para colocar libros

bicarbonato *m med* conjunto de sales para quitar la acidez de estómago

bicharraco, -a *s desp* bicho feo y repugnante

bicho *m fam* animal, sobre todo pequeño; *fig* persona con malas intenciones o fea; niño travieso; **todo ~ viviente** *fam*

bici *f fam*, **bicicleta** *f* vehículo de dos ruedas que se mueve con la fuerza de los pies

bicolor *adj* de dos colores

bidé *m* lavabo sobre el que una persona se puede sentar

bidón *m* recipiente que cierre hermético para líquidos

bien *adv* de manera correcta; con gusto; mucho o bastante; de acuerdo; *sm* lo que es bueno; *pl* conjunto de todo lo que se posee; *adj* de alta posición social; *conj* relaciona dos frases; *de –* honrado; *estar a –* estar en buena relación con otro; *más –* sino

bienal *adj* cada dos años; que dura dos años; *sf* manifestación artística que se celebra cada dos años

bienaventurado, -a *adj/s* que es o será feliz; *rel* que goza de la presencia de Dios

bienestar *m* buena posición económica y calidad de vida; sensación de satisfacción y comodidad

bienhechor, -a *adj/s* que ayuda a los otros

bienvenido, -a *adj* que es recibido con alegría; *sf* demostración de alegría por la llegada de alguien

bifurcarse *pronl* dividirse en dos algo

bigote *m* conjunto de pelos sobre el labio superior

bikini *m* biquini

bilingüe *adj* que domina muy bien dos lenguas; escrito en dos idiomas

bilingüismo *m* hecho de dominar dos lenguas; uso habitual de dos lenguas en la misma región o país

bilis *f* med líquido del hígado; mal humor casi continuo

billar *m* juego sobre una mesa con unas bolas de marfil y un taco

billete *m* tarjeta para poder entrar en un espectáculo o viajar en un medio de transporte; papel emitido por el banco que representa una cantidad de dinero; papel con un número de lotería

billetero, -a *s* cartera de bolsillo

billón *m* un millón de millones

bimensual *adj* que sucede o se hace dos veces al mes

bimestral *adj* cada dos meses; que dura dos meses

bimestre *m* período de tiempo de dos meses

bimotor *adj* que tiene dos motores; *sm* avión con dos motores

bingo *m* juego de azar; premio más alto de este juego; lugar donde se juega

biodegradable *adj* de un producto que se descompone sin contaminar

biografía *f* historia de la vida de una persona

biología *f* ciencia que estudia los seres vivos

biombo *m* especie de pared portátil

biotopo

biotopo o **biótopo** *m bio* territorio con un medio ambiente determinado

biquini *m* traje de baño femenino formado por dos piezas

birlar *vt fam* robar

birria *s desp* persona mal vestida, débil o fea; *sf* cosa mal hecha, de poco valor

bisabuelo, -a *s* padre o madre de los abuelos de alguien

bisagra *f* pieza de metal con dos láminas encajadas en un eje

bisiesto *adj/sm* del año que tiene 29 días en febrero

bisnieto, -a *s* hijo o hija de los nietos de alguien

bisonte *m zoo* mamífero de gran tamaño, semejante al toro

bisté o **bistec** *m* filete de carne de vaca asado o frito

bisturí *m med* especie de cuchillo usado en cirugía

bisutería *f* conjunto de objetos que imitan a las joyas

bit *m inform* unidad más pequeña de información del sistema binario

bizco, -a *adj/s* de la persona que tiene la mirada torcida

bizcocho *m gastr* dulce con huevos, harina y azúcar

biznieto, -a *s* bisnieto

blanco, -a *adj* de cosas de color más claro que otras; *adj/sm* del color como la

nieve o la leche; *adj/s* de la raza que tiene la piel clara; *sm* objeto hacia el que se dispara o lanza algo

blandengue *adj desp* de algo que está demasiado blando; *adj/s* que es muy débil o tiene poca autoridad

blando, -a *adj* que pierde la forma con facilidad al tacto o la presión; que es amable con exceso; débil o que aguanta poco

blanquear *vt* poner algo de color blanco; *fig* invertir en negocios legales un dinero ilegal; *vi* tirar a blanco

blanquecino, -a *adj* que tira a blanco

blasfemia *f* expresión contra alguien o algo que se considera sagrado

bledo *m fam* **importar un** ~ importar muy poco o nada

blindar *vt* cubrir algo con hojas de metal

bloc *m* conjunto de hojas de papel unidas

bloque *m* trozo grande de piedra o de otro material duro; conjunto de cosas que forman una unidad; edificio grande con pisos

bloquear *vt* impedir el paso; *vt/pronl* impedir el proceso de algo

blusa *f* prenda de vestir exterior de la mujer

blusón *m* blusa larga y suelta

boa *f zoo* reptil grande

bobada f dicho o hecho sin razón ni sentido; algo sin importancia, tontería

bobina f hilo, alambre u otro material enrollado sobre sí mismo en un soporte

bobo, -a adj/s que tiene poco entendimiento; muy ingenuo

boca f orificio de la cara por donde se introducen los alimentos; agujero de entrada y salida de un lugar; **a pedir de ~** fam de la manera deseada; **abrir ~** tomar algo antes de comer; **~ a ~** forma de respiración artificial; **con la ~ abierta** fam muy sorprendido; **hacerse la ~ agua** fam disfrutar pensando en algo

bocabajo o **boca abajo** adv colocando abajo la parte de arriba; con la boca hacia abajo

bocacalle f parte de una calle que une con otra mayor

bocadillo m trozo de pan cortado en dos partes y relleno con algún alimento; am dulce de leche, azúcar y fruta

bocado m porción de comida que se mete en la boca de una vez; hecho de apretar algo con los dientes; parte del freno en la boca del caballo

bocajarro exp adv **a ~** de forma repentina; de un disparo desde cerca

bocamina f entrada de una mina

bocana f estrechamiento de la entrada a un puerto; am desembocadura de un río

bocanada f aire, humo que sale o entra de una vez

bocata m fam bocadillo de pan

bocazas s desp persona que habla demasiado

bocera f resto de comida o bebida sobre la parte exterior de los labios

boceras s persona que presume

boceto m dibujo con los rasgos generales; proyecto de algo

bochorno m calor sofocante; sentimiento de vergüenza

bocina f instrumento que hace un ruido agudo

boda f ceremonia y fiesta en que se celebra el acto de casarse

bodega f lugar donde se cría y se almacena el vino; tienda en la que se venden vinos; espacio de los barcos donde llevan la carga; am tienda de comestibles

bodegón m cuadro o pintura donde se representan seres sin vida y objetos

bofetada f golpe dado en la cara con la mano abierta; fam cualquier golpe fuerte

boicot *m* medida de presión para que se pueda conseguir un fin

boina *f* gorra redonda

bola *f* cuerpo esférico de cualquier materia; *fam* mentira; *fam* pl vulg testículos; **en ~s** *fam* desnudo

bolero, -a *adj/s fig fam* mentiroso; *sm mús* canción y baile

boletín *m* publicación periódica de una institución; impreso con los datos personales para suscribirse a algo; programa informativo

boleto *m* papeleta en la lotería o rifa; *am* billete o entrada

boli *m fam* bolígrafo

bólido *m* vehículo que puede alcanzar una gran velocidad

bolígrafo *m* instrumento para escribir con una bola metálica en la punta

boliviano, -a *adj/s* de Bolivia

bollería *f gastr* tienda donde se hacen o venden bollos

bollo *m* dulce hecho con una masa de harina y agua; *fam* hueco o bulto

bolo *m* palo alargado con la base plana; *pl* juego que consiste en lanzar una bola hacia los bolos y derribarlos

bolsa *f* trozo de tela u otro material flexible cerrado sobre sí mismo por todos los lados menos por uno; especie de maleta de material flexible; concentración de algo; *econ* actividad de vender y comprar valores; lugar donde se realiza esta actividad

bolsillo *m* bolsa cosida en una prenda de vestir; **de ~** de tamaño pequeño; **meterse a alguien en el ~** *fam* conseguir que alguien haga lo que se quiere

bolso *m* bolsa de piel u otros materiales con cierre y asa o correa

bomba *f* aparato que explota en ciertas condiciones; máquina que transporta líquidos o gases; *fig* noticia inesperada que sorprende mucho; **pasarlo ~** *fam* divertirse mucho

bombacho, -a *adj/sm* de un pantalón ancho cuyo borde inferior va sujeto junto al tobillo; *sf am* pantalón amplio de la gente del campo

bombardear *vt* lanzar bombas sobre un sitio; *fig* acosar a alguien con preguntas

bombardeo *m* lanzamiento de bombas; **apuntarse a un ~** *fam* querer participar siempre en cualquier cosa

bombazo *m* impacto de una bomba; *fig* noticia inesperada que sorprende

bombear *vt* transportar líquidos o gases con una bomba

bombero, -a *s* persona cuyo oficio es apagar incendios

bombilla f aparato de cristal que da luz

bombín m sombrero de ala estrecha con la parte superior baja; bomba pequeña para dar aire a ciertos neumáticos

bombo m mús tambor muy grande; especie de jaula esférica que contiene los números de un sorteo; *a ~ y platillo* fam con mucha publicidad

bombón m dulce pequeño hecho de chocolate; fig persona guapa y atractiva

bombona f recipiente cilíndrico para guardar gases o líquidos

bonach|ón, ~ona adj/s fam amable y bondadoso

bondad f cualidad de alguien que hace el bien; cualidad de algo que es bueno o agradable; amabilidad, atención

bondadoso, -a adj que actúa haciendo el bien

bonito, -a adj agradable de ver u oír, lindo; bueno; sm zoo pez marino

bono m papel o tarjeta que se puede cambiar por otra cosa o dinero; tarjeta de abono

bonsái m bot técnica de cultivo de árboles con un crecimiento mínimo; este árbol

boñiga f excremento de ganado vacuno

boquerón m zoo pez marino semejante a la sardina

boquete m entrada estrecha de un lugar; agujero irregular que se hace en una pared

boquiabierto, -a adj que se ha quedado con la boca abierta por la sorpresa

boquilla f mús pieza pequeña y hueca de los instrumentos de viento; filtro cilíndrico de algunos cigarrillos; *de ~* fam sólo de palabra sin intención de hacer algo

borda f borde superior del costado de un barco

bordado, -a adj que tiene un bordado; fig de algo que ha salido sin ningún fallo; sm hecho de bordar; conjunto de adornos hecho con hilos

bordar vt hacer adornos con hilo en una tela; fig hacer algo sin ningún fallo

borde m extremo donde acaba algo; adj/s fam de trato poco agradable y amable; *al ~ de* muy cerca de

bordear vt ir por el borde o cerca de él; estar una fila de cosas al borde de algo; fig acercarse mucho a algo

bordillo m franja de piedras que forman el borde

borrachera f pérdida del control después de haber bebido demasiado

borracho, -a adj/s que está bajo los efectos del alcohol; que bebe habitualmente *adj/sm gastr* del pastel empapado en licor

borrador *m* utensilio para quitar lo escrito; escrito o dibujo provisional

borrar *vt/pronl* hacer desaparecer lo escrito o dibujado; dar de baja

borrasca *f* región atmosférica de bajas presiones

borrego, -a *s zoo* cría de la oveja de uno o dos años; *adj/s desp* que hace lo que dicen los otros

borrico, -a *s zoo* animal parecido al caballo; *adj/s fam* que es terco u obstinado; que aguanta mucho en el trabajo

borrón *m* mancha de tinta en un papel; *fig* imperfección o deshonra; **~ y cuenta nueva** *fam* expresa que se olvida el pasado y se empieza de nuevo

borroso, -a *adj* que no se distingue con claridad

bosnio, -a *adj/s* de Bosnia-Herzegovina

bosque *m* terreno con muchos árboles y arbustos

bostezar *vi* abrir la boca sin querer

bota *f* calzado que cubre el pie y parte de la pierna; **ponerse las ~s** *fam* obtener gran beneficio; comer mucho

botánico, -a *adj* de la botánica o relacionado con esta

ciencia; *s* persona que se dedica a esta ciencia; *sf* ciencia que estudia las plantas

botar *vi/t* saltar un objeto al chocar; *vi* dar saltos; *vt* echar un barco al agua; echar, arrojar

bote *m* salto que se da al botar; recipiente pequeño que es más alto que ancho; premio que queda de un juego celebrado; barco pequeño con remos; **chupar del ~** *fam* sacar beneficio sin arriesgar nada; **de ~ en ~** *fam* lleno de gente; **tener a alguien en el ~** *fam* tener a alguien a favor

botella *f* recipiente con el cuello estrecho y alargado para guardar líquidos; cantidad de líquido en una botella

botellín *m* botella pequeña

botica *f* farmacia

botijo *m* recipiente de barro que mantiene el agua fresca

botín *m* bota que llega hasta el tobillo; *mil* conjunto de armas y otros objetos del enemigo; conjunto de objetos de un robo

botiquín *m* lugar donde se guardan medicinas para una cura de urgencia

botón *m* pieza pequeña circular para abrochar una prenda de vestir; pieza de algunos aparatos que se aprieta para que funcionen *como ~ de muestra* fig como ejemplo

botones m empleado de hotel

boutique f tienda especializada en ropa o en otro tipo de productos

bóveda f arq techo en forma de arco

bovino, -a adj del toro, de la vaca, o relacionado con ellos

boxeo m dep combate a puñetazos entre dos personas

boya f objeto flotante sujeto al fondo del mar

bozal m aparato que se pone sobre la boca de algunos animales

braga f prenda de ropa interior femenina

bragazas m fig fam hombre que se deja dominar

bragueta f abertura delantera de los pantalones

braille m método de lectura para ciegos

bramar vi emitir bramidos

bramido m voz característica del toro, la vaca; fig grito de dolor o enfado; ruido fuerte producido por el viento, las olas

branquia f zoo órgano respiratorio de muchos animales acuáticos

brasa f materia encendida que arde sin llama; *a la ~ gastr* asado sobre las brasas

brasero m recipiente redondo de metal con brasas; aparato eléctrico con la misma forma

brasileño, -a adj/s de Brasil

bravata f amenaza arrogante

bravío, -a adj de un animal salvaje y difícil de domar; del mar con grandes olas

bravo, -a adj de una persona valiente; de un animal fiero; del mar con grandes olas; *bravo interj* indica entusiasmo por una actuación

bravura f carácter de un animal fiero; valentía

braza f dep estilo de natación; medida de longitud

brazada f movimiento que se hace con los brazos al estirarlos y encogerlos; cantidad que se lleva de una vez en los brazos

brazalete m aro de adorno que rodea el brazo; tira de tela que rodea la ropa del brazo como distintivo

brazo m miembro del cuerpo humano desde el hombro hasta la mano; parte de un asiento en que se apoyan los brazos; *~ de gitano gastr* bizcocho enrollado sobre sí mismo; *con los ~s abiertos* fig con afecto; *de ~s cruzados* fig sin trabajar; *no dar su ~ a torcer fam* no cambiar de opinión

brecha f rotura en una pared; mil rotura de un frente; herida en la cabeza

breva f primer fruto anual de la higuera; *no caerá esa* ~ muy difícil de conseguir

breve adj de poca extensión o duración; *en* ~ dentro de poco tiempo

brib|ón, ~ona adj/s que engaña a los demás; pillo

bricolaje m conjunto de trabajos manuales por afición

brida f conjunto de correas para guiar el caballo

brillante adj que brilla; que destaca en una actividad; sm diamante tallado

brillar vi despedir luz propia o reflejarla; destacar en algo

brillo m luz o reflejo que procede de algún cuerpo

brincar vi dar brincos

brinco m salto ligero hacia arriba

brindar vi expresar un deseo levantando una copa

brindis m gesto de levantar la copa; lo que se dice al brindar

brisa f viento suave y fresco

británico, -a adj/s de Gran Bretaña

brocha f instrumento más grueso que el pincel; *de* ~ *gorda* del pintor o de la pintura no artísticos

broche m objeto de dos piezas para cerrar algo; joya que se lleva sujeta en la ropa como adorno; ~ *de oro* fig final excepcional

broma f lo que se hace o dice para divertirse y reír; *pesada* broma que molesta

bromear vi decir o gastar bromas, estar de broma

bromista adj/s que le gusta decir o gastar bromas

bronca f discusión fuerte; regañina fuerte

bronce m materia de cobre y estaño de color rojizo

bronceado, -a adj con la piel morena por el sol; sm color moreno de la piel por el sol

bronceador m sustancia que se extiende sobre la piel

broncear vt/pronl poner la piel morena

brotar vi empezar a aparecer algo; *bot* salir una planta de su semilla; salir agua u otro líquido de un manantial

brote m primera manifestación de algo; *bot* tallo nuevo de una planta

bruces exp adv *de* ~ boca abajo; de frente

brujería f conjunto de conocimientos y poderes mágicos

brujo, -a adj que tiene poderes mágicos; fig muy atractivo; s persona que practica la brujería

brújula f instrumento con una aguja que siempre señala la dirección norte

bruma f niebla de poca densidad

brusco, -a *adj* rápido y áspero; poco amable

brusquedad *f* característica de una acción brusca

brutal *adj* muy cruel; *fam* muy fuerte o intenso

brutalidad *f* crueldad muy grande; *fam* lo que resulta tonto o muy equivocado

bruto, -a *adj* del peso total que incluye el objeto y lo que lo contiene; de un sueldo sin descuentos; *adj/s* de la persona con poca inteligencia; que emplea con exceso la fuerza física; *sm* animal irracional

buceador, -a *s* persona que nada o realiza actividades bajo el agua, buzo

bucear *vi* nadar bajo el agua

budismo *m* religión fundada por Buda

budista *adj/s* del budismo o relacionado con él

buen *adj* bueno

buenaventura *f* anuncio del futuro de alguien

buenazo, -a *adj/s* de la persona bondadosa, dócil

bueno, -a *adj* que es como debe ser; bien hecho; oportuno; que tiene salud; el tiempo agradable; *fam* de la persona atractiva físicamente; **bueno** *adv* bien, de acuerdo; **bueno** *interj* indica sorpresa, disgusto; **buenas** *fam* se usa como saludo; *a la buena de Dios fam*

sin preparación; *de buenas fam* de buen humor; *de buenas a primeras fam* de pronto; *por las buenas fam* voluntariamente, sin obligar

buey *m zoo* toro castrado

búfalo *m zoo* animal similar al toro; bisonte americano

bufanda *f* prenda larga de vestir que se coloca alrededor del cuello

bufido *sm* respiración fuerte y con ruido de algunos animales; *fam* forma de hablar de alguien muy enfadado

bufé *m* mesa donde se colocan diferentes platos

bufón, -ona *s* persona cuyo trabajo consistía en hacer reír

buganvilla *f bot* arbusto o planta trepadora con flores

buhardilla *f* último piso de una casa con el tejado inclinado; ventana en forma de caseta

búho *m zoo* ave rapaz nocturna

buitre *m zoo* ave rapaz diurna sin plumas en la cabeza; *fam* persona que intenta aprovecharse siempre de los demás

bujía *f* pieza de los motores que produce una chispa

bulbo *m bot* tallo subterráneo redondeado

bulevar *m* calle ancha

búlgaro, -a *adj/s* de Bulgaria; *sm* lengua de este país

bulla *f* ruido, risas, voces y movimiento de personas

bullicio *m* ruido producido por un gran número de personas

bulto *m* parte que sobresale de una superficie; objeto que no se ve con claridad; cada pieza de un equipaje; **escurrir el ~** *fam* esquivar una responsabilidad

bungaló *m* casa para el tiempo libre sencilla

buñuelo *m* *gastr* masa frita de harina y agua en forma de bola rellena con crema

buque *m* barco con cubierta de gran tamaño

burbuja *f* especie de globo de aire u otro gas que aparece sobre la superficie de un líquido

burgu|és, ~esa *adj* de la burguesía o relativo a ella; *adj/s* de la persona que tiene una buena posición económica

burguesía *f* clase social con una buena posición económica

burla *f* hecho o dicho para reírse de alguien o algo

burlar *vt* esquivar con astucia; *pronl* hacer burla

burocracia *f* conjunto de órganos para el funcionamiento de una organización grande o del Estado

burrada *f* *fam* tonto o cruel; **una ~** gran cantidad

burro, -a *s* *zoo* animal usado como bestia de carga; *adj/s* *fig fam* que abusa de su fuerza; que es poco inteligente o tiene ideas fijas; que trabaja o aguanta mucho; **bajarse del burro** *fam* ceder, convencerse

bus *m* *fam* autobús

busca *f* acción de buscar; *sm* *fam* aparato pequeño para localizar a alguien

buscar *vt* hacer algo para encontrar a alguien o algo; recoger a alguien en un lugar

búsqueda *f* trabajo de buscar a alguien o algo

busto *m* escultura o pintura con la parte superior del tórax y la cabeza; *med* pechos de la mujer

butaca *f* silla con brazos, sillón; asiento de la planta baja en un teatro o cine

butano *m* tipo de gas que se envasa en bombonas

buzo *m* persona que realiza su trabajo bajo el agua

buzón *m* caja donde se echa el correo o se recibe

byte *m* *inform* conjunto de ocho bits

C

cabalgar *vi/t* ir montado a caballo o en otra caballería

cabalgata *f* desfile vistoso de gente montada en caballerías y de carrozas

caballa *f* pez marino de color azulado con rayas oscuras

caballar *adj* del caballo o relacionado con él

caballería *f* cualquier animal que se usa para montar; *mil* cuerpo a caballo o en vehículos; institución de los caballeros medievales

caballero *m* hombre educado y noble; miembro de una antigua orden de caballería

caballete *m* soporte con pies para colocar algo; línea más alta de un tejado

caballitos *m pl* diversión de feria formada por figuras de caballos y otras, tiovivo

caballo *m* *zoo* animal mamífero con cuatro patas que se usa como animal de tiro o para montar; carta de la baraja española; pieza del ajedrez; aparato de gimnasia; *fam* droga, heroína; **a ~** montado en un caballo; que participa de dos cosas o situaciones; **~ de batalla** *fig* parte más difícil de un asunto; *zoo* **caballito de mar** pez con cabeza parecida a la de un caballo y que nada en posición vertical

cabaña *f* casa pequeña hecha con palos, cañas o ramas; ganado de cierta clase o de una misma zona

cabaret *m* local de diversión nocturno

cabecear *vi* mover la cabeza; dar cabezadas a causa del sueño; *dep* golpear el balón con la cabeza; *fig* elevarse la proa y la popa de un barco

cabecera *f* parte de la cama donde se coloca la cabeza; parte principal de un lugar; principio o punto de donde parte algo

cabecero *m* tabla colocada en el borde de la cabecera

cabecilla *s* persona que dirige un grupo

cabellera *f* conjunto de los cabellos de la cabeza

cabello *m* cada uno de los pelos de la cabeza humana; conjunto de estos pelos; **~ de ángel** *gastr* dulce de calabaza y almíbar

caber *vi* poder meterse una cosa en otra; poder pasar por un sitio; **no ~ alguien en sí de alegría** tener mucha alegría

cabeza *f* parte superior del cuerpo en donde está el cerebro y algunos órganos de los sentidos; capacidad para pensar o recordar; persona más importante; cada animal de un ganado; *a la ~* en primer lugar; *andar de ~ fam* estar muy ocupado o preocupado; *~ cuadrada fig* con ideas fijas o poca imaginación; *~ rapada* miembro de un grupo joven, violento y que tiene el pelo rapado; *calentarle a alguien la ~ fam* hablar a alguien de algo hasta cansarlo; *con la ~ alta fig* sin avergonzarse; *estar mal de la ~* estar loco; *levantar ~ fig* salir de una mala situación; *sentar la ~ fig* volverse sensato; *subírsele algo a alguien a la ~* marear una bebida alcohólica; *fig* volverse demasiado orgulloso

cabezada *f* sueño corto

cabezazo *m* golpe dado con la cabeza

cabez|ón, -ona *adj* de la bebida que da dolor de cabeza; *adj/s* que tiene la cabeza grande; *fam* que no atiende otras razones

cabezonada *f* o **cabezonería** *f fam* hecho de quien no cambia de opinión

cabezota *f* cabeza grande; *adj/s fam* que no atiende otras razones

cabezudo, -a *adj fam* que es un cabezota; *sm* persona disfrazada con una cabeza grande de cartón

cabina *f* lugar pequeño y aislado para uso público; espacio separado en vehículos o máquinas; especie de caja grande sujeta a un cable

cabizbajo, -a *adj* con la cabeza hacia abajo por preocupación, vergüenza

cable *m* hilo de metal cubierto de plástico; cuerda o alambre gruesos y resistentes; *cruzársele ~s a alguien fam* equivocarse; *echar un ~ a alguien fam* ayudarle

cabo *m* extremo o punta de un objeto alargado; *geo* parte de terreno que entra en el mar; *mil* categoría superior a la del soldado; hilo, hebra; cuerda que se usa en los barcos; *al ~ de* después de un tiempo; *al fin y al ~* después de todo; *llevar a ~* hacer, concluir

cabra *f zoo* mamífero rumiante; *estar como una ~ fam* estar medio loco

cabrear *vt/pronl fam* enfadar, poner de mal humor

cabreo *m fam* sentimiento del que está enfadado

cabrío, -a *adj* de las cabras o relativo a ellas

cabriola *f* voltereta de alguien en el aire; salto de un bailarín; salto de un caballo

cabrito, -a *adj/s fam* que tiene malas intenciones; *sm zoo* cría de la cabra hasta que deja de mamar

cabr|ón, ~ona *adj/s vulg* que es mala persona, cabrito; *sm zoo* macho de la cabra

caca *f fam* excremento humano; cualquier cosa sucia; *fig* cosa de mala calidad

cacahuete *m* planta de la familia de las legumbres; fruto de ésta

cacao *m bot* árbol tropical que produce unas semillas en vaina; polvo de estas semillas con azúcar; bebida que se hace mezclando este polvo con leche o agua; *fam* situación sin orden, mucho movimiento y ruido

cacarear *vi* emitir el gallo o la gallina su voz característica; *vt* contar algo

cacatúa *f zoo* ave de pico robusto y curvo, con plumas de colores vivos

cacería *f* excursión de personas que salen para cazar

cacerola *f gastr* recipiente redondo de metal, más ancho que alto, con dos asas

cacha *f* cada una de las partes que cubren el mango de una navaja, arma de fuego; nalga; *am* asta, cuerno; *adj/s pl fam* de alguien que está

fuerte; de alguien físicamente atractivo

cachalote *m zoo* animal mamífero marino

cacharrazo *m fam* golpe fuerte y con ruido

cacharro *m* recipiente para la cocina o para otros usos; *fam* aparato estropeado

cachear *vt* registrar a alguien sospechoso

cachete *m* golpe dado con la mano abierta en el cuerpo

cachivache *m desp* objeto inútil, cacharro

cacho *m fam* parte pequeña que se separa de un todo; *am* cuerno

cachondearse *pronl fam* reírse o burlarse

cachondeo *m fam* hecho de cachondearse; juerga; falta de seriedad

cachondo, -a *adj* que siente deseo sexual; *adj/s fam* que tiene gracia y hace reír

cachorro, -a *s zoo* cría de perro y de otros animales mamíferos

caco *m fam* ladrón que roba con habilidad

cacto o **cactus** *m bot* planta de tallo carnoso, verde y cubierto de espinas

cada *pron/adj* designa uno por uno los elementos o divisiones de una serie; ~ **dos por tres** *fam* con frecuencia

cadáver *m* cuerpo sin vida

cadena f conjunto de piezas en forma de anillo enlazadas unas en otras; conjunto de personas cogidas de la mano; serie de hechos o cosas que se suceden unas a otros o que están relacionados entre sí; conjunto de tiendas que pertenecen a la misma empresa; red de emisoras de la misma empresa; **~ de música** o **sonido** conjunto de aparatos para escuchar música; **~ perpetua** jur pena máxima de prisión

cadera f cada uno de los dos huesos que sobresalen por debajo de la cintura

caducar vi perder su validez; dejar un producto de ser apto para comerlo o usarlo

caducidad f hecho de caducar; cualidad de lo que caduca

caduco, -a adj que dura poco o se estropea con el paso del tiempo

caer vi/pronl moverse de arriba abajo por el propio peso; perder el equilibrio hasta dar en el suelo; desprenderse un objeto del lugar al que se sujetaba; llegar a recordar o entender algo; perder el poder o una situación de pronto; ocurrir en una fecha o época; **~ bajo** hacer algo indigno; **~ bien** o **mal a alguien** resultar

simpático o no; sentar bien o mal; **~ en la cuenta** recordar o entender; **estar a ~** fig estar a punto de ocurrir algo o llegar alguien

café m semilla de un arbusto; bebida preparada por infusión con estas semillas; local público donde se sirve ésta

cafeína f sustancia estimulante contenida en el café y en otras plantas

cafetería f local público donde se sirve café

cafetero, -a adj del café o relacionado con él; adj/s que suele tomar mucho café; sf máquina para hacer café y recipiente para servirlo

cagado, -a adj/s fam que siente miedo, cobarde; sf excremento expulsado de una vez

cagalera f fam diarrea; miedo

cagar vi/t/pronl expulsar los excrementos por el ano; pronl fam sentir miedo; **~ la** fam estropear algo; **~se en algo** vulg maldecirlo

cagarruta f fam cada porción de excremento de la oveja, cabra

cagón, -ona adj/s fam que caga muchas veces; miedoso, cagado

caído, -a adj abatido, flojo; de una parte del cuerpo más inclinada de lo normal; adj/s muerto en la guerra o por defender una causa; *sf* hecho de caer o caerse; pérdida del poder o de una situación; fin de algo; *econ* pérdida repentina de valor

caimán *m zoo* especie de crocodilo que habita en los ríos de América

caja *f* recipiente de diferentes materiales y formas que suele tener tapa; lugar de un comercio, banco donde se paga y se cobra; *mús* tambor; ~ **de ahorros** especie de banco; ~ **de cambios** mecanismo para cambiar la velocidad en un vehículo; ~ **negra** aparato del avión o del barco que graba los sucesos del viaje; ~ **tonta** *fam* televisor

cajero, -a *s* persona que trabaja en la caja de un comercio o banco; ~ **o automático** aparato automático bancario que permite sacar dinero o realizar otras operaciones

cajetilla *f* paquete de cigarrillos

cajón *m* parte de un mueble que se mete y se saca de su hueco; caja grande; **ser de** ~ *fam* ser evidente

cal *f* sustancia blanca que se usa para fabricar abonos, cemento y blanquear paredes; **cerrar a ~ y canto** *fam* cerrar del todo

cala *f* hecho de calar una fruta; trozo de una fruta para probarla; *geo* bahía pequeña; *fam* peseta

calabacín *m bot* fruto alargado con la piel verde oscura y carne blanca

calabaza *f bot* fruto grande y redondo con la piel dura; *fam* cabeza; **dar ~s** *fam* suspender una asignatura; rechazar a un pretendiente

calabozo *m* celda de una cárcel u otro edificio; prisión subterránea

caladero *m* sitio para calar o echar las redes de pesca

calado *m* labor en una tela u otras superficies; adorno que resulta de esta labor; profundidad de la parte sumergida de un barco; profundidad del agua

calamar *m zoo* molusco que suelta una sustancia negra

calambre *m med* contracción dolorosa de un músculo; impresión que se siente al pasar corriente eléctrica por el cuerpo

calamidad *f* desgracia; *fam* persona torpe

calar *vt/i* pasar un líquido por un cuerpo; *vt* atravesar con una herramienta un cuerpo; cortar un trozo de fruta para probarla; *vt* hacer labor de calado; *fam* darse cuenta de cómo es y piensa alguien; sumergir las redes de pesca; *pronl* mojarse la ropa hasta que el agua llega al cuerpo; pararse un motor de pronto

calavera f conjunto de huesos que forman la cabeza; m fam hombre con poco juicio

calcar vt sacar una copia de algo colocando sobre esto el material; imitar

calcetín m prenda de punto que cubre el pie

calcio m sustancia química de color blanco

calco m hecho de calcar; papel que se usa para calcar

calcomanía f imagen que se puede pegar

calculador, ~a adj/s que piensa todo mucho; sf máquina que realiza operaciones matemáticas

calcular vt hacer operaciones matemáticas; considerar algo como posible, suponer

cálculo m hecho de calcular; juicio que se hace por datos conocidos; med acumulación en forma de bola en órganos como el riñón

caldera f recipiente cerrado de metal; recipiente redondo de metal para cocinar

calderilla f conjunto de monedas de poco valor

caldo m líquido que se obtiene al cocer un alimento en agua; vino u otra bebida de un fruto; **poner a ~ a alguien** fam regañarlo o criticarlo

calefacción f sistema que sirve para calentar un lugar

calendario m catálogo con los días del año repartidos en meses y semanas; sistema de división del tiempo; plan para organizar el trabajo

calentador m aparato que sirve para calentar

calentar vt/i/pronl dar calor para aumentar la temperatura; vt/pronl fam poner nervioso; dar golpes a alguien, pegar; dep realizar ejercicios para que los músculos entren en calor

calentito, -a adj de temperatura agradable

calentura f med fiebre; ampolla en la temperatura de los labios

calibre m diámetro interior del cañón; tamaño, importancia

calidad f cualidad o conjunto de propiedades que caracteriza a alguien o algo; bondad, superioridad; **~ de vida** conjunto de condiciones que hacen la vida más agradable; **de ~** muy bueno

cálido, -a adj que da calor; afectuoso

caliente adj con temperatura alta o agradable; que da calor; fam recién hecho o sucedido; **en ~** fig muy pronto después de ocurrir algo

calificación f hecho de calificar; valor que se da a algo

calificar *vt/i* juzgar las cualidades o circunstancias que corresponden a alguien o algo; *vt* dar un valor a un examen o ejercicio

caligrafía *f* conjunto de rasgos que caracterizan la escritura de alguien o algo; técnica de escritura a mano

cáliz *m* rel recipiente en forma de copa; *bot* cubierta exterior de las flores

callado, -a *adj* que habla o cuenta poco, *fig* silencioso, sin ruidos; *dar la callada por respuesta* fam no responder

callar *vi/pronl* dejar de hablar o hacer ruido; cesar un sonido o ruido; *vi/vt/pronl* no decir lo que se sabe o se siente

calle *f* vía pública de una población; *fig* gente; *dep* espacio limitado por dos líneas paralelas; *echar a alguien a la ~ fig* echarlo de la casa o despedirlo del trabajo; *llevarse de ~ a alguien* fam despertar cariño o admiración; *tirar por la ~ de en medio* fam actuar sin considerar nada

callejear *vi* andar por las calles o pasear por ellas

callejero, -a *adj* de la calle o relacionado con ella; *sm* guía de las calles

callejón *m* calle estrecha; *~ sin salida* fig situación difícil y sin solución

callista *s* persona que se dedica al cuidado de los pies

callo *m* parte dura que se forma en los pies, manos; *pl gastr* pedazos de estómago de carnero, vaca; *dar el ~ fam* trabajar duro

calma *f* estado de la atmósfera o del mar sin viento ni oleaje; paciencia; *fam* lentitud excesiva

calmante *adj/sm* que calma, sobre todo el dolor y los nervios

calmar *vt/pronl* disminuir la intensidad; aliviar el dolor o un estado nervioso

calor *m* sensación que se siente cuando hay una temperatura alta; temperatura alta; *fig* afecto con que se trata a alguien; entusiasmo y energía; *al ~ de fig* con la ayuda y protección de; *entrar en ~* empezar a sentirlo

caloría *f* medida de calor y unidad de energía en los alimentos

calumnia *f* acusación falsa contra alguien para perjudicarlo

caluroso, -a *adj* que da calor; *adj/s* que siente calor; afectuoso, entusiasta

calvicie *f* falta o pérdida de pelo en la cabeza

calvo, -a *adj/s* que tiene calvicie; *sf* parte de la cabeza en la que se ha caído el pelo *fig* parte pelada de algo como un bosque

calzada *f* parte de una calle entre las aceras o entre los bordes de una carretera; antigua vía romana

calzado *m* conjunto de prendas de vestir que sirve para cubrir el pie y protegerlo

calzar *vt/pronl* cubrir los pies con una prenda

calzón *m* pantalón corto

calzonazos *m fam* hombre de carácter débil

calzoncillo *m* prenda interior masculina

cama *f* mueble que se usa para dormir; lugar donde se echan los animales; *caer en ~ fig* ponerse enfermo; *guardar ~ fig* estar en ella por enfermedad

camaleón *m zoo* reptil con piel que cambia de color según el lugar; *fam* persona que cambia de opinión o actitud

cámara *f* aparato que sirve para registrar imágenes; pieza o espacio hueco en el interior de algunos aparatos; goma en forma de tubo en el interior de los neumáticos; *pol* asamblea que hace las leyes; organismo que se ocupa de los intereses de una profesión o actividad; habitación para distintos usos o privada de los reyes; *s* persona que trabaja con la cámara de cine o televisión; ~ *alta* Senado; ~ *baja* Congreso

camarada *s* persona que tiene amistad con otra en el trabajo o colegio; persona que tiene las mismas ideas políticas que otra

camarero, -a *s* persona que trabaja en bares, restaurantes; *sf* bandeja con patas y ruedas; antigua dama al servicio de la reina

camarote *m* habitación con camas en los barcos

cambiar *vi* volverse distinto; pasar de una velocidad a otra en un vehículo; *vt* dar una cosa por otra; sustituir a alguien; *vt/pronl* trasladar; *vt* modificar; dar y tomar billetes o monedas por sus equivalentes; *pronl* mudarse de ropa, de casa

cambio *m* proceso por el que alguien o algo se vuelve distinto; sustitución; hecho de dar una cosa por otra; *econ* dinero en billetes o monedas de menor valor; valor equivalente entre monedas de distintos países; ~ *de velocidades* sistema para cambiar de marcha en un vehículo; *en* ~ por el contrario

camello, -a *s zoo* mamífero rumiante de gran altura, con dos jorobas; *fam* persona que vende droga

camerino *m tea* habitación para el actor o actriz

camilla *f* cama portátil para enfermos o heridos; mesa redonda cubierta con una falda

caminar *vi* ir de un lugar a otro andando; *fig* marchar algo bien o mal; *vt* recorrer a pie una distancia

caminata *f* recorrido a pie largo y cansado

camino *m* vía preparada con tierra o piedra; recorrido para ir de un sitio a otro; medio para conseguir algo; ~ **de** en dirección a; **de** ~ **de** paso

camión *m* vehículo automóvil grande y potente

camionero, -a *s* persona que trabaja conduciendo un camión

camioneta *f* vehículo más pequeño que el camión

camisa *f* prenda de vestir que se cierra por delante con botones; **meterse alguien en ~ de once varas** *fam* meterse en un asunto que no es capaz de resolver; **perder hasta la ~** *fam* quedarse arruinado

camiseta *f* prenda interior sin cuello o deportiva

camisón *m* prenda de dormir femenina

campamento *m* conjunto de instalaciones con tiendas de campaña; *mil* período del servicio militar de formación básica

campana *f* instrumento de metal que suena al ser golpeado; cualquier objeto con forma parecida; ~ **extractora** electrodoméstico para aspirar el humo de la cocina; **echar las ~s al vuelo** *fam* alegrarse mucho por una noticia y contarla a los demás; **oír ~s y no saber dónde** *fam* tener una información no exacta de algo

campanada *f* golpe que se da a una campana y sonido que produce; *fam* noticia que produce sorpresa

campanario *m* torre u otro lugar donde se colocan campanas

campanilla *f* campana pequeña que se hace sonar con la mano; *med* trozo pequeño de carne que cuelga en la entrada de la garganta; **de ~s** *fam* de mucha importancia o riqueza

campante *adj fam* de una persona tranquila y sin preocupaciones

campaña *f* conjunto de actividades que se organizan durante un tiempo para conseguir un fin

campechano, -a *adj/s* que trata a los demás con sencillez y cordialidad

campe|ón, ~ona *s* persona o equipo que consigue la victoria en una competición; persona que sobresale por algo o una actividad

campeonato *m* competición en deportes u otros juegos; **de ~** *fam* extraordinario, muy bueno o grande

campesino, -a *adj* del campo o relativo a él; *adj/s* que vive y trabaja en el campo

campestre *adj* del campo o relativo a él; que se produce o se hace en el campo

camping *m* lugar preparado al aire libre para acampar

campo *m* terreno fuera de las poblaciones; tierra de labor; forma de vida y mentalidad en oposición a ciudad; terreno para practicar deportes; parte o rama del conocimiento o actividad humanos; **dejar el ~ libre** *fig* retirarse de un asunto

campus *m* terreno que rodea a los edificios universitarios

camuflar *vt/pronl* ocultar algo dándole la apariencia de otra cosa

canadiense *adj/s* de Canadá

canal *m* paso estrecho entre dos mares; frecuencia de onda; *s* conducto de agua; hueco estrecho y alargado; **abrir en ~** abrir de arriba abajo

canalizar *vt* abrir o hacer canales; orientar algo en una determinada dirección

canalla *adj/s* que es una mala persona

canalón *m* conducto en el que cae el agua del tejado

canapé *m* *gastr* aperitivo de pan y un alimento encima; especie de sofá

canario, -a *adj/s* de la comunidad autónoma de las islas Canarias; *sm* *zoo* pájaro pequeño que canta de forma agradable

canasta *f* cesto de mimbre con dos asas; *dep* aro con una red sin fondo; tanto conseguido

cancelar *vt* anular; suspender algo que se pensaba hacer

cáncer *m* *med* enfermedad durante la que ciertas células destruyen tejidos del cuerpo; *fig* mal social; *astr* cuarto signo del horóscopo; *adj/s* de la persona nacida bajo este signo

canción *f* composición que se canta; *fam* lo que se dice de forma repetida y pesada

candado *m* objeto de metal con un gancho y una cerradura para asegurar algo

candelabro *m* soporte que tiene uno o más brazos para colocar velas

candelero *m* objeto para sujetar una vela; **en el ~** *fam* de moda, de actualidad

candidato, -a *s* persona aspirante o propuesta para un puesto, categoría o título

candidatura *f* conjunto de candidatos; aspiración o propuesta de candidatos

cándido, -a *adj/s* ingenuo y sin maldad

candil *m* lámpara con un recipiente de aceite

canelo, -a *adj* que tiene el color de la canela; *adj/sm fam* tonto, idiota; *sf* segunda corteza de las ramas del canelo; *fam* cosa muy buena; *sm bot* árbol de tronco liso, que da la canela

canelón *m gastr* pasta de forma rectangular con relleno de carne picada

cangrejo *m zoo* animal de mar o de río con un caparazón y cinco pares de patas

canguro *m zoo* animal de patas traseras largas que anda a saltos; *s fam* persona que trabaja cuidando niños a domicilio

caníbal *adj/s* de la persona que come carne humana

canijo, -a *adj/s desp* muy pequeño, bajo y débil

canino, -a *adj* del perro o relativo a él; **hambre canina** *fig* gran apetito

canjear *vt* intercambiar

cano, -a *adj* del pelo blanco; de quien tiene canas; *sf* cada cabello blanco; **echar una cana al aire** *fam* irse a divertir alguna vez

canoa *f* barco pequeño, alargado y ligero

canon *m* regla o norma; modelo; impuesto; *mús* composición en la que distintas voces repiten la misma melodía

canonizar *vt* declarar el papa santa a una persona

canoso, -a *adj/s* que tiene canas

cansado, -a *adj* falto de fuerza o capacidad; que produce cansancio

cansancio *m* falta de fuerza y malestar que se siente; aburrimiento

cansar *vt/i* hacer que falte la fuerza; aburrir; *pronl* sentir cansancio

cansino, -a *adj* que muestra cansancio; que resulta pesado o aburrido

cantábrico, -a *adj* de la cordillera Cantábrica, del mar Cantábrico y de su costa o relativo a ellos

cántabro, -a *adj/s* de la comunidad autónoma de Cantabria

cantamañanas *s fam* persona informal e irresponsable

cantante *s* persona que canta como profesión

cantaor, -a *s* persona que canta flamenco

cantar *vi/t* producir con la voz sonidos que forman una melodía; emitir su voz algunos animales; *vt* contar algo secreto; *vt fam* decir algo en voz alta y con cierto tono; **~ a alguien las cuarenta** *fam* llamarle la atención

cántaro *m* recipiente de barro o metal, ancho por el centro, con boca estrecha; **llover a ~s** *fig* llover mucho

cante *m* canción popular; **~ hondo** o **jondo** cante flamenco

cantera *f* lugar de donde se extrae piedra u otros materiales

cántico *m* composición poética para alabar algo o a Dios

cantidad *f* característica de lo que se puede contar o medir; parte o número no determinado; *adv fam* mucho; **~ de** o **en ~** muchos o mucho

cantimplora *f* recipiente de metal o plástico

cantina *f* lugar donde se venden y se sirven bebidas y algunos alimentos

canto *m* hecho de cantar; arte y técnica de cantar; poema en honor de algo; borde o extremo; trozo de piedra; **darse con un ~ en los dientes** *fam* estar contento con algo no favorable

cantor, **~a** *adj/s* que sabe cantar o trabaja cantando; del ave que emite sonidos agradables

canutas *fam* **pasarlas ~** pasarlo muy mal

canuto *m* tubo pequeño y estrecho; *fam* cigarrillo de droga

caña *f* tallo de algunas plantas; planta de tallo hueco y con nudos, con hojas en vaina; vaso alto y circular; **~ de pescar** vara con un hilo y un gancho para pescar

cañada *f* camino para el ganado; *geo* paso estrecho entre dos montañas

cañaveral *m* terreno poblado de cañas

cañería *f* tubo o conjunto de tubos para la conducción de un líquido o un gas

caño *m* tubo por donde sale el agua de una fuente

cañón *m* pieza larga y hueca de diversos objetos en forma de tubo; arma de artillería; *geo* cauce profundo y estrecho de una corriente de agua entre dos montañas

cañonazo *m* *mil* disparo del cañón; *dep* disparo muy fuerte

caos *m* confusión o falta total de orden

capa *f* prenda de abrigo larga que cae desde los hombros; sustancia que se extiende sobre algo y lo cubre; clase social; tela de colores vivos para torear; **de ~ caída** *fam* en decadencia o pérdida de energía

capacidad *f* propiedad de algo para contener otra cosa

cara

dentro de sí; conjunto de condiciones que permiten realizar una actividad, aptitud; inteligencia, talento

capar vt cortar o dejar inútiles los órganos sexuales masculinos

caparazón f cubierta dura que cubre y protege el cuerpo de algunos animales

capataz m persona que manda a un grupo de trabajadores

capaz adj que tiene aptitud o capacidad; que se atreve a hacer algo

capellán m sacerdote que realiza sus funciones en una determinada institución

caperuza f gorro que termina en punta; pieza para proteger la punta de algo

capilla f iglesia pequeña; parte de una iglesia dedicada a un santo; ~ **ardiente** lugar donde se coloca a un difunto

capital adj muy importante o grave; sm econ conjunto de bienes en dinero y valores; sf población principal de un país o de una zona

capit|án, ~**ana** s jefe de un grupo o equipo; sm mil oficial del ejército

capítulo m cada una de las divisiones principales de un texto largo

capó m cubierta del motor de un coche

capote m capa de colores vivos para torear; **echar un ~ a alguien** ayudarle

capricho m deseo fuerte y pasajero de algo; lo que es objeto de ese deseo

caprichoso, -**a** adj que no está basado en motivos razonables; adj/s que quiere conseguir siempre lo que desea

capricornio m astr décimo signo del horóscopo; adj de la persona nacida bajo este signo

cápsula f cabina de una nave espacial; med envoltura, que se disuelve al tragarla, con una sustancia dentro

capturar vt detener al que se persigue; cazar, pescar; mil apoderarse de materiales del enemigo

capucha f parte de algunas prendas de vestir para cubrir la cabeza

capullo m bot flor que está a punto de abrirse

caqui adj/sm de un color entre el amarillo y el verde

cara f parte delantera de la cabeza; cada una de las superficies planas de algo; fam persona sin vergüenza ni respeto; ~ **dura** fam falto de vergüenza, descarado; **cruzar la ~** fam abofetear; **dar la ~** fam responder de la propia conducta; **tener ~ de** fam tener aspecto de

carabela f barco antiguo con tres palos para las velas

caracol m zoo animal que protege su cuerpo en una concha

caracola f zoo caracol marino que tiene la concha en forma de cono

carácter m conjunto de características que definen el modo de ser y la conducta; temperamento en la forma de ser o actuar

característico, -a adj/sf que es propio de alguien o algo y lo hace diferente

caracterizar vt/pronl hacer diferente a alguien o algo por sus características

caradura adj/s que no tiene vergüenza

caramelo m porción pequeña de pasta de azúcar

carantoñas f pl fam caricias a alguien para conseguir algo de él

caravana f grupo de personas que viajan juntas con sus vehículos; fila de coches en la misma dirección; remolque para hacer camping

carbón m mineral de color negro

carbonero, -a s persona que hace o vende carbón; sf pila de leña para hacer carbón; lugar donde se guarda

carbonilla f ceniza que queda del carbón; carbón muy menudo

carbonizar vt/pronl quemar algo hasta que se transforma en carbón; quemar, arder

carbono m elemento químico

carburante adj/sm de la mezcla que se emplea en el motor de explosión

carca adj/s fam de la persona anticuada; am olla para cocer la chicha

carcajada f risa con ruido

cárcel f edificio donde viven los reclusos

carcelero, -a s persona que cuida a los presos en la cárcel

carcoma f zoo insecto muy pequeño que destroza la madera

cardenal m rel persona que nombra el papa como miembro del colegio de cardenales; med mancha morada que se produce en la piel

cardiaco, -a o **cardíaco, -a** adj del corazón o relativo a él

cardinal adj de cada uno de los cuatro puntos que sirven para orientarse; fundamental, principal; mat del número que expresa cantidad

cardo m bot planta con espinas y puntiagudas; fam persona arisca

carecer vi ~ de no tener algo

carencia f falta o cantidad escasa de algo

carnívoro

carestía f precio elevado de las cosas de uso común; escasez de éstas

careta f pieza para cubrir o proteger la cara; máscara

carga f hecho de cargar; lo que transporta un vehículo; lo que lleva en su interior una pieza y que se rellena cuando se acaba; cantidad de sustancia explosiva; *mil* ataque; impuesto, obligación o deuda; preocupación

cargamento m conjunto de mercancías que lleva un vehículo

cargante adj/s fam que causa molestia o cansa

cargar vt poner peso sobre una persona, animal o cosa; poner dentro de algo lo que necesita para funcionar; *fam* causar molestia o cansar; imponer una obligación o impuesto; atribuir a alguien algo negativo; vi *mil* atacar; *pronl* hacerse difícil de respirar el aire en un lugar; romper algo; **~se a alguien** *fam* matarle o suspenderle en un examen; **cargársela** *fam* recibir un castigo

cargo m empleo, puesto o categoría; cuidado o dirección; **a ~ de** al cuidado de; **hacerse ~ de algo** ocuparse de ello

caricatura f pintura en la que se exageran algunos rasgos de alguien o algo

caricia f demostración de cariño que consiste en rozar con la mano

caridad f sentimiento y actitud de ayuda a los demás; *rel* virtud que consiste en amar a Dios y al prójimo

caries f med infección de los dientes por bacterias

cariño m afecto que se tiene hacia alguien a quien se ama; sentimiento que se tiene hacia algo o alguien que gusta

carnaval m fiesta popular antes del miércoles de ceniza

carne f parte blanda del cuerpo; alimento de esta parte del cerdo, cordero, ternera en oposición a la de pescado; parte blanda de la fruta; cuerpo de la persona en oposición al espíritu; **~ de gallina** aspecto de la piel humana por el frío o el miedo

carné m documento con los datos personales

carnero m zoo macho de la oveja

carnet m carné

carnicería f tienda donde se vende carne; *fam* multitud de muertos; matanza

carnicero, -a s persona que vende carne

carnívoro, -a adj bot de la planta que se alimenta de insectos; adj/sm zoo de un animal que se alimenta de carne

carnoso, -a adj de carne; que tiene mucha carne; de un vegetal o fruta con carne abundante y tierna

caro, -a adj que tiene un precio elevado; **caro** adv a un precio elevado

carota adj/s fam descarado, caradura

carpeta f cartón o plástico doblado en forma de cartera

carpintería f taller donde se construyen objetos, muebles de madera; oficio del que realiza este trabajo

carrera f marcha rápida a pie y corriendo; competición de velocidad; conjunto de asignaturas o cursos de un estudio universitario; **a la ~** de prisa

carrerilla f carrera breve para tomar impulso; **de ~** fam de memoria

carrete m cilindro en el que se enrolla algo

carretera f vía pública para la circulación de vehículos; **~ de cuota** am autopista de peaje

carretero m persona que hace carros o los conduce

carretilla f carro pequeño de mano con una rueda delante

carril m parte de una carretera destinada a una fila de vehículos; vía para un determinado tipo de vehículos

carrillo m cada una de las dos partes laterales carnosas de la cara

carro m vehículo montado sobre dos ruedas; vehículo pequeño para la compra; am coche; **~ de combate** mil vehículo de guerra; **parar el ~** fam moderar el enfado

carrocería f parte exterior que cubre un vehículo

carroña f carne corrompida

carroza f coche de caballos grande y lujoso; vehículo que se adorna para el desfile; s/adj fam persona mayor con ideas pasadas de moda

carruaje m cualquier vehículo montado sobre ruedas

carta f papel escrito que se mete en un sobre y que una persona envía a otra; cada una de las cartulinas de una baraja, naipe; lista de platos y bebidas; representación geográfica en un plano, mapa; **~ abierta** la dirigida a alguien, pero publicando su contenido

cartearse pronl enviarse cartas dos personas

cartel m papel grande escrito o dibujado para comunicar algo; **en ~** de un espectáculo lo que se está representando

cartelera f superficie en la que se fijan carteles o anuncios públicos; sección de un periódico con anuncios de espectáculos

carterista s ladrón de carteras de bolsillo

cartero, -a s persona que trabaja repartiendo cartas; *sf* utensilio de bolsillo para meter dinero y documentos; utensilio de mano para llevar libros, documentos; *econ* conjunto de clientes de una empresa; ministerio

cartilla f libro pequeño para aprender a leer; *leerle la ∼ a alguien fam* reprender o decirle lo que debe hacer

cartón m lámina o papel grueso

cartucho m tubo con pólvora; envoltorio cilíndrico con algo

cartulina f cartón delgado y liso

casa f edificio o parte de él donde vive alguien; *fig* familia; descendencia; establecimiento industrial o mercantil; *dep* campo de juego propio; ∼ *consistorial* ayuntamiento; ∼ *de socorro* lugar para servicios médicos de urgencia; *tirar la ∼ por la ventana fam* hacer un gasto grande por un motivo

casar *vt* autorizar y realizar la ceremonia de matrimonio; *vt/i* ajustar dos cosas; *pronl* unirse una mujer y un hombre en matrimonio; *no ∼se con nadie fam* no dejarse influir

cascabel m bola de metal

hueca con una piedra o metal dentro para que suene

cascado, -a *adj* que está muy gastado o sin fuerza; *sf* caída de una corriente de agua desde cierta altura

cascanueces m instrumento para partir nueces

cascar *vt/pronl* romper algo; *fam* pegar, golpear; *vt/i fam* charlar; *vi fam* morir

cáscara f cubierta exterior y dura; *∼s interj* indica sorpresa

cascarón m cáscara de huevo

cascarrabias s persona que se enfada por todo

casco m pieza que cubre y protege la cabeza; botella vacía; cuerpo de un barco o avión; uña de las caballerías; cada trozo de un vaso o vasija rotos; *pl fam* cabeza; ∼ *urbano* núcleo de una población; *∼s azules* soldados de la ONU; *ligero de ∼s fam* con poco juicio

caserío m casa de campo; conjunto de casas que no forma un pueblo

casero, -a *adj* que se hace o cría en casa; de alguien que le gusta mucho estar en casa; *dep* del árbitro que ayuda al equipo que juega en casa; s dueño de una casa alquilada

caseta f cuarto pequeño; casa pequeña y separada

mandar a la – dep expulsar el árbitro a un jugador

casete s cajita de plástico con una cinta para grabar; sm aparato donde se mete ésta

casi adv de forma aproximada, con poca diferencia

casilla f cada una de las divisiones de un casillero; cada una de las divisiones de un tablero; *– postal* un apartado de correos; *sacar a alguien de sus –s* fam enfadarse

casillero m mueble con divisiones para tener clasificados objetos; marcador deportivo

casino m lugar público de juego; edificio de algunas asociaciones recreativas

caso m suceso, acontecimiento; casualidad; asunto del que se trata; *– perdido* fig persona de mala conducta; *en – de que* si ocurre que; *en todo –* de todas maneras; *hacer –* tomar en cuenta; *ser un –* fig ser alguien especial

caspa f especie de escamas blancas en el cuero cabelludo

castañetear vt tocar las castañuelas; vi sonar los dientes al golpear los de abajo contra los de arriba

castaño, -a adj/s de color marrón rojizo; sm bot árbol de tronco grueso, cuyo fruto es la castaña; sf fruto del castaño; fam bofetada; golpe o choque violento; borrachera; alguien o algo aburrido; *sacar las castañas del fuego a alguien* fam solucionarle un problema

castañuela f mús instrumento de dos piezas de madera; *estar como unas –s* fam estar muy contento

castellano, -a adj/s de las comunidades autónomas de Castilla y León o de Castilla-La Mancha; sm lengua española

castidad f virtud del que renuncia a todo placer sexual; conducta en materia sexual según unos principios

castigar vt imponer un castigo; hacer padecer sin culpa

castigo m pena que se impone por un delito o falta; alguien o algo que produce molestias

castillo m edificio con muros gruesos rodeado de murallas y fosos; *–s en el aire* ilusiones

casto, -a adj/s que practica la castidad o de algo que implica ésta; sf clase o grupo social; especie animal; fig cualidad de algo

castor m zoo mamífero preparado para vivir en el agua, donde hace construcciones

castrar vt cortar o dejar inútiles los órganos sexuales

casual adj que sucede por casualidad

casualidad f combinación de situaciones que no se pueden prever ni evitar; suceso imprevisto

cataclismo m desastre muy grande producido por las fuerzas de la naturaleza

catacumbas f pl lugar subterráneo en el que los cristianos enterraban a sus muertos y se reunían

catal|án, _ana adj/s de la comunidad autónoma de Cataluña; sm lengua de esta comunidad

catalejo m especie de tubo para ver lo que está lejos

catálogo m lista ordenada en la que se incluyen cosas relacionadas entre sí

catar vt probar comida o bebida

catarata f salto grande de agua; med especie de telilla en el ojo

catarro m med inflamación de las membranas de la nariz

catástrofe f suceso que produce un gran daño; fam alguien que hace las cosas mal o algo mal hecho

cate m fam suspenso en el examen; bofetada

catear vt fam suspender en una asignatura; am explorar terrenos; allanar una casa

catecismo m libro que contiene la doctrina cristiana

catedral f iglesia principal de una diócesis; *como una* _ fam algo grande

catedrático, -a s profesor que tiene la categoría más alta

categoría f cada grupo o grado en una clasificación; importancia

catequesis f enseñanza de la doctrina cristiana

cateto, -a s desp persona ignorante o sin educación

catolicismo m religión cristiana según la Iglesia católica romana

católico, -a adj/s del catolicismo o relativo a él; *no estar alguien muy católico* fam no estar bien de salud

cauce m lugar por donde corren las aguas; fig camino, modo

caucho m sustancia del jugo de ciertas plantas tropicales

caudal m cantidad de agua que corre por un cauce; riqueza; fig abundancia de algo

caudillo m persona que manda y dirige a un grupo

causa f lo que se considera origen de un efecto; motivo o razón; ideal que se intenta realizar; jur proceso judicial

causalidad f relación entre una causa y su efecto; causa o conjunto de causas de algo

causar *vt* ser origen de algo

cautela *f* cuidado con que se actúa para evitar problemas

cautivar *vt* resultar algo muy atractivo

cautiverio *m* cautividad

cautividad *f* pérdida de la libertad; tiempo que dura este estado

cautivo, -a *adj/s* de la persona o animal privado de libertad

cava *f* hecho de cavar; bodega subterránea; *med* cada una de las dos grandes venas que recogen la sangre y la llevan al corazón; *sm* vino blanco espumoso

cavar *vt/i* levantar o mover la tierra con una herramienta o máquina

caverna *f* cavidad profunda entre rocas o subterránea

caviar *m* *gastr* alimento preparado con pequeños huevos de peces

cavidad *f* espacio hueco

cavilar *vi* pensar en algo de forma insistente

cayado *m* bastón con un extremo curvo

caza *f* hecho de cazar; conjunto de animales que se cazan; *sm* mil avión; **a la ~ de algo** *fig* intentando conseguirlo

cazador, ~a *adj/s* de la persona o del animal que caza; *sf* especie de chaqueta corta

cazar *vt* buscar un animal

para atraparlo o matarlo; *fam* conseguir algo

cazo *m* recipiente de cocina con un mango alargado

cazuela *f* recipiente de cocina con la base redonda y dos asas

cebada *f* planta del grupo de los cereales parecida al trigo

cebar *vt* alimentar a un animal para que aumente de peso; *vt* poner comida en una trampa para atraer animales; echar combustible en una máquina; *pronl fig* actuar de forma muy cruel

cebo *m* comida que se pone en las trampas; comida para que engorden los animales; *fig* lo que sirve para llamar la atención

cebolla *f* *bot* planta de tallo hueco, hojas largas y con un bulbo

cebolleta *f* *bot* cebolla con bulbo más pequeño

cebra *f* *zoo* animal parecido al asno que tiene el cuerpo con rayas blancas y negras

ceder *vt* dar o dejar algo a otro; *vi* cesar la resistencia; perder fuerza o aflojarse algo

cedro *m* *bot* árbol en forma piramidal y hoja perenne

cegar *vi* perder totalmente la vista; *vt/pronl* quitar la vista; impedir razonar; tapar algo abierto

cegato, -a *adj/s fam* que ve poco o muy mal

ceguera *f* pérdida total o parcial de la vista; *fig* falta de capacidad para razonar

ceja *f* borde que está encima del ojo y cubierto de pelo; **hasta las ..s** *fam* del todo

celda *f* habitación de algunos edificios; cada espacio de un panal de abejas

celebrar *vt* realizar un acto solemne o una fiesta; llevar a cabo una reunión, entrevista, ceremonia religiosa; alegrarse por algo bueno

célebre *adj* que tiene fama

celebridad *f* fama o popularidad; persona famosa

celeste *adj* del cielo o relativo a él; de color azul claro

celo *m* empeño en hacer bien algo; período durante el que el apetito sexual de los animales; cinta de plástico transparente que pega por un lado; *pl* temor de que alguien a quien amamos prefiera a otra persona; envidia

celofán *m* papel fino y transparente

celoso, -a *adj* que hace algo con celo; *adj/s* que tiene celos

célula *f bio* unidad fundamental de los seres vivos; *fig* grupo dentro de una organización

cementerio *m* lugar en el que se entierra a los muertos; lugar donde se acumula lo que ya no sirve

cemento *m* material en polvo que se endurece al mezclarlo con agua

cena *f* última comida del día

cenar *vi* tomar la cena; *vt* tomar algo como cena

cencerro *m* campana tosca que se ata al cuello de los animales; **estar como un ..** *fam* estar loco, chiflado

cenicero *m* recipiente donde se echa la ceniza

ceniza *f* polvo de color gris que queda después de haber quemado algo

cenizo, -a *adj* del color de la ceniza; *sm fam* persona que trae o tiene mala suerte

censo *m* lista de los habitantes o de la riqueza de un país o pueblo; lista de los ciudadanos con derecho a votar

censura *f* hecho de censurar; organismo oficial encargado de censurar

censurar *vt* juzgar un escrito, espectáculo destinado al público para ver si pueden mostrarse; suprimir parte o toda la obra destinada al público; manifestar un juicio negativo

centavo, -a *adj* de cada una de las cien partes de un todo

centella *f* rayo o chispa

centena *f* conjunto de cien unidades

centenar *m* centena; *pl fig* muchas personas o cosas

centenario, -a *adj/s* que tiene alrededor de cien años; *sm* fecha en que se cumplen cien años o varios centenares de años

centeno *m bot* planta del grupo de los cereales

centésimo, -a *adj/pron* que ocupa el número cien en una serie; *adj/s* de cada una de las cien partes iguales en que se ha dividido un todo

centígrado, -a *adj/sm* que es una de las cien partes de una escala termométrica

centigramo *m* medida de peso correspondiente a la centésima parte del gramo

centilitro *m* medida de capacidad que es la centésima parte del litro

centímetro *m* medida de longitud que es la centésima parte del metro

céntimo *m* moneda que equivale a la centésima parte de la unidad monetaria

centinela *s* alguien que vigila

centolla *f* centollo

centollo *m* animal marino comestible que tiene un caparazón redondeado

central *adj* del centro o relativo a él; que es lo más importante; *sf* organización u oficina principal; instalación para producir energía eléc-

trica; *sm dep* defensor central de un equipo de fútbol

centralita *f* aparato que permite pasar llamadas telefónicas a otros teléfonos; lugar donde está situado este aparato

centralizar *vt/pronl* reunir varias cosas en un centro o que pasen a depender de un poder central

centrar *vt* colocar algo en el centro; atraer la atención de los otros hacia sí; *vt/pronl* encontrar el equilibrio interior; *vt/i dep* pasar el balón

céntrico, -a *adj* del centro o que está en él

centro *m* punto que está a igual distancia de sus extremos; alguien o algo que ocupa una posición central; lugar en el que se desarrolla una actividad; zona central de una población; *dep* hecho de centrar el balón

ceñir *vt* rodear de forma ajustada la cintura u otra cosa; *vt/pronl* ponerse una prenda de vestir muy ajustada; *pronl fig* limitarse a algo

ceño *m* gesto que se hace con la frente y las cejas; **fruncir el ~** *fig* juntar las cejas

cepa *f* tronco de la vid; parte del tronco de una planta o árbol que está dentro de la tierra; **de pura ~** *fam* que tiene las características propias de algo

cepillar *vt/pronl* limpiar con un cepillo; peinar el pelo con un cepillo; *vt* poner lisa la madera con un cepillo; *fam* robar; *pronl fam* matar; suspender en un examen

cepillo *m* instrumento formado por un mango y unas cerdas; herramienta de carpintería; caja con una ranura para echar dinero

cepo *m* trampa para cazar; utensilio para sujetar algo

ceporro, -a *adj/s fam* poco inteligente o torpe; *sm* cepa vieja; *dormir como un ~ fam* dormir profundamente

cera *f* sustancia sólida que producen las abejas; materia con características parecidas a esta sustancia

cerámica *f* técnica de fabricar objetos con arcilla; objeto fabricado con esta técnica

cerca *sf* valla o muro que se hace alrededor de un lugar; *adv* en un lugar o tiempo cercano; *~ de* casi o de forma aproximada

cercanía *f* lugar cercano o tiempo próximo

cercano, -a *adj* que está próximo en el espacio o en el tiempo

cercar *vt* rodear un lugar con una cerca; rodear mucha gente a alguien o algo; *mil* poner cerco, sitiar

cerciorarse *pronl* asegurarse de la verdad de algo

cerco *m* lo que rodea algo; lo que se pone alrededor de algo; *mil* acción de rodear un lugar para tomarlo

cerdo, -a *s zoo* mamífero doméstico de cuerpo grueso; *sf* pelo grueso y duro de algunos animales; *adj/s fam* que es un grosero o está muy sucio

cereal *m/adj* serie de plantas que dan frutos en forma de granos

cerebral *adj* del cerebro o relativo a él

cerebro *m* parte de la cabeza que controla las funciones más importantes del cuerpo; capacidad de pensar o entender; *fig* alguien que destaca en algún campo del saber; alguien que piensa un plan y lo dirige; *~ electrónico* ordenador; computadora; *lavar el ~ fam* hacer cambiar de opinión

ceremonia *f* acto solemne que se celebra según ciertas normas

cereza *f* fruto pequeño, casi redondo, de piel lisa y roja

cerezo *m* árbol, cuyo fruto es la cereza

cerilla *f* palito de madera u otro material con una sustancia en un extremo que se enciende al frotarla

cerrado, -a *adj* del lugar desde el que se ve poco o nada el espacio exterior; *fig*

que no acepta ideas nuevas;
del cielo lleno de nubes

cerradura f mecanismo de
metal para cerrar algo con
llave

cerrajero, -a s persona que
hace o arregla cerraduras y
otros objetos de metal

cerrar vt/i/pronl hacer lo necesario para que no se pueda ver, tocar en el interior
de algo o para impedir el
paso por un lugar; vt/pronl
juntar dos o más cosas separadas; dar por terminada
una actividad o poner fin a
algo; vt cubrir algo abierto;
ir el último en una lista o
conjunto; vt/i dejar de realizar su actividad una tienda o
empresa; pronl cubrirse el
cielo de nubes; tomar una
curva cerca de su lado interior; negarse a algo

cerro m geo elevación del
terreno; fig montón de cosas

cerrojo m cierre de hierro
formado por una barra que
se mueve entre unas anillas

certamen m concurso con
premios

certero, -a adj del tiro que
da en el blanco; correcto o
acertado

certeza f conocimiento seguro; seguridad de que algo
es cierto

certidumbre f certeza, seguridad

certificado, -a adj/sm del
envío por correo que se certifica; sm documento en el
que se certifica algo

certificar vt asegurar que
algo es cierto o verdadero;
asegurar que un envío postal llegará a su destino

cerveza f bebida alcohólica
que se obtiene de la cebada
y de lúpulo

cesar vi terminar o acabar;
dejar de desempeñar un cargo

cesárea f operación quirúrgica para extraer al hijo del
vientre de la madre

cese m hecho de cesar

césped m hierba fina, corta
y espesa que cubre un terreno; terreno cubierto por
ésta

cesta f recipiente hecho de
mimbre, plástico u otros
materiales con una o dos
asas; dep especie de pala;
canasta; ~ **de la compra**
conjunto de alimentos y
productos cotidianos

cesto m recipiente más grande que la cesta

cetro m bastón que es símbolo de poder o dignidad

chabacano, -a adj grosero,
de mal gusto

chabola f casa pequeña
construida con materiales
pobres; choza o caseta

chacha f fam empleada de
hogar

chafar vt estropear o echar a perder; *fam* dejar a alguien sin saber cómo actuar

chal m prenda de vestir femenina que se pone sobre los hombros

chalado, -a adj/s fam que actúa sin juicio; que le gusta mucho alguien o algo

chalé m casa que tiene un jardín alrededor y en la que vive una sola familia

chaleco m prenda de vestir sin mangas que cubre el pecho y la espalda; ~ *antibalas* el que protege contra las balas; ~ *salvavidas* el que sirve para flotar en el agua

chalet m chalé

champán o **champaña** m vino blanco espumoso

champiñón m seta comestible

champú m jabón líquido para lavarse el pelo

chamuscar vt/pronl quemar algo por la parte exterior

chanchullo m fam acción tramposa o contra la ley

chancla o **chancleta** f zapatilla o sandalia sin talón

chándal m traje deportivo

changar vt/pronl fam romper, estropear

chantaje m amenaza de alguien a otro con un perjuicio para éste

chantajista s persona que hace a otra un chantaje

chao interj adiós, hasta luego

chapa f hoja o lámina de un material duro; tapa de metal de algunas botellas; *pl* juego infantil con estas tapas de botella

chaparrón m lluvia fuerte y de corta duración

chapotear vi/t hacer ruido agitando el agua con los pies o las manos; vi sonar el agua al ser agitada

chapucero, -a adj de algo hecho sin cuidado; adj/s que hace los trabajos sin cuidado

chapuza f trabajo de poca importancia y de corta duración; trabajo hecho mal

chapuzón m baño rápido de corta duración

chaqué m prenda masculina de etiqueta

chaqueta f prenda exterior de vestir; *cambiar de* ~ fig cambiar de opinión según el propio interés

chaquetero, -a adj/s fam que cambia de idea u opinión según le interesa

chaquetón m prenda de abrigo

charanga f banda de música no muy importante; grupo musical de carácter festivo

charca f charco grande

charco m agua u otro líquido detenido en un hoyo

charla f fam hecho de charlar; exposición oral sobre un tema ante un público

charlar vi fam conversar, hablar unos con otros

charlatán, -ana adj/s que habla mucho; que cuenta cosas que debería callar; sm vendedor ambulante que anuncia su mercancía a voces

chárter adj/sm del avión o vuelo contratado que no es de línea regular

chasco m sorpresa que produce un suceso contrario a lo que se esperaba

chasquido m ruido repentino y seco; cualquier ruido, como el del látigo, que hace algo al chocar con otra cosa

chatarra f conjunto de trozos de hierro u otros metales viejos; fam cosa de poco valor

chato, -a adj de la nariz pequeña y aplastada; adj/s que tiene esta nariz; sm vaso bajo y ancho; s fam nombre que se dice a alguien de forma cariñosa

chaval, -a s niño, muchacho, persona joven

checo, -a adj/s de la República Checa; sm lengua de este país

chepa f fam bulto en la espalda, joroba

cheque m econ documento para cobrar una cantidad de dinero de la cuenta de un banco

chequeo m examen médico; comprobación de algo

chicha f fam carne comestible; am bebida alcohólica del maíz; *no ser ni ~ ni limonada* fam no ser ni una cosa ni la contraria

chichón m bulto que sale en la cabeza después de un golpe

chicle m goma de mascar de sabor dulce

chico, -a adj pequeño o de poco tamaño; s persona que no tiene mucha edad, niño, muchacho

chiflado, -a adj/s fam medio loco; que le gusta mucho alguien o algo

chiflar vi silbar o imitar el sonido del silbato con la boca; vi/pronl fam gustar mucho

chileno, -a adj/s de Chile

chillar vi producir sonidos fuertes con la voz, dar gritos; levantar la voz al hablar

chillido m sonido de la voz fuerte y desagradable

chillón, -ona adj de un sonido agudo y desagradable; fam de un color muy vivo; adj/s que chilla

chimenea f conducto por el que sale el humo

chimpancé m zoo mono de considerable estatura

china f piedra pequeña y redondeada; *tocarle la ~ a alguien* fam corresponderle la parte peor de algo

chinchar vt/pronl fam molestar o enfadar

chinche *s zoo* insecto de color rojo oscuro; *adj/s fam* de alguien que molesta de continuo; que es demasiado exigente en cosas pequeñas

chincheta *f* clavo muy pequeño y fino con la cabeza amplia y redonda

chinchilla *f zoo* mamífero roedor algo más grande que la ardilla

chinchín *m fam* música de una charanga; *interj* se usa cuando se chocan los vasos para brindar

chino, -a *adj/s* de China; *sm* lengua de este país; *adj/s am* de alguien con rasgos indios en la cara; palabra emotiva cariñosa o despectiva; criado; **ser chino** *fam* ser un lenguaje difícil de entender; **ser trabajo de chinos** *fam* ser un trabajo complicado y de mucha paciencia

chip *m téc* circuito integrado que realiza numerosas funciones, pastilla

chipirón *m zoo* calamar pequeño

chipriota *adj/s* de Chipre

chiquillada *f* acción propia de un niño

chirimoya *f bot* fruta grande con cáscara verde, pulpa abundante blanca y semillas

chiringuito *m* quiosco pequeño al aire libre

chiripa *f fam* suerte, casualidad favorable

chirla *f zoo* molusco más pequeño que la almeja

chirriar *vi* producir un sonido agudo y desagradable al rozar dos cosas

chisme *m* noticia falsa o no que se dice para enemistar; *fam* objeto que no sirve y estorba

chismorrear *vi* contarse chismes unos a otros

chispa *f* partícula encendida que salta de algo que arde; porción muy pequeña de algo; gracia, ingenio, habilidad; *fam* borrachera; **echar ‑s** *fam* estar muy enfadado

chispear *impers* llover poco y con gotas pequeñas; *vi* echar chispas; relucir, brillar

chisporrotear *vi fam* echar chispas de forma repetida

chiste *m* historia corta, dicho o dibujo gracioso

chistera *f* sombrero de copa alta

chistoso, -a *adj* que tiene gracia y hace reír; *adj/s* que suele contar chistes

chivarse *pronl fam* decir algo que perjudica a otro; no guardar un secreto

chivato, -a *adj/s fam* persona que avisa; *sm fig* aparato que avisa

chivo, -a *s zoo* cría de la cabra; *sf am* perilla, barba; **chivo expiatorio** *fig* persona a quien se echa la culpa de algo

chocante adj que resulta extraño o causa sorpresa

chocar vi encontrarse dos cuerpos de manera violenta; ser contrarias dos cosas o personas; resultar extraño o causar sorpresa; vt unir las manos en señal de amistad

chochear vi tener disminuidas las capacidades mentales debido a la edad

chocolate m sustancia hecha con cacao, azúcar y otros ingredientes; bebida preparada con esta sustancia; fam hachís

chocolatería f establecimiento en el que se sirve chocolate líquido y otras bebidas; fábrica de chocolate

chocolatero, -a s persona que fabrica o vende chocolate; sf recipiente en que se cuece el chocolate líquido

chocolatina f tableta pequeña y delgada de chocolate

chófer o **chofer** m persona que tiene la profesión de conductor de vehículos

chollo m fam lo que se consigue con poco esfuerzo o dinero

chomba o **chompa** f fam jersey

chopo m bot nombre que se da a varias especies de álamos

choque m golpe violento entre dos o más cuerpos; dis-

puta o pelea; impresión o emoción fuerte

chorizo, -a s fam ladrón, ratero; sm embutido hecho con carne de cerdo y pimentón

chorlito m zoo ave de patas largas que hace su nido en el suelo

chorra adj/s que dice o hace tonterías; sf fam buena suerte; vulg pene

chorrada f fam dicho o hecho sin sentido; objeto que no es útil o tiene poco valor

chorrear vi/t caer o salir un líquido a chorros o a gotas

chorro m líquido o gas que sale por una parte estrecha; a ~s en gran cantidad

chotis m baile popular de Madrid

choza f cabaña de madera y cubierta de ramas o paja

chubasco m lluvia de corta duración

chubasquero m impermeable ligero

chuchería f alimento ligero y apetitoso

chufa f bot raíz comestible de una planta llamada juncia; fam bofetada

chuleta f gastr costilla con carne; fig papel pequeño con apuntes; fam bofetada; adj/s bocazas

chulo, -a adj/s que se cree superior a los otros, presumido; adj fam de algo bonito; *sm* hombre que vive del dinero de las prostitutas

chumbera *f bot* planta con los tallos verdes en forma de palas y llenos de espinas

chungo, -a *adj fam* en mal estado; de un asunto o tarea difícil; *sf fam* situación alegre y divertida; **tomar a chunga** *fam* tomar en broma

chupado, -a *adj fam* muy flaco, débil; *fam* muy fácil; *am* bebido, borracho; *sf* presión con los labios, para extraer el jugo o sustancia de algo; cada vez que se chupa

chupar *vt/i* sacar con los labios, la lengua u otro órgano el jugo o sustancia de algo; *vt/pronl* tocar algo con la lengua; *pronl* tener que aguantar algo no agradable; **~ del bote** *fam* aprovecharse de algo; **no ~se el dedo** *fam* no ser tonto

chupete *m* objeto de goma que se da a los niños pequeños para chupar

chupi *adj/adv fam* estupendo, muy bueno

chup|ón, ~ona *adj* que chupa; *adj/s fig fam* que se aprovecha de algo o alguien; *dep* del jugador egoísta

churrería *f* establecimiento en el que se hacen y venden churros

churrete *m* mancha que ensucia la cara

churro *m gastr* masa de harina que en forma alargada y redonda se fríe en aceite; *fam* cosa mal hecha; acierto casual

chutar *vt/i* lanzar el balón con el pie; *pronl fam* inyectarse droga

cicatriz *f* señal que queda en la piel después de curarse una herida; *fig* impresión que queda en el ánimo

cicatrizar *vt/i/pronl* cerrar y curar una herida; *fig* superar una mala experiencia

ciclismo *m* deporte que se practica con la bicicleta

ciclista *adj* del deporte que se practica con bicicletas o relacionado con él; *adj/s* que va en bicicleta

ciclo *m* período de tiempo o años que, acabados, se vuelven a contar de nuevo; serie de cosas que se repiten de forma ordenada

ciclón *m* viento muy fuerte que gira en grandes círculos, huracán; *fam* persona con mucha energía

ciego, -a *adj/s* privado de la vista o con un defecto grande en ella; *adj* deslumbrado por una luz fuerte; dominado por algo que impide actuar libremente; de un conducto que está obstruido; **a ciegas** sin ver; sin conocer algo; **ponerse ~** *fam* hartarse de comer o beber

cielo *m* espacio en el que se mueve la Tierra; *rel* lugar donde se disfruta de la presencia de Dios; *clamar algo al ~ fam* ser algo injusto; *ver el ~ abierto fam* presentarse una solución en una situación difícil

ciempiés *m zoo* animal alargado con el cuerpo dividido en anillos y patas articuladas

ciencia *f* conocimiento cierto de las cosas; conjunto de conocimientos sobre cada materia; *pl* conjunto de materias relacionadas con las matemáticas y la naturaleza, por oposición a letras; *a ~ cierta* con toda seguridad; *~ ficción* conjunto de obras literarias o de cine que imaginan la vida en el futuro

científico, -a *adj* de la ciencia o relacionado con ella; *adj/s* que se dedica al estudio de la ciencia

cierre *m* hecho de cerrar; lo que sirve para cerrar; fin de un proceso o actividad

cierto, -a *adj* verdadero, seguro; de alguien o algo que no se precisa; *cierto adv* con certeza; *por cierto* indica que se acaba de recordar algo que se va a decir

ciervo, -a *s zoo* mamífero rumiante y cuyo macho tiene grandes cuernos

cifra *f* signo con el que se re-

presenta un número; *en ~* en clave

cigala *f zoo* animal marino con un caparazón de color rosa

cigarra *f zoo* insecto de color verdoso, cuyo macho produce un sonido monótono

cigarrillo *m* cigarro pequeño y delgado envuelto en papel

cigarro *m* rollo de hojas de tabaco para fumar, puro; cigarrillo

cigüeña *f zoo* ave de gran tamaño con patas, cuello y pico muy largos

cilíndrico, -a *adj* con forma de cilindro

cilindro *m* cuerpo cuyas bases son dos círculos iguales y paralelos

cima *f* parte más alta de una montaña, de un árbol; *fig* situación de máximo esplendor

cimiento *m* parte de un edificio sobre la que descansa el resto; *fig* principio y raíz

cinc *m* metal blando de color azulado y brillo intenso

cine *m* arte, técnica e industria de hacer películas; local en el que se proyectan películas; *de ~ fam* fenomenal

cinematografía *f cine*; técnica y arte de representar imágenes en movimiento

cínico, -a *adj/s* que no le da la vergüenza mentir o defender lo que hay que condenar

cinta f tira larga y estrecha de un material flexible; aparato con una banda movible para transportar personas o cosas

cintura f parte que está encima de las caderas; parte del vestido que rodea esta parte del cuerpo; *meter en ~ a alguien* fam someterle a un orden

cinturón m cinta para ajustar una prenda de vestir a la cintura; *apretarse el ~* fam gastar menos dinero; *~ de seguridad* el que sujeta a los viajeros al asiento

ciprés m bot árbol alto y recto con hojas perennes

circo m conjunto de artistas que realizan ejercicios de habilidad y riesgo; espectáculo que ofrecen éstos; lugar donde se representa el espectáculo; lugar de los antiguos romanos para las carreras de carros y caballos; fam conducta o situación especial para llamar la atención

circuito m recorrido o viaje que termina en el punto de partida; conjunto de conductores por donde pasa la corriente eléctrica

circulación f hecho de circular; movimiento de un lugar a otro de personas y vehículos por las vías públicas; recorrido de la sangre por el

cuerpo; paso de una cosa de unas personas a otras

circular adj del círculo o relacionado con esta figura; sf escrito con un mensaje; vi andar o moverse; ir y venir algo por un conducto o vía; pasar algo de unas personas a otras

circulatorio, -a adj de la circulación

círculo m superficie plana, contenida dentro de una circunferencia; corro, cerco; grupo de personas que realiza actividades culturales o deportivas; *~ vicioso* defecto al explicar dos cosas y basar una en la otra; situación o problema sin salida o solución porque siempre se vuelve al mismo punto

circunferencia f línea curva y cerrada, cuyos puntos están todos a la misma distancia del centro

circunstancia f accidente que rodea o acompaña a alguien o algo; requisito o condición necesaria para algo

circunstancial adj que depende de una circunstancia u ocurre por casualidad

circunvalación f hecho de rodear un lugar; *carretera de ~* la que rodea una ciudad

cirio m vela de cera larga y gruesa; fam jaleo, pelea

ciruela *f* fruto del ciruelo de forma redondeada y un hueso en el centro

ciruelo *m bot* árbol frutal con flores blancas

cirugía *f* parte de la medicina cuyo fin es curar enfermedades mediante operaciones; **~ plástica** la que se ocupa de mejorar la forma de una parte del cuerpo

cirujano, -a *s* médico especialista en cirugía

cisne *m zoo* ave con el cuello largo de color blanco

cisterna *f* parte de la taza del retrete donde se almacena el agua; recipiente grande para depositar o transportar líquidos

cita *f* acuerdo para encontrarse en un lugar, fecha y hora determinada; este encuentro o reunión; texto o idea ajena que se usa para apoyar lo que se dice

citar *vt/pronl* indicar a alguien el lugar, la fecha y hora para encontrarse; decir o escribir citas; mencionar el nombre de algo; *fam* provocar a alguien para enfadarle

cítrico, -a *adj* del limón o relativo a él; *sm pl* frutas de sabor ácido o agridulce

ciudad *f* población donde viven muchas personas; población no rural

ciudadano, -a *adj* de la ciudad, de sus habitantes o relativo a ellos; *adj/s* que es habitante o vive en una ciudad; *s* persona que posee derechos y deberes políticos por ser miembro de un Estado

cívico, -a *adj* de la ciudad, de los ciudadanos o relativo a ellos; que tiene un comportamiento de buen ciudadano

civil *adj* de la ciudad, de sus ciudadanos o relativo a ellos; que no pertenece ni al ejército ni a la iglesia; *s fam* Guardia Civil

civilización *f* conjunto de creencias, conocimientos y costumbres de un pueblo

civilizar *vt/pronl* sacar a un pueblo de un estado primitivo; hacer de alguien una persona educada y sociable

cizaña *f* planta perjudicial para la siembra; **meter** o **sembrar ~** *fam* crear enemistades entre personas

clamar *vt* pedir algo con fuerza; *vi* quejarse

clandestino, -a *adj* que se hace o se dice de forma secreta por temor a la ley

clarear *vi/impers* empezar a amanecer; quedarse el cielo sin nubes; *pronl/vi* transparentarse

claridad *f* calidad de claro; efecto de la luz

clarinete *m mús* instrumento de viento hecho de madera

claro, -a *adj* que tiene luz; de un color que tiene mucho blanco; que se ve, se nota o se comprende fácilmente; transparente o poco turbio; de una persona que es sincera al hablar; del tiempo o cielo sin nubes; de un sonido puro y limpio; *sm* espacio vacío en el interior de algo; espacio del cielo sin nubes; *sf* parte transparente y blanca del huevo; *adv* sin dudas; abiertamente; *interj* se usa para afirmar, a veces, de forma irónica; *a las claras fam* sin rodeos, abiertamente

clase *f* cada uno de los grupos en que se divide a las personas, los animales o las cosas; grupo social; categoría que diferencia una cosa de otra; grupo de estudiantes que reciben enseñanza juntos; aula; enseñanza de una materia

clásico, -a *adj* de la cultura de las antiguas Grecia y Roma o relativo a ellas; del período de esplendor de cualquier cultura; *fam* típico o que actúa y piensa según la costumbre

clasificación *f* colocación en grupos según las características; lista por orden de los participantes en una competición

clasificar *vt/pronl* ordenar un conjunto por clases; *pronl* obtener un determinado puesto en una clasificación

claustro *m* galería que rodea el patio principal de un monasterio; conjunto de profesores de un centro de enseñanza

clausura *f* acto solemne con el que se termina una actividad; cierre de un local; *rel* parte de un monasterio o convento en la que no pueden entrar otros sin un permiso; vida religiosa en estos edificios

clausurar *vt* declarar acabada una actividad; cerrar un edificio, un negocio

clavar *vt/pronl* introducir una cosa puntiaguda en un cuerpo con fuerza; *vt* asegurar algo con clavos; *vt/i fam* cobrar más de lo normal

clave *f* sistema de signos; explicación de este sistema; dato o explicación necesaria para entender algo; *adj* lo que es fundamental

clavel *m bot* planta cuyas flores de diversos colores tienen el borde superior en pico

clavícula *f* cada uno de los dos huesos alargados que están a ambos lados de la parte superior del pecho

clavija *f* pieza que se mete en un agujero para sujetar, co-

nectar o unir algo; *mús* cada
pieza de un instrumento que
sujeta y tensa las cuerdas

clavo *m* pieza de metal larga
y delgada con punta en un
extremo y cabeza en el otro;
gastr condimento de sabor
picante; *como un ~ fam*
puntual, en el momento esperado; *dar en el ~ fam* dar
la respuesta correcta

claxon *m* bocina eléctrica de
los automóviles

clemencia *f* compasión que
lleva a moderar la aplicación de un castigo

clérigo *m* rel cristiano que ha
recibido las órdenes sagradas

clero *m* rel conjunto de los
clérigos; clase sacerdotal

cliente *s* o *-a sf* alguien que
utiliza de forma habitual los
servicios de un profesional o
una empresa

clientela *f* conjunto de clientes

clima *m* conjunto de condiciones atmosféricas que caracterizan una región; ambiente de una situación

clínico, -a *adj* de la clínica o
relacionado con ella; *sm*
hospital en el que se enseña
la parte práctica de la medicina; *sf* hospital; parte práctica de la enseñanza de la
medicina

clip *m* utensilio doblado sobre sí mismo para sujetar

papeles; sistema de cierre a
presión formado por dos
piezas; vídeo corto

clítoris *m* parte carnosa y
pequeña del órgano sexual
femenino

cloaca *f* conducto por donde
van las aguas sucias; *fig* lugar muy sucio

cloro *m* sustancia química de
color amarillo verdoso

clorofila *f bot* sustancia en
las plantas que le permite
aprovechar la energía solar

club *m* asociación de personas; lugar donde se reúnen
éstas; lugar de diversión

coartada *f jur* prueba con la
que un acusado demuestra
que no estuvo en el lugar del
delito

coba *f fam* **dar** ~ alabar de
forma excesiva y no sincera

cobarde *adj/s* del que siente
miedo o no tiene valor; del
que ataca a otro más débil

cobertizo *m* tejado que sale
de una pared; lugar cubierto
y que protege del exterior

cobijar *vt/pronl* dar protección o refugio

cobra *f zoo* serpiente venenosa de las zonas cálidas

cobrar *vt* recibir una cantidad de dinero como pago;
capturar, sobre todo, una
pieza de caza; *vi fam* recibir
una paliza; *pronl* obtener
algo en compensación; producir víctimas

cobre *m* metal de color rojizo

cocer *vt* hacer hervir un líquido; cocinar un alimento en un líquido; someter algo a la acción del calor en un horno; *vi* hervir un líquido; *pronl fam* prepararse en secreto; sentir mucho calor

coche *m* automóvil; vagón de ferrocarril; **~ cama** vagón con camas; **~ celular** el que transporta prisioneros; **~ de línea** autobús; **~ patrulla** el de la policía

cochero, -a *sm* persona que conduce un coche de caballos; *sf* lugar donde se guardan coches u otros vehículos

cochinillo *m* *zoo* cerdo que todavía mama, lechón

cochino, -a *s* *zoo* cerdo; *adj/s* *fig* que es o está muy sucio

cocido *m* *gastr* guiso preparado con garbanzos, verdura y carne

cociente *m* resultado de una división en matemáticas

cocina *f* lugar donde se prepara la comida; aparato con fuego para cocinar; arte o técnica de cocinar; conjunto de platos típicos de un lugar

cocinar *vt/i* preparar los alimentos para comer

cocinero, -a *s* persona que cocina en casa o como profesión

coco *m* fruto del cocotero

con una cáscara peluda muy dura; *fam* cabeza humana; fantasma; **comer el ~ a alguien** *fam* convencerle o influir mucho en él

cocodrilo *m* *zoo* reptil anfibio con una gran boca

cocorota *f* *fam* cabeza humana; coronilla

cocotero *m* *bot* árbol tropical cuyo fruto es el coco

cóctel *m* bebida alcohólica preparada con licores y otros ingredientes; fiesta en la que se sirven bebidas y aperitivos; **~ molotov** explosivo preparado en una botella

codazo *m* golpe dado con el codo

codera *f* pieza que cubre el codo en algunas prendas de vestir; deformación o agujero en la manga; tela elástica para proteger el codo en algunos deportes

codicia *f* deseo intenso de tener riquezas u otras cosas

código *m* conjunto ordenado de leyes; conjunto de normas o reglas sobre una materia determinada; sistema de signos; **~ postal** conjunto de números o letras para cada población o zona utilizado en Correos

codo *m* parte posterior y saliente que une el brazo y el antebrazo; trozo de un tubo doblado en ángulo; **empi-**

nar el ~ *fam* tomar bebidas alcohólicas; **hablar por los ~s** *fam* hablar mucho; **hincar los ~s** *fam* estudiar

codorniz *f zoo* ave de color marrón que vive en los sembrados

cofre *m* caja resistente con tapa y cerradura

cogedor *m* utensilio en forma de pala para recoger la basura

coger *vt/pronl* agarrar o tomar; *vt* recoger o juntar cosas; retener o atraer; atrapar; *vt/pronl fam* adquirir algo o empezar a sentirlo; *vt* alcanzar al o lo que va delante; atropellar un vehículo; *fam* entender; recibir una emisión; sorprender o descubrir en una determinada situación; conseguir, obtener o lograr; *am vulg* poseer sexualmente; *vi fam* caber, tener capacidad; *fam* caber, poder pasar por un sitio

cogollo *m* parte interior y más apretada de algunas hortalizas

cogote *m* parte posterior del cuello

coherente *adj* que tiene relación una cosa con otra

cohete *m* cartucho lleno de pólvora que sube a gran altura; arma o vehículo que se lanza y vuela en el espacio

coincidir *vi* ocurrir dos o más cosas a un mismo tiempo o en un mismo lugar; ajustar algo con otra cosa; ser parecidos o iguales; encontrarse en un mismo lugar

cojear *vi* andar inclinando el cuerpo a un lado al no sentar bien los pies en el suelo; moverse un mueble porque no apoya bien en el suelo; **~ del mismo pie** *fam* tener los mismos defectos

cojín *m* especie de bolsa de tela rellena con un material blando

cojo, -a *adj/s* que cojea; que le falta una pierna o pata; *adj* de un mueble que cojea

cojón *m vulg* testículo; **cojones** *pl interj vulg* indica enfado o rechazo

cojonudo, -a *adj vulg* estupendo, excelente; valiente

col *f bot* planta de muchas variedades que se cultivan en la huerta

cola *f* extremidad posterior del cuerpo de algunos animales; parte posterior de algo; prolongación de algo; hilera; pasta adhesiva; *fam* pene; **traer ~** *fam* traer consecuencias

colaborar *vi* trabajar con otros en una tarea común; trabajar a veces para una empresa; ayudar para lograr un fin

colador m utensilio formado por una tela o lámina con agujeros para colar

colar vt separar las partes sólidas que hay en un líquido con un colador; vt/pronl introducir una cosa en otra o hacer que pase por ella; pronl fam pasar alguien con engaño a algún sitio; pasar a un puesto más adelantado en una cola sin corresponder; equivocarse

colcha f tela que cubre la cama como adorno

colchón m superficie blanda que se pone sobre la cama; capa hueca y blanda que cubre una superficie

colchoneta f colchón delgado; _ de aire o neumática la que se llena de aire

colección f conjunto de cosas de la misma clase, normalmente ordenadas; conjunto de prendas de vestir que se hacen y exhiben

coleccionista s persona que colecciona algo

colecta f recaudación de donativos voluntarios

colectivo, -a adj de un grupo de personas o relativo a él; sm grupo de personas con un interés común

colega s persona que tiene la misma profesión que otra; fam amigo o compañero

colegio m establecimiento dedicado a la enseñanza;

asociación de personas con una misma profesión

cólera sm enfermedad infecciosa; sf ira o enfado muy violento; **montar en _** enfadarse mucho

colesterol m med sustancia grasa que se produce en el organismo de los seres vivos

coleta f peinado en forma de trenza; **cortarse la _** retirarse un torero de su profesión; fam dejar una profesión

coletazo m sacudida con la cola de los peces moribundos; fig última manifestación de algo antes de desaparecer

colgante adj que cuelga; sm adorno que cuelga de una cadena

colgar vt/i poner o estar algo suspendido sin tocar el suelo; vt/pronl fam ahorcar; fam atribuir algo a alguien; vi fam no superar un examen, suspenderlo; pronl fam depender de la droga; interrumpirse el trabajo en un ordenador

cólico m med enfermedad con dolor del intestino

coliflor f bot variedad de col con una masa blanca y redonda en el centro

colilla f extremo del cigarro que se deja sin fumar

colín m barra de pan pequeña, larga y delgada

colina f elevación redondeada del terreno

colisión f choque entre dos cuerpos; *fig* oposición y lucha de ideas, intereses

collar m adorno que se pone alrededor del cuello; correa alrededor del cuello de los animales

colmar *vt* llenar hasta que se pase de los bordes; *fam* dar algo en abundancia; satisfacer plenamente

colmena f recipiente o lugar donde las abejas viven; conjunto de éstas; *fig* sitio donde vive mucha gente

colmillo m cada uno de los cuatro dientes puntiagudos de los mamíferos; cada uno de los dos dientes en forma de cuerno de los elefantes

colmo m porción de algo sólido que sobresale por encima de los bordes de un recipiente; *fig* grado mayor al que se puede llegar en algo; *para ~* además

colocación f hecho de colocar o colocarse; situación de alguien o algo; puesto, empleo o destino de trabajo

colocar *vt/pronl* poner en la posición, orden o lugar que le corresponde; *fam* proporcionar un puesto de trabajo; *vi/pronl fam* poner alegre el alcohol o una droga

colombiano, -a *adj/s* de Colombia

colon m *med* parte del intestino grueso

colonia f conjunto de personas que van a otro país para establecerse; lugar donde se establecen; territorio situado fuera de las fronteras del país que lo ocupa y administra; grupo de edificios de viviendas; líquido compuesto de agua, alcohol y esencias aromáticas

colonial *adj* que pertenece o es relativo al territorio ocupado por otro país

colonizar *vt* convertir un territorio ajeno en colonia; establecerse colonos en una zona

colono m persona que se establece en una zona para trabajar en ella

coloquial *adj* del lenguaje usado normalmente

coloquio m conversación que está organizada y modera alguien

color m impresión que producen en la vista los rayos de luz reflejados por un cuerpo; sustancia preparada para pintar; *de ~* que no es ni blanco ni negro; de una persona de raza negra; *de ~ de rosa fam* de manera optimista

colorado, -a *adj* de color rojo; *ponerse ~* enrojecer la cara de vergüenza

colorear *vt* pintar de colores;

vi empezar a mostrar algo su color característico

colorete *m* sustancia de tono rojo para el maquillaje

colorido *m* conjunto de los colores; *fam* animación o interés de algo

color|ín *m fam* **~ines** *pl* colores muy vivos

colosal *adj* de tamaño, cantidad o calidad mayores de lo normal

columna *f arq* pieza vertical que sirve de apoyo; grupo más largo que ancho de personas o vehículos; cada parte de una página dividida en sentido vertical; **~ vertebral** conjunto de huesos que forman el eje del esqueleto; base o eje de algo

columpiar *vt/pronl* empujar un columpio u otra cosa para que se balancee

columpio *m* asiento colgado de un sitio alto para balancearse

coma *m med* estado en que un enfermo no está consciente y no tiene capacidad de movimientos ni sensibilidad; *sf* signo ortográfico de puntuación

comadreja *f zoo* mamífero carnívoro con el cuerpo delgado y las patas cortas

comadrona *f* mujer que ayuda en el parto

comandante *s mil* una de las categorías militares; piloto

al mando de un avión u otro tipo de nave

comando *m* grupo pequeño para realizar operaciones especiales, con riesgo; *inform* instrucción para que el ordenador realice una operación

comarca *f geo* división de un territorio según ciertas características propias

comba *f* forma curva que adquieren algunos cuerpos sólidos; juego en que se salta sobre una cuerda; **no perder ~** *fam* no perder ni un detalle; aprovechar todas las ocasiones

combate *m* lucha con determinadas normas; lucha entre grupos militares; *fig* acción contra algo

combatir *vi/pronl* luchar con la fuerza o las armas; *vt fig* atacar algo para destruirlo o para que desaparezca

combinación *f* hecho de combinar; clave para poder abrir un mecanismo de seguridad; enlace de varios medios de transporte; prenda de vestir femenina; *dep* pase del balón

combinar *vt/pronl* unir o mezclar diversas cosas para conseguir un conjunto armonioso o para obtener un fin; *vt dep* pasar el balón jugadores del mismo equipo

combustible 108

combustible *adj* que puede arder con facilidad; *sm* sustancia para producir calor o energía

comedia *f* obra de teatro o película sobre un tema ligero, divertido; *fam* situación ridícula que hace reír

comediante, -a *s* persona que representa un papel en una comedia; *fig* persona que finge para engañar

comedor *m* habitación donde se come

comentar *vt* hacer comentarios sobre algo

comentario *m* idea u opinión que se dice o escribe; explicación sobre un texto, obra o hecho

comenzar *vt* empezar

comer *vt* tomar alimentos; tomar la comida principal del día; *vt/i* masticar; *vt fig* gastar o destruir poco a poco; *pronl* consumir dinero, riqueza; omitir una parte de un texto; **sin _lo ni beberlo** *fam* sin haber intervenido

comercial *adj* del comercio o relacionado con él; *s* persona que presenta en el mercado y vende los productos

comerciante *adj/s* que comercia; que le interesa ganar dinero con cualquier actividad; *s* propietario de un comercio

comerciar *vi* comprar, vender y cambiar productos

comercio *m* actividad que consiste en comprar, vender y cambiar productos; tienda; conjunto de establecimientos comerciales

comestible *adj* que se puede comer; *sm pl* alimentos

cometa *m* astro con un núcleo y una cola brillante; *sf* juguete de tela o papel para hacerlo volar con el viento

cometer *vt* hacer una falta, error o delito

cometido *m* obligación; encargo

cómic *m* historia con dibujos; revista o libro con estas historias

cómico, -a *adj* de la comedia o relativo a ella; que divierte o hace reír; *adj/s* de un actor o actriz que representa papeles graciosos

comida *f* conjunto de alimentos; acción de tomar alimentos a una hora determinada

comienzo *m* primer momento o primera parte; origen o causa de algo

comillas *f pl* signo escrito que se pone al principio y al final de una cita

comil|ón, _ona *adj fam* que come mucho; *sf* comida muy abundante

comino *m bot* planta cuyas semillas se usan como condimento; *fam* persona de poca altura; algo de muy poca importancia

comisaría *f* oficina de la policía; empleo del comisario

comisario, -a *s* policía con mayor categoría en una zona; persona que recibe de otra el poder para llevar a cabo una tarea

comisión *f* hecho de cometer; grupo de personas encargadas de hacer algo; *econ* porcentaje que se paga según las ventas

comitiva *f* conjunto de personas que acompaña a otra

como *adv* de la manera que; indica que algo es igual o parecido; *conj* si; porque

cómo *adv* de qué manera; por qué motivo; *interj* indica admiración, sorpresa

cómodo, -a *adj* que produce una sensación de bienestar; que se realiza o usa de manera fácil; *adj/s fam* de la persona perezosa o comodona; *sf* mueble con un tablero horizontal y debajo cajones

comod|ón, ~ona *adj/s fam* que no quiere molestarse o hacer esfuerzos

compacto, -a *adj* de una cosa con pocos espacios libres; de un grupo muy junto o apretado; *adj/sm mús* del equipo de sonido que en

una sola pieza reúne varios aparatos; del disco digital que se reproduce por rayo láser; *sm* aparato para reproducir estos discos

compadecer *vt/pronl* sentir compasión

compañerismo *m* buena relación entre compañeros

compañero, -a *s* persona que tiene una relación con otra por el mismo trabajo, actividad; cosa que hace juego con otra

compañía *f* hecho de acompañar; persona que acompaña a otra; grupo de actores que representan una obra teatral; grupo militar

comparable *adj* que puede compararse

comparación *f* hecho de comparar; relación que se hace entre dos o más cosas

comparar *vt* examinar dos o más personas o cosas para ver la relación de semejanza o diferencia entre ellas

comparativo, -a *adj* que indica comparación o sirve para comparar

compartir *vt* distribuir algo; usar algo en común; participar de las mismas experiencias

compás *m* instrumento formado por dos varillas para dibujar círculos o curvas; *mús* espacio del pentagrama

compasión *f* sentimiento de

pena ante el dolor y los problemas del otro

compatible *adj* de lo que puede hacerse con otra cosa

compatriota *s* persona de la misma patria que otra

compenetrarse *pronl* entenderse muy bien una persona con otra

compensar *vt/i/pronl* igualar algo de una cosa por medio de su contrario; *vt/pronl* dar algo por un perjuicio causado; *vt* merecer la pena

competencia *f* esfuerzo por conseguir algo a lo que aspiran también otros; conjunto de los otros que aspiran a lo mismo; asunto que tiene el deber de realizar alguien; capacidad para hacer algo bien

competición *f* hecho de competir, sobre todo en el campo deportivo

competir *vi* esforzarse por conseguir algo a lo que aspiran varios

complacer *vt* satisfacer los deseos de alguien; *pronl* encontrar satisfacción en algo

complejo, -a *adj* que se compone de elementos diversos; que resulta difícil de entender; *sm psic* conjunto de ideas y sensaciones que influyen en la personalidad

complemento *m* lo que se añade para completar algo

completar *vt* hacer que algo

esté perfecto, terminado

completo, -a *adj* con todas sus partes, entero; con todas sus cualidades, perfecto; en todos los aspectos, total; sin ningún sitio libre, lleno

complicación *f* hecho de complicar; lo que hace más difícil algo

complicar *vt/pronl* hacer que algo sea difícil; comprometer a alguien en un asunto

cómplice *s* persona que comete con otra una falta o delito

componer *vt* dar forma a algo uniendo varias cosas; arreglar lo roto o desordenado; formar algo varios miembros o partes; *vt/i* hacer una obra musical; *pronl* estar formado por

comportamiento *m* manera de actuar

comportarse *pronl* actuar de una manera determinada; *fam* portarse bien

composición *f* hecho de componer; resultado de ordenar las partes; manera de estar compuesto; obra musical o poética; técnica y arte de la creación musical

compositor, -a *s* persona que compone obras musicales

compota *f gastr* dulce de frutas cocidas con azúcar

compra *f* hecho de comprar; lo que se compra

comprar vt adquirir algo a cambio de dinero; sobornar

comprender vt tener claro el significado de algo; encontrar razonable; contener o incluir dentro de sí, abarcar

comprensible adj que se puede comprender

comprensión f capacidad para entender; capacidad para aceptar sentimientos, ideas o conducta de otro

comprensivo, -a adj que acepta las ideas o la conducta de otro; que contiene o abarca algo

compresa f tela para cubrir una herida o aplicar frío o calor; tela para absorber hemorragias

comprimir vt/pronl apretar algo para hacer que ocupe menos espacio

comprobante adj/sm que prueba o demuestra algo; sm recibo

comprobar vt examinar si algo es verdadero o exacto

comprometer vt/pronl obligar a alguien a hacer algo; poner en una situación difícil; pronl actuar con decisión a favor o en contra; darse la promesa de matrimonio

comprometido, -a adj peligroso o difícil; que se ha obligado a algo

compromiso m promesa o acuerdo por el que alguien se obliga a hacer algo; situación difícil, apuro; promesa de matrimonio; decisión tomada en favor o en contra de algo

compuesto, -a adj que está formado por varias partes; sm sustancia formada por dos o más elementos

computador, -a s máquina automática que trabaja de forma rápida con la información dada; sf am ordenador

comulgar vt rel tomar la comunión; fig compartir las mismas ideas que otro

común adj que pertenece a varios; que es normal o frecuente

comunicación f hecho de dar información a otro; cada uno de los medios de unión entre personas, lugares o cosas; aviso

comunicar vt hacer saber a otro una información; vt/i/pronl unir dos o más lugares o cosas; vi/pronl establecer contacto una persona con otra; vi dar el teléfono la señal de línea ocupada

comunidad f grupo de personas unidas por los mismos intereses o fines; región autónoma en España

comunión f rel hecho de tomar la hostia en la misa

comunista adj/s que defiende la idea de que los bienes

sociales deben ser propiedad común de todos; que es miembro del partido político con este ideal

con *prep* indica el instrumento con que se hace algo; indica la manera de hacer algo; indica compañía; indica el contenido o cualidad de algo o alguien; indica relación

concebir *vt* formar en la mente una idea; *vi/t* quedar fecundada la mujer u otra hembra

conceder *vt* dar una persona con autoridad o poder para ello algo a otra; ponerse de acuerdo; dar a algo un valor

concejal, ~a *s* persona elegida que forma parte del ayuntamiento

concentración *f* hecho de concentrar

concentrar *vt/pronl* reunir en un centro o lugar; disminuir el líquido de una sustancia; *pronl* poner mucha atención en algo

concepción *f* hecho de concebir

concepto *m* idea que se concibe en la mente; pensamiento expresado con palabras; opinión

concesionario, -a *adj/s* de la persona o empresa a las que se les concede el permiso para realizar un servicio

concha *f* cubierta dura que protege el cuerpo de algunos animales; material duro sacado de la concha

conciencia *f* conocimiento en cada persona que le indica lo que está bien o mal; conocimiento de la persona sobre sí misma y sobre su mundo exterior; *a* ~ con cuidado o esfuerzo

concierto *m* espectáculo musical; trato o acuerdo entre dos o más partes

concilio *m rel* reunión convocada por el papa o los obispos

concluir *vt/pronl* acabar o dar fin a algo; *vt* llegar a una conclusión, deducir; *vi* llegar algo al fin, terminar

conclusión *f* hecho de concluir; *en* ~ para terminar

concretar *vt* hacer que algo sea concreto, exacto o claro; reducir a lo más importante

concreto, -a *adj* que es uno determinado; que se puede conocer por los sentidos; exacto o preciso; *sm am* hormigón

concurrir *vi* juntarse en un mismo lugar; coincidir varias cualidades o circunstancias; concursar

concursar *vi* participar en un concurso

concurso *m* competición entre varios para conseguir un

premio; prueba; competencia

conde, ~sa s título de la clase noble

condecorar vt reconocer a alguien lo que ha hecho y concederle un distintivo

condena f jur sentencia de un juez que castiga; castigo por una falta; hecho de reprochar

condenado, -a adj/s de quien sufre condena; rel de quien está en el infierno; fam de quien o de lo que causa enfado o molestia

condenar vt jur pronunciar el juez una sentencia imponiendo un castigo; reprochar o decir que algo está mal; vt/pronl obligar a algo; pronl rel ir al infierno

condición f cosa necesaria para que algo ocurra; característica; situación en que se encuentra alguien o algo; pl cualidades

condicional adj que depende de una condición; sm gram tiempo del verbo

condimento m gastr lo que sirve para dar un determinado sabor a la comida

condón m fam preservativo

cóndor m zoo ave rapaz de gran tamaño que tiene la cabeza y el cuello sin plumas

conducción f hecho de conducir; conjunto de conductos, tubos, cables

conducir vt llevar a un lugar; vt/i manejar o guiar un vehículo

conducta f forma de actuar

conducto m canal o tubo; fig medio o manera

conductor, -a adj/s que conduce; s persona que conduce un vehículo

conectar vt/i unir, enlazar; vt/i/pronl poner en contacto o hacer que se toquen dos cosas

conejo, -a s zoo mamífero roedor con las orejas largas; **~illo de Indias** mamífero con orejas cortas, más pequeño que el conejo; fam persona o cosa con la que se experimenta y prueba algo

conexión f hecho de conectar

confeccionar vt hacer algo formado de varias partes, especialmente prendas de vestir

conferencia f exposición en público sobre un tema; reunión para tratar un tema; **~ de prensa** reunión para informar sobre algo a los periodistas

conferenciante s persona que habla en público

confesar vt/pronl decir algo que antes se había ocultado; rel decir los pecados ante el confesor; vt escuchar el confesor

confesionario m mueble donde se confiesa

confesor *m* sacerdote que escucha los pecados

confeti *m* trozos de papel pequeños y de colores

confianza *f* seguridad que se tiene en alguien, en algo o en sí mismo; **de** ~ que es alguien conocido de quien se puede confiar; **en** ~ en secreto

confiar *vi/pronl* tener confianza; *vt* poner al cuidado de alguien; decir algo en confianza; *pronl* tener demasiada confianza

confirmar *vt* asegurar algo dudoso o volver a afirmar; comprobar; *rel* celebrar el sacramento de la confirmación

confite *m* gastr dulce en forma de bola muy pequeña

confitería *f* establecimiento en que se hacen o venden dulces

confitura *f* gastr dulce hecho con frutas y azúcar

conflictivo, -a *adj* que causa conflicto

conflicto *m* lucha o falta de acuerdo

conformarse *pronl* aceptar algo que no parece suficiente o es molesto y aguantarse

conforme *adj* que se adapta a algo o está de acuerdo con algo; *adv* según, de acuerdo con

conformidad *f* acuerdo; consentimiento o permiso

confort *m* bienestar, comodidad

confortable *adj* que produce bienestar y comodidad; que conforta o consuela

confortar *vt* dar fuerza o energía; *vt/pronl* consolar o animar

confundir *vt/pronl* equivocar, tomar una cosa o persona por otra; desconcertar a alguien

confuso, -a *adj* difícil de entender, ver u oír; desconcertado

congelador *m* mueble o parte de un frigorífico para congelar alimentos

congelar *vt/pronl* convertir un líquido en sólido por medio del frío; helar; dañar el frío; *fam* tener mucho frío; *econ* hacer que no varíen sueldos, precios

congeniar *vi* entenderse bien con alguien

congénito, -a *adj* que se tiene ya antes del nacimiento

congregar *vt/pronl* reunir mucha gente en un lugar

congreso *m* reunión para tratar un tema; *pol* asamblea legislativa; edificio donde ésta se reúne

conjugar *vt* combinar varias cosas entre sí; *gram* dar a un verbo sus formas

conjunción *f* unión o coincidencia; *gram* parte invariable de la oración que une dos oraciones o palabras

conjunto, -a *adj* de lo que está unido o se da al mismo tiempo; *sm* grupo; juego de vestir femenino; grupo pequeño de músicos y cantantes

conmemoración *f* recuerdo de alguien o algo importante; acto público en el que se recuerda

conmover *vt/pronl* causar un sentimiento fuerte de alegría o tristeza

cono *m* cuerpo que tiene la base circular y en el que las rectas que van al otro extremo acaban en vértice; cualquier cosa que tiene una forma parecida

conocedor, -a *adj/s* que está enterado o entiende mucho de algo

conocer *vt* saber qué o cómo es alguien o algo; *vt/pronl* tener un juicio; tener relación con alguien

conocido, -a *adj* que ya se conocía; de alguien famoso; *s* persona que se conoce

conocimiento *m* capacidad de conocer, entender, juzgar; información que se tiene de algo; *pl* conjunto de nociones sobre algo

conque *conj* expresa una consecuencia de lo dicho; *fam* apoya lo dicho

conquistar *vt* obtener un te-

rritorio; conseguir algo; *fig* conseguir la simpatía o el amor de alguien

consagrar *vt/pronl* dedicar a alguien o algo; dar fama; *rel* hacer o declarar sagrado a alguien o algo; *vt/pronl* ofrecer a Dios

consciente *adj* que tiene conciencia de cómo actúa y lo que quiere; que tiene conciencia de sí mismo y del mundo

consecuencia *f* hecho que resulta de algo; idea que se deduce de otra

consecuente *adj* que guarda relación con algo y se deduce de ello; que sigue en orden a otra cosa

consecutivo, -a *adj* que sigue a otra cosa de forma inmediata

conseguir *vt* llegar a tener algo que se desea

consejero, -a *s* persona que informa o aconseja; *pol* miembro del gobierno de una comunidad autónoma

consejo *m* opinión que se da a alguien; organismo que informa o decide

consentir *vt/i* dejar que se haga o suceda algo; *vt* tratar a alguien con demasiada consideración o tolerancia

conserje *s* persona que trabaja cuidando un edificio

conserva *f* hecho de conservar; alimento que está en un recipiente cerrado

conservador, -a *adj/s* que conserva o guarda; *s* persona o grupo que está más a favor de la tradición que de los cambios

conservante *m* sustancia que se añade a los alimentos

conservar *vt* guardar o tener; guardar y cuidar; preparar un alimento en conserva; *vt/pronl* mantener sus características durante el tiempo

conservatorio *m* *mús* establecimiento donde se enseña música

considerable *adj* grande o importante

consideración *f* hecho de considerar; respeto en el trato con los otros; cuidado con las cosas; estima por alguien

considerar *vt* pensar algo con atención; tener una opinión sobre algo; *vt/pronl* tener un juicio determinado

consigna *f* orden o instrucción; lugar donde se dejan guardados los equipajes

consistencia *f* cualidad de algunas cosas que las hace firmes y duras; estabilidad, solidez, duración

consistente *adj* firme, sólido, duradero; que está formado por algo o por varias cosas

consistir *vi* estar compuesto por algo; basarse

consola *f* mesa decorativa que se apoya a la pared; conjunto de piezas con mandos para hacer funcionar una máquina; conjunto de teclado y pantalla de un ordenador

consolar *vt/pronl* aliviar la pena o el dolor de alguien

consolidar *vt* hacer firme o duradero algo

consomé *m* *gastr* caldo de carne

consonante *adj/sf* sonido y letra que se pronuncia al salir el aire y chocar con alguna parte de la boca

conspirar *vi* unirse para preparar un plan contra algo o alguien

constancia *f* firmeza de alguien que no abandona lo que ha empezado; prueba de que algo se ha hecho

constante *adj* que no abandona; que dura mucho o no varía; muy frecuente

constar *vi* tener algo como sabido; estar algo anotado; estar formado por determinadas partes

constelación *f* *astr* conjunto de estrellas

constiparse *pronl* *med* resfriarse

constitución *f* ley fundamental de un Estado; manera de estar constituido; fundación de algo

constituir *vt* formar varias

partes un todo; *vt/pronl* fundar, establecer

construcción *f* hecho de construir; técnica y arte de construir; obra que se construye

constructivo, -a *adj* que es bueno o positivo

constructor, -a *adj/s* que se dedica a la construcción

construir *vt* hacer algo juntando los materiales necesarios; realizar una obra de albañilería; crear una teoría

consuelo *m* alivio en una pena o dolor

cónsul *s* persona autorizada en una ciudad extranjera para ocuparse de los ciudadanos del país al que representa

consulado *m* edificio, territorio o cargo del cónsul

consulta *f* hecho de consultar; examen de un médico al enfermo; lugar donde realiza este examen

consultar *vt* pedir información o consejo; buscar información en algún sitio

consultorio *m* establecimiento donde el médico recibe a los enfermos; consulta; lugar donde se dan opiniones o consejos

consumidor, -a *s* que usa un producto que se ha comprado

consumir *vt* usar o gastar un producto; tomar bebidas o alimentos; *vt/pronl* gastar una máquina algo; acabar con algo poco a poco; *fig* quitar la paciencia o tranquilidad

contabilidad *f* sistema para llevar las cuentas; actividad de quien lleva estas cuentas

contable *s* persona que lleva la contabilidad

contacto *m* hecho de tocar o tocarse; conexión entre dos cables de un circuito eléctrico; *fig* relación entre personas; persona que sirve de enlace

contador *m* aparato que sirve para medir o contar algo

contagiar *vt/pronl* transmitir una enfermedad; *fig* comunicar un estado de ánimo, costumbres

contaminar *vt/pronl* alterar las características del medio natural de forma nociva; alterar la pureza de algo

contar *vt* dar un número o cada cosa de un conjunto; relatar un cuento, suceso; tener en cuenta; tener o poseer; *vi* decir los números de forma ordenada; tener importancia o valer

contemplación *f* hecho de contemplar; *rel* meditación; *pl* miramientos

contemplar *vt* mirar algo con atención y placer; considerar o tener en cuenta; *rel* practicar la contemplación

contemporáneo, -a adj de la época actual o relativo a ella; adj/s que existe en el mismo tiempo o época

contenedor m recipiente grande y resistente

contener vt tener una cosa algo en su interior; estar formado por diferentes cosas; vt/pronl detener o sujetar el movimiento de algo; fig reprimir un deseo, impulso

contenido m lo que está dentro de otra cosa; asunto sobre el que trata algo

contento, -a adj alegre; satisfecho; darse por ~ conformarse con algo

contestador m aparato que se conecta a una línea telefónica y graba las llamadas

contestar vt responder; vt/i responder sin educación o adoptar una actitud de protesta

contexto m entorno de una palabra, frase de un texto del que depende su significado; entorno físico

contienda f batalla o lucha violenta; disputa, debate

contiguo, -a adj de la persona o cosa que está junto a otra

continente adj/sm que contiene en sí algo; sm cada una de las partes en que se divide la superficie terrestre

continuar vt seguir con algo; vi permanecer igual o durar; vi/pronl seguir o extenderse en un espacio

continuo, -a adj que sigue en el espacio o en el tiempo; que no se acaba o se detiene; que se repite con frecuencia

contorno m línea que rodea una figura; pl zona que rodea un lugar o población

contra prep indica oposición o lucha; indica apoyo de algo sobre otra cosa; sm aspecto negativo; sf concepto

contrabajo m mús instrumento de cuerda y arco; persona que toca este instrumento; voz más grave que la del bajo

contrabando m hecho de introducir en un país o sacar de él en contra de la ley mercancías; esta mercancía

contracción f hecho de contraer o contraerse

contradecir vt decir lo contrario de lo dicho; vt/pronl oponerse; pronl decir o hacer algo en oposición a algo anterior

contradicción f cualquier dicho o hecho que se opone a otro anterior

contraer vt/pronl estrechar o reducir a menor tamaño; adquirir una enfermedad o costumbre; asumir una obligación

contraindicación f med circunstancia que no aconseja el uso de un medicamento

contrapeso *m* peso que sirve para igualar el de otra cosa

contraproducente *adj* que produce el efecto contrario

contrariar *vt/pronl* contradecir a alguien o evitar que se realicen sus deseos; *fig* molestar

contrariedad *f* contratiempo que retrasa o impide algo; lo que es motivo de disgusto; oposición

contrario, -a *adj/sm* que es opuesto; *adj* que perjudica; *s* rival, adversario; **al contrario** al revés, de forma opuesta

contrarreloj *adj/sf* dep de una carrera en la que se cuenta el tiempo tardado

contraseña *f* señal secreta

contrastar *vt* comparar una cosa con otra; comprobar si algo es exacto o auténtico; *vi* mostrar diferencia una cosa de otra al compararlas

contraste *m* diferencia grande que hay entre dos cosas

contratar *vt* hacer un contrato para realizar un trabajo a cambio de dinero

contratiempo *m* complicación que no se espera

contrato *m* convenio entre dos o más personas; documento que lo acredita

contribución *f* hecho de contribuir; impuesto; dinero u otra cosa como ayuda

contribuir *vi* dar dinero u otra cosa para un fin; ayudar para poder conseguir un fin; *vi/t* pagar el impuesto correspondiente

contrincante *s* persona o grupo que lucha contra otro en una competición

control *m* hecho de comprobar algo; poder para dirigir o mandar; lugar desde donde se controla; **~ remoto** aparato para hacer funcionar a distancia un objeto

controlar *vt* ejercer el control; *pronl* dominarse

convaleciente *adj/s* que está recuperando fuerzas después de una enfermedad

convencer *vt/pronl* conseguir que alguien cambie; *vt* fig gustar o satisfacer; *pronl* asegurarse de algo

convencimiento *m* seguridad que se tiene de algo

conveniente *adj* adecuado o apropiado; bueno o útil

convenio *m* acuerdo; **~ colectivo** el que se hace entre las empresas y los trabajadores

convenir *vi* ser adecuado o útil; *vi/t/pronl* ponerse de acuerdo

convento *m* edificio en el que vive una comunidad de frailes o monjas

conversar *vi* hablar

convertir *vt/pronl* realizar un cambio en algo y que empiece a ser otra cosa; hacer que alguien adquiera unas creencias nuevas

convicción f hecho de convencer o convencerse; seguridad que se tiene de algo

convidado, -a s persona a la que se convida

convidar vt invitar a alguien y pagar los gastos

convincente adj que convence o tiene poder para convencer

convivencia f hecho de convivir

convivir vi vivir en compañía de otro u otros; pasar un cierto tiempo juntas varias personas

convocar vt llamar para que acudan a un lugar o acto; anunciar algo en lo que se puede participar con las condiciones y la fecha

cónyuge s esposo o esposa

coña o **coñac** m bebida alcohólica fuerte

coño m vulg aparato genital femenino; interj vulg expresa enfado o asombro

cooperar vi colaborar

cooperativo, -a adj que coopera; sf econ sociedad que forman los productores, vendedores o consumidores

coordinar vt organizar con un orden determinado varias cosas o acciones

copa f vaso sobre un pie largo y fino; bot parte superior

de un árbol; parte hueca de un sombrero; dep premio en una competición; pl cartas de la baraja que pertenecen a este palo

copia f reproducción exacta de algo; ejemplar que resulta de ésta; imitación

copiar vt reproducir algo de forma exacta; escribir lo mismo que está en otra parte o que alguien dicta; reflejar o imitar

copiloto m persona que va al lado del piloto y la ayuda

copla f composición poética que suele ser la letra de canciones populares

copo m cada pequeña porción en que cae la nieve

cópula f unión de una cosa con otra; unión sexual

copulativo, -a adj gram que une una palabra o frase con otra

coquetear vi tratar de atraer la atención; ocuparse de forma superficial de algún asunto o materia

coqueto, -a adj de algo bonito y agradable; adj/s de alguien a quien le gusta coquetear; sf mueble formado por una mesa y un espejo para arreglarse, tocador

coraje m valor o fuerza; ira o enfado

coral m zoo animal que vive en el mar y parece una planta; adj mús del coro o relativo a él; *sf* grupo que canta sin instrumentos; coro; *sm* composición vocal o instrumental

coraza *f* pieza de metal que cubría el pecho y la espalda; *fig* protección o defensa

corazón *m* órgano del cuerpo que es el centro del sistema circulatorio de la sangre; cualquier figura que tiene esta forma; palabra que resume lo que se siente; *fig* dedo central de la mano; *de ~* con sinceridad; *revista del ~* sobre los sentimientos o vida íntima; *tener el ~ en un puño fam* tener mucho miedo o estar muy preocupado

corazonada *f* sensación de que va a ocurrir algo; impulso que empuja a hacer algo de forma repentina

corbata *f* tira de tela larga y estrecha que se ata debajo del cuello de la camisa

corchete *m* broche formado por una pieza con asa y la otra con un gancho; signo ortográfico parecido al paréntesis

corcho *m* corteza de ciertos árboles; objeto que se fabrica con ésta

cordel *m* cuerda fina

cordero, -a *s zoo* cría de la oveja hasta que cumple el primer año

cordial *adj* amable, simpático

cordillera *f geo* conjunto de montañas unidas entre sí

cordón *m* cuerda muy fina; cable conductor de algunos aparatos; *fig* conjunto de personas o cosas colocadas una al lado de otra; *~ umbilical* especie de tubo que une al feto con la madre

cornada *f* herida producida por el cuerno de un animal

córner *m dep* salida del balón por la línea de fondo del propio campo; saque del balón desde la esquina

corneta *f* instrumento musical de viento formado por un tubo de metal enrollado

cornisa *f arq* conjunto de piezas que sobresalen; *geo* zona rocosa al borde de un terreno alto

coro *m* agrupación de personas que cantan juntas; lugar de una iglesia; *a ~* a la vez

corona *f* objeto redondo que ciñe la cabeza como símbolo; cualquier objeto con esta forma de anillo; moneda de algunos países

coronar *vt/pronl* colocar una corona sobre la cabeza; *fig* llegar hasta el final o la parte más alta de algo

coronel *m* una de las categorías militares

coronilla *f* parte superior y posterior de la cabeza; *andar de ~ fam* estar muy ocu-

pado; **estar hasta la ~** *fam*
estar harto

corporación *f* organismo
oficial; agrupación de los
miembros de una misma
profesión

corporal *adj* del cuerpo o
relativo a él

corpulento, -a *adj* grande y
fuerte

corral *m* lugar cerrado y descubierto para guardar animales; patio donde se repre-
sentaban obras teatrales

correa *f* cinta fuerte para
atar o ceñir; **tener ~** *fam* tener capacidad para aguantar

corrección *f* hecho de señal-
lar lo que está mal; disminución de un defecto o una falta; comportamiento según
las normas sociales

correcto, -a *adj* de algo sin
error; que se comporta según las normas

corredor, -a *adj/s* que corre
mucho; *s dep* persona que
participa en una carrera; *sm*
espacio de paso a las diferentes viviendas de un edificio; galería abierta o cubierta con cristales que rodea el
patio

corregir *vt* señalar lo que
está mal; *vt/pronl* disminuir
o quitar un defecto o una
falta

correo *m* servicio público
que transporta y reparte la
correspondencia; conjunto

de cartas y paquetes; *pl* edificio donde se recibe y organiza el reparto

correr *vi* andar de forma que
en un momento los dos pies
quedan en el aire; participar
en una carrera; ir deprisa a
un sitio; hacer algo con rapidez; pasar el tiempo; *vi/t*
pasar una noticia de unos
a otros; *vt* mover hacia un
lado un objeto; estar ex-
puesto a peligros; *pronl* moverse alguien hacia un lado

correspondencia *f* conjunto
de cartas o paquetes que se
envían o se reciben; comunicación por correo; comunicación entre lugares, medios o líneas de transporte

corresponder *vi/pronl* compensar o responder de forma parecida; tener algo relación o proporción; *vi* pertenecer

correspondiente *adj* que
corresponde a algo; que es
oportuno o proporcionado

corresponsal *adj/s* que trabaja en otra ciudad o país;
de la persona que se relaciona con otra por correo

corretear *vi fam* correr de
un lado a otro

corrida *f* espectáculo en el
que se torean varios toros;
hecho de correr

corriente *adj* de un período
de tiempo actual que está
pasando; normal; que se usa

cortina

mucho; que hay mucho de algo; que ocurre muchas veces; *sf* movimiento de un líquido o un gas; energía eléctrica; *fig* moda con ciertas características; **contra ~** en contra de lo que hace o piensa la mayoría; **estar al ~** estar al día

corrillo *m* grupo pequeño de personas que hablan separadas del tema

corro *m* grupo de personas que se colocan en círculo

corromper *vt/pronl* estropear o descomponer; *fig* pervertir o dañar moralmente; *vt* sobornar

corrupción *f* hecho de corromper o corromperse

corsé *m* prenda de ropa interior de material fuerte; *fig* lo que no deja mucha libertad

cortado, -a *adj/s fig* de la persona tímida; *adj/sm* café con un poco de leche

cortar *vt/pronl* hacer una raja o abertura; *vt* separar una parte del todo; dividir algo en dos partes; *vt/pronl* interrumpir o impedir el paso; *vt* suprimir parte de un texto, de una película; dar forma a la tela para hacer ropa; *vi* estar más afilado; *pronl* separarse las partes de un líquido y espesarse; *fig* quedarse sin saber qué decir

cortauñas *m* objeto de metal para cortar las uñas

corte *m* filo de un instrumento que corta; herida producida por este instrumento; técnica y arte de cortar piezas para hacer ropa; división de algo en dos partes; *fig* hecho de interrumpir o impedir por este camino; *fam* respuesta no esperada; vergüenza que se siente al actuar; *sf* conjunto formado por el rey, su familia y personas que lo ayudan; *am* tribunal de justicia; *sf pl pol* conjunto del Senado y el Congreso en España; **~ de mangas** *vulg* gesto despectivo; **hacer la ~** tener atenciones con una mujer para empezar una relación amorosa

cortejo *m* conjunto de personas que acompañan a otra en una ceremonia

cortés *adj* que se comporta con educación; **lo ~ no quita lo valiente** *fam* actuar con educación y energía a la vez

cortesía *f* buenos modales; acción de respeto o atención

corteza *f* parte exterior más dura de árboles, frutos

cortijo *m* casa con una gran extensión de tierras de labor

cortina *f* tela grande que se cuelga en ventanas, puertas; *fig* lo que impide ver u oculta algo

corto, -a *adj* de poca longitud o extensión; de poca duración; escaso; *fig* tímido o con poco talento; *sm* película de cine de corta duración; *sf* luz corta de un vehículo; *a la corta o a la larga* antes o después

cosa *f* todo lo que existe en la realidad o en la imaginación; objeto; aquello sobre lo que se trata; *pl* ocupaciones; sucesos; dichos o acciones características de alguien; *como si tal ~* *fam* como si no hubiera pasado nada; *~ de* poco más o menos; *ser ~ de* ser el momento de hacer o decir algo; *ser poca ~* ser poco importante o de poco valor

coscorrón *m* golpe dado en la cabeza

cosecha *f* conjunto de frutos que se recogen; trabajo de recoger estos frutos; época en que se recogen; *ser algo de la ~ de alguien* *fam* haberlo inventado él

cosechadora *f* máquina que cosecha

cosechar *vi/t* recoger los frutos del campo cuando ya están maduros; *fig* obtener un resultado después de un trabajo

coser *vt* hacer labor con aguja e hilo; grapar; *ser algo ~ y cantar* *fam* ser muy fácil

cosmético, -a *adj* del producto que cuida o embellece el cuerpo; *sm* este producto; *sf* arte de preparar y aplicar estos productos

cosmos *m* conjunto de todo lo que existe

cosquillas *f pl* sensación nerviosa que produce el roce de la piel y que hace reír sin querer; *buscarle a alguien las ~* *fam* procurar ponerle nervioso o irritarle

costa *f geo* franja de tierra cerca del mar; *a ~ de* a fuerza de; abusando de alguien

costado *m* cada uno de los dos lados del cuerpo debajo de los brazos; parte lateral de algo

costar *vi* tener algo un precio; *fig* ocasionar una molestia o esfuerzo; *~ caro* *fig* *fam* traer un perjuicio algo

costarricense *adj/s* de Costa Rica

coste *m* gasto de dinero, esfuerzo o de otra cosa que cuesta obtener algo

costear *vt/pronl* pagar los gastos de algo; *vt* navegar sin perder de vista la costa

costero, -a *adj* de la costa del mar o relativo a ella

costilla *f* cada uno de los huesos que protegen el tórax; *gastr* este hueso de ciertos animales con la carne

costo *m* cantidad que se da o se paga por algo, coste

costoso, -a *adj* que cuesta mucho

costra *f* capa dura al secarse una herida; capa de algo que se ha puesto dura

costumbre *f* acción que se repite con frecuencia; *pl* conjunto de prácticas heredadas por tradición

costura *f* técnica de coser; lo que se está cosiendo; serie de puntadas

costurero, -a *s* persona que trabaja cosiendo; *sm* caja de la costura

cotidiano, -a *adj* que sucede o se hace cada día

cotilla *adj/s* que intenta enterarse de los asuntos de los demás y los cuenta

cotizar *vt/i* pagar una cuota; *vt/pronl econ* alcanzar las acciones un determinado precio; *fig* estimar o valorar

coto *m* terreno limitado y reservado para un uso

cotorra *f zoo* ave parecida al papagallo; *fam* persona que habla mucho

coyote *m zoo* mamífero carnívoro parecido al perro

coz *f* movimiento brusco hacia atrás que hace una caballería con sus patas; golpe dado con este movimiento

cráneo *m* especie de caja que forman todos los huesos de la cabeza; *ir de ~ fam* tener malas perspectivas

cráter *m* depresión en forma de embudo en la parte superior de un volcán

crear *vt* inventar; formar u organizar algo; producir una obra artística; *rel* hacer algo de la nada

creativo, -a *adj* que posee la capacidad de crear

crecer *vi* desarrollarse un ser vivo de forma natural; aumentar algo; *pronl* tomar más seguridad en sí mismo o tener más valor

crecido, -a *adj* alto; *fig* numeroso; *sf* aumento del caudal de un río

creciente *adj* que crece o aumenta

crédito *m econ* dinero que se pide prestado; confianza en alguien; aceptación de que algo es cierto; *a ~* sin pagar en el momento de la compra

credo *m rel* oración que resume la fe cristiana; *fig* conjunto de creencias

creencia *f* aceptación de que algo es cierto; *pl* conjunto de ideas sobre religión, política u otra materia

creer *vt/pronl* aceptar que algo es cierto; suponer; aceptar que alguien dice la verdad; *vi* tener fe religiosa u otro tipo de creencias; confiar en alguien

crema *f* pasta preparada con leche, huevos, azúcar; puré poco espeso; nata de la leche; *med* producto cosmético o medicamento; *fig* élite

cremallera *f* cierre cosido a la ropa, bolso formado por dos filas de dientes que se unen; raíl con dientes colocado en algunas vías del tren

crematorio, -a *adj* del hecho de quemar algo o relativo a él; *sm* lugar para incinerar

crepe *f gastr* torta muy fina

crepúsculo *m* claridad desde que empieza a salir el Sol hasta que se hace de día y desde que se pone hasta que es de noche; *fig* decadencia de alguien o algo

cresta *f* parte carnosa roja que tienen algunas aves sobre la cabeza; *fig* cumbre de una montaña; cima de una ola; *dar a alguien en la ~ fam* humillarle

creyente *adj/s* que cree en Dios y tiene una religión

criado, -a *adj* de la persona con buena o mala educación; *s* persona que trabaja sirviendo a otros

criar *vt/pronl* amamantar a un niño o la cría de un animal; dar a un hijo los alimentos y cuidados necesarios; cuidar o alimentar animales y plantas; *vt* tener crías un animal; *pronl* crecer y desarrollarse una persona

criatura *f* niño que tiene poco tiempo; *rel* cualquier ser que ha sido creado

crimen *m* delito grave; lo que resulta muy perjudicial o está muy mal

criminal *adj* del crimen o relativo a él; *adj/s* de la persona que ha cometido un crimen

crin *f* conjunto de cerdas en la parte superior del cuello

crío, -a *s* niño; persona muy joven; *sf* hecho de estar criando; animal mientras se está criando; conjunto de animales nacidos de una vez

crisis *f* situación decisiva en un proceso; situación en que se nota la falta de algo

cristal *m* vidrio sin color y transparente; lámina de este material

cristalería *f* establecimiento donde se fabrican o se venden objetos de cristal; conjunto

cristalero, -a *s* persona que fabrica, vende o coloca cristales; *sf* ventana o puerta de cristales

cristalino, -a *adj* de cristal o parecido a él en su transparencia

cristiandad *f* conjunto de todos los cristianos

cristianismo *m* religión que se basa en la persona y las palabras de Jesucristo

cristiano, -a *adj* del cristianismo o relativo a él; *adj/s* de la persona que cree en Jesucristo

Cristo *m* título que se dio a sí mismo Jesús de Nazaret; crucifijo; *armarse la de Dios es ~ fam* organizarse un gran escándalo o discusión; *hecho un ~ fam* con heridas y aspecto muy malo; *todo ~ fam* cada uno, todo el mundo

criterio *m* norma que sirve para juzgar, relacionar; opinión; capacidad para juzgar

criticar *vt/pronl* juzgar de forma negativa, censurar; juzgar o examinar algo

crítico, -a *adj* que critica; decisivo; *s* persona que se dedica a criticar obras de arte; *sf* actividad que consiste en juzgar algo según unas normas o valores; conjunto de críticos; juicio que resulta de la actividad de éstos o el que se hace como censura

critic|ón, ~ona *adj/s fam* que lo critica todo

croar *vi* emitir una rana su sonido característico

croata *adj/s* de Croacia

crocante o **crocanti** *m* helado con una capa de chocolate y trozos de almendras

croissant *m* cruasán

cromo *m* trozo de papel o tarjeta pequeña con una fotografía o imagen en colores; *quím* metal duro de color blanco gris; *hecho un ~ fam* con heridas y mal aspecto

crónico, -a *adj* que se tiene de forma habitual, que existe o se repite desde hace tiempo; *sf* información sobre un tema actual

cronometrar *vt* medir el tiempo de forma exacta con un cronómetro

cronómetro *m* reloj que mide un período breve de tiempo

croqueta *f gastr* masa frita en aceite con forma de cilindro

croquis *m* dibujo rápido sin precisión ni detalles

cross *m dep* carrera que se realiza a campo traviesa

cruasán *m gastr* bollo de hojaldre en forma de media luna

cruce *m* punto en el que se encuentran dos líneas; paso señalado para peatones; unión de dos especies de animales o plantas

crucero *m* viaje de placer en barco; *mil* buque de guerra

crucial *adj/fig* de un momento o situación decisivos

crucificar *vt* sujetar o clavar en una cruz a alguien

crucifijo *m rel* imagen de Jesucristo clavado en la cruz

crucifixión *f* colocación de alguien en una cruz; muerte de Jesucristo en la cruz

crucigrama *m* pasatiempo con un dibujo de casillas que hay que llenar con letras

crudeza f cualidad de crudo

crudo, -a adj de un alimento que no está cocinado; de algunos productos en estado natural; fig muy frío y poco agradable; duro y cruel; fam difícil de conseguir; sm petróleo sin refinar

cruel adj de quien disfruta haciendo sufrir o no se compadece

cruento, -a adj de algo que ocurre con derramamiento de sangre, sangriento

crujir vi hacer algunas cosas un cierto ruido al romperse, al apretarlas o al rozar

crupier m empleado de una casa de juego

cruz f figura formada por dos líneas que se cruzan; utensilio de suplicio; insignia y señal del cristianismo; insignia que tiene esta forma; revés de una moneda o medalla; fig sufrimiento

cruzado, -a adj que está puesto de lado a lado; adj/sm de quien participaba en una cruzada; sf expedición militar que organizaba la cristiandad; fig campaña para conseguir un fin

cruzar vt/vi poner algo sobre otra cosa formando una cruz o algo parecido; vt atravesar un lugar; juntar un macho y una hembra; juntar plantas de diferentes especies; vt/pronl intercambiar

palabras o gestos con alguien; pronl pasar por el mismo sitio en dirección contraria; aparecer una dificultad

cuaderno m conjunto de hojas de papel en blanco unidas para poder escribir

cuadra f lugar cubierto donde están las caballerías; am manzana de casas; fig habitación muy sucia

cuadrado, -a adj/sm que tiene cuatro lados iguales y cuatro ángulos rectos; de la unidad de longitud que se transforma en unidad de superficie; fam de alguien con el cuerpo ancho y fuerte

cuadrar vt/vi hacer que coincidan los totales de gastos e ingresos; vi ajustarse dos cosas; pronl mil ponerse firme con los talones unidos

cuadriculado, -a adj con líneas que se cruzan formando cuadros; fam que tiene unas ideas muy rígidas

cuadriga f carro tirado por cuatro caballos

cuadrilátero, -a adj/sm de una figura plana que tiene cuatro lados; sm dep espacio en forma de cuadrado donde de se practica el boxeo y otras peleas

cuadrilla f conjunto de personas que se juntan; conjunto de toreros que ayudan a otro principal

cuadro *m* figura cuadrada; pintura, dibujo; lugar o pieza donde están los mandos de una máquina; *fig* situación o suceso que producen una fuerte impresión

cuadrúpedo *adj/sm* que tiene cuatro patas

cuajar *vt/pronl* convertir un líquido en una masa sólida; *vi* adquirir consistencia sólida; *vi/pronl* formar la nieve una capa sólida; *fig* llegar algo a realizarse

cuajo *m* sustancia con que se cuaja un líquido; *fig* demasiada calma; *arrancar de* — *fam* arrancar por entero

cual *pron* indica una persona o cosa de la que ya se ha hablado; *adv* como, de igual manera; *cada* — señala a cada persona en relación a las otras

cuál *pron/adj* sirve para preguntar por alguien o algo entre varios

cualidad *f* propiedad o característica

cualificado, -a *adj* muy preparado para realizar una actividad; que tiene muy buenas cualidades para algo

cualitativo, -a *adj* de la cualidad o relativo a ella

cualquier *adj/pron* cualquiera

cualquiera *pron/adj* indica una persona o cosa que no está determinada; *adj/sm* persona más entre otras o poco importante

cuando *conj* en el momento o el tiempo en que ocurre algo; expresa, a veces, una condición

cuándo *adv* pregunta en qué momento o tiempo

cuantía *f* cantidad; *fig* importancia

cuantioso, -a *adj* grande en cantidad, abundante

cuantitativo, -a *adj* de la cantidad o relativo a ella

cuanto, -a *adj/pron* todo lo que; indica una cantidad no determinada; *cuanto antes* lo antes posible; *unos cuantos* unos pocos

cuánto, -a *adj/pron* se usa para preguntar la cantidad de algo; en una exclamación, da más fuerza; *a cuánto* a qué precio

cuarentena *f* conjunto de cuarenta unidades; *med* período de tiempo durante el que personas o animales permanecen aislados

cuaresma *f rel* tiempo desde el miércoles de ceniza hasta el domingo de Resurrección

cuartel *m mil* edificio para el alojamiento de los soldados

cuartelillo *m* edificio donde hay un puesto de la policía, bomberos

cuartilla *f* hoja de papel de un cuarto del pliego

cuarto, -a adj/pron que ocupa en una serie el número cuatro; una de las cuatro partes en que se divide un todo; sm una de las habitaciones en que se divide una casa; sm pl fam dinero; sf medida de longitud, palmo

cuarzo m mineral muy duro que se encuentra en muchas rocas

cuatrimestral adj que sucede o se repite cada cuatro meses; que dura cuatro meses

cuba f recipiente formado por tablas curvas sujetas por aros de metal; **estar como una ~** fam estar muy borracho

cubalibre m bebida alcohólica con ron o ginebra y cola

cubano, -a adj/s de Cuba

cubata m fam cubalibre

cubertería f conjunto de cubiertos

cúbico, -a adj del cubo o relativo a él; de la unidad de longitud que se transforma en unidad de capacidad

cubierto, -a adj que cubre o se cubre; sm conjunto de cuchara, cuchillo, tenedor y objetos semejantes; servicio de mesa que forman estos objetos y el plato, vaso, servilleta; sf lo que se pone encima de algo para protegerlo; parte exterior de un neumático; piso superior de un barco

cubilete m especie de vaso que se usa en algunos juegos

cubito m trozo pequeño de hielo

cubo m recipiente con la boca más ancha que el fondo y un asa; mat cuerpo limitado por seis cuadrados iguales; resultado de multiplicar un número por sí mismo dos veces

cubrir vt/pronl tapar algo con otra cosa; extender algo sobre una superficie; proteger, defender; fig ser suficiente; vt ocupar un puesto o un sitio; unirse sexualmente un animal macho a una hembra; dep marcar a un jugador contrario; pronl ponerse el sombrero u otra prenda para la cabeza; nublarse el cielo

cucamonas f pl fam carantoñas

cucaracha f zoo insecto de cuerpo plano que vive en lugares oscuros o húmedos

cuchara f cubierto con el que se toman alimentos líquidos; am paleta de albañil

cucharada f cantidad de alimento que cabe en una cuchara

cucharilla f cuchara pequeña

cucharón m cuchara grande con un mango largo

cuchichear *vi* hablar en voz baja para que los otros no se enteren

cuchilla *f* hoja de acero con filo; hoja de afeitar

cuchillo *m* cubierto o instrumento con un mango y una hoja de metal con filo por un lado

cuchitril *m desp* habitación pequeña, sucia; vivienda muy pequeña

cuclillas; *exp adv en ~* postura o acción de doblar las rodillas

cuclillo *m zoo* ave pequeña, trepadora, cuya hembra pone sus huevos en nido ajeno

cuco, -a *adj fig* bonito, gracioso; *adj/s fig* de la persona astuta; *sm* cuclillo

cucurucho *m* recipiente con la forma de un cono; gorro u otro objeto con esta forma

cuello *m* parte del cuerpo que une la cabeza con el tronco; pieza de una prenda de vestir que rodea esta parte; parte superior y más estrecha de un recipiente; *~ de botella* vía estrecha que produce un embotellamiento del tráfico

cuenca *f* territorio cuyas aguas van a un mismo río, lago o mar; territorio donde se da un mineral

cuenco *m* recipiente más hondo y ancho que una taza y sin asa

cuenta *f* hecho de contar las unidades de un conjunto; operación aritmética de sumar, restar, multiplicar o dividir; factura; depósito de dinero que se tiene en un banco; explicación a otro de los actos que se han hecho; consideración o atención que se presta a algo; provecho o beneficio que se obtiene de algo; bola pequeña con un agujero en el centro; *pl* proyectos, esperanzas; conjunto de gastos e ingresos en una actividad comercial; *a ~* como anticipo; *ajustarle a alguien las ~s fam* regañarle; *caer en la ~ de algo* comprender algo; *dar ~ de algo* acabarlo o gastarlo del todo; *darse ~ de algo* tomar conciencia de ello; *por mi ~* yo solo y como quiero; *vivir a ~ de otro* estar mantenido por otro

cuentagotas *m* utensilio para verter un líquido gota a gota; *con ~ fam* muy poco a poco

cuentakilómetros *m* aparato de un vehículo que indica los kilómetros y la velocidad

cuentista *adj/s* que cuenta mentiras o exagera; *s* persona que suele escribir o contar cuentos

cuentitis *f fam* hecho de contar mentiras o inventar cosas para conseguir algo

cuento *m* relato o historia escrita cortos; *fam* mentira o algo inventado; *el ~ de nunca acabar fam* asunto que se complica y no se ve el fin; *venir o traer a ~* estar en relación con lo que se dice; *vivir del ~* vivir sin trabajar

cuerda *f* conjunto formado por hilos enrollados; *mús* cada uno de los hilos de algunos instrumentos; cada una de las cuatro voces fundamentales para el canto; *bajo ~* a escondidas; *~s vocales* membranas en la garganta que producen la voz; *en la ~ floja* en una situación poco segura o con peligro; *tener ~ para rato fam* no terminar algo que ya dura bastante

cuerdo, -a *adj/s* el que está en su sano juicio; prudente

cuerno *m* cada uno de los huesos alargados de la cabeza de algunos animales; *fig* cualquier cosa que tenga esta forma; *coger al toro por los ~s fam* enfrentarse a un peligro o dificultad; *mandar a alguien o algo al ~ fam* rechazar a alguien o no ocuparse más de algo; *oler algo a ~ quemado fam* oler o saber algo muy mal; ser sospechoso algo; *poner a alguien los ~s fam* no serle fiel; *romperse los ~s fam* trabajar duro

cuero *m* piel o pellejo de algunos animales; esta piel preparada de forma industrial; *~ cabelludo* piel en la que nace el cabello; *en ~s fam* desnudo o sin ninguna ropa; en la ruina o sin dinero

cuerpo *m* cualquier cosa que tiene una extensión limitada y ocupa un lugar en el espacio; parte material de una persona o animal; cada parte de un todo que puede ser considerada por separado; conjunto de personas que forman una corporación o tienen la misma profesión; propiedad de lo que es grueso, espeso o consistente; *a ~* sin ninguna prenda de abrigo encima; *~ a ~* en una lucha física y directa; *~ del delito* objeto con que se ha cometido; *de ~ presente* cadáver antes de enterrar; *en ~ y alma fam* con todo el interés

cuervo *m zoo* pájaro carnívoro de plumas negras

cuesco *m* hueso de la fruta; *fam* pedo ruidoso

cuesta *f* terreno inclinado; *a ~s* sobre la espalda o sobre los hombros; *hacérsele a alguien ~ arriba fam* disgustarle o costarle esfuerzo y hacerlo de mala gana

cuestión *f* asunto o tema del que se habla o discute; duda, pregunta

cuestionar *vt* poner en duda; *pronl* preguntarse

cuestionario *m* lista de preguntas para obtener datos

cueva *f* cavidad natural o construida; sótano

cuidado *m* atención que se pone; hecho de cuidar a alguien o algo; preocupación o temor de que ocurra algo; *de ~*: peligroso; *traer sin ~* no preocupar

cuidar *vt/i* ocuparse de alguien o de algo; prestar atención; *pronl* tener cuidado de la propia salud, aspecto exterior

culata *f* parte posterior para agarrar o apoyar un arma de fuego

culebra *f zoo* animal reptil no venenoso

culebrón *m fam* telenovela emitida en una serie muy larga

culera *f* desgaste o remiendo de una prenda de vestir que cubre la parte del culo

culinario, -a *adj* de la cocina o relativo a ella

culminar *vi* llegar algo a su punto más alto; *vt* terminar una actividad

culo *m* parte carnosa y redondeada debajo de la espalda; nalgas; zona carnosa de los animales que rodea el ano, ancas; agujero de esta parte, ano; *de mal asiento fam* persona que no aguanta mucho en mismo sitio o actividad; *con el ~ al aire fam* en situación difícil; *ir de ~ fam* ir o marchar cada vez peor

culpa *f* falta, delito o error; *fig* responsabilidad por la falta, el delito o error; causa de un daño

culpable *adj/s* que es la causa de un error o daño; *jur* responsable de un delito

culpar *vt/pronl* echar la culpa de algo a alguien

cultivar *vt* trabajar la tierra para que produzca frutos; criar seres vivos con fines económicos o científicos; practicar un arte, ciencia

culto, -a *adj* que tiene cultura; *sm rel* conjunto de ceremonias que expresan adoración

cultura *f* conjunto de conocimientos, creencias y costumbres propias de un pueblo o de una época; conjunto de conocimientos adquiridos por el estudio y la experiencia

culturismo *m* actividad para desarrollar los músculos del cuerpo

culturizar 134

culturizar vt/pronl hacer que alguien adquiera más cultura o hacerse más culto

cumbre f cima o parte más alta de una montaña; fig punto más elevado o intenso; reunión de personas importantes

cumpleaños m aniversario del nacimiento de una persona

cumplimentar vt visitar a una autoridad en señal de respeto; rellenar un impreso

cumplir vt/i llevar a cabo una obligación o una promesa; vt llegar a tener una edad; vi hacer algo para quedar bien con alguien; vt/pronl terminarse un plazo; pronl hacerse realidad algo

cuna f cama para niños muy pequeños; fig lugar de nacimiento; origen familiar

cundir vi extenderse hacia todas partes algo; dar mucho de sí; fig extenderse un sentimiento entre la gente; poder hacer de forma rápida un trabajo

cuneta f zanja a cada lado de un camino o carretera

cuña f pieza que termina en ángulo por un extremo y se mete entre dos superficies; espacio breve de publicidad

cuñado, -a s hermano o hermana del esposo en relación con la esposa o hermano o hermana de la esposa en relación con el esposo

cuota f cantidad que hay que pagar por un servicio; parte de algo o proporción

cupón m papel o tarjeta con un determinado valor

cúpula f arq cubierta de un edificio en forma de media esfera; fig conjunto de las personas que dirigen una organización

cura m rel sacerdote católico; s f med tratamiento de un enfermo

curandero, -a s persona que no es médico, pero cura con remedios naturales

curar vt/i hacer que una enfermedad o herida desaparezcan; vt preparar la carne o el pescado para que se conserven; pronl volver a tener salud

curiosear vi intentar enterarse de lo ajeno; mirar algo sin mucho interés

curiosidad f interés por enterarse de lo ajeno; deseo de saber o conocer cosas; cosa rara o interesante

curioso, -a adj que se interesa por conocer cosas nuevas; raro o interesante; limpio o hecho con cuidado; adj/s que le gusta enterarse de lo ajeno

currar vi fam trabajar

currículo m relación de datos biográficos, estudios y

experiencias profesionales; plan de estudios

cursi *adj/s* que pretende ser elegante y fino y resulta ridículo

cursillo *m* curso de corta duración sobre una materia

cursivo, -a *adj/sf* letra impresa inclinada hacia la derecha

curso *m* tiempo del año en que los alumnos asisten a clase; grupo de alumnos que forman ésta; conjunto de estudios sobre una materia; marcha o evolución de algo

cursor *m inform* señal móvil en la pantalla de un ordenador que indica dónde se está

curtir *vt* preparar una piel para poder usarla; *vt/pronl fig* tostar y endurecer el sol y el aire la piel de alguien

curvo, -a *adj* que no es recto ni tiene ángulos; *sf* línea que no es recta ni tiene ángulos; cualquier cosa que tiene esta forma

cuscurro *m* extremo o borde más tostados del pan

cúspide *f* parte puntiaguda más alta de algo; *fig* momento de mayor perfección

custodiar *vt* guardar o cuidar con mucho cuidado

cutis *m* piel que cubre el cuerpo humano, sobre todo la de la cara

cuyo, -a *pron/adj* indica posesión y precede a la palabra

D

dactilar *adj* de los dedos o relativo a ellos

dado *m* pieza en forma de cubo para algunos juegos

dado, -a *adj* posible; de un momento u ocasión determinados; *dado que* ya que; *ser dado a* sentir inclinación por algo

dama *f* señora; *pl* juego entre dos personas sobre un tablero; ~ **de honor** mujer que acompaña a otra en algunas fiestas

damnificado, -a *adj/s* que ha sufrido grandes daños

dan|és, ~esa *adj/s* de Dinamarca; *sm* lengua de este país

danza *f* hecho de danzar, baile, ballet; **en ~** *fig* en continuo movimiento

danzar *vt* bailar, sobre todo bailes populares; *vi fig* andar ocupado de un lado para otro

dañar *vt/pronl* producir daño

dañino, -a *adj* que produce daño

daño *m* dolor producido por alguien o algo; mal, pérdida o perjuicio

dar *vt* hacer que algo pase a poder de otro; *vt/i* proporcionar; *vt* conceder; *vt/pronl* producir o tener fruto; *vt* proponer; hacer saber algo; causar u ocasionar; explicar o pronunciar; extender una sustancia; abrir o conectar la llave de un conducto; celebrar u organizar; *vt/i* sonar en el reloj la hora; *vt/i/pronl* golpear o pegar; *vi* venir una enfermedad de pronto; acertar o encontrar algo; *vi/pronl* chocar o golpear; *pronl* suceder o existir; resultar fácil o difícil; ~ **igual** no importar; *_le a alguien por algo* hacerlo mucho; *dársela a alguien fam* engañarle

dardo *m* especie de flecha pequeña que se tira con la mano; *fig* frase agresiva

dátil *m* fruto de algunas palmeras; *pl fam* dedos

dato *m* información necesaria para conocer algo; documento, prueba

de *prep* indica posesión; indica el origen o lugar; indica la característica o la materia de que está hecho; indica el asunto o materia de que se trata; indica el modo de hacer algo; expresa el todo del que se toma una parte; indica el momento o tiempo en el que empieza algo

debajo *adv* en un lugar o posición inferior; ~ *de* en lugar inferior a

debatir *vt* discutir sobre un tema o asunto; *pronl* luchar con fuerza contra algo

deber *m* lo que hay obligación de hacer; *pl* tarea escolar para casa; *vt* tener la obligación de hacer algo; *pronl* ser consecuencia; sentirse obligado; ~ *de* indica posibilidad

débil *adj/s* que tiene poca fuerza o resistencia; *fig* que tiene poco carácter o energía

debilidad *f* falta de fuerza; *fig* amor especial hacia alguien; aquello por lo que se siente una inclinación especial

debilitar *vt/pronl* disminuir la fuerza o perderla

década *f* cada período de diez años

decadencia *f* período en que se van perdiendo la fuerza; tiempo en que esto sucede

decaer *vi* perder fuerza, importancia, cualidades

decagramo *m* medida de peso de diez gramos

decaimiento *m* estado de alguien que ha perdido las fuerzas; desánimo o tristeza

decalitro *m* medida de capacidad de diez litros

decámetro *m* medida de longitud de diez metros

decapitar *vt* cortar la cabeza

decena *f* conjunto de diez unidades

decenio *m* período de diez años

decente *adj* que está de acuerdo con la moral y las normas sociales; limpio u ordenado; que es suficiente

decepción *f* pesar por no cumplirse una ilusión

decepcionar *vt* sentir una decepción, desilusionar

decidido, -a *adj/s* que tiene decisión y valor; de un comportamiento o acción firmes

decidir *vt/pronl* tomar una decisión; determinar el desarrollo de algo

decigramo *m* medida de peso que es la décima parte de un gramo

decilitro *m* medida de capacidad que es la décima parte del litro

decimal *adj* de cada una de las diez partes iguales en que se divide una cantidad; *adj/sm* de un número que expresa una cantidad no entera; *sm* número que está a la derecha de la coma de otro

decímetro *m* medida de longitud que es la décima parte del metro

décimo, -a *adj/pron* que ocupa el lugar número diez; *adj/s* de cada una de las diez partes en que se divide un todo; *sm* décima parte de un billete de lotería

decir *vt* expresar algo con palabras; opinar; nombrar; *fig* indicar o dar a entender algo; expresar un escrito algo; *dar que ~* dar motivo para que murmuren; *el qué dirán fam* opinión de la gente sobre la conducta de alguien; *es ~* introduce una explicación sobre lo dicho

decisión *f* elección u opción por una persona elegida entre varias; firmeza de carácter

decisivo, -a *adj* muy importante para tomar una decisión; muy importante para el desarrollo de algo

declarar *vt* explicar algo desconocido o que no se entiende de bien; comunicar a la administración pública los bienes para pagar los impuestos; *vt/i/pronl* exponer un testigo o el acusado lo que sabe sobre el hecho del que se trata; *vt* decir quién ha obtenido un premio o cargo; *pronl* manifestar alguien su amor; empezar algo

declinar *vi fig* disminuir algo en fuerza, facultades; llegar poco a poco a su fin; *vt* renunciar a algo de forma cortés

declive *m* inclinación del terreno; *fig* decadencia

decoración *f* hecho de decorar; conjunto de muebles y otros objetos que crean un ambiente determinado

decorado, -a *adj* que tiene una decoración; *sm* decoración de los espectáculos

decorador, -a *adj/s* que se dedica a la decoración

decorar *vt* adornar un lugar u objeto

decorativo, -a *adj* que sirve para decorar; *fig* que desempeña una función sin importancia

dedal *m* utensilio para coser que se pone en el dedo

dedicar *vt* emplear algo para un uso o fin; *vt* ofrecer algo en honor de alguien; escribir unas palabras en atención a alguien; *rel* consagrar algo al culto; *pronl* tener una profesión determinada

dedicatoria *f* escrito en atención a alguien

dedo *m* cada una de las partes alargadas en el extremo de las manos y pies; *a ~* elegido por decisión de alguien, por enchufe; *chuparse alguien el ~ fam* ser tonto o fácil de engañar; *chuparse los ~s con algo fam* gustar mucho una comida; *no mover un ~ fam* no hacer nada para ayudar; *no tener dos ~s de frente fam* tener poca inteligencia

deducir *vt/pronl* sacar una

consecuencia; *econ* descontar parte de una cantidad

defecto *m* falta o imperfección; **en su ~** si no hay; **por ~** con menos del límite debido

defectuoso, -a *adj* que tiene algún defecto

defender *vt/pronl* proteger de un daño o peligro; mantener una opinión; hablar en favor de alguien; *pronl* tener la experiencia o conocimiento suficientes

defensa *f* hecho de defender; objeto o medio para defenderse; argumento con que se defiende algo; *jur* abogado defensor; *pl med* sistema que impide el desarrollo de enfermedades; *dep* línea de jugadores que defiende; *s* cada uno de estos jugadores

defensivo, -a *adj* que sirve para defender; *sf* estado del que sólo trata de defenderse; *fig* estado de desconfianza

defensor, -a *adj/s* que defiende; *jur* del abogado que defiende a un acusado

deficiencia *f* falta o defecto

deficiente *adj* que no es suficiente; *adj/s* que tiene algún defecto físico o psíquico

déficit *m econ* situación en la que los gastos son mayores que los ingresos; falta o escasez de algo necesario

definición *f* hecho de definir; conjunto de palabras con las que se define; *téc* número de líneas de una imagen en una pantalla

definir *vt* explicar con claridad el significado de una palabra, una duda; *vt/pronl* mostrar alguien su opinión o actitud de forma clara

definitivo, -a *adj* que ya no puede cambiarse; que decide o resuelve algo; **en definitiva** en conclusión

deformar *vt/pronl* cambiar la forma natural o normal

defraudar *vt* evadir el pago de los impuestos; *vt/i fig* frustrar o desilusionar

defunción *f* muerte de una persona

degenerar *vi/pronl* decaer o perder el vigor, las cualidades; pasar una situación a un estado peor

degollar *vt* cortar la garganta o el cuello

dehesa *f* terreno en el campo donde pasta el ganado

dejar *vt* soltar o poner en un lugar lo que se tiene cogido; dejar algo donde está y no cogerlo; prestar; dar en herencia; dar a alguien el cuidado de algo; no molestar a alguien; irse de un lugar; *vt/pronl* dar permiso; interrumpir una relación afectiva o amorosa; *vt/i/pronl* renunciar a seguir haciendo una actividad; *pronl* no cuidarse uno mismo; olvidarse de algo; **~se caer** *fam* presentarse en un sitio

delantal *m* prenda que se ata a la cintura y cubre la parte delantera de la ropa

delante *adv* en un lugar más adelantado, en la parte anterior o en un sitio detrás del cual hay alguien o algo; enfrente; **~ de** en un sitio anterior a otro

delantero, -a *adj* que está o va delante; *s dep* jugador que juega delante; *sf* parte anterior de algo; distancia que lleva alguien a otro que va detrás; *dep* línea de ataque

delatar *vt* acusar a alguien ante una autoridad; *vt/pronl* manifestar lo que se quiere ocultar

delegación *f* hecho de delegar; conjunto de delegados; cargo u oficina del delegado

delegado, -a *adj/s* de la persona en quien se delega

delegar *vt* autorizar alguien a otro para que le represente

deletrear *vt* pronunciar cada letra de una palabra

delfín *m zoo* mamífero marino de tamaño grande; *fig* sucesor de alguien importante

delgado, -a *adj/s* de poco grosor, fino; de pocas carnes, flaco

delicadeza *f* cualidad de delicado; atención al hacer algo; cortesía en el trato

delicado, -a *adj/s* que se rompe o estropea con facilidad; que es atento; que tiene poca fuerza o salud; exquisito, fino o bien hecho; de alguien demasiado exigente; demasiado sensible; que puede dar problemas

delicia *f* placer que se siente por algo; aquello que produce este placer

delicioso, -a *adj* que resulta muy agradable

delincuencia *f* hecho de cometer un delito; conjunto de delitos

delincuente *adj/s* que comete un delito

delirar *vi* ver o decir cosas sin sentido por un trastorno mental; *fig* decir disparates

delito *m* acción en contra de la ley; falta o error graves

demás *adj/pron* indica la parte que no se necesita de un todo; **los ~** las otras personas

demasiado, -a *adj/pron* que es más de lo necesario o conveniente; **demasiado** *adv* más de lo necesario

demente *adj/s med* que tiene un trastorno en las facultades mentales; *fig* que dice o hace tonterías

democracia *f* sistema político en el que el pueblo elige a sus gobernantes

demócrata *adj/s* de la persona que defiende la democracia

democrático, -a *adj* de la democracia o relacionado con ella

demonio *m rel* ángel que se opone a Dios y es enemigo del hombre; *fig* persona mala o niño travieso; *como un ~ o del ~ fam* mucho de algo desagradable

demostrar *vt* probar con datos; enseñar algo de manera práctica

demostrativo, -a *adj* de lo que demuestra o sirve para demostrar

denominación *f* hecho de denominar; nombre o título; *~ de origen econ* garantía de un producto

denominador, -a *adj/s* que denomina; *sm mat* número que indica en cuántas partes iguales se ha dividido algo

denominar *vt/pronl* dar un nombre o título

densidad *f* cualidad de denso; *fís* relación entre la masa y el volumen de un cuerpo; *~ de población* número de habitantes por unidad de superficie

denso, -a *adj* de un grupo formado por elementos muy apretados o juntos; de un líquido o gas espesos; *fig*

de un texto con mucho contenido y poca extensión; de algo difícil de entender, confuso

dentadura *f* conjunto de dientes que hay en la boca

dental *adj* de los dientes o en relación con ellos

dentellada *f* hecho de clavar los dientes

dentera *f* sensación desagradable que se nota en los dientes

dentífrico, -a *adj/sm* de la sustancia para limpiar los dientes

dentista *s* persona cuya profesión es el cuidado de los problemas dentales

dentro *adv* en el interior; *~ de* en un período de tiempo

denunciar *vt* comunicar a la autoridad un delito; dar a conocer algo ilegal, irregular

departamento *m* cada una de las partes en que se dividen algunas cosas; *am* apartamento

dependencia *f* situación en que se encuentra el que depende de alguien o algo; relación de dos cosas en la que una depende de otra

depender *vi* estar bajo el poder o la autoridad de alguien o algo; estar algo en relación con otra cosa; estar necesitado de alguien o algo

dependiente, -a *s* persona

que trabaja en una tienda;
dependiente *adj* que depende

depilar *vt/pronl* quitar el pelo

deporte *m* ejercicio físico que se practica como juego o como competición

deportista *adj/s* que practica algún deporte

deportividad *f* comportamiento correcto

deportivo, -a *adj* del deporte o relativo a él; que guarda las reglas del deporte; *fig* de la prenda de vestir cómoda para el tiempo libre

depositar *vt* dejar bienes al cuidado de alguien o de un organismo; *fig* poner la confianza en alguien; *pronl* caer al fondo la parte sólida en un líquido

depósito *m* hecho de depositar; lugar donde se guarda algo; recipiente con bastante capacidad; lo que se deposita

depre *adj/s fam* deprimido; *f fam* depresión

depresión *f psic* estado psíquico que se caracteriza por un sentimiento de tristeza; *econ* caída general de la actividad económica; *geo* hundimiento entre dos superficies elevadas

deprimido, -a *adj* que tiene una depresión; de una zona o región empobrecida

deprimir *vt/pronl* caer en un estado de tristeza y no sentir interés por nada; *vt* empobrecer algo una zona

deprisa *adv* de manera muy rápida

derecho, -a *adj* que no se tuerce; que no cambia de dirección; que está en posición vertical; de cada parte del cuerpo situada en el lado; de cada cosa situada en este lado opuesto al del corazón; *sm jur* conjunto de leyes y reglas; ciencia que estudia estas leyes y reglas; posibilidad de hacer, recibir o exigir que tiene cada persona; parte, cara o lado principal de una cosa; *sf* mano o pierna situadas en el lado opuesto al corazón; dirección que corresponde al lado derecho; *pol* partido o conjunto de partidos con ideas conservadoras; *sm pl* cantidad de dinero que se paga como impuesto o por un servicio público; cantidad que se cobra en ciertas profesiones; **derecho** *adv* sin cambiar de dirección

derivado, -a *adj* que se forma a partir de algo

derivar *vi/pronl* proceder una cosa de otra; *vi/t/pronl* formarse una palabra a partir de otra; *vi/t* tomar algo una dirección nueva;

vt/pronl separar una parte de un conducto o corriente en otra dirección

derramar *vt/pronl* tirar o dejar salir el contenido de un recipiente

derretir *vt/pronl* hacer que algo sólido se vuelva líquido por el calor; *vt fig* consumir o gastar todo

derribar *vt* tirar al suelo; destruir una construcción; *fig* hacer que alguien pierda su poder o cargo

derribo *m* destrucción de una construcción; conjunto de materiales obtenidos al derribar la construcción; hecho de tirar al suelo toros o vacas

derrochar *vt* malgastar dinero o bienes; emplear con exceso su energía, valor o fuerza

derrotar *vt* vencer a un contrario o a un enemigo

derrumbar *vt/pronl* destruir una construcción; *fig* quitar la energía y sentirse vencido

desabrochar *vt/pronl* sacar broches, botones del agujero para abrir algo

desacierto *m* hecho que resulta mal; falta de habilidad

desacuerdo *m* falta de acuerdo

desafiar *vt* provocar a una persona a otra para que compita o luche; enfrentarse a una dificultad

desafinar *vi mús* desviarse del tono debido; *fig* decir algo indiscreto o inoportuno

desafío *m* hecho de desafiar; tarea difícil para alguien

desafortunado, -a *adj* que no tiene suerte; inoportuno

desagradar *vi* no agradar

desagradecido, -a *adj/s* que no reconoce los favores recibidos; que no compensa el esfuerzo que se le dedica

desagüe *m* conducto por donde sale el agua

desahogado, -a *adj* que no tiene problemas de dinero; con mucho espacio, amplio

desahogar *vt/pronl* manifestar un sentimiento o estado de ánimo; *vt* dejar más libre un espacio; *pronl*: salir de deudas o apuros económicos

desahogo *m* sensación de alivio al comunicar a otra la propia pena o dolor; *vivir con ~ fig* vivir sin problemas económicos

desaliento *m* falta de fuerza, energía o ánimo

desalojar *vt* hacer salir o sacar de un lugar; abandonar un lugar

desangrarse *pronl* perder mucha sangre

desanimar *vt/pronl* perder el ánimo o la fuerza; dejar una reunión sin animación; convencer a alguien para que cambie

desaparecer *vi* dejar de estar donde estaba antes o dejar de ser visible; dejar de existir

desapasionado, -a *adj* que no se deja llevar por la pasión; imparcial

desaprensivo, -a *adj/s* que actúa sin miramiento

desapretar *vt/pronl* aflojar lo que está apretado

desaprobar *vt* juzgar que algo está mal hecho

desaprovechar *vt* no obtener el provecho que se podía

desarmar *vt/pronl* quitar las armas; desmontar las piezas; *fig* dejar sin poder reaccionar

desarraigar *vt/pronl* arrancar de raíz; *fig* sacar del ambiente donde vive; eliminar una costumbre

desarrollar *vt/pronl* hacer que crezca, aumente o progrese; explicar un tema o idea de forma amplia; *vt* poner en práctica; *pronl* suceder o tener lugar

desastre *m* suceso que produce una gran desgracia; *fig* algo de mala calidad o que resulta mal; persona que tiene poca habilidad

desatar *vt/pronl* soltar lo que está atado; *fig* producir con fuerza o violencia

desatascar *vt/pronl* quitar lo que produce el atasco; quitar lo que está atascado

desatornillar *vt/pronl* sacar un tornillo dándole vueltas

desatrancar *vt* quitar el palo o tranca que cierra una puerta o ventana; *vt/pronl* quitar lo que produce un atasco

desayunar *vi/vt/pronl* tomar el desayuno; *pronl fig* enterarse de algo

desayuno *m* primera comida del día

desbarajuste *m* falta de orden, lío

desbocar *vt/pronl* quitar o romper la boca de algo; *pronl* correr una caballería sin control

desbordar *vi/pronl* salirse algo por los bordes; *fig* tener un sentimiento muy fuerte; *vt* traspasar un límite; superar algo las capacidades de alguien

descabellado, -a *adj fig* de algo sin sentido o absurdo

descalzo, -a *adj* que lleva los pies sin calzado; *fig* pobre

descambiar *vt fam* cambiar algo que se ha comprado

descampado, -a *adj/sm* del lugar al aire libre sin habitar, sin casas y sin árboles

descansar *vi* hacer una pausa; dormir; quedar tranquilo; estar enterrado; *vi/t* estar apoyada una cosa sobre otra; *vt* disminuir algo la fatiga

descansillo *m* parte más ancha después de cada tramo de escalera

descanso *m* parada; sentimiento de recuperar las fuerzas o la tranquilidad; intermedio de un espectáculo

descapotable *adj/sm* del coche que puede quedar descubierto

descarado, -a *adj/s* que habla o actúa sin respeto

descarga *f* hecho de descargar; paso brusco de corriente eléctrica

descargar *vt* quitar carga de algún sitio; dar un golpe con fuerza; *vt/pronl* desahogar sentimientos; acabar la tensión eléctrica

descaro *m* falta de vergüenza o respeto

descarrilar *vi* salirse un tren de los carriles o la vía

descascarillar *vt/pronl* quitar la capa o la cáscara

descastado, -a *adj/s* que muestra poco cariño a sus familiares

descendencia *f* conjunto de personas que descienden de otra

descendente *adj* que baja o que va hacia abajo

descender *vi/t* bajar de un lugar a otro; *vi* disminuir; proceder de otro; *fig* bajar de puesto o categoría

descendiente *s* persona que desciende de otra

descenso *m* terreno que baja, bajada; paso a un lugar más bajo; disminución

descifrar *vt* leer lo que está en clave; *fig* descubrir el significado de algo oculto

desclavar *vt/pronl* quitar un clavo que sujeta algo

descodificador *m* aparato que descodifica

descodificar *vt* aplicar a un mensaje codificado las normas de su código

descojonarse *pronl* *vulg* reírse mucho

descolgar *vt/pronl* quitar algo de donde está colgado; bajar algo que está colgado de una cuerda, cadena o cable; *vt* levantar el auricular del teléfono; dejar atrás; *pronl* quedarse atrás; *fam* decir o hacer algo inesperado; no depender ya de la droga

descolocar *vt* desordenar o cambiar de sitio

descolorido, -a *adj* de color pálido o desgastado

descomponer *vt/pronl* separar las partes que forman un todo; estropear o corromperse; *fig* perder la serenidad

descomposición *f* hecho de descomponer o descomponerse; *fam* *med* diarrea

descomunal *adj* que está más allá de lo común o normal, enorme

desconcertar *vt/pronl* sorprender tanto que no se sabe cómo actuar

desconectar *vt/pronl* interrumpir la conexión; *fig* dejar de tener relación alguien con otro

desconfiar *vi* no tener confianza en alguien; no creer que algo va a suceder

descongelar *vt/pronl* hacer que algo congelado deje de estarlo; *fig* reanudar el proceso de algo; *econ* poder usar de nuevo una cuenta o variar precios y salarios

desconocido, -a *adj* que no se conoce; *fig* muy distinto o cambiado; *adj/s* que no es famoso o poco conocido

desconsuelo *m* pena profunda por falta de consuelo

descontado, -a *adj* que se descuenta; *dar por descontado* *fig* darlo por seguro

descontaminar *vt/pronl* someter a tratamiento lo que está contaminado

descontar *vt* quitar o restar una cantidad de otra

descontento, -a *adj* que no está contento; *sm* sensación cuando algo no gusta

descontrol *m* falta o pérdida de control; *fam* desorden

descorchar *vt* sacar el corcho de una botella; quitar el corcho al alcornoque

descornar *vt/pronl* romper los cuernos a un animal; *pronl* fam esforzarse en algo

descorrer *vt/pronl* mover una cortina o algo semejante hacia un lado

descoser *vt/pronl* soltar o cortar el hilo cosido

descosido, -a *adj* que están sueltas las puntadas de hilo; *sm* parte donde se ha abierto una costura; *como un ~* *fam* mucho o con afán

describir *vt* explicar cómo es algo; trazar un cuerpo al moverse una línea

descuajaringar *vt/pronl* fam romper o estropear; *pronl fam* estar cansado

descuartizar *vt* dividir un cuerpo en trozos

descubrir *vt/pronl* destapar lo que está cubierto; dar a conocer; *vt* hallar algo desconocido u oculto; enterarse; inventar; *pronl* quitarse el sombrero

descuento *m* hecho de descontar; *econ* rebaja; *dep* tiempo que se añade

descuidado, -a *adj/s* que no pone cuidado; que cuida poco el orden; que no está atento; tranquilo

descuidar *vt/pronl* no poner el cuidado o la atención necesarios; *vi* en imperativo, indica que el otro puede estar tranquilo; *pronl* dejar de cuidar de uno mismo

descuido *m* falta de cuidado; olvido o equivocación por falta de atención

desde *prep* indica el punto, en un lugar o tiempo, de donde algo procede o a partir del que hay que empezar a contarlo; *~ luego* por supuesto, sin duda

desdentado, -a *adj* que no tiene dientes o le faltan algunos

desdicha *f* desgracia o mala suerte

desdoblar *vt/pronl* extender lo que está doblado

desear *vt* tener muchas ganas de obtener algo; *dejar mucho que ~ fam* tener errores que se pueden evitar

desechar *vt* rechazar; dejar de usar

desecho *m* resto de algo que ya no sirve; *fig* persona o grupo despreciado

desembarcar *vt/i/pronl* salir de un barco, avión o tren o sacar mercancías

desembocadura *f* lugar por donde un río o canal desemboca

desembocar *vi* salir el agua de un río o canal a otro, un lago o al mar; tener una calle, camino o conducto salida a otro

desempatar *vi* deshacer un empate

desempeñar *vt* realizar alguien las funciones propias de un cargo; servir algo para una función

desempleo *m* falta de empleo, paro

desempolvar *vt* quitar el polvo; *fig* traer a la memoria algo ya olvidado o volver a usar algo

desencadenar *vt* soltar o quitar las cadenas; *vt/pronl* producir movimientos impetuosos o sentimientos violentos

desenchufar *vt/pronl* sacar el enchufe

desenfundar *vt* quitar la funda o sacar algo de ella

desenganchar *vt/pronl* soltar lo que está enganchado; *pronl fam* perder el hábito de consumir droga

desengañar *vt/pronl* hacer que alguien se dé cuenta del engaño o error; desilusionar

desengaño *m* pérdida de la confianza o esperanza

desenlace *m* hecho de soltar un lazo o anular un enlace; *fig* solución con la que acaba un suceso

desenmascarar *vt/pronl* quitar la máscara; *fig* dar a conocer cómo es alguien o algo en realidad

desenredar *vt/pronl* deshacer un enredo; *fig* poner en orden algo confuso; *pronl* salir de una situación difícil

desenrollar *vt/pronl* extender lo que está enrollado

desenroscar *vt/pronl* extender lo que está enroscado; quitar lo que está introducido a vuelta de rosca

desentenderse *pronl* no querer ocuparse de algo

desenterrar *vt* sacar algo enterrado

desentonar *vi/pronl mús* desafinar; contrastar de forma desagradable

desenvolver *vt/pronl* quitar lo que envuelve algo; *pronl fig* saber actuar

desenvuelto, -a *adj* que ya no está envuelto; *fig* que sabe cómo actuar

deseo *m* hecho de desear; lo que se desea

desertar *vi mil* abandonar un soldado su puesto

desértico, -a *adj* de un lugar donde no hay nadie o casi nadie; de un lugar donde casi no hay vegetación ni agua

desesperación *f* pérdida total de la esperanza; *fig* falta de calma o paciencia

desesperar *vi/pronl* perder la esperanza; *fig* perder la paciencia o la calma

desfallecer *vi* perder las fuerzas; desmayarse

desfavorable *adj* que está en contra; perjudicial

desfiladero *m* paso estrecho y profundo entre montañas

desfilar *vi* marchar gente en fila; *mil* marchar soldados en orden y formación; pasar una modelo tras otra

desgana *f* falta de apetito; falta de interés o entusiasmo

desgarrar *vt/pronl* romper algo tirando de ello; producir gran pena

desgarrón *m* roto producido al tirar con fuerza de algo

desgastar *vt/pronl* gastar poco a poco por el uso

desgracia *f* suceso que produce una pena o daño grandes; **~s personales** víctimas humanas en un accidente

desgraciado, -a *adj* que produce desgracias; *adj/s* que sufre desgracias; que es una mala persona, malo

deshabitado, -a *adj* de un lugar que estuvo habitado

deshacer *vt/pronl* separar las partes que forman algo; destruir, romper; hacer que un sólido se vuelva líquido; *vt fig* hacer que un acuerdo ya no sea válido; *pronl fig* **~se de algo** o **de alguien** quedar libre de ello o de él; **~se en** manifestar muchos sentimientos

deshecho, -a *adj* destrozado, roto o que ya no sirve; *fig* muy cansado o triste

desheredar *vt* excluir a alguien de la herencia

deshidratar *vt/pronl* quitar a un cuerpo el agua que contiene

deshielo m paso de algo helado al estado líquido; fig disminución de la tensión

deshinchar vt/pronl sacar el aire o el contenido de una cosa hinchada; pronl desaparecer la hinchazón; fig perder el interés

deshojar vt/pronl arrancar hojas de una planta o de un libro

deshollinador, -a s persona que limpia el hollín; sm utensilio para quitar el hollín; escoba con mango largo

deshonesto, -a adj que va contra la honestidad; que va contra la honradez

deshonra f pérdida de la honra

desierto, -a adj de un lugar donde no hay gente o muy poca; de un concurso en el que nadie recibe el premio; sm terreno desierto que hay muy poca lluvia y poca vegetación

designar vt elegir a alguien o algo para una actividad o fin determinados; señalar un momento o lugar

desigual adj que no es igual; que cambia; que no es liso

desilusión f pérdida de la ilusión

desinfectante adj/sm que elimina lo que puede producir una infección

desinflamar vt/pronl hacer desaparecer lo inflamado

desinflar vt/pronl quitar el aire o el gas a algo inflado; fig perder los ánimos

desinterés m falta de interés, cuidado o atención; generosidad en la conducta

desistir vi abandonar lo que se estaba haciendo

deslenguado, -a adj/s fig desvergonzado

desliar vt/pronl deshacer un lío o desatar lo liado

desliz m hecho de deslizar; fig fallo; falta moral

deslizar vi/pronl resbalar o moverse un cuerpo sobre una superficie lisa o mojada; fig decir o hacer algo sin intención; pronl fig salir o entrar en un lugar con disimulo

deslumbrar vt/pronl impedir la visión por una luz; fig impresionar

desmañado, -a adj/s que no tiene maña o habilidad

desmayar vi perder las fuerzas; fig acobardarse; pronl perder el sentido de forma momentánea

desmejorado, -a adj de alguien con peor salud que en otro momento

desmemoriado, -a adj/s de alguien con poca memoria

desmentir vt decir que no es verdad lo que se afirma o cree; pronl negar lo que se había dicho

desmenuzar *vt/pronl* deshacer algo en partes muy pequeñas; *fig* examinar algo

desmesurado, -a *adj* que es mayor de lo normal

desmontar *vt* separar las piezas que forman algo; cortar árboles o matas en un monte; *vt/i/pronl* bajar de una caballería o vehículo

desmoralizar *vt/pronl* quitar la moral, decisión, el ánimo

desnatar *vt* quitar la nata

desnivel *m* falta de nivel; diferencia de alturas

desnudar *vt/pronl* quitar toda la ropa o parte de ella

desnudo, -a *adj* sin ropa; *fig* con muy poca ropa; sin algo que cubra o adorne; *sm pint* figura humana desnuda

desnutrición *f* estado de debilidad del organismo por una alimentación deficiente

desobedecer *vt* no hacer lo que ordena el que tiene autoridad

desobediente *adj/s* que no obedece

desocupado, -a *adj* que no tiene personas o cosas dentro; ocioso; *adj/s am* desempleado

desocupar *vt/pronl* dejar un lugar libre; *vt* sacar lo que hay dentro

desodorante *adj/sm* que quita el mal olor

desolar *vt* destruir o arrasar; *vt/pronl fig* afligir

desorden *m* falta de orden; alteración del orden público

desordenado, -a *adj* que no tiene orden; que va contra el orden; que trabaja o actúa sin método ni orden

desorganizar *vt/pronl* hacer que algo pierda la organización o el orden

desorientar *vt/pronl* hacer que alguien pierda la orientación

despabilar *vt* espabilar

despachar *vt* resolver o terminar un asunto; *vt/i* tratar asuntos con un cliente o colaborador; *vt fam* atender y vender al público

despacho *m* habitación o local para recibir a sus clientes; tienda o establecimiento para vender ciertas cosas

despachurrar *vt/pronl* espachurrar

despacio *adv* de manera lenta; *fam* en voz baja

desparpajo *m fam* facilidad para hablar o actuar

despectivo, -a *adj/sm* que indica desprecio o rechazo

despedazar *vt/pronl* hacer pedazos de forma violenta; *fig* maltratar

despedir *vt/pronl* decir adiós; echar a alguien de su empleo; producir algo y arrojarlo hacia fuera; *pronl* abandonar la esperanza de obtener algo

despegar *vt/pronl* separar lo que está pegado; *vi* separarse del suelo un vehículo

despegue *m* hecho de separarse del suelo un vehículo que vuela; *fig econ* inicio del crecimiento económico

despeinar *vt/pronl* deshacer el peinado o revolver el pelo

despejar *vt* dejar un lugar libre; *vt/pronl fig* aclarar una confusión; *pronl* desaparecer la niebla o las nubes del cielo; sentirse descansado

despellejar *vt/pronl* quitar el pellejo o la piel; *vt fig* criticar de forma muy negativa

despensa *f* lugar donde se guardan los alimentos

despeñar *vt/pronl* arrojar o caer por un sitio alto y lleno de peñas

desperdiciar *vt* usar mal algo o desaprovecharlo

desperdicio *m* hecho de desperdiciar; residuo o basura; *no tener — fam* ser muy útil; *irón* tener muchas cualidades negativas

desperezarse *pronl* estirar los miembros del cuerpo para quitarse la pereza

desperfecto *m* daño leve que sufre una cosa; defecto leve que tiene ésta

despertador *m* reloj que hace sonar una alarma

despertar *m* hecho de dejar de dormir; *fig* inicio; *vt/i/ pronl* interrumpir el sueño;

vt fig provocar o excitar; *vi fig* hacerse más listo, hábil

despido *m* hecho de despedir a alguien de su empleo

despierto, -a *adj* que no está dormido; *fig* de alguien con una inteligencia viva, listo

despilfarro *m* gasto excesivo

despistado, -a *adj/s* que no se da cuenta de lo que ocurre a su alrededor

despistar *vt/i* hacer perder una pista; *vt/pronl* desorientar por falta de pistas; *fig* equivocar; *pronl* dejar de prestar atención

despiste *m* cualidad del despistado; fallo producido por no prestar atención

desplazar *vt/pronl* mover de lugar; *vt* quitar a alguien de un puesto y sustituirle

desplegar *vt/pronl* extender lo que está doblado; *fig* manifestar alguien una cualidad

desplumar *vt/pronl* quitar las plumas a un ave; *fig* dejar a alguien sin dinero

despoblar *vt/pronl* quedar desierto un lugar habitado; *fig* despojar un terreno de lo que hay en él

despojar *vt* quitar a alguien lo que tiene de forma violenta; quitar lo que completa o adorna; *pronl* desnudarse; quedarse sin algo de forma voluntaria

desposar vt unir en matrimonio a una pareja; pronl unirse en matrimonio

despreciar vt/pronl no sentir aprecio; vt rechazar; no importar un peligro

desprecio m falta de aprecio; dicho o hecho con el que se ofende a alguien

desprender vt/pronl separar lo que está prendido, pegado o unido; pronl fig quedarse sin algo de forma voluntaria; sacar una conclusión

desprendimiento m hecho de separarse algo; forma de ser de alguien que actúa sin interés

despreocuparse pronl librarse de una preocupación; no ocuparse de alguien o algo

desprestigiar vt/pronl quitar el prestigio

desprevenido, -a adj que no está prevenido o preparado

desprovisto, -a adj falto de algo necesario

después adv en un tiempo posterior; en un lugar posterior; en un orden posterior; conj aunque; adj posterior o siguiente

despuntar vt/pronl quitar la punta o empezar a brotar una planta; empezar a aparecer la luz del día; fig destacar

desquitar vt descontar; vt/pronl compensar un perjuicio; fig vengar

destacar vt/pronl enviar a un sitio para cumplir una misión; fig poner de relieve; vi quedar por encima o sobresalir

destapar vt/pronl quitar la tapa; quitar la ropa u otra cosa que cubre; fig descubrir lo que está oculto o se esconde

destartalado, -a adj que está medio roto; que no tiene proporciones

destello m rayo o resplandor; fig muestra pequeña y momentánea de alguna cualidad

desteñir vt/pronl apagar un color al quitar el tinte; vt/i manchar con su color una cosa a otra

desternillarse pronl fig reírse mucho

desterrar vt echar a alguien de su país o tierra; fig terminar con algo negativo

destiempo, a ~ exp adv fuera de tiempo o en un momento no oportuno

destinar vt señalar algo un fin y usarlo con esta función; mandar a alguien a un lugar con un empleo; dirigir un envío a alguien

destinatario, -a s persona a quien se envía o dirige algo

destino m supuesta fuerza desconocida que dirige todo; lugar hacia el que se dirige alguien o algo; uso o función que se da a algo; empleo para el que se ha designado a alguien

destituir vt quitar a alguien del cargo que ocupa

destornillador m herramienta que sirve para apretar o sacar tornillos

destreza f habilidad, sobre todo con la mano

destripar vt sacar las tripas; fig abrir un objeto y sacar lo que hay en su interior

destronar vt echar a un rey o reina del trono; fig echar a alguien de un cargo

destrozar vt/pronl romper algo en trozos; vt fig estropear del todo; causar mucho daño moral

destructivo, -a adj que tiene poder para destruir

destructor, -a adj que destruye; sm barco de guerra

destruir vt/pronl deshacer algo por completo; vt fig acabar con algo no material

desunir vt/pronl separar lo que está unido; fig introducir la discordia

desuso m falta de uso

desvalido, -a adj/s que no tiene protección o ayuda

desvalijar vt robar a alguien o lo que hay en un sitio

desván m parte más alta de una casa, debajo del tejado

desvanecer vt/pronl ir desapareciendo poco a poco;

pronl perder el sentido de forma momentánea

desvariar vi decir o hacer cosas sin sentido

desvelar vt/pronl quitar el sueño; fig dar a conocer algo que se esconde; pronl fig poner mucho esfuerzo y cuidado

desventaja f circunstancia que hace que algo sea peor en comparación con otra cosa

desvergonzado, -a adj/s que no tiene vergüenza

desvestir vt/pronl quitar la ropa, desnudar

desviación f cambio de camino o de dirección; camino provisional; separación de lo que se considera normal; med cambio de la posición natural de los órganos

desviar vt/pronl cambiar el camino o la dirección; fig apartar a alguien de sus ideas

desvío m cambio en la dirección; camino provisional, desviación

desvirtuar vt/pronl quitar a algo su virtud, características

desvivirse pronl mostrar un incesante y vivo interés

detalle m parte pequeña que completa algo; dato que aclara un relato; rasgo de cortesía o afecto

detectar vt descubrir lo que no se puede observar de for-

ma directa; *fig* notar algo o
darse cuenta de ello

detective *s* persona que in-
vestiga asuntos particulares

detener *vt/pronl* parar a alguien o algo; parar el desarrollo de algo; privar de libertad por un tiempo breve;
pronl pararse con alguien;
fig pararse a considerar algo

detenimiento, con ~ *exp
adv* despacio y con cuidado

detergente *m* producto que
se usa para limpiar

determinante *adj* que determina; *sm gram* palabra que
acompaña a un sustantivo y
lo determina

determinar *vt* fijar los límites de algo; ser causa de algo
o influir de forma importante en ello; hacer que alguien
tome una decisión; *vt/pronl*
tomar una decisión; *gram*
limitar el significado de un
nombre

detestar *vt* sentir rechazo
hacia alguien o algo

detrás *adv* en un lugar posterior; **por ~** *fig* en ausencia
de alguien o cuando no puede oír

deuda *f* obligación de pagar
a otro una cantidad de dinero; cantidad que se debe;
obligación moral con otro

devaluar *vt/pronl econ* disminuir el valor de una moneda; perder valor algo o
bajar su precio

devastar *vt* destruir, arrasar

devoción *f rel* amor y respeto hacia lo religioso; práctica piadosa; *fig* admiración,
cariño o interés especial

devolver *vt* entregar a su
dueño lo recibido de él o
perdido; volver algo al estado que tenía; dar la vuelta
del dinero que sobra; volver
a dar en la misma tienda lo
que se había comprado; rechazar algo; corresponder a
un favor o a un insulto; *vt/i
fam* vomitar; *pronl am* volverse o regresar

devorar *vt* comer con ansia;
comer un animal a otro; *fig*
destruir por completo; consumir a alguien una pasión,
deseo

día *m* período de tiempo de
veinticuatro horas; período
de tiempo que dura la claridad del sol; **a ~s** un día sí y
otro no; **al ~** al corriente de
pago; al corriente de noticias o conocimientos; **el ~
de mañana** en el futuro; **en
su ~** al momento oportu-
no

diablo *m rel* ángel que se re-
beló contra Dios; *fig* persona mala o traviesa; **del ~** *fig*
indica mucho de algo; **irse
algo al ~** *fam* estropearse
algo sin provecho; **tener el
~ en el cuerpo** *fam* ser travieso o inquieto

diablura *f* travesura de niños

diabólico, -a *adj* del diablo o relativo a él; *fig* malvado

diadema *f* adorno femenino en forma de media corona

diagnóstico *m med* determinación de una enfermedad

diagonal *adj/sf* mat de una línea recta que une vértices de una figura que no están seguidos; de una calle que corta a otras paralelas entre sí sin ser perpendicular

dialecto *m* variedad de una lengua en una zona geográfica

diálogo *m* conversación entre dos o más personas

diamante *m* piedra preciosa brillante y muy dura

diametralmente *adv* de un extremo al opuesto; *fig* completa o totalmente

diámetro *m mat* línea recta que une dos puntos opuestos pasando por el centro de un círculo

diana *f mil* toque de corneta para despertar a la tropa; punto central de un blanco de tiro

diapositiva *f* fotografía en material transparente

diario, -a *adj* de cada día; *sm* periódico que se publica todos los días; libro o cuaderno en el que se escribe por días; **a diario** cada día; **de diario** indica lo que se usa normalmente

diarrea *f med* trastorno del intestino que hace evacuar de forma más frecuente de lo normal

dibujar *vt* trazar figuras sobre una superficie; describir algo con palabras; *pronl* mostrarse o dejarse ver de forma vaga

dibujo *m* técnica y arte de dibujar; representación gráfica de una imagen según este arte; **~s animados** los que en una película adquieren movimiento

diccionario *m* libro en el que se ordenan alfabéticamente palabras de una lengua o materia y se definen o traducen

dicha *f* felicidad por algo que nos gusta o produce placer; buena suerte

dicho *m* palabra o conjunto de palabras que forman máximas, refranes; **~ y hecho** indica la rapidez en poner en práctica algo; **mejor ~** rectifica lo que se acaba de decir

dichoso, -a *adj* que tiene dicha; que produce felicidad; *fam* molesto o maldito

diciembre *m* mes número doce y último del año

dictado *m* ejercicio en el que alguien escribe lo que otro dicta; **al ~** de esta forma de escribir un texto

dictador, ~a *s pol* persona que gobierna sin respetar

leyes democráticas ni libertades; *fig* persona autoritaria

dictadura *f* gobierno de un dictador y su régimen

dictar *vt* leer un texto o decir algo para que otro lo escriba; dar una ley u orden

diente *m* cada una de las partes duras y blancas en las mandíbulas; cada una de las partes puntiagudas de algunos objetos; _ *de león* planta comestible y medicinal con flores amarillas; *hablar entre _s* hablar en voz baja; *poner _s _s largos* *fam* dar envidia

diéresis *f gram* signo ortográfico (¨) que se pone sobre la u

diestro, -a *adj* lo que está a mano derecha; *adj/s* que utiliza más la mano derecha; *fig* que es hábil o experto en hacer algo; *sm* torero; *sf* mano derecha

dieta *f* régimen de comidas; cantidad que se paga por algunos trabajos

difamar *vt* decir de alguien cosas que no son verdad para quitarle su buena fama

diferencia *f* lo que hace que una persona o cosa sea distinta a otra; desacuerdo; *mat* resultado de restar dos números

diferenciar *vt* distinguir la diferencia; tener alguien o

algo una característica que lo hace diferente; *pronl* ser diferente o distinguirse

diferente *adj* que no es igual o es distinto, diverso; *adv* de manera diferente

difícil *adj* que cuesta mucho trabajo o esfuerzo; raro o poco probable; que tiene un carácter complicado

dificultad *f* cualidad que tiene lo difícil; situación o cosa difícil, problema

dificultar *vt* poner dificultades o hacer más difícil

difundir *vt/pronl* extender, esparcir algo; propagar los rayos luminosos; *fig* propagar o divulgar noticias

difunto, -a *adj/s* de la persona que está muerta

difuso, -a *adj* ancho o dilatado; que es demasiado extenso en palabras; poco preciso

digerir *vt* convertir en el aparato digestivo los alimentos en sustancia apta para la nutrición; *fig* superar una desgracia u ofensa

digestión *f* proceso que convierte los alimentos en sustancias que puede asimilar el organismo

digestivo, -a *adj* del proceso y partes del organismo que hacen la digestión; *adj/sm* de lo que ayuda a hacer la digestión

digital *adj* de los dedos o relativo a ellos; de un instrumento de medida que representa la información con números

dignarse *pronl* querer o aceptar hacer algo

dignidad *f* cualidad de digno; seriedad y honradez

digno, -a que merece lo que se indica; que se comporta con dignidad

dilatar *vt/pronl* extender algo o hacer que aumente su tamaño; hacer que dure más tiempo; retrasar

diligencia *f* cuidado y prisa en realizar algo; lo que hay que hacer para resolver un asunto; coche de caballos

diligente *adj* dispuesto a hacer algo bien; que actúa deprisa

diluviar *impers* llover de forma abundante y fuerte

diluvio *m* lluvia abundante; *fig* gran cantidad de algo

dimensión *f* aquello que se puede medir; *mat* longitud, extensión o volumen; *fig* importancia de algo; aspecto o punto de vista de algo

diminutivo, -a *adj gram* del sufijo que disminuye la magnitud o la intensidad del significado de la palabra o añade valores afectivos; *sm* palabra con este sufijo

diminuto, -a *adj* más pequeño de lo normal

dimitir *vi* renunciar al cargo que se ocupa

dinámico, -a *adj* de la dinámica o relativo a ella; *fig* activo y con empuje; *sf* parte de la física que estudia el movimiento de los cuerpos; *fig* conjunto de fuerzas que obligan a actuar de un modo

dinamita *f* explosivo sólido; *fig* de algo que sorprende mucho

dinastía *f* serie de reyes de la misma familia; familia dentro de la cual sus miembros se pasan el poder

dineral *m* cantidad grande de dinero

dinero *m* conjunto de billetes y monedas que se usan como medio de pago; **~ negro** el que se consigue por medios ilegales

dinosaurio *m* animal extinguido que alcanzaba un gran tamaño y tenía una cola robusta y larga

dintel *m* parte superior horizontal del hueco de una puerta o ventana

diócesis *f rel* territorio bajo la autoridad de un obispo

dioptría *f med* unidad de medida usada por los oculistas

dios, ~a *s rel* cada uno de los seres sobrenaturales que controlan algún campo de la realidad; **ni dios** *fam* nadie

Dios *m rel* el ser supremo, creador del universo; **como ~ manda** *fam* como debe ser; **~ mediante** si no hay dificultades; **venir ~ a ver a alguien** *fam* sucederle algo bueno sin esperarlo

diploma *m* documento en el que se acredita un título un premio

diplomacia *f pol* ciencia sobre las relaciones internacionales; conjunto de personas e instituciones que trabajan en estas relaciones; *fig* habilidad para tratar con los otros

diplomático, -a *adj* de la diplomacia o relacionado con ella; *fig* que tiene habilidad para el trato con los otros; *s* persona que trabaja en el servicio diplomático de un Estado; *sf* ciencia o conocimiento de la diplomacia; ciencia que estudia los diplomas o documentos antiguos

diptongo *m gram* conjunto de dos vocales diferentes en una misma sílaba

diputado, -a *s pol* persona elegida como representante en una cámara legislativa

dique *m* muro para contener el agua; *fig* obstáculo o defensa

dirección *f* camino o rumbo que sigue un cuerpo; lugar de destino; orientación que toma el proceso de algo; técnica para la realización de una obra en grupo; persona o conjunto de personas que

dirigen un grupo o empresa; señas de alguien; conjunto de piezas en un vehículo que permiten conducirlo

directivo, -a *adj* que tiene poder o autoridad para dirigir; *s* miembro de una equipo de dirección; *sf* junta de gobierno; norma o instrucción

directo, -a *adj* derecho o en línea recta; que no para en ningún punto intermedio; que se realiza sin intermediarios; *fig* que habla de forma sincera; **en directo** de un programa que se emite al mismo tiempo que tiene lugar

director, ~a *adj/s* que dirige; *s* persona a cuyo cargo está la dirección de algo

dirigible *adj* que puede ser dirigido; *sm* globo grande y alargado con un sistema de dirección

dirigir *vt* llevar por un camino o a un lugar; mostrar el camino hacia un lugar; poner la dirección en un envío; *vt/pronl* decir algo a otro; *vt* llevar la dirección, gobernar; aconsejar, educar

discernir *vt* distinguir una cosa de otra viendo sus diferencias

disciplina *f* conjunto de normas que dirigen la conducta; obediencia a estas normas; asignatura escolar o parte de la ciencia que trata un tema; cada actividad deportiva

discípulo, -a s persona que aprende bajo la dirección de un maestro; persona que sigue las ideas de una escuela

disco m cuerpo circular con una base muy grande respecto a su altura; placa circular en la que se graba un sonido; cada uno de los tres colores del semáforo; *dep* pieza circular de metal que se lanza; **~ compacto** el que se graba y se reproduce sonido o imágen por medio de un rayo llamado láser; **~ duro** o **rígido** *inform* placa fija en un ordenador en la que se graba información

discordia f situación en la que no es posible un acuerdo; **manzana de la ~** *fam* persona o cosa que produce esta situación

discoteca f lugar en el que se escucha música y se baila; colección de discos

discreción f cualidad de alguien que actúa con sensatez y tacto; **a ~** según el criterio de alguien; sin límites

discreto, -a *adj/s* que tiene discreción; que no llama la atención; regular, nada especial

discriminar vt considerar como inferior por cualquier motivo; distinguir o diferenciar

disculpa f explicación o frase para pedir perdón o excusa; *fam* excusa falsa o pretexto; **pedir ~s** pedir perdón

disculpar vt no tomar en cuenta una culpa o falta; *pronl* pedir perdón; dar explicaciones para quitarse una culpa

discurrir vi pasar o fluir algo por un sitio de forma continua; pasar el tiempo; *vi/t fig* pensar o reflexionar

discurso m exposición hablada sobre un tema

discutir vt analizar en una reunión un asunto; manifestar una opinión contraria; vi regañar

disecar vt preparar un animal muerto para que conserve la apariencia de vivo; secar una planta

diseño m arte y técnica de traducir ideas nuevas sobre objetos; proyecto o plan

disfrazar vt/pronl poner un traje o máscara; vt fig disimular lo que se piensa o se siente

disfrutar vi/t sentir alegría, placer o satisfacción; tener el favor, la amistad de alguien

disgustar vt no gustar o desagradar; vt/pronl fig poner triste; *pronl* enfadarse

disgusto m fig tristeza o pena; enfado; **a ~** de mala gana; incómodo

disimular *vt/i/pronl* ocultar o retocar algo para que no se vea o se note lo menos posible; *vt/i* aparentar alguien que no se entera o no sabe algo

disimulo *m* habilidad para disimular

dislocar *vt/pronl* sacar o salirse de su sitio

disminuido, -a *adj/s* que tiene un defecto físico o psíquico

disminuir *vt/i/pronl* hacer menor en tamaño, cantidad, intensidad o importancia

disolver *vt/pronl* desunir en un líquido las partículas de una sustancia; *fig* desunir a los que están juntos

disparar *vt/i/pronl* lanzar un proyectil con un arma; *vt/i* arrojar con fuerza algo; *pronl* aumentar o subir algo mucho y de pronto

disparatado, -a *adj* que no tiene sentido; que se sale de lo normal por exceso

disparate *m* hecho o dicho sin sentido; cosa enorme

dispensar *vt* dar o conceder; disculpar; *vt/pronl* librar de una obligación

dispensario *m* lugar de asistencia médica a enfermos que no es necesario internar

dispersar *vt/pronl* separar en distintas direcciones lo que está reunido; *fig* tener la

atención puesta en diferentes cosas a la vez

disponer *vt/pronl* preparar de manera adecuada; decidir o mandar; *vi* tener algo o poder usar; *pronl* estar a punto de hacer algo

disponible *adj* que se puede usar; que está libre para hacer algo

dispuesto, -a *adj* preparado para hacer algo; que se ofrece con facilidad para hacer algo, diligente

disputar *vt/i/pronl* competir o luchar por conseguir algo; *vt/i* discutir o regañar

disquete *m* *inform* disco portátil que se mete en el ordenador

distancia *f* espacio de lugar o tiempo entre dos cosas o sucesos; *fig* alejamiento afectivo; **a ~** desde lejos

distanciar *vt/pronl* poner distancia; *pronl* no querer saber nada de un asunto; alejarse afectivamente

distante *adj* que está lejano en el espacio o en el tiempo; que evita confianzas en la relación con los otros

distar *vi* estar separada una cosa de otra en el espacio o en el tiempo

distinción *f* lo que distingue una cosa de otra; privilegio u honor; elegancia; **sin ~** por igual

distinguido, -a *adj* que destaca; elegante o educado

distinguir *vt/pronl* ser capaz de reconocer la diferencia entre dos o más cosas; tener una característica o diferencia; *vt* premiar u honrar; *pronl* destacar entre otros por algo

distintivo, -a *adj* que distingue o caracteriza; *sm* insignia o señal; característica

distinto, -a *adj* que no es igual; claro o sin confusión; *pl* varios o muchos

distraer *vt/pronl* desviar la atención; divertir o entretener

distribuir *vt/pronl* dividir algo y repartirlo; colocar en su lugar o del modo más adecuado; *econ* llevar un producto a distintos lugares

distrito *m* cada parte en que se divide un territorio o ciudad

disturbio *m* alteración, sobre todo del orden público

disuadir *vt* convencer a alguien para que cambie de opinión o actitud

diurno, -a *adj* del día mientras dura la luz solar

divagar *vi* separarse del tema de que se trata

divergencia *f* hecho de irse apartando sucesivamente dos o más líneas o superficies; *fig* desacuerdo

diversidad *f* diferencia o variedad; gran cantidad de personas o cosas distintas

diversión *f* hecho de divertir o divertirse; lo que divierte

diverso, -a *adj* diferente o variado; *pl* varios o muchos

divertido, -a *adj* que divierte

divertir *vt/pronl* causar alegría, risa o placer

dividir *vt/pronl* separar algo en varias partes; distribuir o repartir; *fig* enemistar o enfadarse; *mat* averiguar cuántas veces está un número contenido en otro

divino, -a *adj* *rel* de Dios o de los dioses; *fig* muy bueno o muy bonito, maravilloso

divisa *f* señal para distinguir; *econ* moneda extranjera

divisar *vt/pronl* ver algo a lo lejos

división *f* hecho de dividir; *mat* operación de dividir; *fig* desacuerdo o enfado; *mil* unidad en el ejército; departamento; *dep* agrupación de equipos según categorías

divorciar *vt* *jur* disolver un matrimonio; *pronl* obtener el divorcio legal

divorcio *m* *jur* separación legal después de disolver el contrato matrimonial

divulgación *f* hecho de divulgar

divulgar *vt/pronl* difundir o dar a conocer algo para que se enteren todos; vt hacer que el público en general comprenda ciertos temas

dobladillo m borde de una tela cosida hacia dentro

doblaje m hecho de traducir una película a otro idioma y sustituir la voz de los actores

doblar vt poner una parte de un objeto flexible y plano sobre otra; vt/pronl torcer algo recto; vt/i cambiar de dirección e ir al otro lado; vt hacer un doblaje

doble adj/pron que está formado por dos cosas iguales; que es dos veces mayor; fig de la vida de alguien con dos comportamientos diferentes; sm persona muy parecida a otra; actor de cine que sustituye a otro; sm pl dep partido de tenis con dos parejas; falta en baloncesto; adv dos veces o dos veces más

doblez m parte por la que se dobla algo; s fig manera de actuar en la que se finge, hipocresía

docena f conjunto de doce unidades

dócil adj apacible o fácil de educar; obediente; de materiales que se trabajan con facilidad

doctor, -a s persona que ha obtenido el título más alto de la universidad; fam médico

doctrina f conjunto de ideas o creencias sobre un tema

documental adj que se basa en documentos o se refiere a ellos; adj/sm película y género de cine a partir de hechos reales

documento m escrito u otra cosa que informa sobre un hecho o asunto

dogma m principio considerado cierto de una religión, doctrina o ciencia; conjunto de estos principios o verdades; fig lo que se cree con seguridad total

dólar m moneda de diversos países

doler vi/pronl sentir dolor; causar tristeza o pena; vi producir dolor

dolmen m monumento de la prehistoria

dolor m sensación de molestia física en alguna parte del cuerpo por un daño exterior o interior; sensación cuando algo da pena o tristeza

dolorido, -a adj que tiene dolor físico; triste

doloroso, -a adj que produce dolor físico; que produce pena

domar vt amansar y hacer dócil a un animal

domesticar vt educar a un animal para que pueda vivir con las personas; vt/pronl fig hacer más sociable el carácter de alguien

doméstico, -a adj de la casa, del hogar o relativo a ellos; del animal que vive con las personas

domicilio m lugar en que habita alguien; dirección; sede de una empresa

dominar vt tener poder sobre alguien o algo; divisar desde un lugar alto una zona; fig conocer muy bien una materia; vt/pronl no manifestar un estado de ánimo

domingo m séptimo día de la semana

dominguero, -a adj fam que se suele usar en domingo; adj/s de quien suele ir con el coche sólo el domingo

dominical adj del domingo o relativo a él

dominicano, -a adj/s de la República Dominicana

dominio m poder sobre alguien o algo; territorio gobernado o administrado por otro; conocimiento profundo sobre una materia; **de ~ público** conocido por todos

dominó m juego de mesa compuesto por veintiocho piezas rectangulares

don m tratamiento de respeto; habilidad de alguien; regalo; **~ nadie** fam alguien poco importante

donante adj/s que dona, sobre todo sangre u órganos

donar vt dar algo propio de forma voluntaria y gratuita

donativo m dinero o cosa que se da con fines benéficos

doncel|l, ~lla s en literatura, joven virgen o no casado; sf criada

donde adv indica el lugar en el que está alguien o hay o sucede algo; **a ~** indica lugar de destino o dirección

dónde adv pregunta en qué lugar; **a ~** pregunta a qué lugar

doña f tratamiento de respeto

dopar vt/pronl dep dar o tomar ciertos medicamentos o drogas

doping m hecho de dopar o doparse

dorado, -a adj del color del oro o parecido a él; fig de una época de esplendor

dorar vt cubrir una superficie con oro o color parecido; fig presentar algo malo como mejor de lo que es; pronl tomar color dorado; **~ la píldora** fam presentar algo como menos malo de lo que es; adular

dormil|ón, ~ona adj/s fam que duerme mucho

dormir vi/pronl estar en reposo con los ojos cerrados, sin actividad de la conciencia ni movimientos voluntarios; vi pasar la noche en un sitio; *fig* quedarse un asunto olvidado; *vt* privar del sentido por medios artificiales; *pronl fig* adormecerse un miembro del cuerpo

dormitorio *m* habitación para dormir; conjunto de muebles de esta habitación

dorso *m* parte posterior o la contraria a la principal

dosificar *vt med* graduar la dosis de un medicamento; graduar la o el uso de otras cosas

dosis *f med* cantidad de un medicamento; *fig* cantidad de algo

dotado, -a *adj* equipado o provisto; *fig* que tiene cualidades particulares para algo

dotar *vt* proveer de todo el personal y material necesarios; proveer a algo de cierta cosa que lo completa o mejora; señalar bienes a una fundación o institución; dar dote a una mujer; *fig* conceder la naturaleza ciertas cualidades

dote *f* conjunto de bienes que aporta una mujer al matrimonio o a una orden religiosa; *pl* cualidades

dragón *m* animal imaginario que echa fuego por la boca

drama *m* obra literaria compuesta en diálogo para ser representada; *fig* situación o suceso tristes; **hacer un _**

fam presentar algo más grave de lo que es

dramático, -a *adj* del drama o relativo a él; *fig* que causa tristeza; de un momento emocionante, decisivo

droga *f* nombre dado a ciertas sustancias en química, medicina o en la industria; sustancia que produce ciertos efectos en el cuerpo y en la personalidad y crea hábito; *fig* cualquier cosa que produce dependencia y hábito

drogadicción *f* estado de adicción a las drogas

drogadicto, -a *adj/s* que es adicto a las drogas

drogar *vt/pronl* dar o tomar drogas

droguería *f* tienda en la que se venden productos de limpieza, pintura y aseo

dromedario *m zoo* mamífero rumiante con una joroba

druida *m* sacerdote del antiguo pueblo celta

ducha *f* lavado del cuerpo echándole agua por encima; aparato con pequeños agujeros por donde sale el agua; **_ de agua fría** *fig* noticia que decepciona

duchar *vt/pronl* lavar el cuerpo con la ducha

duda *f* falta de seguridad sobre la certeza o verdad de algo; pregunta o cuestión; sospecha o desconfianza

dudar *vi/t* tener duda; *vi* sospechar o desconfiar; *vt* dar poco crédito a algo o pensar que no es probable

dudoso, -a *adj* que ofrece duda o sospecha; que tiene duda; poco probable

duelo *m* pelea o lucha entre dos por un desafío; manifestación de tristeza por la muerte de alguien

duende *m* ser imaginario que hace travesuras; *fig* encanto o gracia de alguien

dueño, -a *s* persona que posee algo

dulce *adj* de un sabor parecido al del azúcar; *sm gastr* alimento preparado con predominio de azúcar

duna *f* montaña de arena formada por el viento

dúo *m mús* conjunto formado por dos personas que cantan o tocan; *fig* pareja; **a ~** indica esta forma de cantar o tocar; que hacen algo al mismo tiempo

dúplex *m* vivienda que consta de dos pisos unidos por una escalera interior

duque, -sa *s* título de la clase noble

duración *f* período de tiempo que dura algo

duradero, -a *adj* que dura o puede durar mucho

durante *prep* indica el tiempo que dura algo o en que sucede otra cosa simultánea

durar *vi* ocupar algo un período de tiempo o desarrollarse en él; permanecer con sus características

dureza *f* cualidad de duro; parte de la piel que se pone dura

duro, -a *adj* que no es blando o no es flexible; que resiste el paso del tiempo o el uso; difícil de mover; *fig* de alguien fuerte y que aguanta mucho; severo o poco amable; de algo difícil de soportar; *sm* moneda española de cinco pesetas; **duro** *adv* con gran esfuerzo

E

ebanista *s* carpintero que hace muebles

ebrio, -a *adj/s* de quien está bajo los efectos de haber tomado demasiado alcohol

ebullición *f* movimiento de un líquido al hervir

echar *vt/pronl* arrojar con fuerza en una dirección; *vt* dejar caer algo en un sitio; hacer salir de un lugar; despedir algo una cosa; *vt/pronl* poner; mover o inclinar; tenderse en la cama; *vt* empezar a tener o salir algo; calcular o suponer; *vt* representar o emitir un espectáculo; mover un objeto que sirve para cerrar; *pronl* tirarse sobre alguien o algo; empezar a tener una relación con alguien; **~ a** empezar a; **~ de menos** o **~ en falta** notar la falta; **~se atrás** *fig* negar lo que se había dicho

eclipse *m* situación en la que un astro desaparece de la vista al ponerse otro delante de él

eco *m* sonido que se repite al chocar contra un cuerpo duro; sonido débil; *fig* importancia de una acción

ecografía *f med* técnica para explorar los órganos internos del cuerpo

ecología *f* ciencia que estudia las relaciones de los seres vivos entre sí y con su medio ambiente

ecológico, -a *adj* de la ecología o relativo a ella

ecologismo *m* teoría y movimiento social que defiende el medio ambiente

ecologista *adj/s* que defiende la protección del medio ambiente

economato *m* tienda para ciertos grupos de personas o socios

economía *f* ciencia que estudia la correcta administración de los bienes; sistema de organización productiva; conjunto de bienes; reducción de los gastos; **~ sumergida** conjunto de actividades económicas sin el control fiscal del Estado

económico, -a *adj* de la economía o relativo a ella; que cuesta poco dinero; que gasta poco

economizar *vt/i* gastar sólo lo necesario, ahorrar

ecosistema *m* conjunto formado por los seres vivos, su medio ambiente y las relaciones entre ambos

ecotasa *f econ* impuesto sobre actividades que influyen de forma negativa en el medio ambiente

ecuador *m* círculo imaginario que rodea la Tierra a la misma distancia de los dos polos; *fig* punto medio en la duración de algo

ecuatorial *adj* del ecuador o relacionado con él

ecuatoriano, -a *adj/s* de Ecuador

edad *f* tiempo de vida que ha pasado desde el nacimiento; cada período de la vida humana; cada uno de los períodos de tiempo en que se suele dividir la historia; *mayor de ~* *jur* la que alguien debe tener para poder ejercer plenamente sus derechos civiles; *menor de ~* *jur* la del que todavía no ha alcanzado la mayoría de edad; *tercera ~* último período de la vida

edición *f* publicación de una obra; conjunto de ejemplares producidos a la vez; cada celebración de un concurso o de la vida

edificar *vt/i* construir edificios

edificio *m* construcción con materiales resistentes

editar *vt* publicar por medio de la reproducción

editor, -a *adj/s* de la persona o empresa que edita

editorial *adj* relativo a la edición o al editor; *sm* artículo de un periódico sobre un tema actual; *sf* empresa dedicada a editar

edredón *m* especie de manta rellena de plumas

educación *f* desarrollo de las capacidades de la persona; enseñanza o formación; comportamiento según las normas

educado, -a *adj* que tiene buena educación en el trato social

educar *vt/pronl* dirigir la educación o formación; *vt* enseñar las normas del comportamiento social; desarrollar más un órgano o sentido

efectivo, -a *adj* que produce el efecto deseado; *sm econ* dinero en moneda o billetes; *pl* conjunto de miembros del ejército, de la policía

efecto *m* lo que es producido por algo; impresión; *dep* movimiento que se da a una pelota y que hace que cambie de dirección; *pl* bienes o cosas que pertenecen a alguien; *~ invernadero* elevación de la temperatura de la atmósfera por la contaminación; *~s especiales* trucos usados en espectáculos

efectuar *vt* hacer o realizar; *pronl* llevar a cabo

efervescente *adj* que despide burbujas de gas

eficaz adj que es adecuado para producir el efecto deseado

eficiente adj que realiza bien su función

egoísmo m característica de quien sólo se interesa por sus asuntos

egoísta adj/s de quien se comporta con egoísmo

eh interj se usa para llamar o preguntar

eje m mat línea que pasa por el centro geométrico; barra que atraviesa un cuerpo que gira alrededor de ella y lo sujeta; fig persona o cosa muy importante o en el centro de algo

ejecutar vt llevar a la práctica; jur dar muerte a un condenado a ella; mús tocar o interpretar

ejecutivo, -a adj que tiene capacidad para ejecutar; s persona que ocupa un puesto en la dirección; sf junta directiva

ejemplar adj que se puede tomar como modelo; que sirve de escarmiento; sm cada copia de un modelo

ejemplo m lo que se pone como modelo; lo que se dice como muestra de algo o para aclararlo

ejercer vt/i practicar una profesión; vt producir una acción o tener una influen-

cia o poder; hacer uso de un derecho

ejercicio m trabajo práctico para ejercitar algo; práctica de una profesión o derecho; conjunto de movimientos corporales; econ período de tiempo en la actividad de una empresa

ejercitar vt/pronl preparar para una actividad; adquirir destreza o habilidad en algo por la práctica

ejército m conjunto de soldados de un país

el art indica el género masculino y número singular

él, ella pron indica la tercera persona del singular

elaborar vt/pronl transformar materias primas; formar un nuevo proyecto, teoría

elástico adj de un cuerpo que vuelve a su forma después de estirarlo o comprimirlo; fig que puede acomodarse; sm cinta o tejido que tiene esta propiedad

elección f hecho de elegir; posibilidad de elegir; pl votación en la que se elige a alguien

elector, -a adj/s que tiene derecho a votar

electoral adj de las elecciones o relativo a ellas

electricidad f forma de energía; parte de la física que estudia estos fenómenos; corriente eléctrica

electricista *s* persona que trabaja en la aplicación de los fenómenos eléctricos

eléctrico, -a *adj* de la electricidad o relacionado con ella

electrocutar *vt/pronl* matar o morir por una descarga eléctrica

electrodoméstico *adj/sm* del aparato que se usa en el hogar y funciona con electricidad

electrónico, -a *adj* de la electrónica o relativo a ella; *sf* parte de la física que estudia las señales eléctricas de baja potencia; técnica de aplicación de esta ciencia

elefante, -a *s zoo* mamífero de gran tamaño con una trompa y dos colmillos muy desarrollados

elegante *adj* que viste con gusto y ropa adecuada, que tiene gracia, belleza o es apropiado

elegir *vt* decidirse por alguien o algo entre otros

elemental *adj* que es parte del fundamento o base; fácil de comprender

elemento *m* cada objeto, pieza que compone un conjunto; dato o aspecto de algo; *fam* individuo; *pl* nociones básicas; fuerzas de la naturaleza

elevación *f* movimiento de algo hacia arriba; parte o zona de un terreno o de otra cosa más alta que el resto

elevado, -a *adj* de una altura mayor de la normal, alto

elevar *vt/pronl* mover hacia arriba o colocar en un lugar más alto; *fig* aumentar; *vt* dirigir un escrito o petición a una autoridad

eliminar *vt/pronl* quitar o hacer desaparecer; excluir; matar o asesinar

eliminatorio, -a *adj* que sirve para excluir a alguien; *sf* prueba que sirve para eliminar a los participantes

élite o **elite** *f* minoría selecta

elixir *m* líquido con sustancias medicinales disueltas en alcohol; *fig* bebida con resultados maravillosos

ello *pron* indica la tercera persona del singular

ellos, -as *pron* indica la tercera persona del plural

elogio *m* hecho de decir los méritos y cualidades; lo que se dice como alabanza

emancipar *vt/pronl* liberar a alguien de la autoridad a la que estaba sujeto

embajada *f* edificio de la representación diplomática de un Estado en un país extranjero; mensaje

embajador, -a *s* diplomático que representa al Gobierno de su país en el extranjero; *fig* persona que representa a un grupo

embalar vt envolver y proteger un objeto; vt/pronl aumentar mucho la velocidad

embalsamar vt preparar un cadáver con unas sustancias

embalse m lugar cerrado para que se acumule el agua de un río

embarazada adj/sf de la mujer que va a tener un hijo

embarazo m estado de la mujer embarazada; sentimiento de vergüenza

embarazoso, -a adj que no es agradable o cómodo

embarcación f vehículo que se desplaza por el agua

embarcadero m lugar destinado para embarcar

embarcar vt/i/pronl subir a un barco, tren o avión; vt/pronl fig hacer que alguien intervenga en asuntos con riesgo

embargo m hecho de retener una autoridad los bienes de alguien; prohibición de mantener relaciones comerciales con otro país; **sin** ~ no obstante

embarullar vt/pronl fam mezclar o confundir

embellecer vt/pronl hacer que alguien o algo esté bello

embestir vt/i lanzarse con fuerza contra algo

embobarse pronl quedarse absorto y admirado

emborrachar vt/pronl poner borracho; echar demasiado combustible; vt gastr empapar en un licor

emborronar vt/pronl llenar de borrones o con rayas

emboscada f hecho de esconderse en un lugar para atacar por sorpresa; fig engaño o trampa para dañar

embotellamiento m proceso en el que se mete líquido en botellas; fig gran cantidad de vehículos

embrague m mecanismo y pedal de un vehículo para cambiar de marcha

embrión m bio primera etapa del desarrollo de un ser vivo; fig comienzo de algo

embrollo m conjunto de cosas sin orden; fig situación embarazosa o difícil

embudo m instrumento en forma de cono para pasar líquidos de un recipiente a otro

embuste m mentira disfrazada para que parezca verdad

embutido m gastr tripa rellena de carne picada

emergencia f suceso o accidente que ocurre de manera imprevista y necesita de atención urgente; asunto urgente

emigrar vi abandonar el lugar de origen para trabajar en otro; zoo cambiar de lugar de forma periódica ciertas especies animales

emisor, ~a *adj/s* que emite; *sf* lugar desde donde se emiten señales por las ondas

emitir *vt* producir algo y echarlo hacia fuera; manifestar una opinión, el voto; producir una emisora una señal y transmitir sus programas; producir billetes, monedas y ponerlas en circulación

emoción *f* sensación muy fuerte en el ánimo

emocionante *adj* que produce emoción; de algo muy interesante

emocionar *vt/pronl* producir emoción o conmover

emotivo, ~a *adj* que está relacionado con la emoción

empachar *vt/i/pronl* causar indigestión

empalagoso, ~a *adj* de un alimento demasiado dulce o pesado; *adj/s fig* de alguien demasiado cariñoso

empalmar *vt/i* unir dos cosas por sus extremos; *vi* suceder una cosa a continuación de otra

empalme *m* hecho de empalmar; lugar o punto donde se empalman dos cosas; conexión de dos cables eléctricos

empanada *f gastr* masa de pan hecha a dos capas y un relleno

empanadilla *f gastr* pastel pequeño doblando la masa para cubrir el relleno

empanar *vt gastr* rebozar un alimento con pan rallado

empañar *vt/pronl* quitar el brillo o transparencia; *fig* quitar o disminuir el mérito, valor

empapar *vt/pronl* penetrar un líquido por todos los poros de un cuerpo; mojar; absorber un cuerpo un líquido; *vt* hacer que un cuerpo absorba un líquido; *pronl fig* enterarse bien de algo

empapelar *vt* cubrir una superficie con papel; *fig* abrir un expediente a un empleado o un proceso criminal

empaquetar *vt* meter algo en un paquete o hacer paquetes; *fam* imponer un castigo

emparedado *m fig* bocadillo con dos rebanadas de pan de molde y un alimento

empastar *vt* cubrir algo con pasta; *med* llenar con una pasta el hueco del diente; *vt/pronl am* convertir un terreno en prado

empaste *m* hecho de cubrir con pasta; *med* pasta que rellena el hueco del diente dañado; *pint* unión adecuada de los colores

empatar *vt/i* obtener dos contrarios el mismo número de puntos o tantos

empeine *m* parte superior del pie; parte del calzado que lo cubre; *med* enfermedad del cutis

empeñar *vt* entregar algo como garantía de un préstamo; *pronl* insistir mucho en algo; contraer muchas deudas

empeño *m* interés muy grande o esfuerzo por conseguir algo; entrega de algo a cambio de un préstamo

empeorar *vt/i/pronl* pasar a un estado peor

empera|dor, _triz *s* soberano de un imperio; *sf* mujer del emperador; *sm zoo* pez marino

emperrarse *pronl fam* insistir mucho en algo

empezar *vt* dar principio a algo o comenzarlo; *vi/pronl* tener principio o dar comienzo algo

empiece *m fam* comienzo

empinado, -a *adj* de un camino pendiente; muy alto

empinar *vt* poner algo derecho o vertical; alzar e inclinar un recipiente; *pronl* ponerse sobre las puntas de sus pies y erguirse; **_ el codo** *fam* beber mucho

empleado, -a *s* persona que desarrolla una actividad a cambio de un sueldo; **dar algo por bien empleado** estar contento de lo conseguido a pesar de lo que haya

costado; **estarle algo bien empleado a alguien** *fam* merecer ese perjuicio

emplear *vt/pronl* coger algo y servirse de ello; gastar o invertir tiempo, dinero; *vt* dar un empleo o trabajo

empleo *m* hecho de emplear; puesto de trabajo

empobrecer *vt/i/pronl* hacer pobre o más pobre; decaer o venir a menos algo

empollar *vt* calentar un ave los huevos; *fig fam* preparar mucho las lecciones

empoll|ón, _ona *adj/s fam* que prepara mucho las lecciones de memoria

empotrar *vt* meter una cosa asegurándola con trabajo de albañilería; *pronl* meterse una cosa en otra

emprender *vt* empezar a realizar una actividad

empresa *f econ* organización del capital y el trabajo con fines productivos; actividad difícil

empresario, -a *s* propietario de una empresa o responsable de ésta

empujar *vt* hacer fuerza contra alguien o algo; *fig* influir en alguien

empuje *m* fuerza que ejerce un cuerpo sobre otro; *fig* energía o decisión

empujón *m* golpe o fuerza brusca contra alguien o algo; *fig* avance rápido e importante en una tarea al dedicarle más esfuerzo o tiempo

empuñar *vt* coger un objeto por el puño o mango

en *prep* indica el lugar donde está alguien o algo; indica el tiempo en que sucede algo; indica el modo cómo se hace algo; indica el medio con que se hace algo

enamorar *vt* despertar o excitar el amor en otra persona; atraer mucho algo a alguien; *pronl* sentir amor por otra persona; aficionarse

enano, -a *adj* que es mucho más pequeño; *s* persona de una estatura muy baja; *fig fam* niño pequeño; personaje imaginario de estatura muy baja

encabezamiento *m* expresión que se pone al principio de algunos escritos

encabezar *vt* estar en el primer lugar; poner el encabezamiento

encabritarse *pronl* empinarse un caballo apoyándose sobre las patas traseras

encadenar *vt/pronl* atar o sujetar con cadenas; *fig* unir unas cosas con otras relacionándolas; *vt* quitar la libertad o someter

encajar *vt/i/pronl* meter una cosa o parte de ella en otra de forma que quede bien ajustada; *vt fig* recibir bien o

mal algo que no es agradable; decir algo oportuno o no en una conversación; *vi* estar de acuerdo o coincidir; adaptarse a un lugar o situación; soportar golpes o resultados adversos

encaje *m* sitio de una cosa en el que se encaja otra; labor en un tejido adornado con calados

encaminar *vt* señalar el camino; *vt/pronl* dirigir la conducta; *pronl* dirigirse hacia algún sitio

encantado, -a *adj* que está bajo los efectos del encantamiento o poderes mágicos; *fig* muy contento

encantador, _a *adj/s* de la persona que encanta usando poderes mágicos; *fig* que resulta muy agradable

encantamiento *m* hecho de conseguir algo usando poderes mágicos

encantar *vt* usar poderes mágicos; *fig* gustar o atraer mucho

encanto *m* encantamiento; *fig* conjunto de cualidades que hacen que alguien o algo guste y atraiga; quien o lo que posee estas cualidades; *pl* atractivos físicos

encañonar *vt* apuntar con el cañón a un arma de fuego

encapricharse *pronl* empeñarse en obtener un capricho; tomar capricho

encapuchado, -a *adj/s* que lleva una capucha

encarcelar *vt* meter en la cárcel

encargado, -a *adj* de algo que ya está pedido; *adj/s* de la persona que ha recibido un encargo o tiene algo a su cargo; *s* persona responsable

encargar *vt* mandar o pedir a alguien que haga algo; *pronl* hacerse cargo u ocuparse

encargo *m* solicitud de que haga o traiga alguien algo; lo que se encarga

encariñarse *pronl* tomar cariño a alguien o algo

encarnado, -a *adj/sm* de color rojo

encauzar *vt* conducir una corriente en un cauce; *vt/pronl fig* dirigir; *pronl* normalizarse

encendedor *m* aparato que sirve para encender fuego

encender *vt/pronl* hacer que algo arda y eche fuego; conectar un aparato eléctrico; *fig* avivar los ánimos

encerado, -a *adj* que está dado de cera; *sm* hecho de encerar; tablero sobre el que se escribe con tiza

encerar *vt* dar cera a una superficie

encerrar *vt/pronl* meter a una persona o animal en un sitio del que no puede salir; *fig* incluir

encerrona *f* situación preparada para forzar a alguien a decir o hacer algo

encestar *vt/i dep* meter el balón en la canasta

encharcar *vt/pronl* cubrir el agua una parte del terreno haciendo charcos

enchufado, -a *s fig fam* persona que consigue algo por enchufe

enchufar *vt* conectar un aparato a la corriente eléctrica; *fig* dirigir un chorro de algo hacia un punto; proporcionar a alguien algo beneficioso por influencias

enchufe *m* pieza que sirve para conectar un aparato a la corriente eléctrica; *fig fam* influencia que se tiene para conseguir algo

encía *f med* carne que cubre la mandíbula y parte de la dentadura

encíclica *f rel* carta solemne del papa sobre temas de fe y moral

enciclopedia *f* obra en la que se exponen gran cantidad de conocimientos

encierro *m* introducción y permanencia de una persona o animal en un lugar; fiesta popular en la que se lleva a los toros hasta la plaza

encima *adv* en un lugar o posición superiores a otros; sobre algo o cubriéndolo; ade-

enfado

más, por si fuera poco; muy cerca algo que se aproxima; **por ~** fig de manera superficial

encina f árbol de tronco grisáceo, cuyo fruto es la bellota

encinta adj de la mujer embarazada

encoger vi/pronl disminuir de tamaño; vt/pronl doblar o juntar algunas partes del cuerpo; **~se de hombros** levantar los hombros en señal de indiferencia

encontrar vt dar con alguien o algo que se buscaba; vt/pronl dar con alguien o algo de forma casual; vt dar la opinión sobre algo; pronl estar en el lugar que se indica; sentirse de la manera que se indica; juntarse con otro en un lugar

encorvar vt doblar y torcer de forma curva; pronl doblarse una persona

encrucijada f lugar en donde se cruzan caminos; fig situación en la que es difícil tomar una decisión

encuadernar vt coser y pegar las hojas de un libro y ponerles tapas o cubierta

encubrir vt ocultar algo o no manifestarlo

encuentro m hecho de encontrarse dos o más personas; competición deportiva

encuesta f conjunto de preguntas a un número de personas para conocer la opinión sobre un tema

enderezar vt/pronl poner derecho; poner vertical; fig corregir una conducta

endiablado, -a adj fig fam molesto, fastidioso; muy malo o desagradable; adj/s travieso

endibia o **endivia** f planta con las hojas lisas que se cultiva en la huerta

endulzar vt/pronl poner dulce; fig hacer más suave una situación

endurecer vt/pronl poner duro; fig hacer más resistente

enemigo, -a adj/s contrario u opuesto; s persona que desea o hace un mal a otro

enemistad f rechazo, odio o enfrentamiento

energía f capacidad física o psíquica; carácter o fuerza de voluntad; fuerza o intensidad

enérgico, -a adj muy activo o de carácter fuerte; de lo que produce efectos muy fuertes

energúmeno, -a s fig persona muy furiosa o que se manifiesta así

enero m primer mes del año

enfadar vt/pronl causar enfado

enfado m disgusto o enojo que tiene alguien por algo

enfermar *vi/pronl* perder la salud o ponerse enfermo; *vt fig* disgustar o irritar

enfermedad *f* lo que hace que se pierda la salud; *fig* lo que hace que una sociedad no funcione bien

enfermería *f* lugar donde se atiende a los enfermos y heridos; conjunto de estudios para el título de enfermero

enfermero, -a *s* persona que cuida y atiende al enfermo

enfermo, -a *adj/s* que padece una enfermedad

enfocar *vt* hacer que la imagen producida en el foco de una lente se vea clara; dirigir un foco de luz hacia alguien o algo; *fig* estudiar un asunto orientándolo de una manera determinada

enfrentar *vt/pronl* poner frente a frente; crear enemistad; hacer frente a una situación difícil; *pronl* oponerse a alguien; competir

enfrente *adv* en la parte que está delante; en contra

enfriar *vt/i/pronl* poner frío algo o hacer que baje su temperatura; *pronl fig* bajar el rendimiento de alguien

enfundar *vt* meter algo en una funda

enfurecer *vt/pronl* poner furioso

enfurruñarse *pronl fam* enfadarse un poco

engalanar *vt/pronl* adornar

enganchar *vt/i/pronl* sujetar con un gancho; *vt* unir un animal a un carro para que tire de él; *fig fam* coger o atrapar; atraer a alguien con habilidad o ganarse su afecto; *vt/pronl* contraer o adquirir algo; hacer un enganchón

enganchón *m* desgarrón o roto en una prenda de vestir

engañar *vt* hacer creer como verdad algo que no lo es; *vt/i* producir una falsa impresión; *vt* estafar; no ser fiel al otro en una relación amorosa; *pronl* no querer aceptar la realidad; equivocarse

engatusar *vt fam* ganar la voluntad de alguien por medio de halagos o mentiras

engendrar *vt* procrear; *vt/pronl fig* producir u ocasionar algo

engendro *m* criatura deforme y monstruosa; persona muy fea; *fig* plan mal concebido y realizado

engordar *vt/i* poner o ponerse gordo

engorro *m* obstáculo o molestia

engrandecer *vt/pronl* hacer grande o más grande; alabar; exagerar

engrasar *vt* untar con grasa o aceite

enguarrar *vt/pronl fam* ensuciar o emborronar

engullir *vt/pronl* comer tragando deprisa

enhebrar *vt* pasar una hebra o hilo por el ojo de una aguja o por el agujero de una cuenta, perla; *fig* decir cosas seguidas sin orden

enhorabuena *f* lo que se dice a alguien para felicitarle; *interj* expresa la felicitación

enigma *m* conjunto de palabras o signos de sentido oculto; *fig* persona o cosa difícil de entender o resolver

enjabonar *vt/pronl* dar jabón; *vt fig* adular

enjambre *m* grupo de abejas; *fig* gran número

enjaular *vt* meter dentro de una jaula; *fig* encarcelar

enjuagar *vt* lo que se dice a limpiar la boca y dentadura con líquido; *vt* lavar con agua lo enjabonado o fregado

enjugar *vt* quitar la humedad superficial; *vt/pronl* limpiar la humedad que sale del cuerpo

enlace *m* hecho de enlazar; unión o conexión; lo que une o relaciona; persona que actúa de intermediario; *fig* ceremonia de la boda

enlatar *vt* meter una cosa en un envase de hojalata

enlazar *vt* coger o juntar con lazo; *vt/i/pronl* unir o relacionar cosas diferentes; *vi*

unirse o combinarse los medios de transporte

enloquecer *vt/i* volver loco; *fig* perder la tranquilidad; *vi fig* gustar mucho

enlucir *vt* cubrir paredes con yeso; dar brillo

enmadrarse *pronl* depender un hijo demasiado de su madre

enmarañar *vt/pronl* enredar o revolver; hacer más complicado

enmarcar *vt* poner un marco; *vt/pronl* incluir dentro de unos límites; *fig* situar dentro de unas circunstancias

enmascarar *vt/pronl* cubrir el rostro con una máscara o disfraz; *fig* encubrir algo

enmendar *vt/pronl* quitar defectos o errores, corregir

enmienda *f* corrección; propuesta para cambiar una ley, informe

enmohecer *vt/pronl* cubrir de moho; *vt/pronl fig* estropear por falta de uso

enmudecer *vi* quedar mudo; *fig* callar; *vt* hacer callar

enojar *vt/pronl* causar enojo; molestar o disgustar

enojo *m* enfado grande que provoca ira contra alguien

enorgullecer *vt/pronl* llenar de orgullo

enorme *adj* muy grande o excesivo

enraizar *vi/pronl* echar raíces, arraigar; *fig* establecerse en un lugar

enredadera *adj/sf* de la planta que se adhiere a una superficie y trepa

enredar *vt/pronl* mezclar o enmarañar sin orden; *fig* hacer perder el tiempo o entretener a alguien; complicar algo; *vi* hacer travesuras; distraerse o entretenerse haciendo algo; *pronl* quedarse cogido o enganchado en algo; *fig* hacerse un lío o equivocarse

enredo *m* desorden de hilos o cosas semejantes; *fig* mentira o engaño; problema

enrejado, -a *adj* con rejas; *sm* cerca o reja de rejas

enrejar *vt* poner rejas

enrevesado, -a *adj* difícil u oscuro de entender; que tiene muchas vueltas y rodeos

enriquecer *vt/i/pronl* hacer rico o más rico; *vt/pronl fig* mejorar las cualidades o propiedades de algo

enrojecer *vt/pronl* poner roja una cosa; dar color rojo; *vt/i/pronl* poner rojo el rostro, ruborizar

enrollar *vt/pronl* poner una cosa en forma de rollo; *vt fig fam* convencer o confundir; *pronl fam* extenderse demasiado al hablar o escribir; perder el tiempo

enronquecer *vt/i/pronl* poner ronco

enroscar *vt/pronl* colocar en forma de rosca; *vt* introducir una cosa con rosca dándole vueltas

ensaimada *f* bollo de pasta de hojaldre en espiral

ensalada *f* plato frío de hortalizas y aceite, vinagre; *fig* mezcla o confusión

ensaladilla *f* plato frío de patata cocida, zanahoria, atún y mayonesa

ensanchar *vt/i/pronl* hacer más ancho; *vt/pronl* hacer más amplio o extenso; *pronl fig* mostrar excesivo orgullo

ensangrentar *vt/pronl* manchar de sangre

ensañarse *pronl* ser cruel al causar un daño o dolor

ensayar *vt/i* hacer algo repetidas veces para realizarlo bien; *vt* hacer pruebas

ensayo *m* hecho de ensayar; libro en el que el autor expone su pensamiento sobre una materia; género literario de estas obras

enseguida o **en seguida** *adv* a continuación

enseñanza *f* hecho de enseñar; sistema y método de educación

enseñar *vt* comunicar conocimientos a alguien para que los aprenda; servir de ejemplo o escarmiento; mostrar algo a alguien o dejar verlo

ensillar *vt* poner la silla de montar a las caballerías

ensimismarse *pronl* concentrarse alguien en sus propios pensamientos

ensordecedor, -a *adj* de un ruido o sonido muy intenso

ensuciar *vt/pronl* poner sucio; *vt fig* manchar el honor o la fama; *pronl* hacerse sus necesidades en la cama o en la ropa interior

entender *vt* tener claro el significado de algo; encontrar natural o justa la opinión o conducta de alguien; creer u opinar; *vi* saber de algo; *pronl* tener una buena relación con alguien

entendimiento *m* capacidad para conocer, comprender y razonar; capacidad para juzgar lo que está bien o mal; acuerdo entre dos personas

enterado, -a *adj/s* que conoce algo; *s desp* persona que presume de saber todo

enterarse *pronl* informarse; darse cuenta de algo

enternecer *vt/pronl fig* producir ternura o compasión

entero, -a *adj* que no le falta ninguna parte; *fig* que tiene fuerza de ánimo en las desgracias; *adj/sm mat* que no tiene decimales

enterrar *vt/pronl* poner bajo tierra; *vt* dar sepultura a un cadáver; *am* clavar un instrumento con punta

entidad *f* asociación pública o privada; valor o importancia de algo; *fil* lo que constituye la esencia o naturaleza

enterrar *m* acto para enterrar a un muerto

entonar *vt/i* cantar con el tono adecuado; *vt/i pint* combinar colores; *vt/pronl* devolver la fuerza

entonces *adv* en un tiempo determinado; indica la consecuencia de lo dicho

entornar *vt* cerrar pero no del todo

entorno *m* conjunto de personas, cosas, circunstancias que rodean a alguien o algo

entorpecer *vt/pronl* volver torpe o poco hábil; *fig* retrasar, poner dificultades

entrada *f* paso al interior de algo; lugar por donde se entra; cantidad de gente que va a un espectáculo; billete que da derecho a entrar en un lugar; *gastr* plato ligero antes de los principales; ingreso de alguien en un grupo; parte sin pelo en los dos lados delanteros de la cabeza; cantidad de dinero que se paga por adelantado

entraña *f* órgano interno del cuerpo; lo más importante de algo; *pl fig* lo más oculto y escondido; sentimientos más profundos

entrar *vi* ir de fuera adentro; meterse una cosa en otra; caber; *fig* formar parte de un grupo; empezar a sentir algo; empezar un período de tiempo; *vt* meter algo en un lugar; *dep* en un jugador al encuentro de otro

entre *prep* indica situación o estado en medio de dos; indica participación de dos o más en la realización de algo; indica relación o comparación

entreabrir *vt/pronl* abrir un poco o a medias

entrecejo *m* espacio que hay entre las cejas

entrecomillar *vt* escribir entre comillas

entrega *f* hecho de dar algo a alguien; ceremonia en la que se conceden premios, títulos; cada una de las partes de un libro que se publican y se venden por separado; interés y esfuerzo

entregar *vt* poner en poder de otro; *pronl* dedicarse con interés y esfuerzo; abandonarse a un sentimiento, vicio; rendirse

entremedias *adv* entre dos o más tiempos, lugares, cosas

entremés *m gastr* plato frío y ligero al comienzo de la comida; *tea* pieza corta y de humor

entrenar *vt/i/pronl* preparar para practicar una actividad

entreplanta *f* planta entre el sótano y el primer piso

entresuelo *m* planta baja sobre el sótano a más de un

metro sobre el nivel de la calle; *tea* planta sobre el patio de butacas

entretanto o **entre tanto** *adv* mientras ocurre o se hace otra cosa

entretener *vt/pronl* hacer pasar un tiempo agradable; perder el tiempo; *vt* hacer menos molesto o llevadero

entretenido, -a *adj* agradable y divertido; que ocupa bastante tiempo

entretiempo *m* tiempo de primavera o de otoño próximo al verano

entrevista *f* encuentro para hablar sobre un asunto; conversación de un periodista con alguien famoso; encuentro con un aspirante a un puesto de trabajo

entrevistar *vt* realizar una entrevista; *pronl* reunirse para hablar sobre un asunto

entristecer *vt/pronl* poner triste; *vt* dar a algo un aspecto triste

enturbiar *vt/pronl* poner turbio; *fig* estropear

entusiasmar *vt* producir entusiasmo; gustar mucho; *pronl* sentir entusiasmo

entusiasmo *m* sensación muy fuerte de goce; interés y esfuerzo

enumeración *f* exposición sucesiva y ordenada de las partes de un todo; recuento numeral de cosas

enumerar *vt* hacer una enumeración

enunciado *m* conjunto de palabras con que se enuncia un problema

enunciar *vt* expresar de forma breve y clara una idea; *mat* exponer los datos necesarios para resolver un problema

enunciativo, -a *adj* que expresa un enunciado; *gram* de la oración que afirma o niega algo

envasar *vt* meter en un envase un producto

envase *m* hecho de envasar; recipiente para conservar o transportar un producto

envejecer *vt* hacer vieja a una persona o cosa; *vi/pronl* hacerse vieja o antigua una persona o cosa; *vi* durar

envenenar *vt/pronl* poner enfermo o matar con veneno; *vt* poner veneno en algo; *fig* estropear una relación

envergadura *f* distancia entre las puntas de las alas extendidas o de los brazos; *fig* importancia de algo

enviado, -a *s* persona que va por mandato de otro con una misión; ~ **especial** periodista que va a un lugar para informar

enviar *vt* hacer ir o mandar a algún lugar

enviciar *vt* corromper con un vicio; *pronl* coger un vicio;

aficionarse demasiado; *fig* deformarse

envidia *f* enfado o pesar por el bien ajeno; deseo de algo

envidiar *vt* sentir envidia hacia otro; desear algo que no se tiene

envío *m* hecho de enviar; cosa que se envía

enviudar *vi* quedar viudo

envoltorio *m* lo que envuelve algo

envoltura *f* lo que envuelve algo, envoltorio; capa exterior que cubre algo

envolver *vt* cubrir un objeto rodeándolo y ciñéndolo; *vt/pronl* cubrir a alguien con algo rodeándolo; *vt fig* rodear a alguien un cierto ambiente; mezclar a alguien en un asunto; *mil* rodear al enemigo

enyesar *vt* cubrir con yeso

enzarzar *vt* cubrir con zarzas; *fig* hacer que comience una disputa o pelea; *pronl fig* pelearse o discutir

eólico, -a *adj* producido por el viento; **energía eólica** energía producida por el viento

epicentro *m* punto de la superficie de la tierra sobre el centro de un terremoto

epidemia *f med* enfermedad que se propaga; *fig* abundancia de algo malo o negativo

epílogo *m* parte final de un

libro o relato; *fig* final de algo

episcopal *adj rel* del obispo o relativo a él

episodio *m* hecho dentro de un todo; cada una de las acciones en una obra literaria; *fig* suceso pasajero o de poca importancia

epístola *f rel* carta; sobre todo, las que escribieron los apóstoles a los cristianos

época *f* espacio de tiempo de cierta duración que se caracteriza por algo

equilibrado, -a *adj fig* que es prudente y sensato

equilibrar *vt/pronl* poner un cuerpo en equilibrio; *fig* guardar una igualdad o proporción

equilibrio *m* estado de un cuerpo sometido a dos o más fuerzas que se compensan; *fig* armonía o relación; prudencia y sensatez; *pl* conducta para superar una situación difícil

equilibrista *adj/s* del artista que mantiene cosas o a sí mismo en equilibrio

equipaje *m* conjunto de maletas, bolsos y otros bultos que se llevan

equipamiento *m* hecho de equipar; conjunto de instalaciones y servicios básicos para una actividad

equipar *vt/pronl* proporcio-

nar lo necesario para conseguir un fin

equipo *m* conjunto de objetos necesarios para conseguir un fin; conjunto de personas organizadas para realizar una actividad

equitación *f* deporte que se realiza montando a caballo; práctica de montar a caballo

equivalente *adj/sm* que equivale a otra cosa

equivaler *vi* ser igual una cosa a otra o tener el mismo valor

equivocar *vt/pronl* decir, hacer o tomar una cosa por otra; *vt* hacer que alguien se confunda y caiga en un error

era *f* período extenso de la historia con unas características comunes; *agr* terreno limpio y llano

erguir *vt/pronl* levantar y poner derecha una cosa

erizar *vt/pronl* levantar y poner tieso algo, en especial el pelo

erizo *m zoo* mamífero con el cuerpo casi redondo y cubierto de púas agudas

ermita *f rel* iglesia pequeña o capilla

ermitaño, -a *s rel* persona que vive en soledad

erosión *f* desgaste de la superficie terrestre; desgaste en la superficie de un cuerpo por el roce; *fig* desgaste de prestigio o influencia de una institución

erótico, -a *adj* del amor sexual o relativo a él; que excita el apetito sexual

errar *vt/i* no acertar; *vi* andar de una parte a otra

errata *f* error que se comete al escribir un texto o imprimirlo

error *m* pensamiento falso o equivocado; acción o cosa hecha con desacierto o equivocada; diferencia entre un resultado y lo previsto

eructar *vi* echar los gases del estómago por la boca

erupción *f med* aparición en la piel de granos y manchas; *geo* salida a la superficie de la tierra de materiales de su interior

esbelto, -a *adj* alto, delgado con una figura elegante

escabeche *m gastr* salsa preparada con aceite, vinagre y otros ingredientes

escabechina *f fig* destrozo o matanza

escabullirse *pronl* escaparse de entre las manos; irse de un sitio sin que los otros lo noten; evitar una obligación

escacharrar *vt/pronl fig* romper o estropear algo

escafandra *f* traje impermeable con un casco hermético para permanecer debajo del agua; traje semejante de los astronautas

escala *f* serie ordenada de cosas distintas de la misma clase; división numerada en instrumentos para medir; relación entre el tamaño real de algo y la dimensión del mapa o plano que lo representa; sucesión ordenada de notas musicales; escalera hecha con dos cuerdas verticales; parada de un barco o avión durante su trayecto

escalada *f* subida a un sitio; *dep* subida en la montaña; aumento rápido de algo

escalar *vt* subir a un sitio trepando; *dep* hacer una escalada; *fig* alcanzar poco a poco una categoría o puesto

escalera *f* serie de escalones o peldaños colocados a diferente altura, uno a continuación de otro; instrumento portátil formado por dos barras verticales en las que se encajan otras paralelas; ~ **mecánica** la que un mecanismo eléctrico mueve los peldaños

escalerilla *f* escalera pequeña o exterior

escaléxtric *m* marca de un juego de mesa con coches; *fam* sistema de cruces de carreteras a distinto nivel

escalinata *f* escalera amplia de un edificio

escalofriante *adj* que causa escalofríos

escalofrío *m* sensación de frío rápida, momentánea y con temblores del cuerpo

escalón *m* cada parte de una escalera donde se apoya el pie; desnivel del suelo en forma de peldaño; *fig* grado o categoría; progreso o fase de una serie

escalope *m gastr* filete de carne rebozado y frito

escama *f zoo* cada placa que cubre el cuerpo de los peces; *fig* cualquier cosa que tiene esta forma

escamar *vt* quitar las escamas; *vt/pronl fig* producir sospecha o desconfianza

escampar *impers* dejar de llover

escandalizar *vt/i* causar escándalo; *vt/pronl* producir rechazo o indignar

escándalo *m* alboroto, jaleo; conducta contra las normas y produce rechazo

escaño *m* banco grande con respaldo; *pol* asiento de los miembros del Parlamento

escapada *f* hecho de escapar; *fig* viaje corto; abandono momentáneo de una ocupación; *dep* hecho de salir del grupo y adelantarlo

escapar *vi/pronl* conseguir salir de un encierro; salir de un lugar deprisa y a escondidas; *fig* conseguir librarse de un peligro o problema; quedar fuera de la influencia o poder; dejar pasar algo sin aprovecharlo; *pronl* salirse un líquido o gas; soltarse algo que estaba sujeto; *fig* decir o hacer algo sin querer; *dep* adelantarse

escaparate *m* espacio con cristales grandes en la fachada de una tienda

escape *m* salida de un gas o líquido; abertura por la que salen éstos; modo de librarse de una dificultad

escarabajo *m zoo* insecto con el cuerpo ovalado

escarbar *vt/i* remover la tierra con las manos, patas o el hocico; remover con las manos o con utensilios; *vt/i fig* curiosear o investigar algo olvidado

escarcha *f* capa helada de rocío

escarmentar *vt fig* castigar para evitar que se repita una falta; *vi* aprender alguien de las faltas o los errores

escarola *f* planta de huerta con las hojas duras y rizadas

escasear *vi* haber poco de algo o no lo suficiente

escasez *f* falta de algo o cantidad insuficiente; falta de lo necesario para vivir

escaso, -a *adj* poco de algo o insuficiente; de poca duración

escayola *f* yeso mojado en agua

escayolar *vt med* envolver una parte del cuerpo con escayola

escena *f* parte de un teatro donde los actores representan la obra; parte de una obra de teatro o de una película; *fig* suceso o situación que llama la atención; actitud exagerada y, a veces, fingida

escenario *m* parte del teatro o de otro lugar donde actúan los actores o artistas; lugar en el que se desarrolla la acción de una película, de una novela u ocurre un hecho

esclavitud *f* situación de la persona que vive sin derechos y como propiedad de otra; *fig* dependencia excesiva de alguien o algo

esclavizar *vt* someter a alguien a esclavitud; *fig* exigir demasiado de alguien

esclavo, -a *adj/s* que vive en esclavitud; *fig* dominado por alguien o algo; *sf* pulsera

escoba *f* utensilio formado por un palo y ramas flexibles o pelos de plástico

escobilla *f* especie de escoba o cepillo pequeño

escocer *vi* producir una sensación de picor doloroso

escoc|és, ∟esa *adj/s* de Escocia; *sm* lengua hablada en este país; *adj* de la tela o fal-

da semejante al traje típico de este país

escoger *vt* elegir

escolar *adj* de la escuela, del estudiante o relativo a ellos

escolta *f* hecho de escoltar; conjunto de personas destinadas a proteger a alguien o algo; acompañamiento en señal de honra y respeto

escoltar *vt* acompañar a alguien o algo para protegerlo; acompañar a una persona en señal de honra, respeto

escombro *m* material de desecho de un edificio

esconder *vt/pronl* ocultar de forma que no se vea o no se reconozca; poner en un sitio secreto; *fig* contener algo que no se ve

escondido, -a *adj* oculto, tapado o secreto; *fig* de un lugar apartado y retirado; *sf pl am* juego del escondite; **a escondidas** sin ser visto

escondite *m* lugar adecuado para esconderse o esconder; juego de niños

escopeta *f* arma de fuego portátil para cazar

escorpión *m zoo* animal cuya cola acaba en un aguijón con veneno; ∟ o **escorpio** *astr* octavo signo del horóscopo; *adj/s* nacido bajo este signo

escote *m* abertura de una prenda de vestir femenina

hecha en el cuello; **a ~** *fam* pagando cada uno en un gasto común

escozor *m* sensación de picor doloroso; *fig* resentimiento

escribir *vt/i* representar palabras o ideas con letras u otros signos; componer un texto o una obra musical; *vt/pronl* comunicar por escrito; *vi* funcionar un bolígrafo u otro utensilio

escrito *m* papel, libro que alguien ha escrito

escritor, -a *s* persona que se dedica a escribir

escritorio *m* mueble para poder escribir se puede cerrar; mesa destinada a escribir

escritura *f* sistema de signos usados para escribir; manera de escribir; *jur* documento en el que se registra un acuerdo; *rel* Sagrada Escritura, Biblia

escrúpulo *m* duda o temor sobre si algo es bueno o malo; cuidado para realizar una tarea de manera exacta; asco al usar algo y no saber si está del todo limpio

escrutinio *m* recuento de los votos, de los boletos; examen calificado de algo

escuadra *f* instrumento para trazar ángulos rectos; *mil* conjunto de barcos de guerra

escuchar *vt* oír con atención; hacer caso de otro; *vi* aplicar el oído para oír; *pronl* hablar de forma afectada

escuchimizado, -a *adj* muy delgado y débil

escudero *m* paje o criado que llevaba el escudo a un caballero

escudo *m* arma defensiva que se sujeta al brazo; imagen u objeto que representa a un grupo; moneda de Portugal; *fig* defensa o protección

escuela *f* edificio donde se enseña; conjunto de seguidores de un estilo, arte, doctrina

esculpir *vt* labrar a mano un material duro

escultura *f* arte de crear figuras con cualquier material; obra según este arte

escupir *vi* arrojar saliva por la boca; *vt* arrojar de la boca algo; *fig* despedir un cuerpo algo

escupitajo *m fam* saliva o flema que se expulsa por la boca

escurreplatos *m* mueble de cocina en el que se colocan los platos fregados

escurridizo, -a *adj* que se escurre fácilmente; que hace escurrirse o resbalar

escurridor *m* colador con grandes agujeros; escurreplatos

escurrir vt hacer que una cosa suelte el líquido que tiene; vi soltar algo el líquido que tiene; vi/pronl caer gota a gota un líquido; resbalar o deslizarse

esdrújulo, -a adj/s que tiene el acento en la antepenúltima sílaba

ese, esa, eso pron/adj indica lo que está más cerca de la persona con quien se habla o lo que ésta acaba de mencionar o lo que no está ni cerca ni lejos

esencia f lo propio de un ser; lo más importante; sustancia concentrada de algo; perfume

esfera f mat cuerpo limitado por puntos a la misma distancia del centro; globo que representa la Tierra; fig ambiente o clase social

esfinge f monstruo fabuloso con cabeza y pecho humanos y cuerpo y patas de león

esforzarse pronl hacer esfuerzo para conseguir algo

esfuerzo m empleo con energía de la fuerza física, intelectual o de la voluntad; empleo de medios costosos

esfumarse pronl fig fam irse de un lugar con disimulo

esgrima f dep combate con armas blancas

eslabón m cada pieza que forma una cadena; fig ele-

mento fundamental en el desarrollo de algo

eslogan m frase corta y original para hacer publicidad; lema o consigna

eslovaco, -a adj/s de Eslovaquia; sm lengua hablada en este país

esloveno, -a adj/s de Eslovenia; sm lengua hablada en este país

esmalte m barniz obtenido del vidrio; líquido para pintar las uñas; med sustancia muy dura y blanca que cubre los dientes

esmeralda f piedra preciosa de color verde

esmerarse pronl poner mucho cuidado en hacer algo

esmero m cuidado y atención grandes al hacer algo

esmirriado, -a adj fam muy delgado por falta de desarrollo

esmoquin m chaqueta masculina de etiqueta

esófago m med conducto del tubo digestivo

espabilar vt quitar el pabilo o mecha quemada; vt/pronl fig quitar el sueño o despertar; vt/i/pronl avivar el ingenio; vt/i darse prisa

espachurrar vt/pronl fam apretar algo hasta aplastarlo o romperlo

espacio m extensión exterior a la Tierra; distancia entre dos límites; período de tiempo

espacioso, -a *adj* con mucho espacio o amplio

espada *f* arma blanca de hoja larga y cortante; *pl* cartas de la baraja que pertenecen a este palo

espadach|ín, -ina *s* persona que maneja bien la espada

espagueti *m gastr* pasta de harina larga y gruesa

espalda *f* parte posterior del cuerpo desde los hombros hasta la cintura; parte posterior de algo; *dep* estilo de natación; **dar la ~ a alguien** *fam* retirarle el apoyo o ayuda

espantapájaros *m* muñeco en los sembrados para espantar a los pájaros

espantar *vt/i* producir espanto o miedo; *vt* echar de un lugar

espanto *m* miedo o susto muy intenso; *fam* lo que desagrada mucho; *am* fantasma; **de ~** *fig* muy grande; **estar curado de ~** *fam* no asustarse ante algo

espantoso, -a *adj* que causa espanto; *fig* muy grande, intenso o fuerte; muy feo

español, -a *adj/s* de España; *sm* lengua española o castellana

esparadrapo *m* cinta adhesiva por un lado y sirve para sujetar vendas

esparcir *vt/pronl* extender lo que está junto; *fig* extender una noticia o algo parecido

espárrago *m agr* brote de una planta que es comestible; **mandar a freír ~s** *fam* despedir de malas maneras o no querer saber más de ello

esparto *m* planta con hojas largas y fuertes

espátula *f* paleta pequeña con una lámina de metal plana y cortes afilados; *zoo* ave zancuda con un pico largo, ancho y plano

especia *f* sustancia vegetal que se usa para condimentar la comida y también en medicina, perfumería

especial *adj* distinto de lo normal, excepcional; adecuado para algo concreto

especialidad *f* aquello en lo que se especializa una persona, empresa; rama de una ciencia, arte o actividad

especialista *adj/s* que posee conocimientos o habilidades especiales; muy hábil en algo; *s cine* persona que sustituye al actor principal en escenas especiales

especializar *vt/pronl* dedicar algo a un uso o fin determinado; *pronl* dedicarse a adquirir conocimientos o habilidades especiales

especie *f* grupo de cosas que tienen caracteres comunes;

bot zoo grupo de individuos dentro de un género que tienen los caracteres de éste y otros que los distinguen de los demás de su género; ~ **de** parecido a

espectacular *adj* que llama la atención o produce una gran impresión

espectáculo *m* representación o actuación ante el público; suceso que llama la atención o produce una gran impresión; **dar un ~** *fig* dar un escándalo

espectador, **-a** *adj/s* que asiste a un espectáculo; que sólo mira y no participa

espejismo *m* ilusión óptica; *fig* ilusión que engaña

espejo *m* objeto en el que se refleja la luz o imagen de lo que se pone delante; *fig* lo que resume en sí o da una idea de algo; modelo

espeleología *f* actividad científica o deportiva que explora cuevas, grutas

espeluznante *adj* que produce miedo y suele poner tieso el pelo

espera *f* estancia en un lugar hasta que ocurra un hecho; plazo para poder realizar algo

esperanza *f* confianza de que ocurra lo que se desea; lo que se confía lograr; *rel* confianza en Dios

esperar *vt* confiar en que se

va a conseguir lo que se desea; creer que algo va a suceder; *vt/i* permanecer en un lugar hasta que ocurra algo

esperma *m* líquido que contienen las células sexuales masculinas, semen

espermatozoide *m* célula sexual masculina

espesar *vt/pronl* hacer un líquido espeso o más espeso

espeso, **-a** *adj* de un líquido muy denso o que casi parece una masa; formado por partes muy juntas y apretadas

espesor *m* grosor o anchura de un cuerpo; cualidad de lo que está espeso

espesura *f* cualidad de espeso; *fig* lugar muy poblado de árboles y plantas

espía *s* persona que espía

espiar *vt/i* observar con atención y disimulo; intentar obtener información secreta

espiga *f* conjunto de flores o de frutos en grano a lo largo de un tallo; extremo de una madera, herramienta que se introduce en otra pieza

espina *f* especie de púa dura y puntiaguda de algunas plantas; cada hueso largo y puntiagudo de un pez; astilla pequeña y puntiaguda; *fig* pesar intenso y duradero; ~ **dorsal** columna vertebral

espinaca *f* planta de hojas verdes, estrechas y suaves

espinilla

espinilla f med parte delantera del hueso de la pierna; grano pequeño en la piel

espinoso, -a adj que tiene espinas; fig de un asunto difícil

espionaje m hecho de espiar; organización dedicada a este fin

espiral f línea curva que gira alrededor de un punto; fig proceso en el que algo va aumentando y es difícil controlarlo; que tiene la forma de esta curva

espirar vi/t echar el aire que se ha aspirado

espíritu m parte no material de la persona; alma; ser no material e inteligente; ánimo, valor; actitud de alguien ante algo; fig sentido de un hecho, dicho o texto

espiritual adj del espíritu o relativo a esta parte de la persona; interesado por las cosas de la religión; sm canto religioso

espléndido, -a adj magnífico, excelente; generoso y da lo que tiene

esplendor m resplandor, brillo; fig dinero, lujo, belleza; situación en la que algo alcanza su punto más alto

espolvorear vt esparcir una sustancia en polvo

esponja f material elástico, ligero y con poros que absorbe los líquidos; zoo animal marino con el cuerpo lleno de poros

esponjoso, -a adj de un cuerpo blando, suave y ligero

espontáneo, -a adj de una conducta voluntaria; de una conducta natural, sencilla y sincera; de una planta que nace sin cultivo; de un fenómeno sin intervención exterior; s espectador que de pronto quiere actuar sin permiso

esporádico, -a adj fig que ocurre de vez en cuando o de forma aislada

esposar vt sujetar a un detenido con esposas

esposas f pl dos aros de metal unidos por una cadena

esposo, -a s s/o que es una persona con respecto a la otra con quien está casada

espuela f pieza de metal con una pequeña rueda para picar al caballo

espuma f conjunto de burbujas que se forman en la superficie de los líquidos; tela muy ligera que se ajusta al cuerpo; material elástico, ligero y blando

espumadera f utensilio de cocina con una pala pequeña y redonda con agujeros unida a un mango largo

espumillón m tira ligera con flecos, de colores muy vivos

esquela f tarjeta o anuncio que comunica la muerte de alguien

esquelético, -a adj muy delgado, flaco; del esqueleto o relativo a él

esqueleto m conjunto de los huesos y partes duras; fig armazón; **mover el ~** fam bailar

esquema m representación gráfica y simbólica; resumen de ideas fundamentales

esquí m tabla larga y estrecha que se sujeta al pie, deporte que se practica sobre la nieve; **~ acuático** el que se practica en el agua

esquiar vi deslizarse sobre la nieve o el agua con esquís

esquijama m especie de pijama de punto, ceñido al cuerpo y cerrado

esquilar vt cortar el pelo o la lana

esquimal adj/s de un pueblo que vive en las zonas árticas

esquina f parte exterior del ángulo que forman dos lados que se unen

esquivar vt evitar haciendo un movimiento rápido; evitar con habilidad hacer algo

estabilidad f cualidad de estable; lo que hace que un cuerpo se mantenga firme

estabilizar vt/pronl dar estabilidad; econ fijar de forma oficial el valor de la moneda

estable adj que no se tambalea, no se cae, no cambia o no desaparece

establecer vt fundar, crear algo u organizarlo; ordenar o fijar lo que debe hacerse; pronl fijar la residencia; abrir un establecimiento o empezar a ejercer una profesión

establecimiento m hecho de establecer o establecerse; local en el que se desarrolla una actividad

establo m lugar cubierto en que se encierra el ganado; fig fam lugar sucio

estaca f palo que termina en punta; palo grueso

estacazo m golpe dado con una estaca; golpe o choque violento

estación f cada período de tiempo en que se divide un año; temporada; edificio para el tren o autobús; conjunto de instalaciones y medios necesarios para una actividad

estacionamiento m hecho de colocar y dejar un vehículo; lugar señalado para aparcar vehículos

estacionar vt/pronl parar un vehículo y dejarlo por un cierto tiempo; pronl quedarse estable, sin cambios o pararse

estacionario, -a adj que permanece en el mismo estado o situación

estadio *m* recinto para competiciones deportivas; cada período de un proceso

estadístico, -a *adj* de la estadística o relativo a ella; *sf* ciencia basada en el cálculo de probabilidades; conjunto de datos tratados según esta ciencia

estado *m* situación, circunstancia o condición en la que se encuentra alguien o algo; *pol* conjunto de los órganos de gobierno de un país soberano; territorio y población de un país soberano; **en ~ embarazada**

estadounidense *adj/s* de los Estados Unidos de América

estafar *vt* obtener dinero u otros bienes con engaño; dar de una cosa menos de lo debido o cobrarla más cara de lo que es justo

estalactita *f* bloque en forma de cono con la punta hacia abajo

estalagmita *f* bloque en forma de cono con la punta hacia arriba

estallar *vi* romperse algo de golpe y con estruendo; hacer algo un ruido seco; *fig* manifestar de repente y con fuerza sentimientos intensos

estallido *m* hecho de estallar; ruido que produce este hecho; *fig* manifestación repentina y con fuerza de los sentimientos

estampa *f* imagen impresa; *rel* papel con una figura religiosa; *fig* aspecto exterior de una persona o animal

estampado, -a *adj* de la tela con diferentes figuras

estampilla *f* especie de sello con la firma o con un letrero; *am* sello de correos o fiscal

estancar *vt/pronl* detener el curso de un líquido; *vt* prohibir la venta libre de un producto, concediendo la exclusiva a alguien; *vt/pronl fig* detener el proceso de un asunto

estancia *f* permanencia un cierto tiempo en un lugar; habitación; *am* casa de campo con huerta o ganadería

estanco, -a *adj* de una cosa cerrada e incomunicada; *sm* prohibición de la venta libre de ciertos productos; tienda donde se venden productos estancados

estándar *adj* de lo que sigue un modelo, tipo y sirve de referencia normal; *sm* tipo, modelo, nivel

estanque *m* lugar artificial en el que se estanca el agua

estanquero, -a *s* persona que trabaja en un estanco

estante *m* tabla horizontal de un mueble o adosada a la pared para colocar cosas

estantería *f* mueble formado por estantes

estaño *m* metal de color blanco como la plata

estar *v cop/pronl* encontrarse de una manera; sentar una prenda de vestir; *vi* hallarse en un lugar, tiempo o situación; *pronl* quedarse en algún sitio; ~ **a la que salta** *fam* no querer perder ninguna oportunidad; ~ **de más** no tener una ocupación; sobrar; ~ **en todo** ocuparse de muchas cosas

estatal *adj* del Estado o relativo a él

estático, -a *adj* de la estática o relativo a ella; que permanece sin cambios; *fig* parado por admiración o asombro; *sf* parte de la mecánica que estudia las leyes del equilibrio

estatua *f* obra de escultura que representa una figura

estatura *f* altura de los pies a la cabeza; *fig* calidad, nivel

este *m* punto o lugar por donde sale el Sol

este, esta, esto *pron/adj* indica lo que está más cerca; **a todo esto** introduce un comentario ajeno a la conversación

estela *f* señal de espuma o agua removida que deja tras sí un barco u otro cuerpo; rastro en el aire; *fig* recuerdo o impresión

estelar *adj* de las estrellas o relativo a ellas; *fig* de

gran categoría o muy importante

estepa *f* llanura muy extensa y con poca vegetación

estera *f* tejido grueso de esparto para cubrir el suelo

estéreo *adj* del sonido grabado y reproducido por dos o más canales

estéril *adj* que no da fruto; que no puede tener descendencia; *med* que está libre de gérmenes; *fig* de una acción que no produce el efecto deseado

estético, -a *adj* de la estética o relativo a ella; que tiene un aspecto bello o bonito, artístico; *sf* aspecto externo teniendo en cuenta su belleza; parte de la filosofía que trata de lo bello

estiércol *m* excremento de un animal; sustancia para el abono de la tierra

estilo *m* manera propia de hacer algo; conjunto de características que distinguen una cosa de otra; **por el ~** parecido

estima *f* aprecio que se tiene hacia alguien o algo

estimable *adj* que destaca por sus cualidades

estimar *vt/pronl* reconocer el valor o la importancia; sentir estima; *vt* opinar; calcular el valor o la medida aproximada

estimulante *adj* que estimula; *adj/sm med* de la sustancia que estimula

estimular *vt* hacer que se produzca un aumento de una actividad; *vt/pronl fig* animar a hacer algo; *pronl* tomar una droga o estimulante

estímulo *m* hecho de estimular; agente de cualquier clase que provoca una reacción

estirar *vt/pronl* alargar un objeto tirando de sus extremos; *vt* poner liso algo extendiéndolo; *vt/pronl fig* hacer que algo dure más tiempo; *pronl* extender los miembros del cuerpo

estirón *m* hecho de estirar algo con fuerza; *fig* crecimiento rápido en altura de una persona

estofado *m gastr* guiso de carne a fuego lento

estómago *m med* órgano del aparato digestivo; *fam* capacidad para soportar cosas desagradables

estonio, -a *adj/s* de Estonia; *sm* lengua hablada en este país

estoque *m* espada afilada sólo en la punta

estor *m* cortina de una sola pieza que se recoge de forma vertical

estorbar *vt* poner obstáculos o dificultades; *vt/fig* molestar, incomodar

estornudar *vi* arrojar el aire de los pulmones por la nariz y la boca con violencia

estrafalario, -a *adj fam* que viste de forma extraña

estrangular *vt/pronl* ahogar oprimiendo el cuello; *fig* dificultar o impedir el paso; impedir un proyecto

estratagema *f mil* acción con astucia y habilidad; *fig* engaño hecho con astucia y habilidad

estrategia *f mil* técnica de dirigir las operaciones militares y plan de éstas; *fig* plan para conseguir un fin

estrechamiento *m* hecho de estrechar; parte en la que algo se estrecha

estrechar *vt/pronl* reducir la anchura; *fig* hacer más íntima una relación; apretar con los brazos o la mano; *pronl* juntarse o apretarse

estrechez *f* falta de anchura suficiente; *fig* apuro o falta de medios económicos

estrecho, -a *adj* que tiene menos anchura de la que necesita; que queda apretado; *fig* de una amistad íntima; *sm geo* extensión de agua entre dos costas próximas

estrella *f astr* cuerpo celeste que brilla con luz propia; cualquier objeto con esta forma; *fig* destino o suerte; persona que sobresale en

estudio

una actividad; **~ de mar** animal marino con el cuerpo plano y cinco brazos; *ver alguien las* **~s** *fig* sentir un dolor físico muy fuerte

estrellar *vt/pronl fam* arrojar con fuerza un objeto contra algo; *pronl* sufrir un choque violento

estremecer *vt/pronl* hacer temblar; *fig* producir una fuerte impresión

estrenar *vt* usar por primera vez; representar un espectáculo por primera vez; *pronl* empezar a ejercer una profesión

estreñir *vt med* dificultar la expulsión de los excrementos; *pronl* padecer esta dificultad

estrépito *m* ruido muy fuerte, estruendo

estrés *m* estado de tensión nerviosa

estribillo *m* frase o conjunto de frases que se repiten en una canción o poesía; palabra o frase que se repite de manera involuntaria

estribo *m* cada una de las dos piezas que cuelgan a los lados de la silla de montar; escalón de algunos vehículos; *perder los* **~s** *fig* perder la paciencia y no actuar de forma razonable

estribor *m* lado derecho de un barco mirando de popa a proa

estricto, -a *adj* que se ajusta de forma exacta a la ley o norma; que no admite excepciones

estrofa *f* cada parte de una poesía con una estructura común

estropajo *m* trozo de material áspero para fregar

estropear *vt/pronl* poner algo en malas condiciones; hacer fracasar

estructura *f* orden de las partes que componen un todo; conjunto de piezas que sirven de soporte a algo

estruendo *m* ruido muy grande; *fig* alboroto, jaleo

estrujar *vt* apretar algo con fuerza para sacar el jugo; *fig fam* sacar todo el provecho posible

estuche *m* caja para guardar y proteger algo

estudiante *s* persona que realiza estudios en un centro

estudiar *vt* utilizar la inteligencia para aprender; *vt/i* realizar estudios en un centro; *vt/pronl* aprender de memoria; *vt* pensar o examinar con atención un asunto

estudio *m* esfuerzo o trabajo con la mente para aprender; obra de un autor sobre un tema; habitación en la que trabaja un artista y algunos profesionales; conjunto de instalaciones para el rodaje de películas; apartamento pequeño; *pl* conjunto de materias para obtener un título

estufa *f* aparato que se usa para calentar un recinto

estupefaciente *adj/sm* de la sustancia que tranquiliza, produce sueño y cierta sensación de bienestar, cuyo consumo puede crear hábito

estupefacto, -a *adj fig* sorprendido o asombrado

estupendo, -a *adj* muy bueno; *estupendo adv* muy bien

estúpido, -a *adj/s* que le falta inteligencia; *desp* que no actúa con inteligencia

etapa *f* cada parte en que se divide un recorrido; *fase*

etcétera *m* expresión para sustituir el resto de una enumeración

eternidad *f* lo que no tiene principio ni fin; *rel* vida del alma después de la muerte; *fam* espacio de tiempo largo

eterno, -a *adj* que no tiene principio ni fin; que es válido siempre; *fam* que se repite con mucha frecuencia; que dura demasiado

ético, -a *adj* de la ética o relativo a ella; *sf* parte de la filosofía que trata del fundamento de las normas que regulan la conducta

etiqueta *f* trozo de material que se pega o sujeta a una cosa para identificarla; valoración que se hace sobre alguien; conjunto de reglas en un acto solemne; *de .. de* una prenda de vestir para ciertos actos

eucalipto *m* árbol de gran altura y rápido crecimiento

eucaristía *f rel* sacramento en el que se conmemora el sacrificio de Jesucristo

euforia *f* sensación de alegría intensa o bienestar

euro *m econ* futura moneda europea

europeo, -a *adj/s* de Europa

euskera *m* lengua vasca; *adj* relativo a esta lengua

eutanasia *f* fin a la vida de un enfermo incurable

evacuar *vt* desalojar de un lugar; *med* expulsar del cuerpo los excrementos

evadir *vt/pronl* evitar con habilidad una situación difícil; sacar de un país de forma ilegal dinero u otros bienes; *pronl* fugarse

evaluar *vt* calcular el valor de algo; estimar los conocimientos, aptitudes y actitudes de un alumno

evangelio *m rel* cada uno de los cuatro libros escritos por los evangelistas; *fig fam* verdad que no se discute

evangelista *m rel* cada uno de los discípulos de Jesucristo que escribieron los evangelios

evaporar *vt/pronl* convertir un líquido en vapor; *fig* desaparecer; *pronl fig* fugarse

eventual *adj* que no es fijo, que depende de las circunstancias

evidente *adj* cierto, claro y sin la menor duda

evitar *vt* impedir que ocurra algo; intentar no hacer algo; intentar no tener relación con alguien

evocar *vt fig* traer a la memoria o la imaginación

evolucionar *vi* desarrollarse de manera gradual

ex *prep* indica que ya no se es lo que significa la palabra

exacto, -a *adj* puntual, justo, fiel

exagerado, -a *adj* que traspasa los límites verdaderos, normales o razonables; *adj/s* de alguien que exagera

exagerar *vt/i* aumentar de tal forma la cantidad o importancia que se traspasan los límites

examen *m* prueba en la que alguien demuestra sus conocimientos o sus aptitudes para realizar algo; estudio o análisis

examinar *vt/pronl* comprobar los conocimientos o aptitudes en un examen; estudiar o analizar

excavar *vt* hacer un hoyo o cavidad

exceder *vt/i* superar; *vi* so-

brar; *pronl* superar el límite de lo lícito o razonable

excelente *adj* que destaca por sus buenas cualidades

excéntrico, -a *adj* que tiene un carácter raro o fuera de lo normal

excepción *f* hecho de exceptuar; lo que se aparta de la regla general; **de ~** extraordinario, excelente

excepcional *adj* que constituye una excepción; excelente

excepto *prep* a excepción de, sin tener en cuenta algo

exceptuar *vt/pronl* dejar fuera de la regla común o del grupo general

excesivo, -a *adj* que excede los límites

exceso *m* lo que excede una medida o regla; lo que excede el límite de lo lícito, necesario o conveniente

excitar *vt* producir actividad; *vt/pronl* poner muy nervioso

exclamación *f* palabra o frase que expresa una emoción; signo ortográfico para indicar esta emoción

exclamar *vi/t* decir algo con fuerza expresando con ello lo que se siente

excluir *vt* quitar del lugar que ocupaba o dejar fuera de un grupo; negar la posibilidad de algo; *pronl* no poder darse dos o más cosas a la vez

exclusivo, -a *adj* que excluye; único, solo o que no hay otro igual; *sf* privilegio o derecho por el que una persona o entidad puede realizar algo prohibido a los otros; noticia en un solo medio de información

excremento *m* residuos que elimina el cuerpo

excursión *f* viaje o recorrido corto para divertirse

excusa *f* explicación para disculparse; pretexto para hacer algo o no

exento, -a *adj* libre de algo

exhaustivo, -a *adj* que se hace por completo

exhausto, -a *adj* agotado o falto de lo que tenía; muy cansado, agotado

exhibir *vt/pronl* mostrar en público; *pronl* dejarse ver en público para llamar la atención

exigente *adj/s* que exige mucho

exigir *vt* pedir algún algo a lo que tiene derecho; pedir con energía algo necesario; *fig* necesitar; *vi* mostrarse muy exigente

exiliar *vt* expulsar a alguien de su país; *pronl* abandonar alguien su país

existencia *f* hecho de existir; vida humana; *pl* productos almacenados

existir *vi* tener alguien o algo

un ser real y verdadero; tener vida; haber, estar

éxito *m* resultado muy bueno; buena acogida; lo que ha tenido muy buena aceptación

exótico, -a *adj* de un país extranjero; raro, extraño

expectación *f* interés o curiosidad grande

expectativa *f* esperanza o posibilidad; *a la ~* sin actuar hasta ver qué sucede

expedición *f* viaje con un fin determinado; conjunto de personas que hace el viaje

expediente *m* conjunto de documentos; historia profesional o de estudios; investigación administrativa; *cubrir el ~ fam* hacer sólo el mínimo necesario

experiencia *f* lo que se aprende con la práctica; hecho de vivir algo por sí mismo

experimentar *vt/i* realizar experimentos; notar una sensación o tener una experiencia

experimento *m* método de investigación para descubrir o comprobar algo

experto, -a *adj/s* hábil o con mucha experiencia; *s* persona con experiencia

expirar *vi* acabar la vida, morir; *fig* acabar un período de tiempo

explanada f espacio de terreno llano

explicación f exposición de algo de forma clara; razón que se da como disculpa

explicar vt exponer algo para que se comprenda mejor; vt/pronl justificar lo que se ha hecho; pronl llegar a comprender la razón de algo; hacerse entender

explorar vt recorrer un terreno para conocerlo; estudiar algo para conocer su situación

explosión f hecho de romperse un recipiente por la presión interior del contenido; ruido que produce; liberación violenta de gran cantidad de energía; fig manifestación repentina y violenta de algo

explosionar vi hacer explosión, explotar; vt provocar una explosión

explosivo, -a adj que puede hacer explosión o producirla; fig de la manifestación violenta y repentina de un estado de ánimo; que puede tener importantes consecuencias; adj/sm quím de la sustancia para producir una explosión

explotación f conjunto de terrenos e instalaciones destinado a explotar un negocio; fig abuso del trabajo de alguien para obtener beneficios

explotar vt aprovechar algo poniendo los medios necesarios para obtener beneficios; fig abusar del trabajo de alguien; aprovechar cualquier circunstancia en beneficio propio; vi hacer explosión, explosionar; fig manifestar de forma violenta un estado de ánimo

exponer vt/i presentar algo para que sea visto; vt explicar algo para darlo a conocer; vt/pronl colocar algo para que reciba la acción de un agente; arriesgar

exportación f econ venta de un producto a un país extranjero; conjunto de productos exportados

exportar vt econ vender a un país extranjero

exposición f presentación de algo al público; conjunto de los objetos expuestos; explicación de un tema

exprés adj rápido; de un servicio que hace algo de forma rápida; adj/sm del café; de algunos trenes, expreso

expresar vt/pronl dar a entender algo por palabras, miradas; vt tener algo un significado

expresión f declaración de lo que se quiere dar a entender; gesto que expresa algo;

expresivo

forma de expresar algo en el arte

expresivo, -a *adj* que muestra de manera viva lo que siente o piensa; de una obra que expresa con fuerza los sentimientos de su autor

expreso, -a *adj* que está expresado de forma clara; *adj/sm* del tren que sólo para en las estaciones más importantes

exprimidor *m* instrumento para sacar el zumo

exprimir *vt* sacar el líquido de una cosa apretándola; *fig* sacar todo lo que se pueda de algo o de alguien

expropiar *vt* quitar a alguien parte de su propiedad de forma legal

expuesto, -a *adj* arriesgado o peligroso; que se ha presentado o dado a conocer

expulsar *vt* hacer salir de un lugar o del interior

expulsión *f* salida obligatoria de alguien de un lugar; salida de algo del interior de otra cosa

exquisito, -a *adj* de extraordinaria calidad o gusto

extender *vt/pronl* hacer que algo aumente su superficie; esparcir; estirar; *vt* untar o repartir algo espeso sobre una superficie; *vt/pronl* divulgar; *pronl* ocupar cierto espacio; durar cierto tiempo

extensión *f* capacidad de los cuerpos para aumentar el espacio ocupado; espacio ocupado; duración en el tiempo; cada línea telefónica conectada a una centralita

extenso, -a *adj* muy grande o con mucha extensión

exterior *adj* que está en la parte de fuera; *adj/sm* que da a la calle; relativo a otros países; *sm* parte de fuera de una cosa; *sm pl* escenarios al aire libre

exterminar *vt fig* acabar con los seres vivos de una especie

externo, -a *adj* que obra o se desarrolla por fuera; *adj/s* que no reside en el lugar de estudio o trabajo

extinguir *vt/pronl* hacer que cese poco a poco el fuego o la luz; *fig* desaparecer seres vivos o cosas poco a poco

extintor *m* aparato para extinguir incendios

extra *adj* de calidad mayor que la normal; *adj/sm* que se añade o se da de más; *s* persona en una película o en el teatro sin un papel importante; *sf fam* paga extraordinaria

extracto *m* resumen breve de un escrito o documento; producto concentrado

extractor, -a *adj/sm* que sirve para extraer

extraer *vt* sacar algo que está dentro de un sitio; obtener una sustancia de un fruto; sacar como conclusión

extranjero, -a *adj/s* que es de otro país; *sm* país distinto del propio

extranjis *exp fam de ~* de manera oculta o en secreto

extrañar *vt/pronl* producir sorpresa o resultar extraño; *vt* notar la falta de alguien o algo; echar de menos lo que es habitual

extraño, -a *adj* distinto de lo habitual, raro; de una naturaleza o condición distinta; *adj/s* de un país, familia distintos al propio; de alguien desconocido; *sm* movimiento brusco e inesperado

extraordinario, -a *adj* que está fuera de lo normal; mayor o mejor que lo normal; *adj/sm* que se añade a lo normal; *sm* número especial de una publicación; *sf* paga que se añade al sueldo

extraterrestre *adj* de lo que está o viene de fuera de la Tierra; *adj/s* de un ser que no es de la Tierra

extravagante *adj/s* fuera de lo común, raro o extraño

extraviar *vt/pronl* hacer perder el camino o no encontrarlo; poner algo en un sitio no habitual y después no poder encontrarlo

extremaunción *f rel* sacramento que se administra a quien está en peligro de muerte

extremeño, -a *adj/s* de la comunidad autónoma de Extremadura

extremidad *f* parte extrema; cada brazo y pierna; apéndice del cuerpo de un animal

extremo, -a *adj* del grado más grande, intenso o activo; muy alejado del centro; excesivo o exagerado; *sm* parte que está al principio o al final de algo; límite al que puede llegar algo; *dep* cada delantero que juega por la banda; *en último extremo* si no hay otra solución

eyacular *vt* expulsar de manera rápida y fuerte el contenido de un órgano

F

fabada f gastr guiso de judías con chorizo, morcilla y otros ingredientes

fábrica f lugar donde se fabrican productos de la misma clase con maquinaria

fabricación f producción o elaboración; construcción de un aparato

fabricante s persona que se dedica a la fabricación

fabricar vt elaborar determinados productos en serie y con maquinaria; hacer un objeto a mano

fábula f composición literaria de la que se extrae una moraleja; relato sin fundamento; de ~ fam muy bien o muy bueno

fabuloso, -a adj inventado o imaginario; que gusta mucho

facción f bando en una guerra o discusión; grupo de rebeldes; pol grupo dentro de un partido; pl conjunto de rasgos de la cara

faceta f cada aspecto de la personalidad o de un asunto

facha f aspecto exterior; persona o cosa fea; am vanidad; adj/s fam de extrema derecha

fachada f parte exterior de los muros de un edificio; fam apariencia externa

facial adj del rostro o relacionado con él

fácil adj que requiere poco trabajo; posible que ocurra

facilidad f cualidad de fácil; aptitud para hacer algo; inclinación hacia algo; pl econ condiciones que hacen más fácil un pago

facilitar vt hacer que algo sea más fácil o posible; am juzgar algo más fácil de lo que es

factor m cada uno de los elementos que contribuyen a un resultado; cada uno de los elementos de un conjunto; mat cada cantidad de una multiplicación

factoría f fábrica

factura f econ escrito justificante de un pago

facturar vt econ extender una factura; entregar un paquete para que se lleve a un destino

facultad f aptitud o capacidad; poder o autoridad; cada una de las grandes secciones de los estudios universitarios; edificio de estas secciones

facultar vt dar a alguien autorización o poder

facultativo, -a adj que tiene relación con una facultad

universitaria; se dice de las indicaciones del médico; *s* médico

fado *m* mús canción popular portuguesa

faena *f* actividad que hay que realizar; mala acción contra alguien; *toros* conjunto de pases con la muleta

fagot *m* mús instrumento de viento parecido al oboe

faisán *m* zoo ave del tamaño de un gallo con alas cortas y cola larga

faja *f* tira larga y estrecha para rodear algo; prenda de ropa que rodea la cintura

fajo *m* conjunto de cosas largas y delgadas puestas unas sobre otras y atadas

falda *f* prenda de vestir que cae desde la cintura; tela que cubre una mesa y cae casi hasta el suelo; *fig* parte baja de una montaña

faldero, -a *adj* que se refiere a la falda; mimado; *fam* muy aficionado a las mujeres

faldón *m* parte baja de algunas prendas de vestir que cae suelta desde la cintura

falla *f* defecto de algo; fractura de una roca; *am* fallo; figura de cartón piedra en Valencia; *pl* fiestas valencianas de estas fechas

fallar *vi/t* hacer algo mal o no acertar; *vi* no funcionar; perder fuerza o resistencia; *vt jur* decidir un tribunal

fallecer *vi* morir una persona

fallecimiento *m* muerte

fallo *m* lo que produce un resultado malo o no esperado; *jur* decisión de un tribunal

falsedad *f* lo que no es verdad o auténtico

falsificación *f* copia de algo con intención de que parezca verdadera o auténtica

falsificar *vt* copiar algo haciéndolo pasar por verdadero o auténtico

falso, -a *adj* que no es verdadero o auténtico; *adj/s* persona que no es sincera; *fig* débil y poco resistente

faltar *vi* no haber algo o lo suficiente; quedar tiempo; no ir a un sitio; quedar algo sin hacer; ofender o actuar contra una norma o ley; no cumplir la palabra o promesa; *no faltaba más* significa por supuesto y como expresión de rechazo considera absurdo algo

falto, -a *adj* que carece de algo o no tiene lo necesario; *sf* ausencia de algo o existencia en poca cantidad; ausencia de alguien; error o equivocación; defecto; acción contra una norma o ley; *echar en falta* echar de menos; *sin falta* de manera puntual o segura

fama *f* hecho de ser muy conocido; opinión que los demás tienen de alguien o algo

familia f grupo formado por los padres y sus hijos; conjunto de personas unidas por un lazo de parentesco; conjunto de hijos

familiar adj de la familia o relacionado con ella; que no es extraño; sencillo, natural; sm persona que pertenece a la misma familia

familiaridad f trato sencillo y natural

famoso, -a adj/s que tiene fama; fam que es conocido

fan s admirador entusiasta y seguidor de alguien o algo

fanático, -a adj/s defensor de una idea como la única verdadera; muy aficionado

fandango m mús danza popular española

fanfarr|ón, _ona adj/s fam que presume de lo que no es

fango m barro en el fondo de donde hay agua

fantasía f capacidad para imaginar e inventar; lo que se crea con dicha capacidad; mús composición instrumental

fantasma m ser creado por la imaginación o los sueños; s/adj fam que presume de algo que no es cierto; adj abandonado, deshabitado

fantástico, -a adj que es producto de la fantasía y no real; muy bueno, estupendo

fantoche m marioneta, títere; fig persona de aspecto ridículo; s/adj persona presumida, fanfarrón

faquir m rel persona que en la India lleva una vida sacrificada; artista que realiza ejercicios difíciles de soportar por el cuerpo

faraón m soberano del antiguo Egipto

fardar vi fam presumir

farmacéutico, -a adj de la farmacia o relacionado con ella; s persona que prepara y vende medicinas

farmacia f establecimiento donde se venden medicamentos; ciencia sobre la preparación de medicamentos y los componentes de éstos

faro m torre alta en las costas con una luz; luz potente delantera de los vehículos

farol m caja transparente o de cristal con una luz dentro; fam dicho incierto o exagerado

farola f farol grande colgado en alto o sobre un poste

farolero, -a adj fam presumido, fanfarrón

farolillo m farol hecho con papeles de colores

farsa f tea obra de carácter cómico; fig montaje de mentiras o engaños

farsante adj/s que dice mentiras o engaña

fascículo m cada cuadernillo o parte de un libro que se vende periódicamente

fascinante *adj* que atrae y gusta mucho

fascismo *m* movimiento político y social autoritario y nacionalista; doctrina de este movimiento

fase *f* cada período de tiempo en el desarrollo de algo; *astr* cada forma en que se deja ver la Luna y otros planetas; *fís* cada una de las corrientes alternas en electricidad

fastidiar *vt/pronl* causar molestia o disgusto; *pronl* aguantarse

fastidio *m* molestia, disgusto; cansancio, aburrimiento

fatal *adj* perjudicial; inevitable; *adv* muy mal

fatiga *f* cansancio; dificultad al respirar; *pl* sufrimientos

fatigar *vt/pronl* hacer que falte la fuerza o dificulte la respiración

fauces *f pl* parte posterior de la boca

fauna *f* conjunto de los animales de una zona

favor *m* ayuda a alguien; apoyo que una persona recibe de otra; *a ~ de* de acuerdo con; *por ~* se emplea para pedir algo de forma educada

favorable *adj* que beneficia; que está de acuerdo

favorecer *vt* ayudar, beneficiar; *vt/i* sentar bien

favorito, -a *adj/s* preferido; probable ganador

fax *m* sistema para enviar mensajes escritos; aparato con este sistema; texto con el mensaje escrito

faz *f* parte delantera de la cabeza, cara, rostro

fe *f* *rel* creencia en Dios; creencia en una doctrina religiosa o ideología; confianza; documento en que se acredita la verdad de algo; **buena** o **mala ~** buena o mala intención

fealdad *f* cualidad de feo

febrero *m* segundo mes del año

febril *adj* que se refiere a la fiebre; que tiene fiebre; *fig* muy vivo o intenso

fecha *f* día, mes y año en que ocurre algo

fechoría *f* mala acción, delito; travesura

fecundación *f* unión de una célula masculina y otra femenina

fecundar *vt* unir una célula masculina y otra femenina; hacer productivo algo

fecundidad *f* capacidad para producir un nuevo ser o frutos

fecundo, -a *adj* que puede producir un nuevo ser; que da frutos; que produce mucho

federación *f* *pol* unión de Estados autónomos bajo

una autoridad central; unión de grupos, asociaciones o países con cierta autonomía propia; *dep* organismo que regula un deporte

felicidad f estado de satisfacción, **~es** pl se usa para felicitar

felicitación f deseo de que alguien sea feliz; manifestación de alegría hecha a otro por algo bueno que le ha ocurrido

felicitar vt desear a alguien que sea feliz; vt/pronl manifestar a alguien nuestra alegría por algo beneficioso para él

felino, -a adj/s del gato y de los otros animales

feliz adj que tiene felicidad; que produce felicidad; de una idea acertada

felpudo m estera o alfombra pequeña

femenino, -a adj de la mujer o relacionado con ella; de un animal, de una planta con órganos para ser fecundados; adj/sm gram del género que tienen ciertas palabras en una lengua

feminismo m doctrina que defiende la igualdad entre el hombre y la mujer

feminista adj/s que defiende la igualdad entre el hombre y la mujer

fenomenal adj fam muy bueno, grande; adv muy bien

fenómeno m cualquier manifestación de algo que sucede; cosa extraordinaria y sorprendente; fam persona con capacidades extraordinarias; adj/adv fam fenomenal

feo, -a adj que carece de belleza; que desagrada o molesta; deshonroso; sm fam desprecio

féretro m ataúd

feria f fiesta con atracciones para el público; econ exposición o mercado

fermentar vi/t quím transformarse una sustancia orgánica durante un proceso

fermento m sustancia orgánica que hace fermentar

feroz adj de un animal que devora a otros; fam mucho o muy grande

férreo, -a adj del hierro o relativo a él; fig fuerte, duro; del ferrocarril o relativo a él

ferretería f establecimiento en el que se venden objetos de metal

ferrocarril m tren; empresa de transporte por tren; vía de dos raíles de hierro

ferroviario, -a adj del ferrocarril o relacionado con este transporte; s empleado del ferrocarril

ferry m buque para el transporte de pasajeros

fértil adj que produce fruto; que puede reproducirse

fiel

fertilidad *f* capacidad para dar frutos o tener descendencia

fertilizante *adj/sm* sustancia con que se abona la tierra

festejar *vt* organizar una fiesta para celebrar algo

festejo *m* fiesta; cada acto público en las fiestas populares

festín *m* banquete que se acompaña con música, baile

festival *m* conjunto de actuaciones o exhibiciones dedicadas a un tema

festividad *f* fiesta solemne y oficial con que se celebra algo

festivo, -a *adj* de fiesta; alegre y divertido; *adj/sm* día no laborable

fetiche *m* ídolo u objeto al que se adora; objeto considerado con poderes mágicos y que trae buena suerte

feto *m med* embrión que está en el vientre de la madre; embrión después de un aborto; *fam* persona muy fea

fiambre *adj/sm* alimento que se come frío

fiambrera *f* recipiente para llevar comida

fianza *f* obligación que se contrae para el cumplimiento de algo; dinero u otra cosa como garantía de algo

fiar *vt econ* vender sin cobrar en el momento de la compra; *pronl ~se de* confiar en

fibra *f med* elemento largo y delgado del organismo; hilo obtenido de forma artificial

ficción *f* historia inventada

ficha *f* pieza pequeña con diversas funciones; papel o cartulina donde se anotan datos; cantidad anual además del sueldo

fichaje *m* hecho de contratar a alguien; cantidad de dinero según el contrato; persona contratada o fichada

fichar *vt* anotar en una ficha; *vt/i* contratar a alguien; *fam* conocer bien los defectos de alguien; *vi* introducir una tarjeta en una máquina

fichero *m* conjunto de fichas ordenadas; lugar donde se guardan estas fichas; *inform* conjunto de datos almacenados bajo un nombre

ficticio, -a *adj* que no es real, inventado

fidelidad *f* cualidad de quien cumple su palabra o no engaña ni traiciona; cualidad de un animal que no abandona a su amo; exactitud en la reproducción

fideo *m gastr* pasta en forma de hilos; *fam* persona muy delgada

fiebre *f med* aumento de la temperatura del cuerpo

fiel *adj* que cumple su palabra y no engaña; de un animal que no abandona a su amo; que la copia se parece

fiero 208

mucho al original; *s* miembro de una iglesia

fiero, -a *adj* de un animal salvaje que ataca a los otros; *fig* cruel, violento; *sf* animal salvaje; *fam* persona agresiva; persona muy buena en una actividad

fiesta *f* reunión de personas para divertirse o celebrar algo; día no laborable; día en que se celebra algo

figura *f* forma exterior de un cuerpo; estatua o dibujo; persona notable o famosa

figurar *vt* representar; aparentar o fingir; *vi* estar presente en algún sitio; *pronl* creer

fijar *vt/pronl* asegurar o sujetar; decidir algo de forma definitiva; *vt* centrar la mirada o la atención; *pronl* darse cuenta o prestar atención

fijo, -a *adj* que está sujeto; que no varía; *adv* sin duda

fila *f* conjunto de personas o cosas colocadas en línea; *pl mil* servicio militar; **~ india** la formada por varias personas una detrás de otra

filantropía *f* amor al género humano

filatelia *f* conjunto de conocimientos sobre los sellos de correos; afición a coleccionarlos

filete *m gastr* loncha de carne o pescado

filiación *f* señas personales; procedencia de los hijos; pertenencia a una doctrina o partido

filial *adj* del hijo o relativo a él; *adj/s econ* empresa que depende de otro

filipino, -a *adj/s* de Filipinas

film *m* película de cine, filme

filmar *vt/i* gabrar imágenes en película

filme *m* película cinematográfica

filmina *f* fotografía pequeña y transparente, diapositiva

filo *m* borde afilado

filología *f* ciencia que estudia una lengua

filosofía *f* ciencia que reflexiona sobre el sentido último de los seres y las cosas; conjunto de opiniones; *fig* tranquilidad, serenidad

filtrar *vt* hacer pasar una sustancia por un filtro; *vt/pronl fig* dar a conocer noticias secretas

filtro *m* material con poros por el que se hace pasar un fluido; material que impide el paso de ciertos rayos de luz

fin *m* parte o momento en que termina algo; motivo por el que se hace algo; **a ~ de cuentas** en resumen; **al ~ y al cabo** sin embargo

final *adj* que termina algo; *gram* que expresa finalidad;

sm fin; *sf* fase última de una competición

finalidad *f* fin al que tiende una acción

finalista *adj/s* que participa en la fase final

finalizar *vt/i* concluir o terminar algo

financiar *vt* dar dinero para crear y desarrollar un negocio u otra cosa

finanzas *f pl* econ conjunto de actividades económicas; hacienda pública

finca *f* propiedad rural o urbana de un terreno o edificio

fingir *vt* presentar como real o cierto algo que no lo es

finland|és, ~esa *adj/s* de Finlandia; *sm* lengua de este país

fino, -a *adj* delgado; de calidad; de una persona educada; agudo; hábil; *adj/sm* de un vino de jerez seco

finolis *adj/s fam* que presume de ser muy fino o educado

finta *f dep* movimiento rápido y ágil

finura *f* cualidad de fino

firma *f* nombre y apellidos de alguien cuando los escribe él mismo; econ nombre legal de una empresa

firmamento *m* espacio celeste donde se sitúan los astros

firmar *vt/i* escribir alguien su firma

firme *adj* que está bien suje-

to; *fig* que no duda o no se desanima; *sm* suelo de una calle

firmeza *f* hecho de que algo se mantenga firme y seguro

fiscal *adj* econ de la Hacienda Pública o relativo a ella; *jur* del oficio de fiscal o relativo a él; *s* jur abogado que realiza la acusación

fisgar *vt/i* indagar de forma indiscreta

fisgonear *vt/i* fisgar

físico, -a *adj* de la física o relativo a ella; material; corporal; *s* persona que se dedica al estudio de la física; *sm* aspecto exterior de alguien; *sf* ciencia que estudia la materia, sus propiedades

fisiología *f* ciencia que estudia las funciones y las partes del cuerpo

fisión *f* fís división del núcleo de un átomo

fisonomía *f* aspecto particular del rostro

flaco, -a *adj* de pocas carnes; *fig* débil, escaso

flamante *adj* de aspecto resplandeciente; nuevo

flamenco, -a *adj/s* de la región de Flandes; de los cantes y bailes gitanos de Andalucía; *adj/sm* insolente; *sm* zoo ave zancuda con las plumas rosadas

flan *m* gastr dulce de huevo, leche; **estar hecho un ~** *fam* estar muy nervioso

flas o **flash** m dispositivo que emite un destello breve e intenso; *fig* breve información

flauta f *mús* instrumento de viento en forma de tubo

flautista s persona que toca la flauta

flecha f arma para el arco; indicador de dirección con esta forma

flechazo m acción de disparar la flecha; *fig fam* amor que nace de repente

fleco m adorno formado por hilos que cuelgan; borde deshilachado

flema f líquido espeso de las vías respiratorias; *fig* calma

flemón m inflamación en las encías

flequillo m porción de cabello que cae sobre la frente

flexible adj que puede doblarse; *fig* que puede acomodarse a una nueva situación

flexión f movimiento en que se dobla el cuerpo o algún miembro de él

flexo m lámpara de mesa con brazo flexible

flipar vi *fam* entusiasmar; *pronl* drogarse

flirteo m juego amoroso que no supone compromiso

flojo, -a adj poco apretado; que tiene poca fuerza; escaso

flor f parte de la planta donde están los órganos para la reproducción con hojas de vivos colores

flora f conjunto de plantas de un país o región

florecer vi echar flores; *fig* prosperar

florero m recipiente para poner flores

florido, -a adj que tiene flores; *fig* del lenguaje o estilo con mucho adorno

florista s persona que vende flores y plantas

floristería f tienda donde se venden flores y plantas

flota f conjunto de barcos, aviones u otros vehículos

flotador, -a adj que flota; sm cuerpo ligero que flota en un líquido

flotar vi sostenerse un cuerpo en la superficie de un líquido; mantenerse algo en el aire; *fig* notarse algo en el ambiente

fluir vi correr un líquido o gas

flujo m hecho de fluir; movimiento de ascenso de la marea

flúor m *quím* gas de color amarillo verdoso

fluorescente adj del gas capaz de reflejar la luz; adj / sm que emite luz con ese gas

fluvial adj de los ríos o relativo a ellos

foca f *zoo* mamífero adaptado a la vida acuática que habita en zonas frías

foco *m* lámpara de luz muy potente; *fig* punto desde donde se propaga algo

fofo, -a *adj* blando y poco consistente

fogata *f* fuego que levanta grandes llamas

foie-gras *m gastr* pasta de hígado animal

fogoso, -a *adj* ardiente, impetuoso

folclore *m* conjunto de tradiciones de un pueblo

folio *m* hoja grande de papel

follaje *m* conjunto de hojas y ramas

folleto *m* obra impresa de escasa extensión

follón *m* situación en la que se grita y riñe; conjunto de cosas desordenadas o complicadas

fomentar *vt* aumentar la actividad o intensidad de algo

fonda *f* lugar donde se da hospedaje

fondo *m* parte inferior de algo hueco; distancia desde la superficie hasta el lado contrario; parte opuesta a la entrada; *fig* lo más importante de algo; *pl* dinero; *dep* resistencia física

fonético, -a *adj* relativo a los sonidos del lenguaje; *sf* estudio sobre los sonidos de una lengua

fontanero, -a *s* persona cuyo oficio es instalar cañerías

forajido, -a *adj/s* de la persona que huye de la justicia

forastero, -a *adj/s* que es o viene de otro lugar

forcejear *vi* hacer esfuerzos para vencer una resistencia

forense *adj/s* del médico o de la medicina que tiene relación con las leyes

forestal *adj* relativo a los bosques

forjar *vt* trabajar el metal; *fig* inventar o imaginar

forma *f* figura exterior de algo; manera de hacer algo; estado físico o mental; *rel* hostia; *pl* manera de comportarse en sociedad

formación *f* hecho de dar forma; conjunto de conocimientos que posee una persona; conjunto de personas colocadas en fila

formal *adj* perteneciente a la forma; se comporta de manera correcta

formalidad *f* comportamiento correcto; requisito

formar *vt* dar forma; *vt/pronl* crear o construir; preparar para una actividad; colocar en filas

formidable *adj* asombroso; muy grande; *fam* magnífico

fórmula *f* expresión formada por números, letras y símbolos; modo de resolver algo; receta para preparar una medicina; *dep* categoría en las carreras de coches

formular vt expresar con términos claros y precisos

formulario, -a adj que se hace por costumbre; sm impreso para rellenar con ciertos datos

forofo, -a s/adj fam seguidor apasionado

forraje m pasto para el ganado

forrar vt recubrir algo con papel, tela o plástico; pronl fam ganar mucho dinero

forro m material con el que se cubre algo

fortalecer vt/pronl dar más fuerza

fortaleza f fuerza para realizar trabajos o superar dificultades; edificio para protegerse de un ataque

fortuito, -a adj que ocurre de forma casual

fortuna f conjunto de bienes y dinero; fuerza que determina el acontecer; suerte

forzar vt hacer fuerza sobre algo; obligar a alguien a hacer algo; abusar sexualmente

forzoso, -a adj obligatorio, necesario

forzudo, -a adj/s que tiene mucha fuerza física

fosa f hoyo para enterrar a los muertos; cavidad del organismo; geo zona hundida

fosforescente adj que brilla en la oscuridad

fósforo m quím elemento fosforescente; cerilla

fósil adj/m de los restos de animales o plantas que vivieron en épocas remotas

foso m hoyo grande, alargado y estrecho; tea espacio bajo el escenario

foto f fam fotografía

fotocopia f copia instantánea sobre papel

fotocopiar vt reproducir un escrito mediante fotocopia

fotografía f técnica para obtener imágenes con una cámara; imagen reproducida

fotografiar vt hacer fotografías

fotógrafo, -a s persona cuyo oficio es hacer fotografías

fotosíntesis f transformación de la luz en energía bioquímica por las hojas

frac m chaqueta masculina que termina en dos picos

fracasar vi fig no tener éxito

fracaso m fig resultado adverso de un plan o proyecto

fracción f parte separada de un todo

fractura f rotura

fracturar vt/pronl romper algo duro, como un hueso

fragancia f olor suave y agradable

fragata f mil buque de guerra

frágil adj que se estropea con facilidad; fig de la persona con carácter débil

fragilidad f facilidad para romperse; debilidad

fragmento *m* cada parte que se rompe o divide

fraile *m* rel miembro de ciertas órdenes religiosas

frambuesa *f* fruta de color rojo; sabor agridulce

francés, ~esa *adj/s* natural de Francia; *sm* lengua oficial de Francia

franco, -a *adj* que habla de forma sincera; que no tiene obstáculos; *econ* que no tiene impuestos; *sm* moneda de Francia y otros países

franja *f* banda, tira o superficie alargada

franqueza *f* fig claridad y sinceridad al hablar

frasco *m* recipiente de cristal pequeño

frase *f* conjunto de palabras con sentido completo

fraternal *adj* propio de hermanos

fraternidad *f* relación de afecto entre hermanos

fraude *m* engaño; acción que viola una ley para beneficiarse

fray *m* fraile

frecuencia *f* constancia en la repetición de un hecho; ~ **modulada** clase de ondas sonoras

frecuentar *vt* ir con frecuencia a un sitio

frecuente *adj* que se repite a menudo; habitual o común

fregadero *m* pila de fregar

fregar *vt* restregar con estropajo o bayeta empapados en agua y jabón; *vt/pronl* restregar una cosa con otra; *am fam* molestar, fastidiar

fregona *f* utensilio de limpieza para fregar el suelo

freidora *f* electrodoméstico para freír alimentos

freír *vt* gastr cocinar en aceite o grasa hirviendo; *pronl* fig pasar mucho calor

frenar *vt/i* reducir o detener la marcha de un vehículo; *vt/pronl* disminuir o impedir el desarrollo de algo

frenazo *m* hecho de frenar de forma brusca

freno *m* dispositivo para frenar; fig obstáculo

frente *f* parte de la cara entre las cejas y el pelo; *m* parte delantera; *mil* zona de combate en una guerra

fresa *f* fruto de color rojo; herramienta para labrar el metal

frescales *s fam* persona atrevida y descarada

fresco, -a *adj* moderadamente frío; de un alimento recién hecho; de una noticia reciente; de alguien que no está cansado; *adj/s* fig fam descarado; *sm* tiempo frío; pintura sobre paredes y techos; *sf* tiempo agradable en los días de calor

frescura *f* cualidad de fresco; fig falta de respeto

fresno *m bot* árbol que crece en zonas húmedas

fresón *m* fresa de tamaño grande

fresquilla *f* especie de melocotón

frialdad *f* sensación provocada por la falta de calor; *fig* falta de afecto en el trato con los otros; indiferencia

fricción *f* roce de dos cuerpos; *fig* enfrentamiento

friegaplatos *m* electrodoméstico para lavar la vajilla

frigorífico, -a *adj* que produce el frío; *sm* electrodoméstico que mantiene frescos los alimentos

frío, -a *adj* de temperatura baja; *fig* poco afectuoso o indiferente; *sm* temperatura baja; sensación provocada por una temperatura baja

friolero, -a *adj/s* muy sensible al frío

frito, -a *adj* cocinado en aceite o grasa; **quedarse frito** *fam* quedarse dormido

frívolo, -a *adj/s* que toma las cosas de forma superficial; *adj* del espectáculo o publicación con tema ligero y sensual

frondoso, -a *adj* con abundancia de hojas y ramas

frontal *adj* de la frente; de la parte delantera

frontera *f* límite que separa un Estado de otro; *fig* límite

frontón *m dep* juego de pelota contra una pared; *arq* remate triangular de una fachada

frotar *vt/pronl* pasar muchas veces una cosa sobre otra

fructífero, -a *adj* que da frutos; *fig* útil o provechoso

frustrar *vt/pronl* hacer que algo fracase; privar a alguien de algo que espera

fruta *f* fruto comestible

frutal *adj* de un árbol que da fruta

frutería *f* establecimiento donde se vende fruta

frutero, -a *s* persona que vende fruta; *m* recipiente donde se pone la fruta

fruto *m bot* parte de la planta que contiene las semillas; producto de las plantas y de la tierra; *fig* beneficio

fucsia *adj/sm* de color rosa fuerte

fuego *m* calor, luz y llama de algo que arde; incendio; cada punto de calor donde se cocina; disparo; *fig* entusiasmo; **~s artificiales** material que luce en el cielo

fuelle *m* instrumento para avivar el fuego; *mús* bolsa que se vacía y llena de aire

fuente *f* manantial de agua; construcción decorativa por donde sale agua; *fig* origen

fuera *adv* en o hacia el exterior; que no cae dentro de unos límites; *interj* expresa rechazo o expulsión; **~ de** excepto; **~ de serie** *fam* muy bueno

fuerte *adj* que tiene mucha fuerza; que tiene ánimo; bien sujeto; *sm* fortaleza; *fig* actividad en la que alguien destaca; *adv* mucho o con intensidad

fuerza *f* impulso para que algo se mueva, pare; vitalidad y energía; violencia; intensidad; autoridad o poder; **~s armadas** ejército de un país

fuga *f* hecho de huir; pérdida de líquido o gas

fugarse *pronl* huir alguien de un lugar

fugaz *adj* que dura muy poco; que pasa rápidamente

fugitivo, -a *adj/s* que huye o se esconde

fulano, -a *s* persona imaginaria o de quien se calla el nombre; *sf* prostituta

fular *m* pañuelo para el cuello de tela muy fina

fulgor *m* resplandor, brillo

fulminante *adj* que sucede rápido con efecto inmediato

fulminar *vt* destruir o matar en un instante; *fig* impresionar a alguien con la mirada

fumador, ~a *adj/s* que fuma de forma habitual

fumar *vt/i* aspirar y despedir el humo del tabaco

fumigar *vt* desinfectar con humo o gases

función *f* actividad que corresponde a alguien; uso para lo que sirve algo; cada representación teatral

funcionamiento *m* actividad por la que alguien o algo cumple su función

funcionar *vi* realizar la función que corresponde

funcionario, -a *s* persona que trabaja en la administración del Estado

funda *f* cubierta con que se tapa algo para protegerlo

fundación *f* creación de una institución, empresa; organización cultural, benéfica

fundamental *adj* lo principal y más importante

fundamento *m* principio o base de algo; razón que apoya un argumento

fundar *vt* crear una fundación; apoyar una afirmación

fundición *f* proceso por el cual se funden los metales; fábrica donde se funden

fundir *vt/i/pronl* convertir un sólido en líquido; unir dos o más cosas en una; *fam* gastar rápidamente el dinero; *pronl* estropearse un aparato o eléctrico

fúnebre *adj* de los difuntos o relacionado con ellos; *fig* muy triste

funeral *m* entierro o ceremonia religiosa por un difunto

funeraria *f* empresa que se encarga de los entierros

funesto, -a *adj* que origina desgracias; triste

funicular *adj/sm* que se mueve arrastrado por un cable

furgón *m* vehículo largo y cubierto

furgoneta *f* automóvil más grande que un coche

furia *f* enfado violento; *fig* fuerza con que se manifiesta algo

furibundo, -a *adj* que siente furia; irritable o colérico

furioso, -a *adj* lleno de furia; *fig* muy grande

furor *m* enfado violento; *fig* violencia, entusiasmo; *hacer ~ fig* estar muy de moda

furtivo, -a *adj* que se hace a escondidas; *adj/s* que actúa de este modo

fusible *adj* que puede fundirse; *sm* hilo metálico que impide el paso de una corriente eléctrica excesiva

fusil *m* arma de fuego portátil

fusilamiento *m* muerte por disparos de fusil

fusilar *vt* matar a alguien con disparos de fusil

fusión *f* paso del estado sólido al líquido; *fig* unión de dos o más cosas o ideas en una

fusionar *vt/pronl fig* unir dos o más empresas, partidos

fustigar *vt* dar golpes con un látigo a las caballerías; *fig* criticar o censurar

fútbol *m* deporte en el que dos equipos mueven el balón e intentan meterlo en la portería contraria

futbolín *m* juego sobre una mesa que simula un partido de fútbol

futbolista *s* persona que juega al fútbol

futuro, -a *adj* que todavía no ha sucedido; *adj/sm gram* tiempo del verbo que expresa una acción venidera; *sm* tiempo que está por venir

G

gabardina f prenda de vestir impermeable y larga

gabinete m sala donde un especialista trata a sus pacientes; *pol* conjunto de ministros de un país

gacela f *zoo* animal marrón y blanco de patas largas y finas

gafas f pl aparato que corrige defectos de la visión

gafe *adj/s* de alguien que lleva consigo mala suerte

gafotas s *desp* se dice de la persona que lleva gafas

gaita f *mús* instrumento de viento formado por una bolsa de cuero con aire; *fam* cosa difícil, molesta

gaitero, -a s persona que toca la gaita

gajo m cada una de las partes en que se divide el interior de algunos frutos

galán m actor de cine o teatro

galápago m *zoo* reptil semejante a la tortuga

galaxia f *astr* agrupación de estrellas, polvo y gas

galería f pasillo exterior que da luz a las habitaciones interiores; túnel largo y estrecho; ~ **de arte** sala o local donde se exponen obras de arte

galgo, -a s *zoo* perro de raza que tiene el cuerpo muy delgado; *fam* goloso

gallego, -a *adj/s* de la comunidad autónoma de Galicia; *sm* lengua de esta comunidad

galleta f *gastr* dulce seco y crujiente; *fam* golpe fuerte

gallina f *zoo* hembra del gallo que pone huevos; *adj/s fam* se dice de una persona cobarde

gallinero m lugar donde se crían las gallinas; *fam* lugar donde hay mucho ruido; *fam* piso más alto de un teatro o cine

gallo m *zoo* macho de la gallina de mayor tamaño que ésta; pez de cuerpo plano; *mús* nota aguda y desagradable; *adj/sm fam* hombre que se cree más valiente que los demás

galón m *mil* cinta o bordado del uniforme militar; medida de capacidad para líquidos

galopar vi correr el caballo; cabalgar a galope

galope m marcha más rápida del caballo

gamba f *zoo* animal marino comestible que posee una cáscara de color rosa; **meter la ~** *fam* equivocarse

gamberro, -a *adj/s* que provoca escándalos y destrozos por diversión

gana *f* deseo de algo; hambre o apetito

ganadería *f* cría de ganado para su explotación y comercio

ganadero, -a *adj* del ganado o relativo a él; *s* propietario de ganado

ganado *m* conjunto de bestias que se crían para su aprovechamiento; *fam desp* conjunto de personas

ganador, -a *adj/s* se dice del que gana algo

ganancia *f* beneficio que se obtiene de algo

ganar *vt* conseguir un beneficio; recibir un sueldo fijo por un trabajo; superar a alguien en alguna cosa; *vt/pronl* conseguir algo

ganchillo *m* aguja terminada en gancho que se usa para hacer labores; labor hecha con esta aguja

gancho *m* instrumento curvo y puntiagudo que sirve para sujetar o colgar algo

gandul, -a *adj/s fam* que no quiere trabajar, vago

ganga *f* cosa valiosa que se consigue con poco esfuerzo o dinero

gángster *m* miembro de una banda organizada de delincuentes

ganso, -a *s zoo* ave parecida al pato de color blanco o gris

ganzúa *f* alambre grueso y doblado en forma de gancho que se usa para abrir cerraduras

garabato *m* trazo irregular que no representa nada concreto

garaje *m* local destinado a guardar automóviles; taller de reparación de automóviles

garantía *f* documento que asegura el buen funcionamiento o el cumplimiento de algo; seguridad que se da de que algo se va a cumplir o realizar

garantizar *vt* asegurar el cumplimiento de algo

garbanzo *m* planta de huerta con el fruto en legumbre; semilla de esta planta

garbo *m* gracia en la forma de andar y moverse

garfio *m* instrumento curvo y puntiagudo que sirve para sujetar o colgar algo

garganta *f* parte delantera del cuello; región interna correspondiente a esta zona

gargantilla *f* collar corto que rodea el cuello

gárgara *f* hecho de mantener un líquido en la garganta sin tragarlo y expulsando aire para moverlo

garita *f* caseta o torre pequeña donde se protegen los centinelas

garito *m fam* local de mala fama; local de moda

garra *f* mano o pie de algunos animales con uñas fuertes y afiladas

garrafa *f* especie de botella grande con asa

garrafal *adj fig* de una falta grave al expresarse o actuar

garrafón *m* garrafa grande

garrapata *f zoo* animal diminuto que vive sobre otros animales y se alimenta de la sangre que les chupa

garrapiñado, -a *adj* se aplica a los frutos secos bañados en almíbar que forma grumos

garrota *f* bastón grueso y curvo por la parte superior

garrotazo *m* golpe dado con una garrota

garrote *m* palo grueso y fuerte que se puede utilizar como bastón

gas *m* materia en estado parecido al aire; combustible en ese estado

gasa *f* tela que se utiliza para curar heridas; tela muy ligera y transparente

gaseoso, -a *adj* que se encuentra en estado de gas; *sf* bebida refrescante que contiene gas

gasoil o **gasóleo** *m* mezcla de líquidos que se obtiene

del petróleo y que se utiliza como combustible

gasolina *f* combustible líquido

gasolinera *f* establecimiento donde se vende gasolina y gasóleo

gastar *vt/i/pronl* emplear dinero en algo; *vt/pronl* consumir o estropear una cosa

gasto *m* empleo de dinero en algo

gastronomía *f* conjunto de conocimientos relacionados con la elaboración y preparación de comidas

gatear *vi* trepar como los gatos con brazos y piernas; *fam* andar a gatas

gatillo *m* palanca que acciona el disparo en las armas de fuego

gato, -a *s zoo* animal doméstico de pelo suave y muy ágil; *sm* instrumento que permite levantar grandes pesos a poca altura

gavilán *m zoo* ave rapaz de color grisáceo

gaviota *f zoo* ave marina de plumaje blanco

gay *adj/sm* de un hombre que es homosexual

gazpacho *m gastr* sopa fría hecha con hortalizas crudas, pan, ajo, aceite, vinagre y sal

gel *m* producto transparente y cremoso; jabón líquido

gelatina *f* sustancia sólida y transparente que se usa en gastronomía, farmacia y en la industria

gema f piedra preciosa

gemelo, -a adj se dice de dos cosas similares que se colocan juntas; adj/s de cada uno de los individuos nacidos de un mismo parto y originados en un mismo óvulo; sm músculo de la pantorrilla

gemido m sonido que expresa un dolor o una pena

géminis m astr tercer signo del horóscopo; adj/s que ha nacido bajo este signo

gemir vi emitir sonidos que expresan dolor o pena

generación f conjunto de personas nacidas en una misma época

general adj común a un conjunto de personas o cosas; frecuente o habitual; que no entra en detalles; sm mil grado superior del ejército

generalidad f mayoría de las personas o cosas que forman un todo

generalizar vt/pronl extender o hacer habitual una cosa; vt atribuir a todo el conjunto algo que sólo es propio de parte de sus componentes

generar vt producir algo

género m conjunto de personas o cosas con características comunes; naturaleza o tipo

generosidad f cualidad de alguien que da lo que tiene sin esperar nada a cambio

generoso, -a adj que actúa con generosidad

genial adj propio de un talento especial para crear; fam estupendo

genialidad f capacidad de crear cosas geniales

genio m forma de ser de una persona; mal humor; persona que tiene un talento especial para hacer algo; personaje imaginario que aparece en cuentos y leyendas

genital adj perteneciente a los órganos reproductores; sm pl órganos sexuales externos

gente f conjunto de personas

gentil adj amable, atento

gentileza f amabilidad, atención

gentío m aglomeración de personas

gentuza f desp gente despreciable

genuino, -a adj puro o auténtico

geografía f ciencia que trata de la descripción de la Tierra

geográfico, -a adj de la geografía o relativo a ella

geología f ciencia que estudia el origen, la composición y la evolución de la Tierra

geológico, -a *adj* de la geología o relativo a ella

geometría *f* parte de las matemáticas que estudia los puntos, líneas, planos y volúmenes y las relaciones que entre ellos se establecen

geométrico, -a *adj* de la geometría o relativo a ella

geranio *m* bot planta de jardín cuyas flores se unen formando grupos

gerente *s* persona que dirige los negocios de una empresa

germen *m* origen primero de un nuevo ser orgánico; ser vivo muy pequeño capaz de producir o extender una enfermedad

germinar *vi* comenzar a crecer las semillas de una planta

gerundio *m* gram forma no personal del verbo

gestación *f* período en el que las crías de los mamíferos permanecen dentro del cuerpo de la madre

gestar *vt* llevar la madre en el vientre a su hijo hasta el momento del parto

gesticulación *f* hecho de expresar algo con un gesto

gesticular *vi* hacer gestos

gestión *f* conjunto de acciones que deben llevarse a cabo para conseguir o resolver algo; hecho de administrar un asunto o empresa

gestionar *vt* efectuar las acciones necesarias para conseguir o resolver algo

gesto *m* movimiento de la cara o de las manos con el que se expresa algo

gigante *adj* enorme; *sm* persona mucho más alta de lo normal; personaje de gran estatura que aparece en cuentos y leyendas; figura de gran altura que aparece en desfiles y fiestas populares

gigantesco, -a *adj* fig mucho más grande de lo normal

gilipollas *adj/s* vulg tonto, idiota

gimnasia *f* conjunto de ejercicios que se hacen para deporte o para fortalecer y dar flexibilidad al cuerpo

gimnasio *m* local para practicar gimnasia

gimnasta *s* persona que practica la gimnasia

gimotear *vi* gemir con poca fuerza; hacer los gestos del llanto sin llegar a él

ginebra *f* bebida alcohólica

gira *f* viaje por diferentes lugares que finaliza en el mismo punto de partida; conjunto de actuaciones sucesivas de un artista

girar *vi* dar vueltas alrededor de algo o sobre sí mismo; cambiar de dirección

girasol *m* bot planta con tallo largo y flor amarilla que se mueve siguiendo la luz del sol

giratorio, -a adj que da vueltas alrededor de algo o sobre sí mismo

giro m movimiento circular; cambio de dirección

gitano, -a adj/s de una raza que conserva sus antiguas costumbres y se caracteriza por tener la piel morena y el pelo muy negro

glacial adj muy frío; de las zonas polares

glaciar m masa de hielo que se forma en las partes más altas de las montañas

gladiador m persona que luchaba con otras o con fieras para divertir al público en el circo romano

global adj tomado en conjunto y no dividido en partes

globalizar vt unir y relacionar datos o ideas en un planteamiento general

globo m objeto de goma que se hincha al llenarlo de aire; vehículo aéreo formado por una gran bolsa esférica llena de gas

gloria f rel vida junto a Dios después de la muerte; gran fama alcanzada por una persona

glorieta f plaza redonda donde desembocan varias calles

glotón, -ona adj/s que come mucho y con ansia

glúteo m músculo de la nalga

gnomo m personaje imaginario y enano que vive en los bosques

gobernador, -a adj que gobierna; s jefe superior de un territorio o alguna institución pública

gobernante adj/s de alguien que gobierna o forma parte del gobierno de un país

gobernar vt/i dirigir un país

gobierno m hecho de gobernar; conjunto de personas y organismos que dirigen un Estado

goce m sensación de placer o alegría

gol m dep introducción del balón en la portería

golear vt dep meter muchos goles al equipo contrario

golf m deporte que consiste en meter una pequeña bola en distintos hoyos golpeándola con un bastón

golfo, -a s que lleva una mala vida o tiene malas costumbres; pillo o pícaro; sm geo curva en la costa provocada por la entrada del mar en la tierra

golondrina f zoo pájaro negro y blanco en el pecho que se desplaza a finales de verano hacia zonas más cálidas

golosina f gastr dulce de pequeño tamaño

goloso, -a adj que le gusta mucho comer dulces

golpe *m* choque violento entre dos cuerpos; efecto causado por un choque violento; suceso repentino y doloroso; *fig* atraco o robo; suceso o dicho gracioso

golpear *vt/i/pronl* dar golpes

goma *f* hilo elástico para sujetar cosas; objeto para borrar lo que se ha escrito o dibujado en un papel

gomina *f* producto para fijar el cabello

góndola *f* embarcación pequeña, alargada y ligera, típica de la ciudad de Venecia

gong *m* instrumento formado por un disco de metal que se golpea con una maza

gordinflón, ~ona *adj/s fam* que es demasiado gordo

gordo, ~a *adj/s* que tiene muchas carnes o grasas; *adj* que es más grande o abulta más que los demás; *fig* grave o importante; *sm fig* primer premio de la lotería

gorila *m zoo* mono de gran tamaño; *fig* guardaespaldas

gorra *f* prenda de vestir para cubrir la cabeza y que suele tener visera

gorrino, ~a *s zoo* cerdo; *adj/s* que es o está muy sucio

gorrión *m zoo* pájaro de pequeño tamaño con las plumas de color pardo

gorro *m* prenda de vestir para cubrir la cabeza y proteger del frío

gorrón, ~ona *adj/s* que se hace invitar por otros y que no paga nunca

gota *f* pequeña porción redondeada de un líquido

gotear *vi* caer un líquido gota a gota

gotera *f* paso de agua a través del techo o la pared

goterón *m* gota grande de agua de lluvia

gótico, ~a *adj* del gótico o con características propias de este estilo; *sm* movimiento artístico desarrollado en Europa entre los siglos XII y XV

gozada *f fam* placer o satisfacción muy grande

gozar *vi/pronl* sentir placer o alegría; *vi/t* tener algo agradable o útil

gozo *m* sensación de placer o alegría

grabación *f* hecho de grabar imágenes o sonidos en una cinta o en un disco; cinta o disco en los que se han grabado imágenes o sonidos

grabado *m* imagen reproducida en una superficie con herramientas especiales

grabar *vt* reproducir imágenes en una superficie con herramientas especiales; *vt/pronl* registrar imágenes o sonidos en una cinta o disco; *vt/pronl fig* fijar algo en la memoria

gracia f acción o dicho divertido que hace reír; capacidad para hacer reír; encanto o atractivo de alguien o algo

gracioso, -a adj/s que tiene gracia

grada f asiento alargado que suele colocarse junto a otros iguales formando escalones

graderío m conjunto de gradas

grado m cada una de los valores, estados o características de las cosas que se pueden ordenar de forma numérica

gradual adj que se desarrolla por grados o poco a poco

graduar vt dar a algo un grado determinado; aumentar o disminuir una cosa poco a poco

grafía f signo escrito que representa un sonido

gráfico, -a adj de los signos que representan algo; s dibujo o esquema que representa algo

gragea f medicamento pequeño y redondeado

gramática f ciencia que estudia los elementos de una lengua y sus combinaciones

gramatical adj de la gramática o relativo a ella

gramo m medida de peso

gramófono m antiguo aparato para hacer sonar discos

gran adj grande

granada f fruto de color amarillo por fuera y rojo por dentro; bomba pequeña

granado m bot árbol cuyo fruto es la granada

granate adj/sm de color rojo oscuro

grande adj que supera en tamaño o intensidad a lo normal; fam mayor, adulto

grandioso, -a adj que resulta impresionante

grandullón, -ona adj/s fam que está muy alto para su edad

granero m lugar donde se guarda el grano

granizado, -a adj/s se dice de los refrescos hechos con hielo picado; sf caída abundante de granizo

granizar impers caer granizo

granizo m agua de lluvia que cae en forma de granos de hielo

granja f finca en el campo que dispone de casa, corrales y establos

granjero, -a s persona que posee o cuida una granja

grano m semilla y fruto de algunas plantas; bulto pequeño en la piel

granuja adj/s fam que engaña o estafa a otros

grapa f pieza de metal cuyos extremos se doblan para unir varios objetos

grapadora f aparato para grapar

grapar vt unir con grapas

grúa

grasiento, -a adj que tiene mucha grasa

graso, -a adj que tiene grasa; sf sustancia animal o vegetal; sustancia para engrasar ciertas piezas

gratificante adj que produce satisfacción

gratificar vt recompensar a alguien; gustar, complacer

gratis adv sin pagar o cobrar nada; adj gratuito

gratitud f sentimiento que obliga a apreciar un favor que se nos ha hecho y a corresponder a él

grato, -a adj que produce placer o agrado

gratuito, -a adj que no cuesta dinero

grave adj de mucha importancia; de alguien que está muy enfermo

gravedad f fís fuerza de la Tierra por la que atrae a los cuerpos

gravilla f piedra machacada

graznar vi dar graznidos

graznido m voz propia de algunas aves

greca f tira de adorno con dibujos decorativos

greñas f pl pelo mal peinado

griego, -a adj/s de Grecia; sm lengua oficial de este país

grieta f abertura larga y estrecha que aparece en la superficie de un cuerpo sólido

grifo m utensilio para abrir y cerrar el paso del agua

grillo m zoo insecto de color negro que emite un sonido agudo y monótono

grima f sensación desagradable que produce una cosa

gripe f enfermedad infecciosa cuyos síntomas más frecuentes son la fiebre y el malestar general

griposo, -a adj que tiene gripe

gris adj/sm del color que resulta de mezclar el blanco y el negro; fig triste o apagado

grisáceo, -a adj del color que tira a gris

gritar vi dar gritos; hablar alto

griterío m conjunto de voces de personas que gritan

grito m sonido o palabra que se emite más fuerte de lo normal

grogui adj dep del que está aturdido y tambaleante en el boxeo o en otro combate; fam que está casi dormido

grosella f fruto pequeño, de color rojo vivo y de sabor agridulce

grosería f falta de educación; dicho o gesto que demuestra mala educación

grosero, -a adj que no tiene educación o delicadeza

grosor m anchura de un cuerpo

grúa f máquina que permite

elevar grandes pesos y transportarlos a distancias cortas

grueso, -a adj gordo; que abulta o tiene más grosor de lo normal

grulla f zoo ave de gran tamaño que tiene el cuello largo y negro, la cola pequeña y las plumas de color gris

grumete m muchacho que va en un barco como aprendiz de marinero

grumo m parte sólida que queda en una masa líquida

gruñido m voz del cerdo; voz ronca del perro y otros animales cuando amenazan

gruñir vi emitir gruñidos el cerdo y otros animales

gruñjón, -ona adj/s fam que está de mal humor, protesta o se queja con frecuencia

grupo m conjunto de personas, animales o cosas reunidos

gruta f cavidad entre las rocas o debajo de la tierra

guacamayo m zoo ave americana con plumas de colores muy vivos y cola muy larga

guadaña f herramienta formada por una cuchilla curva sujeta a un mango largo que se usa para cortar la hierba

guantazo m golpe dado en la cara con la mano abierta

guante m prenda que sirve para proteger la mano

guantera f especie de cajón en los automóviles, situado a la derecha del conductor

guapo, -a adj de una persona que tiene belleza o resulta atractivo; fam bien vestido o arreglado

guarda s persona encargada del cuidado y la vigilancia de algo

guardabarros m pieza curva colocada sobre las ruedas de algunos vehículos que protege de las salpicaduras

guardabosques m persona encargada del cuidado y vigilancia de un bosque

guardacostas m barco pequeño encargado del cuidado y vigilancia de las costas

guardaespaldas s persona que acompaña a otra para protegerla

guardameta s dep portero de un equipo

guardar vt cuidar de alguien o de algo; colocar algo en un lugar seguro o adecuado; tener, conservar; reservar algo; tener cierto sentimiento hacia alguien; conservar algo en la memoria; pronl prevenirse contra algo o contra alguien

guardarropa m lugar de un local público para dejar los abrigos y otros objetos

guardería f colegio para niños que no tienen todavía la edad preescolar

guardia s miembro de una institución oficial o empresa cuyo trabajo consiste en cuidar o defender algo; f grupo armado que se ocupa de la defensa o vigilancia de alguien o algo; servicio especial fuera del horario habitual

guardi|án, ~ana s persona que cuida o guarda algo

guarecer vt proteger de algo; pronl refugiarse en algún sitio para protegerse de algo

guarida f lugar donde se guarecen los animales; refugio para protegerse de un peligro

guarnición f gastr conjunto de alimentos que acompañan a un plato principal

guarrada f cosa sucia; acción que pone algo sucio o guarro

guarrear vt/pronl fam ensuciar

guarrería f fam guarrada

guarro, -a s zoo cerdo, gorrino; adj/s fam que es o está muy sucio

guasa f fam broma, burla, ironía

guas|ón, ~ona adj/s fam que se ríe de todo y se lo toma a broma

guatemalteco, -a adj/s de Guatemala

guateque m fiesta casera de gente joven en la que se come y se baila

guay adj fam muy bueno, estupendo; adv muy bien

gubernamental adj del gobierno o relativo a él

guerra f lucha armada entre países o grupos contrarios

guerrero, -a adj de la guerra o relativo a ella; adj/s que lucha en la guerra

guerrilla f pequeño grupo armado que lucha contra el enemigo con ataques por sorpresa aprovechando su conocimiento del terreno

guerrillero, -a adj de la guerrilla o relativo a ella; s persona que lucha en una guerrilla

guía s persona que indica, conduce o explica algo a otras; sf libro que contiene información sobre algo; sm manillar de la bicicleta

guiar vt indicar o conducir a alguien por el camino que debe seguir; pronl dejarse dirigir por alguien o algo

guijarro m piedra pequeña y redondeada

guillotina f máquina con una cuchilla para decapitar a una persona

guinda f fruto comestible de forma redondeada, de color rojo y sabor un poco ácido

guindilla f pimiento pequeño, alargado y muy picante

guiñar vt/pronl cerrar y abrir rápidamente un ojo manteniendo el otro abierto

guiño *m* hecho de guiñar

guiñol *m* especie de teatro realizado con muñecos que manejan personas ocultas detrás del escenario

guión *m* escrito que sirve de guía o ayuda en la exposición de un tema; texto que contiene lo que hay que decir y hacer en una película o en un programa de televisión o radio

guionista *s* persona que escribe guiones de cine, televisión o radio

guirigay *m fam* griterío, alboroto

guirlache *m gastr* dulce hecho con almendras tostadas y caramelo

guirnalda *f* tira hecha con flores o con papeles que se utiliza como adorno

guisante *m bot* planta de huerta cuya semilla es verde, redonda y pequeña; semilla de esta planta

guisar *vt/i gastr* preparar los alimentos cocinándolos al fuego

guiso *m gastr* alimento cocinado al fuego con carne, patatas, verduras y otros ingredientes

güisqui *m* whisky

guitarra *f mús* instrumento de cuerda formado por una caja de madera, un mástil y seis cuerdas

guitarrista *s* persona que toca la guitarra

gusano *m zoo* animal de cuerpo alargado y blando que no tiene extremidades

gustar *vi* resultar algo agradable o atractivo; *vi/pronl* atraerse físicamente dos personas

gustazo *m fam* gran satisfacción que produce algo

gusto *m* capacidad para sentir los sabores; sabor de las cosas que se gustan; placer o satisfacción que produce algo; capacidad para apreciar las cosas bellas

gustoso, -a *adj* que hace algo con gusto

haba *f* el ~ planta de huerta con flores de color violeta o blanco y cuya semilla se utiliza en alimentación; semilla de esta planta

haber *impers* ocurrir algo; existir, hallarse; estar presente en algún lugar

hábil *adj* que tiene capacidad para hacer algo bien

habilidad *f* capacidad para hacer algo bien

habilitar *vt* hacer a una persona o cosa hábil o apta para algo

habitación *f* cada una de las estancias de una casa

habitante *m* persona o animal que habita o vive en un lugar determinado

habitar *vt/i* ocupar un lugar y vivir en él

hábitat *m* territorio con unas condiciones ambientales determinadas y en el que habitan ciertas especies animales o vegetales

hábito *m* costumbre, comportamiento que se repite con frecuencia; *rel* vestido que utilizan los religiosos

habitual *adj* que ocurre o se hace con frecuencia y siempre de la misma manera

habituar *vt/pronl* hacer que alguien adquiera un hábito

o costumbre; hacer que alguien se adapte a algo

habla *f* el ~ capacidad de hablar; hecho de hablar y modo de hacerlo

hablador, -a *adj/s* que habla mucho

hablante *adj/s* que habla una determinada lengua

hablar *vi* emitir sonidos en forma de palabras; dirigirse a alguien por medio de la palabra; mantener una conversación; *vt* conocer y utilizar una lengua

hacer *vt/pronl* fabricar o inventar cosas; realizar una actividad; *vt* causar, ocasionar; preparar o arreglar algo; cumplir años; emitir sonidos que no forman palabras; *impers* estar el tiempo de una determinada manera; haber pasado un determinado período de tiempo; *pronl* seguir algo su curso; *vi* acostumbrarse a algo

hacha *f* el ~ herramienta formada por un trozo de metal afilado y cortante unido a un mango de madera

hachís *m* sustancia que se obtiene de las flores de una planta y se usa como droga

hacia *prep* indica dirección, tiempo o lugar aproximado

hacienda f conjunto de bienes y propiedades de alguien; finca agrícola; ~ **Pública** conjunto de bienes de un Estado

hada f **el, un** ~ personaje imaginario representado por una mujer con poderes mágicos

halagar vt manifestar afecto o admiración hacia alguien

halago m hecho de halagar; cosa que halaga

halcón m zoo ave rapaz utilizada antiguamente para cazar otras aves

hall m vestíbulo

hallar vt encontrar algo; descubrir o inventar

hallazgo m hecho de encontrar algo; cosa encontrada

halterofilia f deporte que consiste en levantar pesas

hamaca f tela fuerte que se cuelga por sus extremos y sirve de cama; silla en forma de tijera que tiene el asiento y el respaldo de tela

hambre f **el, un** ~ sensación provocada por la necesidad o las ganas de comer; situación provocada por la falta de los alimentos principales

hambriento, -a adj/s que tiene hambre

hamburguesa f gastr filete de carne picada que se come entre dos trozos redondos de pan blando

hamburguesería f establecimiento donde se sirven y se venden hamburguesas

hámster m zoo roedor que se tiene en las casas

hangar m lugar donde se guardan, revisan y reparan los aviones

harapo m ropa vieja, rota y sucia

harina f polvo que se obtiene al moler el trigo

hartar vt/pronl satisfacer por completo una necesidad; fig cansar, aburrir o molestar

harto, -a adj saciado, satisfecho; fig cansado, aburrido, molesto

hasta prep indica el límite o el fin de algo; adv incluso

hastiar vt/pronl producir aburrimiento o cansancio

hastío m sensación de aburrimiento o cansancio

haya f **el, un** ~ bot árbol de tronco grueso, liso y gris

haz m conjunto de cosas alargadas que se atan juntas; conjunto de rayos luminosos que parten de un punto

hazaña f hecho heroico

hazmerreír m fam persona ridícula y extravagante

hebilla f objeto que sirve para unir los dos extremos de un cinturón

hebra f trozo de hilo para coser

hechicero, -a adj/s que utiliza poderes mágicos para

conseguir algo; *fig* que resulta muy atractivo

hechizar *vt* utilizar poderes mágicos para conseguir algo; *fig* atraer, enamorar

hechizo *m* acción destinada a conseguir algo a través de poderes mágicos; *fig* atractivo muy poderoso de una persona o de una cosa

hecho, -a *adj* acabado, maduro; *sm* acción que realiza una persona; acontecimiento, suceso

hectárea *f* medida de superficie que equivale a diez mil metros cuadrados

hectogramo *m* medida de peso que equivale a cien gramos

hectolitro *m* medida de capacidad que equivale a cien litros

hectómetro *m* medida de longitud que equivale a cien metros

heladería *f* establecimiento donde se hacen o se venden helados

heladero, -a *s* persona que hace o vende helados

helado, -a *adj* muy frío; *sm gastr* dulce hecho con leche, azúcar y otras sustancias que se mezclan y se hielan; *sf* fenómeno atmosférico que provoca la formación de hielo

helar *vt/pronl* convertir un líquido en sólido por efecto del frío; estropear una planta el frío; *impers* producirse heladas

helecho *m bot* planta de grandes hojas verdes que crece en lugares húmedos

hélice *f* instrumento en forma de aspa que gira y produce movimiento

helicóptero *m* vehículo aéreo movido por una hélice

helipuerto *m* aeropuerto destinado a helicópteros

hembra *f* ser vivo de sexo femenino

hemeroteca *f* colección de periódicos y revistas al servicio del público; local donde se guarda esta colección

hemiciclo *m* espacio en forma de medio círculo con asientos a modo de gradas

hemisferio *m* cada una de las dos mitades en que se considera dividida la Tierra

hemorragia *f med* salida sangre del cuerpo

hendidura *f* separación entre dos partes del cuerpo por un corte o rotura

heno *m bot* hierba alta que tiene el tallo alargado y hueco

heptágono, -a *adj/sm* de la figura plana con siete lados y siete ángulos

herbívoro, -a *adj/s* del animal que se alimenta de hierba y otros vegetales

herbolario m establecimiento donde se venden plantas medicinales

heredar vt recibir los bienes que deja alguien al morir; recibir un ser vivo características de sus antepasados

heredero, -a adj/s de quien ha recibido o va a recibir una herencia

herejía f rel conjunto de creencias opuestas a la doctrina de una religión

herencia f conjunto de bienes o caracteres que se heredan

herido, -a adj/s que tiene heridas; sf lesión producida por un golpe, un corte o una caída

herir vt/pronl hacer una herida a alguien

hermanastro, -a s persona que comparte con otra el mismo padre o la misma madre, pero no ambos

hermano, -a s persona que comparte con otra los mismos padres

hermético, -a adj que se cierra por completo y no deja pasar aire, agua

hermoso, -a adj que tiene belleza

hermosura f belleza de las personas o de las cosas

héroe, heroína s persona que ha realizado un hecho para el que se necesita mucho valor; personaje principal en literatura, teatro o cine

heroicidad f hecho heroico

heroico, -a adj digno de admiración por su valor

heroína f droga en forma de polvo blanco

heroísmo m valor y esfuerzo que llevan a alguien a realizar hechos heroicos

herradura f pieza de hierro que se pone a las caballerías en las patas para que no se dañen

herramienta f instrumento utilizado para realizar algún trabajo manual

herrar vt poner herraduras; trabajar el hierro

herrería f taller donde se trabaja el hierro; taller o establecimiento donde se hacen y se ponen herraduras

herrero, -a s persona que trabaja el hierro

hervir vt/i calentar un líquido hasta alcanzar una temperatura superior a cien grados

heterogéneo, -a adj que está formado por personas o cosas distintas entre sí

heterosexual adj/s que siente atracción por personas del sexo opuesto

hexágono, -a adj/m de la figura plana con seis lados y seis ángulos

hez f resto de ciertos líquidos que se deposita en el fondo; pl excrementos

hidratar vt/pronl cuidar la piel para que no se seque

hidroavión *m* avión que puede posarse sobre el agua

hidrógeno *m* elemento gaseoso más ligero que el aire

hiedra *f bot* planta de hojas verdes que trepa por las superficies en las que se apoya

hielo *m* agua en estado sólido por efecto del frío

hiena *f zoo* mamífero salvaje de pelo gris que se alimenta de animales muertos

hierba *f bot* planta verde y pequeña que crece en el suelo

hierbabuena *f bot* planta de olor agradable que se usa como infusión y condimento

hierro *m* metal de color gris oscuro muy resistente

hígado *m* órgano interno que pertenece al aparato digestivo y está situado en la parte derecha del cuerpo

higiene *f* cuidado y limpieza necesarios para la salud

higiénico, -a *adj* de las medidas de cuidado y limpieza necesarias para la salud

higo *m* fruto de la higuera, blando y de sabor dulce

higuera *f bot* árbol de hojas grandes cuyo fruto es el higo o la breva

hijastro, -a *s* respecto a uno de los miembros de una pareja, hijo que el otro ha tenido en un matrimonio anterior

hijo, -a *s* cualquier persona o animal respecto a sus padres

hilar *vt* convertir algo en hilo

hilera *f* conjunto de personas o cosas colocadas en línea

hilo *m* materia textil muy delgada y larga que se pone en la aguja para coser; tipo de tela

himno *m* composición musical de alabanza a personas, hechos o cosas importantes

hincapié *m* hecho de sujetar el pie; *hacer ~ fig fam* insistir mucho

hincar *vt/pronl* clavar una cosa en otra con fuerza

hincha *s* persona que admira a un equipo deportivo o a alguien famoso; *f fig* antipatía u odio que una persona siente por otra

hinchar *vt/pronl* llenar algo con un gas o con otra cosa; *pronl* abultarse una parte del cuerpo por un golpe o herida

hinchazón *f* abultamiento de una parte del cuerpo por un golpe o herida

hindú *adj/s* de la India

híper *m fam* hipermercado

hipermercado *m* supermercado muy grande

hípico, -a *adj* del caballo o relativo a él; *sf* deporte que se practica a caballo

hipnosis *f* estado psíquico parecido al sueño en el que la voluntad del individuo es especialmente vulnerable

hipnotizar *vt* provocar en alguien la hipnosis

hipo *m* ruido repetido y constante al respirar

hipocresía *f* falsedad que lleva a fingir ciertas cualidades o sentimientos

hipócrita *adj/s* que finge o aparenta lo que no es o lo que no siente

hipódromo *m* lugar donde se celebran carreras de caballos

hipopótamo *m zoo* mamífero acuático muy grande que vive en los ríos

hipoteca *f* propiedad con la que se garantiza el pago de un crédito

hippy *adj/s* que defiende los valores pacifistas y el contacto con la naturaleza

hispánico, -a *adj* de España o relativo a ella

hispano, -a *adj* de España o de las naciones de habla española

hispanoamericano, -a *adj* relativo a España y América; *adj/s* de las naciones de América de habla española

hispanohablante *adj/s* que habla español

histeria *f* estado de excitación nerviosa provocado por miedo, rabia o tensión

histérico, -a *adj/s* que está muy excitado

historia *f* relato en el que se cuenta la vida de una personaje; relato de cualquier suceso o acontecimiento; conjunto de acontecimientos pasados; ciencia que estudia estos acontecimientos

histórico, -a *adj* de la historia o relacionado con ella

historieta *f* relato contado a través de dibujos o viñetas

hobby *m* afición que sirve de entretenimiento

hocico *m* parte de la cabeza de algunos animales en la que están la nariz y la boca

hockey *m* deporte en el que dos equipos juegan con una bola pequeña golpeándola con un bastón

hogar *m* lugar de la casa donde se hace la lumbre; *fig* casa donde se vive

hogareño, -a *adj* que disfruta del hogar y de la familia

hoguera *f* fuego que se hace en el suelo y al aire libre

hoja *f bot* parte verde y plana de una planta; lámina muy fina de papel; parte metálica y cortante de algunas herramientas

hojalata *f* lámina de hierro o acero cubierta de estaño

hojaldre *m gastr* masa hecha con harina y manteca que al cocerse queda muy hueca

hojear *vt* pasar las hojas de un libro; leer un libro de forma rápida y superficial

honrar

hola *interj fam* expresión que se utiliza para saludar

holand|és, ̲esa *adj/s* de Holanda; *sm* lengua hablada en este país

holgazán, ̲ana *adj/s* que no quiere trabajar

hollín *m* sustancia negra como el polvo que el humo deposita sobre los objetos

hombre *m* ser vivo perteneciente a la especie humana; persona adulta de sexo masculino; *interj* expresa sorpresa, enfado

hombrera *f* pieza que se pone en el hombro debajo de la ropa; cinta de tela colocada en algunas prendas de vestir a modo de tirante

hombro *m* parte del cuerpo que une el brazo al tronco; parte de una prenda de vestir que cubre esta zona; **arrimar el ̲** *fam* ayudar, colaborar en una tarea

homenaje *m* acto que se celebra en honor de alguien

homicida *adj/s* de la persona que comete un homicidio; *adj* de lo que causa el homicidio

homicidio *m* muerte que una persona causa intencionadamente a otra

homogéneo, -a *adj* que está formado por personas o cosas iguales o muy semejantes entre sí

homosexual *adj/s* que siente

atracción por personas de su mismo sexo

hondo, -a *adj* que tiene profundidad; *sf* arma hecha con una tira de cuero que se utiliza para lanzar piedras a gran distancia

hondureño, -a *adj/s* de Honduras

honestidad *f* cualidad de honesto

honesto, -a *adj* que actúa según la moral y las costumbres sociales; que actúa con honradez y rectitud

hongo *m* ser vivo que habita en lugares húmedos

honor *m* comportamiento de una persona por el que merece respeto y consideración; gloria que se consigue por haber hecho algo importante

honorable *adj* que es digno de respeto

honra *f* dignidad de una persona por la que merece el respeto de los demás; motivo de satisfacción u orgullo por haber hecho algo importante

honradez *f* forma de ser de la persona que actúa con rectitud y justicia

honrado, -a *adj* que actúa de manera recta y justa

honrar *vt* mostrar respeto hacia alguien o algo; *vt/pronl* ser motivo de orgullo

hora *f* cada una de las 24 partes en que se divide el día y que equivale a sesenta minutos; momento apropiado para hacer algo; momento determinado del día; ~ **punta** la que coincide con el momento en que hay más gente en la calle

horario, -a *adj* de las horas o relativo a ellas; *sm* distribución de las horas en que se desarrolla una actividad

horca *f* instrumento del que cuelga una cuerda para ahorcar a alguien

horchata *f* bebida dulce de color blanco que se obtiene de la chufa

horizontal *adj* que está paralelo al suelo o al horizonte

horizonte *m* línea más lejana que alcanza la vista en la que parece que la tierra o el mar se juntan con el cielo

horma *f* instrumento que se introduce en algunos objetos y que sirve para darles forma

hormiga *f* *zoo* insecto pequeño y de color negro que vive bajo tierra

hormigón *m* mezcla de grava, arena y cemento utilizada en la construcción

hormigonera *f* máquina con la que se fabrica hormigón

hormiguero *m* conjunto de túneles subterráneos donde viven las hormigas

horno *m* electrodoméstico donde se introducen los alimentos para cocinarlos

horóscopo *m* *astr* signo de alguien según el día de su nacimiento

horquilla *f* pieza de alambre en forma de gancho que se utiliza para sujetar el pelo

horrendo, -a *adj* horrible

horrible *adj* que provoca mucho miedo; *fam* muy feo, muy malo, desagradable

horripilar *vt/pronl* causar miedo, espanto o rechazo

horror *m* miedo muy intenso; acontecimiento muy desagradable

horrorizar *vt/pronl* producir mucho miedo o rechazo

horroroso, -a *adj* que causa horror; *fam* muy feo, muy malo, desagradable

hortaliza *f* *bot* planta comestible que se cultiva en una huerta

hortelano, -a *s* persona que tiene o cultiva una huerta

hortera *adj/s* que tiene mal gusto y es poco elegante

hospedaje *m* lugar donde se hospeda alguien

hospedar *vt* dar alojamiento; *pronl* estar alojado

hospital *m* conjunto de instalaciones donde se atiende y se cura a los enfermos

hospitalario, -a *adj* que recibe de forma amable a los

otros en su casa; del hospital o relativo a él

hospitalidad f forma amable de recibir a los otros en la propia casa

hostal m establecimiento donde se alojan huéspedes

hostia f rel lámina de pan redonda y muy fina que el sacerdote da a los fieles en la misa; vulg golpe

hostil adj enemigo, contrario

hostilidad f sentimiento desfavorable hacia alguien

hotel m establecimiento donde se da alojamiento y comida a cambio de dinero

hoy adv en el día presente

hoyo m agujero en la tierra

hoz f herramienta con una hoja de acero curva y un mango que se usa para segar

hucha f recipiente donde se guarda el dinero ahorrado

hueco, -a adj que está vacío por dentro; sm espacio en el que no hay nada

huelga f hecho de no trabajar como protesta presión para conseguir algo

huella f señal o marca que queda en una superficie

huérfano, -a adj/s f la persona menor de edad a quien se le han muerto el padre y la madre o alguno de los dos

huerta f terreno en el que se cultivan legumbres, verduras y árboles frutales

huerto m huerta pequeña

hueso m cada una de las piezas duras que forman el esqueleto; parte dura del interior de algunos frutos

huésped, ..a s persona que se aloja en una casa

huesudo, -a adj de alguien tan delgado que se le notan mucho los huesos

huevera f recipiente en el que se guardan los huevos

huevería f establecimiento donde se venden huevos

huevo m cuerpo redondeado que ponen las aves y otros animales y de donde salen las crías ya formadas

huida f hecho de irse muy deprisa para escapar de algo

huir vi escapar de un sitio por temor o para evitar un peligro o una amenaza

hule m tela fuerte, impermeable y brillante por un lado que se utiliza para proteger lo que está debajo

humanidad f conjunto de todos los seres humanos

humanitario, -a adj que ayuda a los demás y se preocupa por ellos

humano, -a adj de la humanidad o relativo a ella; bondadoso y amable; sm persona

humareda f gran cantidad de humo

humedad f cualidad de húmedo; agua que moja un cuerpo o vapor de agua que hay en el aire

humedecer *vt* mojar ligeramente algo

húmedo, -a *adj* que está un poco mojado

humidificador *m* aparato que sirve para aumentar la humedad del ambiente

humildad *f* forma de ser de quien sabe reconocer sus límites y no se cree mejor que los demás

humilde *adj* que tiene humildad; que pertenece a una clase social baja

humillación *f* sentimiento de vergüenza que una persona provoca en otra

humillar *vt* tratar a alguien de forma indigna sobre todo delante de los demás

humo *m* gas que se desprende del fuego; vapor que se desprende de un líquido muy caliente

humor *m* estado de ánimo; capacidad para descubrir el lado divertido de las cosas

humorista *s* persona que trabaja haciendo reír al público

hundimiento *m* hecho de hundir o hundirse; *fig* fracaso, derrota

hundir *vt/pronl* introducir algo en un líquido, masa o cuerpo; hacer que una superficie se meta hacia dentro; *fig* hacer que una persona se sienta deprimida o vencida

húngaro, -a *adj/s* de Hungría; *sm* lengua hablada en este país

huracán *m* viento de gran fuerza

huraño, -a *adj* que evita el trato con otras personas

hurgar *vt/i* remover algo con las manos dentro de un hueco o cavidad; *vi fig* fisgar, curiosear

hurtar *vt* robar algo de poca importancia sin violencia

husmear *vt/i* buscar algo utilizando el olfato; *fig* fisgar

I

iberoamericano, -a *adj/s* relativo a los países americanos de habla española o portuguesa

iceberg *m* bloque de hielo que flota en el mar

idea *f* representación mental; propósito de hacer algo; plan para hacer algo; opinión sobre algo; ocurrencia, pensamiento inesperado

ideal *adj* relativo a las ideas; que se considera perfecto; *sm* aquello a lo que se aspira

idealista *adj/s* que actúa de acuerdo a un ideal

idealizar *vt* atribuir a algo o a alguien cualidades superiores a las que tiene

idear *vt* pensar en la forma de realizar algo

ídem *pron fam* lo mismo

idéntico, -a *adj* igual

identidad *f* conjunto de características que permiten reconocer algo

identificar *vt* reconocer algo; *pronl* dar la información personal necesaria para ser reconocido

idioma *m* lengua propia de un pueblo o nación

idiota *adj/s* que no actúa con inteligencia

idiotez *f* hecho o dicho propio de una persona que no actúa con inteligencia

ido, -a *adj* que no presta atención; loco, chiflado; *sf* marcha de un lugar

ídolo *m* imagen o representación de un dios; *fig* persona hacia la que se siente una gran admiración

iglesia *f* edificio al que se va para rezar y oír misa

iglú *m* vivienda hecha con bloques de hielo

ignorancia *f* falta de conocimiento sobre algo

ignorante *adj/s* que desconoce algo

ignorar *vt* no conocer algo

igual *adj* que tiene las mismas características que otra cosa; muy parecido; *sm* signo formado por dos rayas horizontales que se utiliza en matemáticas

igualar *vt* hacer que dos personas o cosas sean iguales

igualdad *f* parecido entre una cosa y otra

ilegal *adj* contrario a la ley

ilegible *adj* que no se puede leer

ileso, -a *adj* que no ha sufrido ningún daño

iluminación *f* cantidad de luz que hay en un lugar

iluminar *vt* llenar de luz un lugar; adornar con luces

ilusión *f* imagen falsa de una cosa producida por la imaginación; esperanza sin fundamento real; alegría

ilusionar *vt* hacer que alguien tenga esperanzas con poca probabilidad de cumplirse; producir alegría

ilusionista *s* persona que hace juegos de manos

ilustración *f* imagen impresa junto a un texto

ilustrar *vt* aclarar algo mediante datos; adornar con imágenes un texto

ilustre *adj* de origen noble o distinguido

imagen *f* figura que representa algo; aspecto que ofrece algo

imaginación *f* capacidad para representar algo en la mente; creencia de que es real algo que no existe; facilidad para crear o inventar

imaginar *vt* representar algo en la mente; suponer que algo es cierto; inventar

imaginario, -a *adj* que sólo existe en la imaginación

imán *m* mineral que atrae a ciertos metales

imbécil *adj/s* que no actúa con inteligencia

imitación *f* acción que se realiza copiando la acción de un modelo

imitar *vt* hacer algo de la misma manera que otra persona; parecerse a algo

impaciencia *f* sentimiento de inquietud que expresa el deseo de que ocurra algo

impacientar *vt/pronl* hacer que alguien se ponga nervioso cuando espera algo

impaciente *adj/s* que espera con inquietud

impacto *m* choque violento entre dos cuerpos

impar *adj* del número que no se puede dividir por dos

imparcial *adj* que no está ni a favor ni en contra de algo

impasible *adj* que no manifiesta sus sentimientos

impecable *adj* que no tiene ningún defecto

impedir *vt* dificultar o hacer imposible una acción

impepinable *adj fam* inevitable, que no admite dudas

imperativo, -a *adj* que manda u obliga a algo

imperceptible *adj* que no se nota

imperdible *m* especie de alfiler doblado que se abrocha enganchando uno de sus extremos en el otro

imperdonable *adj* que no se puede perdonar

imperfección *f* presencia de defectos; pequeño defecto

imperfecto, -a *adj* que no es perfecto

imperio *m* forma de organización política por la que un estado extiende su dominio a otros países

imperioso, -a *adj* que es muy urgente

impermeable *adj* que impide el paso del agua; *sm* prenda de vestir que protege de la lluvia

impertinente *adj/s* que molesta por resultar poco oportuno

ímpetu *m* gran fuerza con que se mueve alguien o algo

impetuoso, -a *adj* que se mueve con mucha fuerza; que actúa de forma precipitada

implantar *vt* establecer algo

implicar *vt/pronl* hacer participar a alguien en algo

imponente *adj* que produce una gran impresión por sus características

imponer *vt/pronl* obligar a que algo se cumpla; causar miedo, respeto o sorpresa; *pronl* mostrar alguien su superioridad sobre otros

importación *f* introducción en un país de un producto extranjero

importancia *f* valor o influencia de alguien o de algo

importante *adj* que destaca por su valor o influencia

importar *vi* tener valor o influencia; introducir en un país un producto extranjero

importe *m* dinero que cuesta una cosa

importunar *vt* molestar a alguien con peticiones demasiado insistentes

imposible *adj/sm* que no puede existir o suceder

imposición *f* exigencia o mandato de alguien

impostor, -a *adj/s* que se hace pasar por alguien que no es

impotente *adj* que no tiene poder para hacer algo; *adj/sm* que no es capaz de realizar el acto sexual completo

imprecisión *f* falta de exactitud

impreciso, -a *adj* poco exacto

impregnar *vt* mojar algo hasta que no admita más líquido

imprenta *f* técnica de reproducir textos o imágenes mediante diversos métodos; taller donde se imprime

imprescindible *adj* que resulta necesario

impresión *f* efecto que una persona, una cosa o un acontecimiento produce en alguien; opinión sobre algo

impresionante *adj* que produce una gran emoción

impresionar *vt/pronl* provocar una gran emoción

impreso, -a *adj* que ha sido imprimido en papel; papel que se debe rellenar para solicitar o resolver algo

impresor, ~a *adj* que imprime; *sf* máquina conectada al ordenador que reproduce en papel la información que recibe de éste

imprevisto, -a *adj/sm* que no se espera

imprimir *vt* reproducir un texto o imagen

impropio, -a *adj* que resulta extraño en una persona

improvisar *vt* hacer una cosa sin haberla preparado antes

improviso, de ~ de repente

imprudencia *f* falta de cuidado al hacer algo que puede tener consecuencias muy graves

imprudente *adj* que no actúa con el cuidado necesario

impuesto, -a *adj* puesto como obligación o por la fuerza; *sm* dinero que se paga al Estado para atender a las necesidades públicas

impulsar *vt/pronl* empujar algo para que se mueva

impulsivo, -a *adj* que actúa de forma precipitada

impulso *m* fuerza que produce un movimiento

inacabable *adj* que no se acaba nunca

inaccesible *adj* imposible de alcanzar o conseguir

inaceptable *adj* que no se puede aceptar

inadaptado, -a *adj* que no se adapta a la sociedad

inadmisible *adj* que no se puede admitir

inagotable *adj* que no se acaba nunca

inaguantable *adj* que no se puede aguantar

inalterable *adj* que no cambia

inanimado, -a *adj* que no tiene vida

inapreciable *adj* que no se puede apreciar o distinguir

inaudito, -a *adj* nunca oído

inauguración *f* acto para celebrar el comienzo de algo

inaugurar *vt* dar comienzo a una cosa con una celebración

incalculable *adj* que no se puede calcular

incansable *adj* que no se cansa

incapacidad *f* falta de capacidad para hacer algo

incapaz *adj* que no tiene capacidad para hacer algo

incendiar *vt/pronl* prender fuego a algo provocando un incendio

incendio *m* fuego grande que quema y destruye todo lo que encuentra a su paso

incertidumbre *f* falta de certeza o seguridad sobre algo

incesante *adj* que no para

incidente *m* suceso que influye en el desarrollo de algo

incienso *m* sustancia que desprende un olor agradable al arder

incierto, -a *adj* que no se sabe como va a ser

incinerar *vt* quemar algo hasta convertirlo en cenizas

inclemencia *f* tiempo frío y desagradable

inclinación *f* posición distinta de la vertical y la horizontal

inclinar *vt/pronl* colocar algo en una posición distinta de la vertical o la horizontal

incluir *vt* poner una cosa dentro de otra o hacer que forme parte de ella

inclusive *adv* incluso

incluso *adv* con inclusión de

incógnita *f* aquello que no se conoce

incógnito, de ~ de manera que nadie lo conozca

incoherencia *f* falta de relación entre varias cosas

incoloro, -a *adj* que no tiene color

incomodar *vt/pronl* provocar en alguien alguna molestia; enfadar a alguien

incomodidad *f* aquello por lo que algo resulta incómodo

incómodo, -a *adj* que no proporciona descanso o bienestar; que no resulta agradable

incomparable *adj* que no se puede comparar

incompleto, -a *adj* que no está completo

incomprendido, -a *adj/s* que no es comprendido por los demás

incomprensible *adj* imposible de comprender

incomprensión *f* falta de capacidad para entender las ideas y los comportamientos de los demás

incomunicar *vt* dejar a alguien o algo sin comunicación; *pronl* alejarse de la compañía de otras personas

inconfundible *adj* que no se puede confundir con otro

inconsciente *adj* que está en un estado en que no se da cuenta de lo que ocurre a su alrededor

inconstante *adj* que presenta muchos cambios e interrupciones

incontrolable *adj* imposible o muy difícil de controlar

inconveniente *adj* que no es conveniente ni oportuno; *sm* dificultad, obstáculo

incordiar *vt* molestar

incorporar *vt/pronl* hacer que una cosa forme parte de otra; *pronl* levantar la parte superior del cuerpo desde la posición de tumbado

incorrección *f* error, defecto

incorrecto, -a *adj* que presenta algún error o defecto

incrédulo, -a *adj/s* que no se cree lo que otros dicen

increíble *adj* imposible o muy difícil de creer

incrementar *vt/pronl* aumentar, ampliar

incrustar *vt/pronl* introducir una cosa en la superficie de otra

incubadora *f* lugar del hospital donde se mantiene a los niños que nacen antes de tiempo o con problemas

incubar *vt* cubrir las aves los huevos para darles calor hasta que nazcan las crías

incuestionable *adj* que no admite discusión o duda

inculpar *vt* acusar a alguien de una falta o delito

inculto, -a *adj/s* que no tiene cultura

incultura *f* falta de cultura

incurable *adj* que no se puede de curar

indagar *vt/i* intentar averiguar algo que no se sabe

indecente *adj/s* que va en contra de la moral

indecisión *f* falta de capacidad para decidirse

indeciso, -a *adj/s* que tiene problemas para decidirse

indefenso, -a *adj/s* que carece de defensa o protección

indefinido, -a *adj* que no está bien definido

independencia *f* situación en la que no se depende de nada ni de nadie

independiente *adj/s* que no depende de nada ni de nadie

independizar *vt/pronl* hacer

que alguien o algo sea independiente

indeseable *adj/s* que se considera poco recomendable

indestructible *adj* imposible o muy difícil de destruir

indeterminado, -a *adj* no precisado

indicación *f* palabra o señal que sirve para indicar algo

indicar *vt* dar a conocer algo con palabras o señales

indicativo, -a *adj* que sirve para indicar

índice *m* lista ordenada de cosas; segundo dedo de la mano empezando a contar desde el pulgar

indicio *m* aquello que permite suponer algo

indiferencia *f* actitud de la persona que no siente afecto ni rechazo hacia alguien o algo

indiferente *adj* que no produce afecto ni rechazo

indígena *adj/s* que ha nacido en un determinado país y ha vivido allí desde siempre

indigestión *f* dolor de estómago que se produce cuando se come demasiado

indigesto, -a *adj* se dice del alimento difícil de digerir

indignación *f* ira provocada por alguien o algo injusto

indignar *vt/pronl* enfadar mucho algo injusto

indigno, -a *adj* que no es

propio de cierta persona o cosa

indio, -a *adj/s* de la India; de los pueblos que vivían en América antes de su descubrimiento

indirecto, -a *adj* que no es directo; *sf* cosa que se da a entender sin expresarla de forma clara

indiscreción *f* hecho de contar algo que debería callarse

indiscreto, -a *adj/s* que cuenta cosas que debería callar

indispensable *adj* que resulta necesario para algo

individual *adj* de una sola persona

individuo, -a *s* persona cuya identidad no se conoce o no se quiere decir; *sm* persona considerada en sí misma y separada de los demás

indivisible *adj* que no se puede dividir en partes

indoloro *adj* que no causa dolor

indudable *adj* que no admite duda

indumentaria *f* conjunto de prendas que usa una persona para vestirse

industria *f* conjunto de actividades destinadas a fabricar productos

industrial *adj* relativo a la industria; *s* persona que es responsable de una industria

inédito, -a *adj* que aún no ha sido publicado; desconocido

inepto, -a *adj* que no sirve para nada

inercia *f* incapacidad de los cuerpos para modificar su estado de reposo o movimiento hasta que no actúe sobre ellos una fuerza externa

inesperado, -a *adj* que sucede sin haberlo esperado

inestable *adj* que está en peligro de caerse, cambiar o desaparecer

inestimable *adj* que tiene demasiado valor para ser debidamente apreciado

inevitable *adj* que no se puede evitar

inexacto, -a *adj* que no es exacto

inexistente *adj* que no existe

inexperto, -a *adj/s* que no tiene experiencia

inexplicable *adj* que no se puede explicar

infalible *adj* que no falla nunca

infame *adj/s* muy malo

infancia *f* período de la vida que se extiende desde el nacimiento hasta la adolescencia; conjunto de los niños

infante, -a *s* cualquiera de los hijos del rey excepto el heredero del trono

infantería *f* conjunto de tropas de un ejército que combaten a pie

infantil adj relativo a la infancia

infarto m parada cardiaca que puede producir la muerte

infección f enfermedad que se transmite de unos cuerpos a otros por contagio

infeccioso, -a adj relativo a la infección

infectar vt producir una infección; pasar una enfermedad de un cuerpo a otro

infeliz adj/s que no es feliz

inferior adj que está más abajo; de menor categoría

infernal adj relativo al infierno; fig muy desagradable

infierno m rel lugar donde van las almas de los que mueren en pecado muy grave

infinidad f gran cantidad de algo

infinitivo m forma no personal del verbo que termina en -ar, -er o -ir

infinito, -a adj que no tiene límite o fin; fig muy grande

inflamable adj que puede quemarse con facilidad

inflamar vt/pronl hacer que algo arda de forma brusca; aparecer un bulto en una parte del cuerpo

inflar vt/pronl llenar algo con aire o con otra cosa; fig y fam hartar a alguien con comida

inflexible adj que no cambia de opinión

influencia f poder o autoridad; pl conjunto de personas conocidas que pueden facilitar o conseguir algo a otra

influir vt/i producir un cambio o un efecto sobre alguien o algo

información f conjunto de noticias y datos sobre alguna cosa

informal adj que no actúa con seriedad; adj/s que no cumple su palabra ni sus obligaciones

informar vt/pronl proporcionar noticias y datos sobre algo

informático, -a adj relativo a la informática; adj/s de la persona que se dedica a la informática; sf conjunto de conocimientos y técnicas relacionadas con el uso de ordenadores

informativo, -a adj que informa; sm programa de radio o televisión que ofrece las noticias de actualidad

informe m conjunto de noticias y datos organizados

infracción f hecho de no cumplir una ley o norma

infringir vt no cumplir una ley o norma

infundado, -a adj que no tiene motivo que lo justifique

infusión f bebida que se prepara cociendo en agua ciertos frutos o plantas

ingeniero, -a *s* persona dedicada al estudio y aplicación de los descubrimientos científicos a la utilización de la materia y de las fuentes de energía

ingenio *m* capacidad para pensar o inventar cosas con facilidad; sentido del humor

ingenioso, -a *adj* capaz de pensar o inventar cosas con facilidad; que tiene gracia

ingenuidad *f* falta de malicia al pensar, hacer o decir algo

ingenuo, -a *adj/s* que actúa sin malicia ni picardía

ingle *f* parte del cuerpo donde se une la pierna con la pelvis

ingl∥és, -esa *adj/s* de Inglaterra; *sm* lengua que se habla en Gran Bretaña, Estados Unidos y otros países

ingratitud *f* actitud de la persona que no agradece las atenciones que recibe

ingrato, -a *adj/s* que no agradece las atenciones que recibe; *adj* que no merece el esfuerzo realizado

ingrediente *m* cada uno de los elementos con que se prepara una comida

ingresar *vi* entrar a formar parte de un grupo de personas; *vt/i* entrar en un hospital para recibir asistencia

ingreso *m* hecho de entrar a formar parte de un grupo de personas; *pl* cantidad de dinero que se recibe cada cierto tiempo

inhalar *vt* aspirar gas u otras sustancias

inhumano, -a *adj* tan cruel que no es propio del ser humano

inicial *adj* relativo al origen o al comienzo de algo; *sf* primera letra de una palabra

iniciar *vt/pronl* comenzar, empezar algo

iniciativa *f* idea que propone alguien; capacidad para emprender o idear algo

inicio *m* principio de algo

injusticia *f* falta de justicia

injusto, -a *adj/s* que no actúa con honestidad y justicia

inmediato, -a *adj* que sucede sin que pase casi nada de tiempo

inmenso, -a *adj* enorme

inmoral *adj* opuesto a los valores que se consideran adecuados

inmortal *adj* que no puede morir; *fig* que siempre será recordado y valorado

inmortalizar *vt* hacer que alguien o algo sea siempre recordado y valorado

inmóvil *adj* que no se mueve

innegable *adj* que no se puede negar

innumerable *adj* tan numeroso que no se puede contar

inocencia *f* falta de malicia

inocentada *f fam* broma sin

importancia que suele hacerse en ciertas fechas

inocente *adj/s* que no tiene mala intención; que no tiene la culpa

inodoro *adj* que no tiene olor; *sm* retrete

inofensivo, -a *adj* que no produce daño

inolvidable *adj* que no se puede olvidar

inoportuno, -a *adj* que sucede o se dice en el momento menos conveniente

inoxidable *adj* se dice del metal que no se estropea con el agua

inquietar *vt* poner nervioso a alguien

inquieto, -a *adj* nervioso, intranquilo

inquietud *f* sensación de nerviosismo o intranquilidad

inquilino, -a *s* persona que vive en una casa de alquiler

insaciable *adj* imposible o muy difícil de satisfacer

inscribir *vt/pronl* anotar algo en una lista o en un registro

insecticida *m* producto para matar insectos

insecto *m* animal pequeño que suele tener alas

inseguridad *f* falta de seguridad

inseguro, -a *adj* que actúa sin seguridad; que no es firme o estable

insensato, -a *adj/s* que ha-

bla o actúa de forma imprudente

insensible *adj* que no tiene capacidad para sentir

inseparable *adj* imposible o muy difícil de separar

inservible *adj* que no sirve para nada

insignia *f* símbolo que identifica a un grupo

insignificante *adj* sin importancia; muy pequeño

insinuar *vt* dar a entender algo sin expresarlo de forma clara

insistente *adj* que insiste mucho

insistir *vi* repetir una cosa varias veces para conseguir algo

insociable *adj* que evita el trato con otras personas

insolación *f* malestar provocado por la exposición prolongada al sol

insolente *adj/s* que no actúa con respeto o educación

insólito, -a *adj* poco frecuente; inexplicable

insomnio *m* dificultad para dormir

inspeccionar *vt* examinar algo con mucha atención

inspector, -a *s* persona encargada de examinar o controlar algo

inspiración *f* hecho de tomar aire

inspirar *vt* tomar aire

instalación *f* colocación de

algo en un lugar para que éste pueda ser utilizado

instalar *vt* colocar algo en un lugar; *vt/pronl* acomodar a alguien en un sitio

instantáneo, -a *adj* que sucede o se hace en un momento

instante *m* período de tiempo muy corto

instintivo, -a *adj* que se hace por instinto

instinto *m* conducta no aprendida por la cual las personas o los animales responden siempre de la misma manera ante determinados estímulos

institución *f* organismo de interés público

instituto *m* centro de enseñanza secundaria

instrucción *f* hecho de enseñar determinados conocimientos; *pl* conjunto de explicaciones sobre cómo hacer o utilizar algo

instructivo, -a *adj* que sirve para enseñar

instructor, -a *s* persona que se dedica a enseñar algo

instruir *vt/pronl* proporcionar determinados conocimientos a alguien

instrumento *m* objeto que se emplea para hacer algo; objeto utilizado para producir sonidos musicales

insuficiencia *f* falta o escasez de algo

insuficiente *adj* que no es suficiente

insultar *vt/pronl* ofender a alguien con palabras, gestos o acciones

insulto *m* palabra utilizada para ofender a alguien

intacto, -a *adj* que no ha sido tocado

íntegro, -a *adj* entero; *fig* que actúa con honradez

intelectual *adj* relativo a la inteligencia; *adj/s* se dice de la persona dedicada a actividades que precisan el uso de la inteligencia

inteligencia *f* capacidad para comprender, razonar y relacionar las cosas

inteligente *adj* que tiene inteligencia

intemperie, a la al aire libre

intención *f* propósito de hacer algo

intencionado, -a *adj* que se hace con intención

intensidad *f* fuerza o energía con que se manifiesta algo

intenso, -a *adj* que tiene mucha fuerza o energía

intentar *vt* hacer el esfuerzo necesario para realizar o conseguir algo

intento *m* acción con la que se trata de conseguir algo

intercalar *vt* poner una cosa entre otras

intercambiar *vt* cambiar una cosa por otra

intercambio *m* hecho de cambiar una cosa por otra

interceder *vi* hablar en favor de una persona

interés *m* valor o importancia de algo; esfuerzo y atención con que se hace algo para que salga bien

interesado, -a *adj/s* que tiene interés; que actúa siempre en su propio beneficio

interesante *adj* que interesa

interesar *vi* producir interés; tener algo importancia para alguien; *vt* hacer que alguien tenga interés por algo; *pronl* mostrar interés

interior *adj* que está en la parte de dentro; *sm* parte de dentro de una cosa

interjección *f* expresión que se utiliza para manifestar un estado de ánimo o una orden

interlocutor, -a *s* cada una de las personas que participan en una conversación

intermediario, -a *adj/s* que actúa entre dos partes en conflicto para intentar llegar a un acuerdo

intermedio, -a *adj* que está situado entre dos cosas; *sm* espacio de tiempo que transcurre entre dos partes de una misma acción

interminable *adj* que no tiene fin o parece no tenerlo

intermitente *adj* que se interrumpe y continúa de forma repetida y regular; *sm* luz del automóvil que se enciende y se apaga sucesivas veces

internacional *adj* relativo a varias naciones

internado *m* lugar donde viven los alumnos internos de un centro de enseñanza

internar *vi/pronl* avanzar hacia el interior de un lugar; *vt* meter a alguien en un lugar para que permanezca en él

interno, -a *adj* que está dentro de algo; *adj/s* se dice del alumno que vive en el centro de enseñanza donde estudia

interpretación *f* explicación del significado de algo

interpretar *vt* explicar el significado de algo

intérprete *s* persona que traduce algún idioma

interrogación *f* signo de ortografía que se coloca al principio y al final de una pregunta

interrogar *vt* hacer preguntas

interrogativo, -a *adj* que expresa una pregunta

interrogatorio *m* serie de preguntas para aclarar un hecho

interrumpir *vt* parar la realización de algo; cortar una conversación

interruptor *m* aparato utilizado para abrir o cerrar el paso de la corriente eléctrica

intervalo m espacio de tiempo entre dos hechos

intervención f hecho de tomar parte en algo; med operación quirúrgica

intervenir vi tomar parte en algo; vt realizar una operación quirúrgica

intestino m especie de tubo situado bajo el estómago

intimidad f vida privada de una persona

íntimo, -a adj interno, profundo; que refleja una gran amistad y confianza

intoxicación f daño en la salud que se produce por comer, beber o respirar algo perjudicial

intoxicar vt/pronl producir un daño en la salud por comer, beber o respirar algo perjudicial

intranquilidad f nerviosismo, inquietud

intranquilo, -a adj que está nervioso o inquieto

intransitable adj se dice del lugar por donde no se puede pasar

intratable adj se dice de la persona difícil de tratar

intrépido, -a adj se dice de la persona que no se detiene ante el peligro

intriga f acción secreta para conseguir algo; conjunto de sucesos que despiertan el interés de una persona

intrigar vi actuar en secreto para conseguir algo; vt despertar interés o curiosidad

introducción f hecho de meter algo en el interior de una cosa; presentación de un asunto a tratar

introducir vt meter algo en el interior de una cosa

intruso, -a adj que se ha introducido en un lugar sin derecho o sin permiso

intuición f capacidad para saber algo sin que haya ninguna razón para saberlo

inundación f hecho de cubrir el agua un lugar

inundar vt/pronl cubrir el agua un lugar

inútil adj que no sirve para nada

invadir vt entrar en un lugar por la fuerza

inválido, -a adj/s de la persona con problemas físicos o psíquicos que no puede realizar ciertas actividades

invariable adj que no cambia

invasión f entrada en un lugar por la fuerza

invasor, -a adj/s que entra en un lugar por la fuerza

invencible adj imposible o muy difícil de vencer

inventar vt/pronl crear algo nuevo; presentar como real algo que es imaginario

invento

invento *m* aquello que se crea o inventa

inventor, -a *adj/s* que inventa

invernadero *m* recinto cubierto para el cultivo de plantas

invernal *adj* relativo al invierno

inverosímil *adj* imposible o muy difícil de creer

invertebrado, -a *adj/sm* se dice del animal que no tiene esqueleto

invertir *vt/pronl* cambiar el orden de las cosas; emplear cierta cantidad de dinero en algo

investigación *f* estudio para conocer o descubrir algo

investigador, -a *s* persona dedicada a realizar estudios para conocer o descubrir algo

investigar *vt/vi* hacer lo necesario para aclarar un hecho

invierno *m* estación más fría del año entre el otoño y la primavera

invisible *adj* que no se puede ver

invitación *f* hecho de invitar a alguien; tarjeta con la que se invita a algo

invitado, -a *s* persona que ha recibido una invitación

invitar *vt* comunicar a alguien el deseo de que esté presente en una celebración; pagar algo a otra persona

involuntario, -a *adj* que se hace sin querer

inyección *f* introducción de una sustancia en el organismo con una jeringuilla

inyectar *vt* introducir una sustancia en el organismo con una jeringuilla

ir *vi/pronl* trasladarse de un lugar a otro; *vi* dirigirse a cierto sitio; asistir a un lugar; funcionar, marchar; estar situado en determinada posición; *pronl* marcharse de un lugar

ira *f* enfado muy violento

ironía *f* expresión en la que se da a entender algo diferente a lo que se dice

irónico, -a *adj/s* que expresa lo contrario de lo que dice

irracional *adj* que no tiene sentido

irreal *adj* que no existe en la realidad

irrealizable *adj* que no se puede realizar

irreconocible *adj* que no se puede reconocer

irregular *adj* que no es regular; que se sale de la norma

irremediable *adj* que no se puede evitar

irresistible *adj* que no se puede aguantar

irresponsable *adj/s* que no cumple con sus obligaciones

irritación *f* enfado; estado de alguna parte del cuerpo que enrojece y escuece o duele

irritar *vt/pronl* enfadar mucho a alguien; enrojecer y escocer o doler una parte del cuerpo

irrompible *adj* imposible o muy difícil de romper

isla *f* porción de tierra rodeada de agua por todas partes

islamismo *m* religión fundada por Mahoma

islote *m* isla pequeña y sin población

istmo *m* superficie de tierra estrecha y larga que une dos porciones de tierra más grandes entre sí

italiano, -a *adj/s* de Italia; *sm* lengua oficial de Italia

itinerario *m* conjunto de lugares por los que se pasa para ir de un sitio a otro

izar *vt* hacer subir una bandera o la vela de un barco

izquierdo, -a *adj* se dice de la parte del cuerpo situada en el lado del corazón; se aplica a las cosas que están situadas en el lado correspondiente a la mano izquierda; *sf* mano o pierna situada en el lado del corazón; dirección que corresponde al lado izquierdo

J

jabalí *m* animal salvaje parecido al cerdo con el pelo más duro y oscuro y dos dientes grandes y curvos

jabalina *f* hembra del jabalí; *dep* especie de lanza pequeña

jabato, -a *adj/s fam* atrevido, valiente; *sm* cría del jabalí

jabón *m* producto que se utiliza para lavar

jabonar *vt* dar jabón

jabonera *f* recipiente donde se pone el jabón

jaca *f* hembra del caballo

jacinto *m* planta de olor agradable con flores en racimo

jadear *vi* respirar con dificultad

jaleo *m* situación en la que hay mucho ruido y desorden

jamás *adv* en ningún momento

jamón *m* pata del cerdo salada y curada; carne de dicha pata

japon|és, -esa *adj/s* de Japón; *sm* lengua oficial de Japón

jaqueca *f* dolor fuerte de cabeza

jara *f* arbusto de hojas viscosas y flores blancas y muy aromáticas

jarabe *m* bebida muy dulce; *med* medicina líquida

jardín *m* terreno donde se

cultivan y conservan árboles, plantas y flores

jardinería f conjunto de conocimientos relacionados con cuidado de los jardines

jardinero, -a s persona que cultiva y cuida un jardín; sf recipiente grande y alargado para el cultivo de plantas

jarra f recipiente de boca ancha con una o dos asas que se usa para contener líquidos

jarro m jarra con una sola asa

jarrón m recipiente de adorno para poner flores

jaula f especie de caja hecha con barrotes que sirve para guardar animales

jauría f conjunto de perros que participan en una cacería

jazmín m planta de olor agradable con flores amarillas

jazz m género musical que se caracteriza por los cambios de ritmo y la improvisación

jefatura f categoría de jefe; oficina correspondiente a ciertos organismos oficiales

jefe, -a s persona que manda o dirige a otras

jerarquía f organización de grupos, personas o cosas por orden de importancia

jergón m saco lleno de paja que se usa para dormir

jeringuilla f instrumento formado por un tubo hueco y una aguja que se utiliza para introducir ciertas sustancias en el organismo

jeroglífico, -a adj de la escritura representada con dibujos en vez de con letras

jersey m prenda de vestir con mangas que cubre el cuerpo hasta la cintura

jesuita adj/sm del religioso perteneciente a la Compañía de Jesús

jeta adj/s de la persona que se aprovecha siempre de los demás

jilguero m pájaro pequeño de alas amarillas y negras y cabeza blanca, negra y roja

jinete m persona que monta a caballo

jirafa f animal de cuello muy largo y pelo amarillo con manchas negras

jo interj expresa asombro, admiración o fastidio

joder vt vulg realizar el acto sexual; vt/pronl vulg fastidiar; interj expresa asombro, admiración o fastidio

jolgorio m fiesta alegre y ruidosa

jolín interj expresa asombro, admiración o fastidio

jopé interj expresa asombro, admiración o fastidio

jornada f horario de trabajo

jornal m dinero que se gana por cada día de trabajo

jornalero, -a s persona que cobra un salario diario

joroba f bulto que tienen algunas personas en la espalda; bulto que tienen algunos animales en el lomo

jorobado, -a adj/s que tiene joroba

jorobar vt/pronl fam fastidiar a alguien

jota f música y baile típico de algunas regiones españolas

joven adj/s que tiene pocos años

joya f objeto de mucho valor hecho con metales y piedras preciosas

joyería f establecimiento donde se hacen o se venden joyas

joyero, -a s persona que hace o vende joyas; m caja para guardar joyas

juanete m bulto que aparece en el dedo gordo del pie

jubilación f hecho de dejar de trabajar por haber cumplido cierta edad o por enfermedad

jubilar vt/pronl dejar de trabajar por haber cumplido cierta edad o por enfermedad

júbilo m sensación de alegría

judaísmo m religión que cree en un solo Dios y espera la llegada de su Hijo

judicial adj relativo al juez o a la justicia

judío, -a adj/s relativo al judaísmo; sf agr planta de huerta con fruto en forma de vainas aplastadas; semilla de esta planta

judo m dep yudo

juego m actividad realizada como diversión o para pasar el tiempo; actividad realizada para divertirse que debe ajustarse a ciertas reglas; conjunto de cosas utilizadas para un mismo fin

juerga f diversión alegre y ruidosa en la que se arma mucho jaleo

juerguista adj/s persona muy aficionada a ir de juerga

jueves m cuarto día de la semana; *no ser nada del otro* ~ no ser nada extraordinario o fuera de lo normal

juez, -a s persona con poder legal para juzgar y dictar sentencias en los tribunales

jugada f cada una de las acciones que se llevan a cabo en un juego; mala acción realizada contra alguien

jugador, -a s persona que juega a algo

jugar vi realizar una actividad como diversión o para pasar el tiempo; participar en un juego o en un deporte

jugarreta f fam mala acción realizada contra alguien

jugo m líquido que se extrae de algunas sustancias animales o vegetales

jugoso, -a adj que tiene mucho jugo

juguete *m* objeto que sirve para que jueguen los niños

juguetear *vi* entretenerse con algo sin poner mucha atención en lo que se está haciendo

juguetería *f* establecimiento donde se venden juguetes

juguet|ón, ~ona *adj* que siempre está jugando

juicio *m* capacidad para saber lo que está bien y lo que está mal; opinión que se tiene sobre alguien o sobre algo; *jur* acto en el que un juez dicta sentencia

juicioso, -a *adj/s* que tiene capacidad para saber lo que está bien y lo que está mal

julio *m* séptimo mes del año

junco *m* planta de tallos largos y flexibles que crece en zonas húmedas

jungla *f* terreno de abundante vegetación típico de climas tropicales

junio *m* sexto mes del año

juntar *vt* poner dos o más cosas de manera que se toquen o estén muy cerca

junto, -a *adj* que está muy cerca; *sf* grupo de personas

que se reúnen para tratar un asunto

jurado *m* grupo de personas que juzgan un hecho

juramento *m* promesa solemne

jurar *vt* prometer algo de forma solemne

jurídico, -a *adj* relativo a las leyes

justicia *f* cumplimiento de la ley; forma de actuar conforme a lo que debe hacerse

justificante *m* documento o prueba que demuestra algo

justificar *vt* dar razones para demostrar algo

justo, -a *adj* que actúa según la ley o la razón; que actúa con honradez; exacto

juvenil *adj* relativo a la juventud

juventud *f* etapa de la vida que va desde la niñez hasta la edad adulta; conjunto de las personas jóvenes

juzgado *m* lugar donde se celebran los juicios

juzgar *vt* decidir si algo está bien o mal

K

karaoke *m* bar donde la gente puede salir a cantar a un escenario

kárate *m* deporte que consiste en combatir dando golpes con manos, codos y pies

karateca *s* persona que practica el kárate

katiusca *f* bota de goma que se utiliza para protegerse de la lluvia

ketchup *m* salsa de tomate

kilo *m* kilogramo

kilogramo *m* medida de peso

kilométrico, -a *adj* relativo al kilómetro; *fig* muy largo

kilómetro *m* medida de longitud

kiosco *m* quiosco

kiwi *m* fruta verde que tiene la piel marrón y pepitas negras por dentro

koala *m* animal de pequeño tamaño y de color gris que tiene una especie de bolsa en la que lleva a sus crías

L

la *art* indica el género femenino y número singular; *pron* complemento directo femenino de tercera persona; *mús* sexta nota de la escala

laberinto *m* lugar de difícil salida; *fig* enredo, lío

labia *f fam* facilidad y gracia en el hablar

labio *m* cada uno de los dos bordes que limitan la boca

labor *f* trabajo; **~es** *pl* trabajo de coser o bordar; *agr* labranza

laborable *adj* del día de trabajo

laboral *adj* del trabajo o relativo a él

laboratorio *m* lugar donde se realizan experimentos

laborioso, -a *adj* que trabaja mucho; trabajoso, difícil

laborismo *m* ideología y partido político socialista

labrador, ~a *s* persona que cultiva el campo

labranza *f* cultivo de las tierras

labrar *vt* trabajar una materia para darle forma; cultivar la tierra; arar

laca *f* sustancia resinosa; *pint* barniz duro y brillante; cosmético

lacayo *m* antiguo criado

lacio, -a *adj* del pelo liso; marchito; flojo

lacónico, -a *adj* conciso, breve

lacra *f* señal que deja una enfermedad; defecto, vicio

lacrar *vt* cerrar con lacre

lacre *m* pasta de goma laca y trementina

lacrimógeno, -a *adj* que produce lágrimas; *cine* lacrimoso, sensiblero

lacrimoso, -a *adj* que tiene lágrimas; que provoca el llanto

lactancia *f* período en el que los mamíferos maman; este sistema de alimentación

lactante *adj/s* que mama; *adj/sf* que da de mamar

lácteo, -a *adj* de la leche o relativo a ella; *astr* **Vía ~a** *f* faja de luz blanca en el cielo

lactosa *f* *quím* azúcar presente en la leche

lacustre *adj* del lago, de la laguna o relativo a ellos

ladear *vt/pronl* inclinar hacia un lado

ladera *f* declive de un monte

lado *m* mitad derecha o izquierda del cuerpo; margen, orilla; cada una de las dos superficies mayores de algo; lugar

ladrar *vi* dar ladridos

ladrido *m* sonido que emite con fuerza el perro

ladrillo *m* barro cocido con forma rectangular

ladr|ón, ~ona *adj/s* el que

roba; *sm* enchufe para conectar varios aparatos

lagar *m* lugar y recipiente donde se pisa la uva, se prensa la aceituna

lagarta *f* *fam* mujer astuta

lagartija *f* *zoo* lagarto pequeño

lagarto *m* *zoo* reptil de cuatro patas, cola larga

lago *m* gran cantidad permanente de agua en depresiones del terreno

lágrima *f* gota segregada por la glándula lagrimal

lagrimal *adj* de las lágrimas o relativo a ellas; *sm* parte del ojo cerca de la nariz

lagrimear *vi* producir lágrimas con frecuencia

laguna *f* lago pequeño; *fig* aquello que se desconoce

laicismo *m* doctrina sobre la independencia del hombre del poder eclesiástico

laico, -a *adj/s rel* que no es clérigo; independiente del poder eclesiástico

lama *m rel* maestro de la doctrina budista tibetana

lameculos *s/adj* *vulg* persona aduladora y servil

lamentable *adj* que causa pena; que da mala impresión, estropeado

lamentar *vt* sentir pena o disgusto; *pronl* expresar el disgusto con palabras

lamer *vt* pasar la lengua por algo

lámina *f* plancha delgada y plana de un material; grabado, ilustración

laminar *vt* hacer láminas; recubrir con láminas

lámpara *f* aparato para dar luz artificial; válvula electrónica; *fig* mancha

lampiño, -a *adj* que no tiene barba; que tiene poco pelo

lana *f* pelo de las ovejas; hilo de este pelo

lanar *adj* del ganado con lana o relativo a él

lance *m* acción de lanzar; riña; *toros* suerte con la capa

lancha *f* barca con motor

landa *f* terreno donde sólo se crían plantas silvestres

langosta *f zoo* animal marino comestible que tiene un caparazón; insecto saltador vegetariano

langostino *m zoo* animal marino comestible, alargado, con caparazón

languidecer *vi* disminuir la fuerza; perder valor

lánguido, -a *adj* débil, flojo; triste, desanimado

lanza *f* arma punzante con palo largo

lanzacohetes *sm/adj* arma o plataforma destinada a lanzar cohetes; lanzamisiles

lanzadera *f* pieza de la máquina de coser o del telar

lanzado, -a *adj* muy rápido; *adj/s* decidido, atrevido

lanzallamas *m mil* arma que lanza un líquido inflamable

lanzamiento *m* hecho de lanzar; *econ* anuncio; *dep* prueba con disco, jabalina

lanzar *vt* arrojar con fuerza en una dirección; *econ* dar a conocer algo nuevo; *pronl* decidirse; tirarse sobre algo

laña *f* grapa para el barro, cerámica o heridas

lapa *f zoo* molusco que vive pegado en las rocas de la costa; *fig* persona pesada

lapicero *m* instrumento en que se pone el lápiz; lápiz

lápida *f* piedra llana con una inscripción

lapidar *vt* matar a pedradas

lapidario, -a *adj fig* del estilo breve y conciso

lápiz *m* barrita de grafito para escribir o pintar; barrita para maquillarse

lapso m ~ de tiempo espacio de tiempo

largar *vt* soltar, quedarse libre de algo molesto; *fam* dar un golpe; *fam* contar algo aburrido; *fam* echar a alguien; *pronl fam* irse

largo, -a *adj* que tiene más longitud de lo normal; que dura demasiado; *sm* dimensión mayor de la superficie plana; *mús* movimiento lento

largometraje *m* película que dura más de una hora

larguero *m* palo colocado a

lo largo de una ventana, puerta; *dep* palo horizontal de una portería

larguirucho, -a *adj fam* de la persona desproporcionada por su altura y delgadez

laringe *f* órgano tubular encima de la tráquea

larva *f zoo* animal después de salir del huevo

larvado, -a *adj med* de enfermedades de naturaleza desconocida; oculto

lasaña *f gastr* plato de origen italiano con pasta

lascivo, -a *adj* lujurioso

láser *m* aparato electrónico de rayos de luz; rayo de esta luz

lástima *f* compasión; cosa que produce este sentimiento

lastimar *vt* hacer daño físico; *pronl* herirse; *fig* ofender

lastimoso, -a *adj* que produce lástima; estropeado

lastre *m* peso en el fondo de una embarcación o globo aerostático; *fig* estorbo

lata *f* hoja de metal; hojalata; envase de hojalata; *fam* cosa fastidiosa

latente *adj* oculto

lateral *adj/sm* situado en un lado

látex *m bot* jugo de muchos vegetales

latido *m* golpe alternativo del corazón y arterias

latifundio *m* propiedad rústica de gran extensión

latigazo *m* golpe dado con un látigo

látigo *m* instrumento con una cuerda o cuero unido a un mango; atracción de feria

latín *m* lengua hablada en la antigua Roma

latino, -a *adj* relativo al latín; *adj/s* de los países y habitantes de Europa y América que hablan una lengua derivada del latín

latinoamericano, -a *adj/s* de los habitantes y países de América colonizados por naciones latinas

latir *vi* dar latidos el corazón y las arterias

latitud *f geo* distancia de un punto de la tierra al ecuador

lato, -a *adj* extendido; **sentido lato** *fig* el que por extensión se da a una palabra

latón *m* aleación de cobre y cinc

latoso, -a *adj* molesto

latrocinio *m* robo

laúd *m mús* instrumento de cuerda

laudable *adj* digno de alabanza

laudo *m jur* sentencia de los árbitros en un litigio

laureado, -a *adj* premiado; *mil* condecorado

laurel *m bot* árbol de hojas siempre verdes; *pl fig* triunfo, premio

lava *f* materia derretida expulsada por los volcanes

lavable *adj* que se puede lavar sin estropearse

lavabo *m* pila con grifos; cuarto de baño; *pl* servicios públicos de aseo

lavacoches *s* persona encargada de limpiar coches

lavado *m* hecho de lavar

lavador, -a *adj* que lava; *sf* máquina para lavar la ropa

lavafrutas *m* recipiente donde se lava la fruta

lavandería *f* establecimiento donde se lava la ropa

lavaplatos *m* máquina para lavar utensilios de cocina

lavar *vt* limpiar con agua y otras sustancias; *pronl* limpiarse el propio cuerpo; *fig* purificar

lavatorio *m rel* ceremonia de lavar los pies; *am* lavabo

lavavajillas *m* lavaplatos; detergente para la vajilla

laxante *adj/sm* medicamento que facilita la evacuación del vientre

lazada *f* nudo que se desata tirando de una punta

lazarillo *m* persona o animal que guía a un ciego

lazo *m* nudo que se sujetar o adornar; *fig* unión, vínculo

leal *adj* digno de confianza

lealtad *f* cualidad de leal

lección *f* cada parte de un libro de texto; enseñanza obtenida de la experiencia

lechal *adj/sm* del animal que todavía mama

leche *f* líquido segregado por las mamas de las hembras; *fam* golpe; **mala -** *fam* mal humor o mala intención

lechería *f* establecimiento donde se vende leche

lechero, -a *adj* de la leche o relativo a ella; *s* persona que vende leche; *sf* recipiente para la leche

lecho *m* cama; *fig* cauce

lechón *m* cochinillo que todavía mama

lechuga *f agr* planta de huerta de hojas verdes

lechuza *f zoo* ave rapaz nocturna de cara redonda

lectivo, -a *adj* del tiempo de enseñanza escolar

lector, -a *adj/s* que lee; *sm* aparato captador de señales; *s* profesor auxiliar de su lengua materna

lectura *f* hecho de leer; lo que se lee

leer *vt* mirar y comprender los signos de un texto

legación *f pol* representación oficial de un gobierno

legado *m* aquello que se deja en favor de alguien; *pol* representante oficial

legajo *m* atado de papeles sobre una materia

legal *adj* de la ley o relativo a ella; *fam* leal

legalizar *vt* dar al estado legal;

certificar la autenticidad de un documento o firma

legaña *f* líquido seco expulsado por los ojos

legar *vt* dejar en testamento; *fig* transmitir cultura

legendario, -a *adj* de las leyendas o relativo a ellas; de algo con fama duradera

legible *adj* que se puede leer

legión *f hist* cuerpo del ejército romano; *mil* cuerpo de voluntarios; *fam* multitud

legislación *f* conjunto de leyes de un Estado; leyes sobre una materia

legislar *vi* dar, hacer leyes

legislativo, -a *adj* que tiene poder para legislar

legislatura *f* tiempo hasta la disolución del órgano legislativo

legitimar *vt* convertir algo en legítimo; asegurar la autenticidad de algo

legítimo, -a *adj* conforme a las leyes; justo; auténtico

lego, -a *adj/s rel* del miembro de una comunidad religiosa sin órdenes sagradas; *fig* de quien no tiene conocimientos sobre una materia

legua *f* medida de longitud equivalente a 5.572 metros

legumbre *f bot* fruto o semilla que se cría en vainas

leído, -a *adj fam* de la persona culta, erudita

lejanía *f* lugar distante

lejano, -a *adj* que está lejos en el espacio o tiempo

lejía *f* agua con sustancias disueltas

lelo, -a *adj* atontado, bobo

lema *m* frase breve que regula una conducta

lencería *f* ropa interior femenina; ropa de cama; lugar donde se vende

lengua *f* órgano muscular en el interior de la boca; sistema de comunicación verbal

lenguado *m zoo* pez marino de cuerpo plano

lenguaje *m* capacidad de las personas para expresar su pensamiento; sistema para comunicar algo de alguna forma; *inform* sistema de símbolos y reglas

lengüeta *f mús* lámina en la boquilla de los instrumentos de viento; tira de cuero de los zapatos en el empeine

lenitivo, -a *adj* que suaviza o ablanda; *sm* medicamento que ablanda, calma

lente *f* cristal con caras cóncavas o convexas; **~ de contacto** disco pequeño colocable sobre la córnea

lenteja *f agr* planta que da un fruto redondo en legumbre

lentejuela *f* adorno pequeño y redondo cosido a la ropa

lentilla *f fam* lente de contacto

lentitud *f* tardanza en el desarrollo de algo

lento, -a *adj* que tarda; que se mueve despacio

leña *f* madera para hacer fuego; *fam* golpe, leñazo

leñera *f* lugar donde se guarda la leña

leño *m* trozo de árbol

leo *m astr* quinto signo del horóscopo; *adj/s* de la persona nacida bajo este signo

león, leona *s zoo* mamífero carnívoro de gran tamaño y color marrón; *fig* valiente

leonera *f* lugar donde se encierra a los leones; *fam* habitación en desorden

leopardo *m zoo* mamífero carnívoro, muy ágil, de piel rojiza con manchas negras

leotardo *m*, **-s** *pl* especie de medias de pies a cintura

lepra *f med* enfermedad infecciosa de piel y nervios

lesbiano, -a *adj* de la atracción amorosa y sexual entre mujeres; *sf* mujer cuya sexualidad tiende hacia otra

lesión *f* daño corporal causado por golpe o enfermedad

lesionar *vt/pronl* hacer una lesión

letal *adj* que puede producir la muerte

letanía *f rel* oración con invocaciones y respuestas; *fam* enumeración larga, lista

letargo *m* tiempo de inactividad de algunos animales; *fig* modorra

letra *f* cada signo gráfico correspondiente a los sonidos de un idioma; forma de escribir este signo; *mús* texto; **~ de cambio** *econ* documento con una orden de pago

letrado, -a *adj* sabio, culto; *s* abogado

letrero *m* palabra o conjunto de palabras para indicar algo

leucemia *f med* enfermedad caracterizada por la proliferación maligna de leucocitos

leucocito *m bio* célula de la sangre y la linfa; glóbulo blanco

levadizo, -a *adj* que se puede levantar

levadura *f* sustancia para fermentar una masa

levantar *vt* mover hacia arriba; poner derecho; *fig* construir un edificio; suprimir un castigo; *vt/pronl* rebelar; *pronl* ponerse en pie; dejar la cama

levante *m* este u oriente; viento desde esta dirección

leve *adj* ligero, suave; *fig* de poca importancia

léxico *m* diccionario, vocabulario

ley *f* norma constante e invariable de las cosas; norma dictada por la autoridad

leyenda f relación de hechos con poca o nula base histórica; texto explicativo

liar vt envolver, enrollar; fig complicar un asunto; confundir a alguien; pronl equivocarse; _se con fam tener relaciones amorosas

libélula f zoo insecto de cuerpo estrecho y alargado

liberal adj/s del liberalismo o relativo a él; de costumbres libres

liberalismo m ideología defensora de la libertad individual y de la escasa intervención del Estado

liberalizar vt hacer más libre

liberar vt poner en libertad; eximir de una obligación; pronl superar imperativos que repriman

libertad f capacidad del hombre para hacer o no algo; estado del que no está preso o esclavo; pl fam excesiva familiaridad

libertar vt liberar

libertinaje m mal uso de la propia libertad; conducta inmoral

libido f psic deseo sexual y tendencia al placer como raíz de la actividad psíquica

libra f moneda del Reino Unido y otros países; unidad de peso; astr séptimo signo del horóscopo; adj/s de la persona nacida bajo este signo

librar vt/pronl quitar una preocupación, salvar de un peligro; vt econ emitir órdenes de pago; vi tener libre quien trabaja

libre adj que tiene capacidad y posibilidad para obrar o no; lo que no tiene impedimentos; que no está ocupado

librecambio m econ libre circulación de mercancías

librería f tienda de libros; mueble para colocar libros

libreta f cuaderno pequeño para escribir anotaciones; ~ de ahorros documento bancario de una cuenta

libreto m mús texto de la ópera, zarzuela

libro m conjunto de hojas impresas encuadernado

licencia f permiso; mil permiso para ausentarse; am permiso de conducir

licenciado, -a adj libre de un servicio; s titulado universitario; am tratamiento dado a los abogados; sm soldado con licencia definitiva

licenciar vt mil dar la licencia definitiva; pronl obtener la licenciatura

licenciatura f título de licenciado; conjunto de estos estudios

licencioso, -a adj inmoral

licitar vt ofrecer precio en subasta

lícito, -a adj permitido, legal, justo

licor *m* bebida alcohólica obtenida por destilación

licuar *vt* convertir en líquido

líder *m* jefe de un grupo; *dep* primero en la clasificación

lidiar *vi* pelear; *vt* luchar con el toro

liebre *f zoo* animal mamífero parecido al conejo

lienzo *m* tela de lino, cáñamo o algodón; *pint* tela; pintura sobre esta tela

liga *f* cinta elástica; unión; *dep* competición deportiva

ligamento *m* tejido fibroso que une los huesos, las articulaciones

ligar *vt* atar; relacionar; *mús* enlazar notas musicales; *vi fig* establecer relaciones amorosas pasajeras

ligereza *f* cualidad de ligero; agilidad; *fig* comportamiento irresponsable

ligero, -a *adj* que pesa poco; ágil, rápido; de poca importancia; *fig* irresponsable

lig|ón, ~ona *adj/s fig* que en tabla con frecuencia relaciones amorosas

ligue *m fig* relación pasajera de carácter amoroso; persona con la que se entabla esta relación

lija *f* piel seca del pez con este nombre o papel con arenilla

lijar *vt* pasar la lija sobre una superficie para suavizarla

lila *f bot* arbusto con flores de color morado o blanco; *adj* de color morado claro

lima *f* herramienta de acero para alisar; *fig* persona que come mucho

limar *vt* pulir con lima; *fig* perfeccionar; *fig* disminuir desacuerdos

limitar *vt* marcar los límites; ~ **con** *vi* tener límites comunes con otro; **~se a** *pronl* hacer únicamente algo

límite *m* línea que separa algo; término, fin

limítrofe *adj* que tiene límites con algo

limo *m* cieno, lodo

limón *m* fruto del limonero

limonada *f* bebida con zumo de limón, agua y azúcar

limonero *m bot* árbol perenne con fruto de color amarillo

limosna *f* dinero u otra cosa dados por caridad

limpiaparabrisas *m* varilla para limpiar el parabrisas

limpiar *vt* quitar la suciedad; quitar lo que estorba o es perjudicial; *fam* robar

limpieza *f* cualidad de limpio; hecho de limpiar

limpio, -a *adj* que no tiene suciedad; sin cosas inútiles; honrado; nítido; *fam* sin dinero; del dinero libre de impuestos o gastos

lince *m zoo* mamífero carnívoro mayor que el gato; *fam* persona lista, astuta

linchar *vt* matar a una persona un grupo sin un juicio

lindar *vi* estar contiguos dos terrenos

lindo, -a *adj* hermoso, bonito; *de lo lindo* *fam* mucho

línea *f* trazo delgado y alargado; serie de cosas colocadas en la misma dirección; servicio de transportes; comunicación telefónica

lingote *m* barra de algunos metales

lino *m bot* planta herbácea; hilo y tejido de esta planta

linterna *f* objeto de mano con pilas para proyectar luz

lío *m* situación difícil; situación con bastante ruido y personas; desorden; conjunto de cosas atadas

lioso, -a *adj* difícil de entender; *adj/s* de la persona chismosa

liquen *m* planta formada por un hongo y un alga

liquidar *vt* pagar lo que se debe; gastar o consumir; *fam* matar; *econ* vender a precio más barato

líquido, -a *adj/sm* de la materia cuyas moléculas tienen más cohesión que un gas y menos que un sólido

lira *f mús* instrumento de cuerda; moneda italiana

lírico, -a *adj* de una obra musical con partes cantadas; *adj/sf* de la poesía o relacionado con ella

lirio *m bot* planta herbácea con flores violetas grandes

lisiado, -a *adj/s* inválido, mutilado

liso, -a *adj* de la superficie sin desigualdades; de un solo color o sin adornos; del pelo no rizado

lista *f* serie de personas, cosas o sucesos; tira; raya

listo, -a *adj* que entiende fácilmente; *adj/s* que sabe lo que le conviene

litera *f* mueble de dos camas, una encima de otra; cada una de estas camas

literal *adj* que repite exactamente un texto; que traduce ajustándose al original

literario, -a *adj* de la literatura o relativo a ella

literatura *f* arte que emplea como medio la palabra; conjunto de las obras literarias

litoral *adj* relativo a la orilla del mar; *sm* costa

litro *m* medida de capacidad; líquido contenido

llaga *f* herida abierta

llama *f* masa gaseosa en combustión; *zoo* mamífero rumiante de los Andes

llamada *f* voz, gesto o sonido para atraer la atención; ~ *telefónica* cada vez que se marca un número de teléfono

llamar *vt* dirigirse por la voz, el gesto o un sonido a una persona o animal; citar a alguien; marcar un número de teléfono; poner nombre; *pronl* tener un nombre

llamarada *f* llama violenta, repentina y pasajera

llamativo, -a *adj* que llama la atención

llano, -a *adj* de un terreno sin diferencias de altura; sencillo, natural; *sm* terreno llano

llanta *f* aro de metal de la rueda

llanto *m* hecho de llorar

llanura *f* terreno llano y muy extenso

llave *f* instrumento para abrir o cerrar; instrumento para dar cuerda a un mecanismo; interruptor de corriente eléctrica; herramienta para apretar o aflojar tuercas

llavero *m* objeto para llevar las llaves

llegada *f* hecho de llegar; aparición; *dep* línea de meta

llegar *vi* aparecer en un lugar; ser el momento de algo; lograr un objetivo

llenar *vt* ocupar un espacio vacío; *fig* satisfacer; emplear el tiempo; *pronl* hartarse comiendo; ~ **de** dar a alguien mucho de algo

lleno, -a *adj* ocupado; saciado; *sm* local completo de público

llevadero, -a *adj* fácil de soportar

llevar *vt* transportar a otro lugar; conducir a cierto estado; tener puesta cierta ropa; tener consigo; sufrir; necesitar cierto tiempo; haber pasado un tiempo; *pronl* estar de moda; sentir una emoción; entenderse

llorar *vi* derramar lágrimas; quejarse

llor|ón, ~ona *adj/s* que llora o se queja mucho

llover *impers* caer gotas de agua desde las nubes; *vi fig* producirse algo de forma abundante

llovizna *f* lluvia fina y suave

lluvia *f* hecho de llover; agua que cae de las nubes; *fig* abundancia inesperada

lobo *m zoo* mamífero carnívoro parecido al perro

local *adj* de un lugar, pueblo, zona o relativo a ellos; de la parte de un todo; *sm* sitio cerrado y cubierto

localidad *f* lugar poblado; sitio o asiento; billete para entrar en este sitio

localizar *vt* encontrar el lugar

locatis *adj/s fam* loco

loción *f* producto para el aseo o masaje corporal

loco, -a *adj/s* que no actúa según la razón; *fig* imprudente; *fam* de un deseo o sentimiento muy intenso

locomoción *f* hecho de mover de un lugar a otro

locomotor, **-a** adj del movimiento o relacionado con él; sf vagón donde está la máquina del tren

locuaz adj que habla mucho

locura f med enfermedad que impide el uso de la razón; fig conducta imprudente; fam entusiasmo

locutor, **-a** s profesional que habla por un micrófono

lodo m barro

lógico, **-a** adj de la lógica o relativo a ella; conforme a la razón o sentido común; normal, natural; sf ciencia sobre la validez de las argumentaciones

lograr vt conseguir lo que se desea

logro m hecho de lograr; éxito

loma f elevación alargada de terreno; colina

lombriz f zoo gusano alargado en forma de anillos; **- intestinal** gusano parásito en el intestino

lomo m parte superior de los cuadrúpedos; gastr carne de esta parte; parte del libro donde se unen las hojas

lona f tela fuerte y resistente; suelo donde se practican ciertos deportes

loncha f trozo ancho, largo y delgado de un alimento

longaniza f gastr embutido largo y delgado de carne

longitud f distancia mayor de una superficie; geo distancia desde un punto hasta la línea cero

loro m zoo papagayo; fam persona habladora o que repite cosas sin entender

losa f piedra grande, delgada y plana

lote m cada parte de algo dividido para repartirlo

lotería f juego en el que se premian los billetes cuyos números coinciden con los sacados al azar; billete de este juego

loto m bot planta acuática; f lotería de cuarenta y nueve números en la que se premian seis sacados al azar

loza f barro fino, cocido y barnizado; conjunto de objetos de este material

lucero m astr astro brillante; planeta Venus

luchar vi combatir usando la fuerza, armas; esforzarse

luciérnaga f zoo insecto que emite una luz verde

lucio m zoo pez voraz y comestible de agua dulce

lucir vi dar luz, brillar; vt exhibir algo valioso; pronl producir buena impresión

lucro m beneficio, ganancia

lugar m espacio que se puede ocupar; sitio; población; posición ocupada en un orden

luz

lujo *m* riqueza y comodidad no necesarias; aquello que no todos pueden conseguir

lujuria *f* apetito sexual desordenado

lumbre *f* fuego con llama para cocinar o calentarse

luminoso, -a *adj* que da luz; *fig* de una idea acertada

luna *f astr* satélite que gira alrededor de un planeta; lámina de cristal

lunar *adj* del satélite de la Tierra o relativo a él; *sm* pequeña mancha redonda y oscura de la piel

lunático, -a *adj/s* que cambia sin motivo de carácter

lunes *m* primer día de la semana

lupa *f* lente de aumento

lustre *m* brillo

lustro *m* período de tiempo de cinco años

lustroso, -a *adj* que tiene lustre o brillo; *fig* que tiene aspecto sano y robusto

luto *m* signo de tristeza por la muerte de alguien; ropa de color negro; tiempo en que se muestra esta tristeza

luxación *f med* dislocación de un hueso

luz *f* forma de energía que alumbra; aparato para alumbrar; corriente eléctrica; *luces pl fam* inteligencia; *a todas luces fam* sin duda; *dar a* ~ parir una mujer; ~ *verde* permiso para hacer algo

M

macaco, -a s zoo mono que tiene el pelo de color pardo

macarra adj/s desp vulgar, poco elegante; s persona chula y agresiva

macarrón m gastr pasta de harina de trigo cortada en forma de canuto

macedonia f gastr postre hecho con trozos de frutas, azúcar y zumo

macedonio, -a adj/s de Macedonia

maceta f recipiente para cultivar plantas, tiesto

macetero m soporte para colocar macetas

machacar vt golpear una cosa para deshacerla o aplastarla; vi insistir mucho sobre algo

machac|ón, _ona adj que insiste mucho sobre algo

machete m cuchillo grande y fuerte

machista adj/s que actúa como si el hombre fuera superior a la mujer

macho m ser vivo de sexo masculino

macizo, -a adj sólido, sin huecos en su interior

macuto m especie de saco o mochila que se lleva al hombro o a la espalda

madeja f hilo enrollado en vueltas iguales

madera f materia que se obtiene del tronco de los árboles

madero m pieza larga de madera

madrastra f esposa con respecto a los hijos de su marido

madre f mujer que tiene uno o más hijos; rel tratamiento que se da a algunas religiosas

madriguera f agujero excavado en la tierra donde viven algunos animales

madrileño, -a adj/s de la comunidad autónoma de Madrid o de su capital

madrina f mujer que tiene, representa o acompaña a alguien a recibir ciertos sacramentos, honores

madrugada f momento del día en que amanece

madrugador, _a adj/s que suele levantarse temprano

madrugar vi levantarse muy temprano

madrugón m fam hecho de levantarse muy temprano

madurar vi alcanzar un fruto el punto adecuado para comerlo; fig crecer y desarrollarse una persona

madurez f estado de un fruto maduro; edad adulta entre la juventud y la vejez

maduro, -a adj del fruto que ya ha madurado; fig de alguien que ha crecido y se ha desarrollado

maestría f habilidad para hacer algo bien

maestro, -a adj de la obra que destaca entre las de su clase por su perfección; s persona que enseña una ciencia o un oficio

mafia f organización secreta y criminal que impone sus propias leyes por la violencia y el chantaje

magdalena f gastr bollo pequeño que se cuece en el horno dentro de un molde de papel

magia f conjunto de técnicas y conocimientos sobre poderes y fuerzas extraordinarias

mágico, -a adj de la magia o relativo a ella; fig extraordinario, maravilloso

magnetofón m aparato que sirve para grabar y reproducir sonidos en una cinta

magnífico, -a adj grandioso; muy bueno, de mucho valor

magnitud f propiedad física que puede medirse; fig tamaño o importancia de algo

mago, -a s persona que practica la magia

magullar vt/pronl dañar una parte del cuerpo golpeándola con violencia

mahometano, -a adj/s de la religión de Mahoma

mahonesa f mayonesa

maillot m dep camiseta muy ajustada

maíz m bot planta con tallos largos y hojas grandes cuyo grano se utiliza como alimento

majadería f acción o dicho estúpido e inoportuno

majadero, -a adj/s tonto, estúpido

majara o **majareta** adj/s fam que está un poco loco

majestad f título que se da a los reyes

majestuoso, -a adj que tiene esplendor, grandeza y provoca admiración

majo, -a adj/ fam de alguien que tiene simpatía

majorette f mujer joven vestida de uniforme que desfila en ciertos festejos

mal adj malo; sm lo contrario del bien; enfermedad o desgracia

malabarista s persona que realiza juegos lanzando objetos al aire y recogiéndolos sin que se le caigan

maldad f característica propia de las personas o de las cosas malas; acción mala

maldecir vt mencionar a alguien deseándole algún mal; vi hablar mal de alguien

maldición *f* algo malo que le sucede a alguien como castigo; expresión con que se maldice

maldito, -a *adj/s* que ha recibido una maldición

maleducado, -a *adj/s* que no tiene educación

maleducar *vt* educar mal a alguien dejándole hacer todo lo que quiere

malestar *m* sensación de incomodidad física o moral

maleta *f* caja de diversos materiales con asa que sirve para llevar cosas en los viajes

maletero *m* espacio trasero de un automóvil destinado a guardar el equipaje

maletín *m* maleta pequeña para llevar documentos

maleza *f* conjunto de hierbas o vegetación que crecen de forma natural

malgastar *vt* gastar o usar mal algo sin aprovecharlo de forma adecuada

malhablado, -a *adj/s* que habla sin respeto

malhechor, ~a *s* persona que comete delitos de manera habitual

malhumor *m* estado de ánimo que tiene alguien cuando está enfadado

malhumorado, -a *adj* que tiene mal humor

malicia *f* mala intención; picardía para conseguir algo

malicioso, -a *adj* que tiene mala intención; *adj/s* que suele ver mala intención en los otros

maligno, -a *adj* que causa daño o es perjudicial; de una enfermedad grave

malintencionado, -a *adj/s* que tiene mala intención

malla *f* tejido parecido a una red; prenda de vestir elástica y muy ajustada

malo, -a *adj* que no tiene las cualidades que debería tener; desfavorable, contrario a los propios intereses; dañino, perjudicial; enfermo

maloliente *adj* que huele mal

malt|és, ~esa *adj/s* de Malta; *sm* lengua hablada en este país

maltratar *vt* tratar mal a alguien causándole daño

maltrecho, -a *adj* que está en mal estado por el trato que ha recibido

malva *adj/sm* de color violeta pálido

malvado, -a *adj/s* de alguien que causa el mal, maligno

mamá *f fam* madre

mamar *vt/i* chupar la leche del pecho de la madre

mamarracho *m fam* persona que resulta ridícula por su aspecto o por sus acciones

mamífero, -a *adj/s* del animal que se alimenta de la leche de su madre

mampara f especie de tabique que sirve para dividir una habitación o aislar una parte de la misma

mamporro m fam golpe poco importante

mamut m zoo mamífero mayor que el elefante que vivió hace varios millones de años

manada f grupo de animales de la misma especie que viven y se desplazan juntos

manantial m corriente de agua que brota de forma natural

manar vi salir un líquido de alguna parte

manazas s fam persona poco hábil con las manos

mancha f marca o señal de suciedad

manchar vt/pronl ensuciar dejando manchas

manchego, -a adj/s de la región de La Mancha

manco, -a adj/s que no tiene uno u ningún brazo

mandamiento m orden que hay que cumplir

mandar vt decir lo que hay que hacer; gobernar o dirigir

mandarina f fruta parecida a la naranja pero más pequeña y más dulce

mandato m orden que da una autoridad; tiempo durante el que se desempeña un cargo de gobierno

mandíbula f cada uno de los dos huesos que forman la boca

mandil m prenda que cubre la parte delantera del cuerpo para evitar que se manche la ropa

mando m autoridad para mandar sobre algo; instrumento que permite hacer funcionar ciertos aparatos

mandón, -ona adj/s fam que le gusta mandar e imponer su autoridad a otros

manecilla f especie de aguja que sirve para señalar algo

manejable adj que se puede manejar con facilidad

manejar vt usar o mover algo con las manos; utilizar algo; pronl fig saber actuar en una situación

manejo m hecho de manejar; fig actividad oculta y con intrigas

manera f forma en que se hace o sucede algo

manga f parte de una prenda de vestir que cubre el brazo hasta la muñeca

mangar vt fam hurtar o robar

mango m parte estrecha y alargada para agarrar un utensilio; bot árbol de fruto grande y carnoso en forma de pera; fruto de este árbol

manguera f tubo largo, impermeable y flexible que sirve para dirigir un líquido

manía f comportamiento dirigido por ideas fijas; *fam* antipatía hacia alguien

maniático, -a *adj/s* que tiene manías

manicomio *m* antiguo hospital para enfermos mentales

manicura *f* cuidado y arreglo de las manos y las uñas

manifestación *f* hecho de manifestar; conjunto de personas que se reúnen en un lugar público para manifestar algo

manifestante *s* persona que se reúne con otras en un lugar público para manifestarse

manifestar *vt/pronl* expresar o dar a conocer una idea; *pronl* participar en una manifestación

manillar *m* parte delantera de un vehículo de dos ruedas donde se apoyan las manos para dirigirlo

maniobra *f* operación que se realiza para controlar los movimientos de una máquina o vehículo

maniobrar *vi* realizar maniobras

manipular *vt/i* realizar alguna actividad con las manos o utilizando ciertos instrumentos; *vt fig* modificar de forma ilícita una situación para conseguir fines propios

maniquí *s* persona que trabaja exhibiendo ante el público prendas de vestir; *m* muñeco grande con forma de persona

manitas *s fam* persona muy hábil con las manos

manivela *f* pieza doblada en ángulo recto para mover un mecanismo

manjar *m* alimento exquisito

mano *f* parte del cuerpo situada en el extremo del brazo y que nos sirve para agarrar las cosas; cada una de las patas delanteras de algunos animales; palo del mortero; capa de pintura o barniz que se da sobre una superficie; *a* ~ sin utilizar máquinas; *de segunda* ~ ya usado; *echar una* ~ ayudar

manojo *m* conjunto de cosas que se pueden coger con una mano

manopla *f* especie de guante sin separaciones para los dedos que sirve para proteger las manos

manosear *vt* tocar repetidamente a alguien o algo con las manos

manotazo *m* golpe dado con la mano

manotear *vi* mover mucho las manos

mansedumbre *f* cualidad de manso

mansión *f* casa muy grande y lujosa

manso, -a *adj* del animal que no ataca y es dócil

manta *f* pieza de tela grande y gruesa que sirve para abrigarse; *zoo* pez de cuerpo plano y grandes aletas

mantear *vt* lanzar a alguien hacia arriba impulsándole con una manta sostenida por varias personas

manteca *f* grasa de algunos animales

mantecado, -a s *gastr* bollo pequeño que se hace con manteca, harina y huevos

mantel *m* pieza de tela con la que se cubre la mesa durante las comidas

mantelería *f* conjunto de mantel y servilletas a juego

mantener *vt/pronl* sujetar algo para evitar que se caiga; defender una idea; cumplir una promesa; *vt/pronl* conservar algo sin cambios; alimentar a alguien

mantequería *f* establecimiento donde se vende mantequilla y otros productos derivados de la leche

mantequilla *f* grasa que se obtiene de la grasa de la leche de vaca

mantilla *f* prenda de vestir para la mujer que se pone sobre la cabeza y cae sobre los hombros

manto *m* prenda de vestir amplia que cubre desde la cabeza o los hombros hasta los pies

mantón *m* prenda de vestir para la mujer que se pone sobre los hombros

manual *adj* que se realiza con las manos; *sm* libro que recoge lo más importante sobre una materia

manufactura *f* producto hecho a mano o con la ayuda de máquinas; fábrica donde se hacen estos productos

manuscrito, -a *adj* escrito a mano; *sm* texto escrito a mano

manzana *f* fruta redonda, de piel fina y de carne blanca y comestible

manzanilla *f bot* planta de flores blancas y amarillas que se utiliza para hacer infusiones

manzano *m bot* árbol cuyo fruto es la manzana

maña *f* habilidad para algo

mañana *f* espacio de tiempo comprendido entre la noche y la tarde; *m fig* tiempo futuro

mañoso, -a *adj* que tiene maña para hacer algo bien

mapa *m* representación gráfica de la superficie terrestre

mapamundi *m* mapa que representa la superficie de la Tierra dividida en dos

maqueta *f* copia o modelo en miniatura de un objeto

maquillador, -a *s* persona que trabaja maquillando a los demás

maquillaje *m* conjunto de productos utilizados para embellecer el rostro

maquillar *vt/pronl* dar ciertos productos en el rostro para embellecerlo

máquina *f* aparato que facilita la realización de un trabajo; locomotora

maquinaria *f* conjunto de máquinas; mecanismo que hace funcionar un aparato

maquinilla *f* aparato que sirve para afeitarse la barba

maquinista *s* persona que conduce un tren

mar *s* masa de agua salada que cubre la mayor parte de la superficie de la Tierra

marabunta *f* grupo muy numeroso de hormigas que devoran todo lo que encuentran a su paso; *fig* grupo muy numeroso de personas

maraca *f* *mús* instrumento formado por una calabaza seca que tiene semillas en su interior y suena al agitarla

maratón *s* *dep* carrera de fondo en la que se recorre una distancia de unos cuarenta y dos kilómetros

maravilla *f* fenómeno, objeto o persona extraordinaria que causa admiración

maravillar *vt/pronl* causar admiración o sorpresa

maravilloso, -a *adj* extraordinario

marca *f* señal que se hace a algo para poder reconocerlo; señal dejada por algo; nombre que un fabricante da a sus productos

marcador *m* *dep* tablero donde se anotan los tantos conseguidos por cada equipo o jugador

marcar *vt* poner una señal en algo para poder reconocerlo; dejar algo una señal; señalar ciertos aparatos las divisiones o grados de aquello que miden; destacar algo; formar con las teclas del teléfono el número; *dep* conseguir un tanto

marcha *f* salida de un lugar; desarrollo, funcionamiento de algo; cada una de las posiciones de la palanca de cambio en un vehículo; *fam* ambiente animado y divertido

marchar *vi/pronl* ir de un lugar a otro; *vi* desarrollarse una actividad; funcionar un aparato; *pronl* abandonar un lugar

marchitar *vt* estropearse una planta; *fig* perder vitalidad o belleza una persona con el paso de los años

marchito, -a *adj* estropeado; *fig* que ha perdido vitalidad o belleza

marchoso, -a *adj/s* *fam* alegre, divertido

marciano, -a *adj* del planeta Marte; *s* habitante imaginario del planeta Marte

marco *m* borde de madera u otro material que rodea algunas cosas; *econ* moneda oficial de Alemania y otros países

marea *f* movimiento ascendente y descendente de las aguas del mar

marear *vt* producir mareo; *fig* cansar o molestar a alguien; *pronl* sentir mareo

mareo *m* sensación de malestar caracterizada por náuseas, vómitos y pérdida del equilibrio

marfil *m* material duro y blanco del que están formados los dientes de algunos animales

margarina *f* sustancia fabricada con grasas vegetales y animales mezcladas con productos lácteos que se utiliza en sustitución de la mantequilla

margarita *f bot* planta cuyas flores tienen el centro amarillo y los pétalos blancos

margen *m* borde o extremo de una cosa; espacio en blanco que se deja en una página entre el borde y el texto escrito

marginar *vt* dejar márgenes; *fig* excluir o discriminar a alguien

marica *adj/sm fam* hombre afeminado; homosexual

marido *m* hombre casado, con respecto a su mujer

marihuana *f* droga extraída de las hojas de cierta planta

marimandón, -ona *adj/fam* de la persona a la que le gusta mucho mandar

marimorena *f fam* pelea muy ruidosa

marina *f* adj de la marina o de los marineros o relativo a ella; *sm* persona que trabaja en un barco

marino, -a *adj* del mar o relativo él; *sm* persona que tiene un grado profesional o militar en la marina; *sf* conjunto de barcos de un país

marioneta *f* muñeco movido por hilos

mariposa *f zoo* insecto con dos pares de alas grandes y de colores muy vistosos

mariquita *f zoo* insecto de forma ovalada y de color rojo con manchas negras

marisabidillo, -a *fam s* persona que presume de lista

marisco *m zoo* animal marino invertebrado y comestible

marisma *f* terreno que se inunda con las aguas del mar

marítimo, -a *adj* relativo al mar

marketing *m* mercadotecnia

marmita f olla de metal con tapadera

mármol m roca muy dura que se utiliza en arquitectura y escultura

marmota f zoo animal de patas cortas, cabeza grande y orejas pequeñas que tiene el pelo muy espeso

marqu|és, -esa s título de la nobleza

marranada f cosa sucia

marrano, -a adj/s muy sucio; sm zoo cerdo, gorrino

marrón adj/s del color parecido a la cáscara de la castaña

martes m segundo día de la semana

martillazo m golpe fuerte dado con un martillo

martillo m herramienta compuesta de una cabeza y un mango alargado y que sirve para dar golpes sobre algo

mártir s persona que sufre o muere por defender su fe religiosa o creencias

martirio m sufrimiento o muerte de alguien por defender sus ideas religiosas

marxismo m conjunto de ideas económicas y políticas que defienden la desaparición de las clases sociales

marxista adj del marxismo o relativo a él; s partidario del marxismo

marzo m tercer mes del año

mas conj pero

más adv en mayor cantidad, cualidad o intensidad; sm mat signo de la suma

masa f mezcla espesa y blanda que resulta de unir un líquido y una sustancia sólida; fig conjunto muy numeroso de personas o cosas

masaje m presión que se ejerce sobre alguna zona del cuerpo utilizando las manos o ciertos aparatos

masajista s persona que se dedica a dar masajes

mascar vt masticar

máscara f objeto que sirve para cubrir la cara y no ser reconocido; aparato que se coloca sobre el rostro para protegerse de los gases tóxicos

mascarilla f máscara que protege de los gases tóxicos y que cubre sólo la nariz y la boca; capa de productos de belleza que se extiende sobre el rostro durante unos minutos

mascota f figura que representa a un grupo o acontecimiento

masculino, -a adj de la persona, animal o planta que posee órganos para fecundar; que tiene características propias de los varones

masía f casa de campo típica de Cataluña

masticar vt partir y deshacer algo con los dientes

mástil *m* palo vertical donde se sujetan las velas en un barco; poste donde se sujeta una bandera

mastodonte *m zoo* mamífero de gran tamaño que vivió hace varios millones de años

masturbar *vt/pronl* proporcionar placer tocando los órganos sexuales

mata *f bot* planta de poca altura; trozo de una planta

matadero *m* lugar donde se matan los animales utilizados para la alimentación del hombre

matamoscas *m* sustancia química que sirve para matar moscas; especie de pala unida a un mango largo que sirve para matar moscas

matanza *f* hecho de matar a muchas personas de forma violenta; operación de matar al cerdo y preparar su carne para el consumo del hombre

matar *vt/pronl* quitar la vida; *vt fig* hacer sufrir, dañar; molestar mucho; destruir, eliminar; pasar el tiempo; *pronl* perder la vida; *fig* esforzarse mucho en algo

matasanos *s fam* médico

matasellos *m* marca que se pone sobre los sellos para que no puedan ser utilizados más de una vez

matasuegras *m* tubo de papel enrollado con una boquilla que se estira y suena al soplar por ésta

mate *adj* sin brillo

matemático, -a *adj* de la matemática o relativo a ella; *s* persona que se dedica a las matemáticas; *sf* ciencia que estudia los números, las figuras geométricas, sus propiedades y relaciones

materia *f* sustancia o material de que está hecha una cosa; aquello que se opone al espíritu; asignatura; *fig* asunto sobre el que se habla; **entrar en ~** comenzar a tratar un asunto

material *adj* de la materia o relativo a ella; físico; *sm* materia para fabricar algo

materialista *adj/s* que se preocupa en exceso por las cosas materiales

maternal *adj* propio de una madre, materno

maternidad *f* estado de ser madre una mujer; hospital donde se atiende a las mujeres que van a dar a luz

materno, -a *adj* de la madre o relativo a ella

matinal *adj* de la mañana o relativo a ella

matiz *m* cada uno de los tonos que puede presentar un color

matón, ~ona *adj/s fam* que disfruta buscando pelea

matorral *m* conjunto de matas

matraca *f* instrumento que produce un ruido fuerte y desagradable al hacerlo girar

matrícula *f* registro de una persona en una lista oficial con un fin determinado; placa en la que figura el número de identificación de un vehículo

matricular *vt/pronl* registrar a alguien en una lista oficial con un fin determinado

matrimonio *m* unión de un hombre y una mujer mediante ciertos ritos religiosos o legales

matutino, -a *adj* de la mañana o relativo a ella

maullar *vi* dar maullidos el gato

maullido *m* voz característica del gato

máximo, -a *adj* lo más grande; *sm* límite superior al que se puede llegar

mayo *m* quinto mes del año

mayonesa *f* salsa hecha con aceite, huevo, sal y limón

mayor *adj* más grande; de la persona que tiene más edad que otra; adulto; viejo, anciano; de más importancia o autoridad; *sm mil* grado superior del ejército

mayordomo, -a *s* criado principal de una casa

mayoría *f* parte mayor de algo; mayor número de votos iguales en una votación

mayúsculo, -a *adj* muy grande; *adj/sf* de las letras de mayor tamaño que se utilizan al principio de un nombre propio y después de un punto

maza *f* herramienta pesada que se utiliza para golpear

mazapán *m gastr* dulce hecho de almendras y azúcar que se come en Navidad

mazazo *m* golpe dado con una maza o con un mazo; *fig* impresión muy fuerte

mazmorra *f* prisión situada bajo tierra

mazo *m* martillo grande hecho de madera

meada *f* pis que se hace de una vez; señal que deja

mear *vt/i/pronl* hacer pis; *pronl fam* reírse mucho

mecachis *interj fam* expresa asombro, admiración o fastidio

mecánico, -a *adj* relativo a las máquinas; hecho con máquinas; que se hace de forma automática; *s* persona que trabaja reparando máquinas; *sf* conjunto de conocimientos relacionados con el funcionamiento de las máquinas

mecanismo *m* conjunto de piezas organizadas entre sí de manera que pueden producir un movimiento

mecanógrafo, -a *s* persona

que se dedica a escribir a máquina

mecedora f especie de butaca que se mueve hacia adelante y hacia atrás

mecer vt/pronl mover con suavidad algo de un lado a otro

mecha f especie de cuerda que arde con facilidad; mechón de pelo

mechero m instrumento que sirve para encender fuego

mechón m pequeño grupo de pelos

medalla f placa pequeña y fina de metal que tiene una figura grabada

medallón m joya que se cuelga del cuello con una cadena

media f prenda de vestir femenina que cubre el pie y la pierna

mediano, -a adj intermedio; sf zona situada en la parte central de una carretera donde no está permitido circular

medianoche f momento del día que coincide con las doce de la noche

mediante adv por medio de

medicamento m med sustancia que sirve para curar una enfermedad

medicina f ciencia que estudia las enfermedades; medicamento

medicinal adj que puede curar

medición f hecho de medir

médico, -a adj de la medicina o relativo a ella; s persona que ejerce la medicina

medida f hecho de medir; unidad que permite calcular una magnitud; número que representa el resultado del cálculo de una magnitud; acción realizada para conseguir o evitar algo

medieval adj de la Edad Media o relativo a ella

medio, -a adj que es la mitad de algo; intermedio; que representa las características propias de un grupo; sm punto o momento intermedio de algo; instrumento o acción que sirve para alcanzar un fin; entorno en el que habita un ser vivo; pl bienes económicos; sf valor intermedio

mediocre adj/s de poca calidad; poco importante

mediodía m momento del día que coincide con las doce de la mañana; sur

medir vt comparar una magnitud con su unidad para saber el número de veces que la primera contiene a la segunda; vi tener una determinada extensión

meditación f hecho de meditar

meditar vt/i pensar algo despacio y con mucha atención

mediterráneo, -a adj del Mediterráneo o relativo a él

medusa f zoo animal marino que segrega una sustancia que irrita mucho la piel

megafonía f conjunto de aparatos que permiten aumentar el volumen de un sonido

megáfono m aparato que permite aumentar el volumen de un sonido

mejicano, -a adj/s mexicano, de Méjico

mejilla f cada una de las dos partes carnosas de la cara humana

mejillón m zoo animal marino comestible que tiene dos conchas negras

mejor adj más bueno; adv más bien

mejorar vt hacer que algo sea mejor de lo que es; vi/pronl curarse una persona

mejoría f hecho de cambiar para mejorar

mejunje m líquido espeso formado por la mezcla de varios productos

melancolía f tristeza sin motivo aparente

melancólico, -a adj que tiene melancolía

melena f cabello largo y suelto

melenudo, -a adj que tiene el pelo muy largo

mellizo, -a adj/s que ha nacido en el mismo parto que su hermano

melocotón m fruta redonda, dulce y jugosa que tiene la piel amarilla

melocotonero m bot árbol cuyo fruto es el melocotón

melodía f sucesión de sonidos que tienen un sentido musical

melodioso, -a adj que resulta agradable oírlo

melón m bot fruto grande de color amarillo o verde

melonar m plantación de melones

membrana f capa de piel muy fina

membrete m nombre y dirección de una persona que se imprimen en la parte superior del papel de escribir

membrillo m bot árbol cuyo fruto es de color amarillo y tiene forma de pera; gastr dulce hecho con este fruto

memo, -a adj poco inteligente

memoria f capacidad para recordar cosas; presencia en la mente de algo pasado; informe sobre algo; inform dispositivo para el almacenamiento de datos en el ordenador

memorizar vt retener algo en la memoria; inform registrar datos en la memoria del ordenador

menaje *m* conjunto de utensilios del hogar

mencionar *vt* nombrar a alguien o algo

mendigo, -a *s* persona que pide limosna

mendrugo *m* trozo de pan duro

menear *vt* mover algo de un lado a otro; *pronl* mover el cuerpo al andar

meneo *m* movimiento de un lado a otro

menestra *f gastr* comida preparada con verduras

mengano, -a *s* nombre que se da a una persona cualquiera

menguante *adj* que cada vez es más pequeño

menhir *m* monumento prehistórico consistente en una piedra grande y alargada clavada en el suelo

menisco *m* hueso de la rodilla con forma de media luna

menor *adj* más pequeño; que tiene menos edad que otro; *adj/s* que no ha alcanzado la mayoría de edad

menos *adv* en menor cantidad; *sm mat* signo de la resta

menosprecio *m* falta de consideración hacia alguien o hacia algo

mensaje *m* información enviada a alguien

mensajero, -a *adj* que lleva un mensaje; *s* persona que se dedica a llevar mensajes

menstruación *f* pérdida mensual de sangre que experimenta la mujer

mensual *adj* que ocurre cada mes; que dura un mes

mensualidad *f* cantidad de dinero que se recibe o se paga cada mes

menta *f bot* planta de hojas aromáticas que se utilizan para hacer infusiones

mental *adj* de la mente o relativo a ella

mentalidad *f* manera de pensar

mente *f* conjunto de capacidades relacionadas con el pensamiento, la razón, la memoria y la voluntad

mentir *vi* decir mentiras

mentira *f* dicho o hecho que no es verdad

mentirijillas *f fam* **de -** de broma

mentiroso, -a *adj/s* que no suele decir la verdad

mentolado, -a *adj* que sabe a menta

mentón *m* barbilla

menú *m gastr* conjunto de platos que se toman en una comida; lista de comidas y bebidas que se sirven en un restaurante; *inform* lista en la pantalla del ordenador que indica las operaciones que se pueden realizar

menudo, -a *adj* pequeño; delgado y de baja estatura

meñique *m* dedo más pequeño de la mano o del pie

meón, meona *adj/s fam* que hace pis con frecuencia

mequetrefe *s fam* persona poco formal y de poco juicio

mercader *m* comerciante

mercadillo *m* mercado ambulante

mercado *m* establecimiento o grupo de establecimientos donde se venden comestibles

mercadotecnia *f econ* conjunto de técnicas de estudio del mercado para vender mejor un producto

mercancía *f* producto que se compra o se vende

mercante *adj* relativo al comercio marítimo

mercantil *adj* del comercio o relativo a él

mercería *f* establecimiento donde se venden artículos necesarios para la costura

mercurio *m* metal líquido de color gris

merecer *vt* ser o hacerse digno de algo

merecido *m* castigo que se impone a alguien por considerarse justo

merendar *vt/i* comer algo por la tarde

merendero *m* lugar al aire libre donde se puede ir a comer

merendola *f fam* merienda abundante

merengue *m gastr* dulce hecho con clara de huevo y azúcar; *mús* baile del Caribe

meridiano, -a *adj fig* muy claro; *sm astr* cada uno de los círculos que rodean la Tierra pasando por los polos

meridional *adj/s* del sur o mediodía

merienda *f* comida que se hace por la tarde

mérito *m* acción por la que alguien se merece una cosa

merluzo, -a *adj/s fam* persona torpe o poco inteligente; *sf zoo* pez marino comestible de cuerpo alargado

mermar *vt* hacer que algo disminuya

mermelada *f gastr* dulce hecho con fruta y azúcar

mero, -a *adj* puro, simple; *sm zoo* pez marino comestible de ojos y boca grandes

mes *m* cada una de las doce partes en que se divide un año

mesa *f* mueble formado por una tabla lisa apoyada sobre una o varias patas

meseta *f geo* terreno llano situado a cierta altura

mesilla *f* mesa pequeña que se coloca junto a la cama

mesón *m* establecimiento decorado de manera tradicional donde se sirven comidas y bebidas

mesonero, -a s persona que posee o dirige un mesón

mestizo, -a adj/s de la persona cuyos padres son de diferente raza

meta f objetivo; dep línea donde finaliza una carrera; espacio entre dos postes por donde tiene que entrar el balón para conseguir un tanto

metáfora f expresión de algo utilizando una palabra con el significado de otra con la que guarda cierta relación

metal m material brillante buen conductor del calor y la electricidad; **~ precioso** metal muy valioso que se utiliza para hacer joyas

metálico adj de metal

metalizado, -a adj que está cubierto de metal y brilla

metalúrgico, -a adj relativo a la técnica de obtener metales a partir de los minerales que los contienen

metamorfosis f conjunto de cambios que experimentan algunos animales en su desarrollo

meteorología f conjunto de conocimientos relacionados con los fenómenos atmosféricos

metepatas s fam persona que suele hacer o decir cosas de forma inoportuna

meter vt poner una cosa dentro de otra o introducir algo

en un sitio; ingresar dinero en un banco; hacer que una persona ingrese en un centro; vt/pronl poner a una persona en una situación comprometida; pronl entrar en un sitio; molestar a alguien con ofensas o insultos; intervenir una persona en un asunto que no tiene nada que ver con ella

método m forma ordenada de hacer una actividad; manera de actuar

metomentodo s fam persona a la que le gusta intervenir en asuntos que no tienen por qué importarle

metralleta f arma de fuego que dispara a gran velocidad muchas balas seguidas

metro m medida de longitud; objeto que sirve para medir longitudes; tren subterráneo que transporta pasajeros en algunas ciudades

mexicano, -a adj/s de México

mezcla f resultado de la unión de varias cosas diferentes

mezclar vt juntar varias cosas formando un todo; meter a una persona en un asunto que no tiene nada que ver con ella

mezquita f rel lugar de oración de los musulmanes

mi pron mío

michelín *m fam* grasa acumulada en la cintura

mico, -a *s zoo* mono de cola larga; *sm fam* niño pequeño

microbio *m* ser vivo muy pequeño que sólo puede ser visto a través de un microscopio; *fam* niño pequeño

micrófono *m* aparato que aumenta el volumen de un sonido y permite emitirlo

microondas *m* aparato eléctrico que permite calentar los alimentos de manera rápida

microscópico, -a *adj* que sólo puede verse a través de un microscopio

microscopio *m* instrumento que permite ver las cosas que son muy pequeñas

miedica *adj/s fam* miedoso

miedo *m* sensación desagradable que se experimenta ante algo peligroso o dañino

miedoso, -a *adj/s* que tiene miedo de todo

miel *f* sustancia muy dulce elaborada por las abejas

miembro *m* extremidad del cuerpo; persona o entidad que forma parte de un grupo

mientras *adv* durante el tiempo en que sucede algo; *conj* durante

miércoles *m* tercer día de la semana

mierda *f* excremento humano y de ciertos animales; *fig* suciedad, basura; cosa de poca calidad

miga *f* parte blanda del pan; *pl gastr* plato preparado con trocitos muy pequeños de pan mojados en agua y cocinados con aceite, ajo y pimentón; ***hacer buenas ~s*** *fam* llevarse bien

migaja *f* porción muy pequeña de algo

mil *pron* diez veces cien

milagro *m rel* hecho sobrenatural que se atribuye a Dios; suceso sorprendente

milagroso, -a *adj* sobrenatural; sorprendente

milenario, -a *adj* del milenio o relativo a él

milenio *m* período de tiempo que dura mil años

milésimo, -a *pron* que ocupa el lugar número mil; *sf* cada una de las mil partes en que se divide algo

milhojas *sm gastr* dulce hecho con hojaldre y merengue

mili *f fam* servicio militar

miligramo *m* medida de peso

mililitro *m* medida de capacidad

milímetro *m* medida de longitud

militante *s* miembro de un partido político

militar *adj* relativo al ejército; *s* miembro del ejército

milla *f* medida de longitud

millar *m* conjunto de mil unidades

millón *m* mil veces mil

millonada *f* cantidad muy grande de dinero

millonario, -a *adj/s* que tiene muchos millones

mimar *vt* tratar a alguien con cariño

mimbre *s bot* arbusto cuyas ramas se utilizan para hacer diversos objetos

mímica *f* forma de comunicación a través de gestos

mimo *m* demostración de cariño; deseo de ser tratado con cariño; cuidado con que se hace algo; tipo de teatro donde sólo se utilizan gestos y movimientos; actor de este tipo de teatro

mimoso, -a *adj* que le gusta que le traten con cariño; *sf bot* arbusto de flores amarillas y de olor agradable

mina *f* lugar de donde se extraen minerales

mineral *adj* de la sustancia natural que se forma en la corteza de la tierra; *m* esta sustancia natural

minería *f* explotación de las minas

minero, -a *adj* de la mina o relativo a ella; *s* persona que trabaja en una mina

miniatura *f* reproducción de algo a tamaño muy pequeño

minibasket *m dep* baloncesto que se juega en un campo

más pequeño que el habitual y con las canastas a menor altura

minifalda *f* falda muy corta que queda por encima de las rodillas

mínimo, -a *adj* que es lo más pequeño; *sm* límite inferior al que puede llegar algo

minino *m fam* gato

ministerio *m* departamento que se encarga de determinados asuntos del gobierno de una nación

ministro *m* persona que dirige un ministerio

minoría *f* parte más reducida de un todo; conjunto de votos distintos a la mayoría en una votación

minucioso, -a *adj* que se preocupa mucho por los detalles

minúsculo, -a *adj* de pequeño tamaño; *adj/sf* de la letra de tamaño pequeño que se utiliza de forma habitual

minusválido, -a *adj/s* de la persona con problemas físicos o psíquicos que le impiden realizar ciertas actividades

minutero *m* manecilla del reloj que señala los minutos

minuto *m* cada una de las sesenta partes iguales en que se divide la hora

mío, mía *pron* mi

miope *adj/s* que tiene miopía

miopía *f* defecto en la vista

que le dificulta la visión de lejos

mirado, -a *adj* cuidadoso, prudente; *sf* hecho de analizar algo de manera rápida con la vista; forma de mirar

mirador *m* lugar situado en una zona elevada desde donde se puede contemplar un paisaje

miramiento *m* actitud de respeto hacia algo

mirar *vt/pronl* fijar la vista en algo para verlo; *vt* buscar algo; revisar, registrar; considerar algo

mirilla *f* pequeño agujero hecho en una puerta para poder ver lo que hay al otro lado

mirlo *m* zoo pájaro de pico amarillo y canto melodioso

mirlón, -ona *adj/s* que mira algo con curiosidad y de forma insistente

misa *f* rel ceremonia católica en la que se recuerdan la muerte y la resurrección de Jesucristo

miserable *adj* muy pobre; *adj/s* malvado; tacaño

miseria *f* pobreza muy grande; desgracia, sufrimiento

misericordia *f* compasión por las personas que nos lleva a brindarles nuestra ayuda y nuestro perdón

misericordioso, -a *adj/s* que muestra misericordia

mísero, -a *adj* miserable

misil *m* proyectil de gran tamaño que explota al llegar a su destino

misión *f* encargo que una persona tiene que cumplir; *rel* labor que realizan algunos religiosos para dar a conocer la religión cristiana

misionero, -a *s rel* persona que enseña la religión cristiana en ciertos lugares donde no se conoce

mismo, -a *adj* que es ése siempre en diferentes lugares y en distintas situaciones; igual o muy parecido

miss *f* título que se da a la mujer que gana un concurso de belleza

misterio *m* hecho inexplicable o incomprensible; asunto que no se quiere dar a conocer a los demás

misterioso, -a *adj* que tiene misterio

místico, -a *adj/s* de la mística o relativo a ella; *adj/s* persona que tiene esta experiencia mística; *sf* experiencia íntima o directa de Dios

mitad *f* cada una de las dos partes iguales en que se divide algo; punto intermedio

mitin *m* acto público en el que uno o varios oradores pronuncian discursos de carácter político o social

mito *m* relato que cuenta la historia de los dioses o de ciertos héroes

mixto, -a *adj* que está formado por elementos de diferente naturaleza

mobiliario *m* conjunto de muebles de una casa

mocasín *m* calzado de piel, flexible y plano

mochila *f* especie de bolsa de tela o de piel que se lleva colgada de los hombros

mochuelo *m zoo* ave pequeña y de ojos amarillos que caza por la noche

moco *m* líquido viscoso que sale por la nariz; *llorar a ~ tendido fam* llorar mucho

mocoso, -a *adj* que tiene muchos mocos; *adj/s fam* niño pequeño

moda *f* conjunto de gustos y costumbres que predominan en una determinada época; estilo de vestir que predomina en una determinada época

modales *m pl* forma de comportarse de una persona

modelar *vt/i* trabajar una materia blanda para darle forma

modelo *s* persona que posa para que otra reproduzca su figura en una obra artística; persona que trabaja poniéndose prendas de vestir para mostrarlas al público; *m* persona o cosa que sirve de ejemplo para hacer algo

moderado, -a *adj* que está en medio de los extremos

moderador, ~a *s* persona que dirige una conversación controlando los turnos de palabra

moderar *vt/pronl* disminuir la fuerza de algo cuando ésta es mayor de lo que debería ser; *vt* dirigir una conversación controlando los turnos de palabra

modernizar *vt* dar a alguien o a algo las características que se consideran más actuales

moderno, -a *adj* que es actual; que sigue la moda

modestia *f* actitud de la persona que no cree ser mejor que los demás

modesto, -a *adj* que tiene modestia; simple, escaso

modificación *f* cambio de pequeña importancia

modificar *vt/pronl* hacer que se produzca un cambio de pequeña importancia

modisto, -a *s* persona que trabaja creando y diseñando prendas de vestir

modo *m* manera de hacer algo

modorra *f* sueño, ganas de dormir

moflete *m fam* mejilla gruesa y carnosa

mogollón *m fam* gran cantidad de algo; *adv* mucho

moho *m* hongo que cubre los alimentos cuando éstos se estropean

mohoso, -a *adj* que tiene moho

mojar *vt/pronl* humedecer o empapar algo en un líquido; meter un alimento sólido en un alimento líquido

molde *m* recipiente donde se introduce una materia blanda para que adquiera su forma

molécula *f* parte más pequeña de una sustancia que conserva todas sus propiedades

moler *vt* golpear algo hasta conseguir trocitos muy pequeños o polvo

molestar *vt* producir molestia; *vt/pronl* enfadar o disgustar a alguien

molestia *f* sentimiento de incomodidad o intranquilidad que tiene una persona cuando tiene que hacer algo que no quiere o no le apetece hacer; dolor poco intenso

molesto, -a *adj* que produce molestia; que siente molestia

molinero, -a *s* persona que se dedica a moler el grano

molinillo *m* aparato que sirve para moler el café

molino *m* máquina que se utiliza para moler el grano; edificio donde se instala esta máquina

molusco *m zoo* animal acuático de cuerpo blando protegido con una concha

momentáneo, -a *adj* que dura muy poco tiempo

momento *m* período muy breve de tiempo; ocasión

momia *f* cadáver que no se descompone y conserva un aspecto parecido al de una persona viva

monada *f fam* persona, animal o cosa que resulta bonita o graciosa

monaguillo *m* niño que ayuda al sacerdote durante la celebración de la misa

monarca *m* rey

monarquía *f pol* sistema en el que la máxima autoridad está representada por la figura del rey

monasterio *m rel* lugar de residencia de una comunidad de monjes o monjas

monda *f* piel que se quita de un fruto

mondadientes *m* barrita pequeña de madera para pinchar los alimentos o para sacar los restos de comida de entre los dientes

mondar *vt* pelar un fruto

moneda *f econ* pieza redonda de metal que sirve para comprar cosas

monedero *m* especie de bolsa para guardar las monedas

monería *f fam* monada

mongólico, -a *adj/s med* que padece una enfermedad que provoca retraso mental y del crecimiento

monicaco, -a s fam niño pequeño

monigote m muñeco o figura ridícula

monitor, -a s persona que dirige a otras en una actividad; m pantalla que permite controlar el funcionamiento de algo

monja f rel mujer que pertenece a una orden religiosa

monje m rel hombre que pertenece a una orden religiosa

mono, -a adj fam bonito, gracioso; s zoo animal que tiene todo el cuerpo cubierto de pelo y que se cuelga de las ramas de los árboles; sm prenda de vestir de una sola pieza que cubre el cuerpo y las piernas

monopatín m tabla de madera con ruedas que se utiliza para desplazarse sobre ella

monótono, -a adj que aburre y cansa porque es siempre igual

monstruo m personaje fantástico que provoca mucho miedo; persona o cosa muy fea o demasiado grande; persona malvada

monstruoso, -a adj muy feo o demasiado grande

montacargas m ascensor grande que sirve para subir y bajar cosas pesadas

montaje m hecho de encajar las diferentes piezas de algo;

fig situación preparada para que parezca algo diferente a lo que es en realidad

montaña f geo elevación natural del terreno; fig conjunto de cosas colocadas unas sobre otras; problema u obstáculo que parece no tener solución

montañero, -a s persona que practica el montañismo

montañismo m dep subida a las montañas caminando

montañoso, -a adj que tiene muchas montañas

montar vt unir las diferentes piezas de algo; poner un negocio; organizar algo; gastr batir la nata o la clara del huevo hasta que se ponga espesa; zoo cubrir el animal macho a la hembra; vt/i/pronl subirse una persona en un animal; vt/i subir sobre un caballo; o dentro de un vehículo; subir sobre algo

monte m geo elevación natural del terreno

montón m conjunto de cosas colocadas unas sobre otras; gran cantidad de algo

montura f animal sobre el que se puede montar; soporte sobre el que se monta algo

monumental adj relativo al monumento; fig muy grande

monumento m construcción de gran valor histórico; obra de arte dedicada a una persona que se coloca en un lugar público

moño m conjunto de cabellos recogidos y enrollados sobre sí mismos que se sujetan con horquillas

moquear vt echar mocos

moqueta f tela fuerte con la que se cubre el suelo de una vivienda

mora f bot fruto redondeado y formado por muchos granos pequeños de color rosado, violeta o negro

morado, -a adj/s del color que resulta de mezclar azul y rojo; s f lugar en el que vive una persona o un animal

moral adj relativo al conjunto de valores y normas de conducta que se consideran adecuados; relativo al espíritu; s f conjunto de valores y normas de conducta que se consideran adecuados; estado de ánimo

moraleja f enseñanza que se deriva de una historia

moralidad f conformidad con los valores y normas de conducta establecidos

moratón m señal que aparece en la piel cuando nos damos un golpe

morcilla f gastr embutido elaborado con sangre de cerdo y cebolla

mordaza f especie de pañuelo en la boca de alguien para que no pueda hablar

morder vt/pronl apretar algo con los dientes

mordisco m hecho de morder

mordisquear vt morder de forma repetida y con poca fuerza

moreno, -a adj/s de color parecido al marrón

morfología f gram estudio de la estructura interna de las palabras

moribundo, -a adj/s que se está muriendo

morir vi/pronl dejar de vivir; fig sentir de manera intensa

moro, -a adj/s del norte de África; fam musulmán

morriña f fam añoranza de la tierra donde uno ha nacido

morro m hocico de un animal; fig parte delantera de algo; fam descaro; **estar de ~s** fam estar enfadado

morsa f zoo mamífero de las costas con las extremidades terminadas en aletas

morse m sistema de comunicación a través de puntos y rayas

mortadela f gastr embutido redondo con carne de cerdo o vaca muy picada

mortal adj que tiene que morir; que puede provocar la muerte; s m miembro de la especie humana

mortero m gastr recipiente redondo donde se machacan especias; **mil** arma en forma de tubo

mortífero, -a adj que puede provocar la muerte

mosaico m obra hecha con piezas que se pegan sobre una superficie para formar una imagen

mosca f zoo insecto que vuela; **con la ~ detrás de la oreja** fam con sospechas de algo

moscardón m zoo mosca parecido a la mosca pero de mayor tamaño

mosquear vt/pronl fig despertar en alguien una sospecha; pronl enfadarse

mosqueo m hecho de mosquearse

mosquetero m mil antiguo soldado del ejército francés

mosquito m zoo insecto de menor tamaño que la mosca que produce picaduras

mostaza f gastr salsa de color amarillo muy picante

mosto m zumo de uva

mostrador m especie de mesa alargada donde se muestran las mercancías a o donde se ponen las bebidas en un bar

mostrar vt colocar algo delante de alguien para que lo vea; enseñar algo mediante una explicación

mota f porción muy pequeña de algo; señal o mancha pequeña

mote m nombre con que se conoce a una persona y que es distinto de su verdadero nombre

motel m hotel de carretera

motín m rebelión popular

motivar vt/pronl conseguir que alguien quiera hacer o se interese por algo

motivo m razón que nos mueve a hacer algo

moto f motocicleta

motocicleta f vehículo de dos ruedas con motor

motociclismo m dep competición que se practica con motocicletas

motociclista s persona que conduce una motocicleta

motocross m dep carrera de motocicletas que se realiza en un circuito al aire libre

motor, -a sm máquina que transforma cierto tipo de energía en movimiento; sf barco pequeño movido por dicha máquina

motorista s motociclista

mousse f dulce ligero y blando que se toma como postre

mover vt/pronl cambiar de lugar o de posición; vt hacer movimientos; pronl ir de un sitio a otro; darse prisa

movible adj móvil

móvil adj que se puede mover; sm razón que nos mueve a hacer algo

movimiento *m* cambio de lugar o de posición; cambio que se observa en algo que no está quieto; gran circulación de personas, animales o cosas

mozo, -a *adj* relativo a la juventud; *adj/s* que tiene pocos años; *s* persona que trabaja en ciertos oficios realizando tareas que no requieren una preparación concreta

muchacho, -a *s* niño o joven; *sf* mujer que trabaja como criada

muchedumbre *f* gran cantidad de gente

mucho, -a *pron* gran cantidad; *adv* más de lo normal; *por ~ que* aunque

mudanza *f* traslado de muebles y otros objetos de una casa a otra

mudar *vt/i* cambiar de aspecto, naturaleza o estado; *pronl* cambiarse de ropa; cambiarse de casa

mudo, -a *adj* sin sonido; *adj/s* que no puede hablar; *sf* ropa interior

mueble *m* objeto que sirve para diferentes usos en una casa

mueca *f* gesto de la cara que expresa cierto sentimiento

muela *f* cada uno de los dientes más grandes que están en la parte posterior de la boca

muelle *m* especie de hilo elástico en forma de espiral que se aplasta cuando se pone encima un objeto pesado y recupera su forma inicial cuando éste se retira; construcción que se hace en los puertos para facilitar las tareas de carga y descarga de pasajeros y mercancías en los barcos

muerte *f* final de la vida; *a ~ fig* de manera intensa; *de mala ~ fam* malo o de mal aspecto

muerto, -a *adj/s* sin vida; *adj fig* sin actividad, poco animado; muy cansado

muestra *f* parte que se separa de un todo y que reúne las características propias del mismo; modelo que se debe copiar

muestrario *m* conjunto de muestras de un determinado producto

mugido *m* voz del toro o de la vaca

mugir *vi* emitir el toro o la vaca su voz característica

mugre *f* gran suciedad

mujer *f* persona de sexo femenino; persona adulta de sexo femenino; esposa

mulato, -a *adj/s* de la persona cuyos padres son de diferente raza, siendo uno de raza blanca y otro de raza negra

muleta *f* especie de bastón para apoyarse al caminar

muletilla *f* palabra o expresión que una persona repite con mucha frecuencia

mullir *vt* ahuecar una cosa para que esté más blanda

mulo, -a *s zoo* animal parecido al caballo pero de menor tamaño

multa *f* dinero que una autoridad establece que hay que pagar como castigo por una falta

multar *vt* poner una multa

multicolor *adj* de muchos colores

múltiple *adj* que tiene muchos elementos

multiplicación *f mat* operación que consiste en sumar un número tantas veces como indica otro

multiplicar *vt* realizar la multiplicación; *vt/pronl* aumentar la cantidad de algo

múltiplo *adj/sm mat* del número que contiene a otro un número exacto de veces

multitud *f* gran cantidad de gente

mundial *adj* relativo al mundo entero; *sm dep* competición en la que participan deportistas de diferentes países del mundo

mundo *m* conjunto de todo lo que existe; conjunto de personas; **caerse el ~ encima** *fam* sentirse muy mal cuando hay problemas; **correr ~** viajar mucho

munición *f* balas o proyectiles de las armas de fuego

municipal *adj* relativo al municipio

municipio *m* conjunto de los habitantes de la división administrativa menor de un Estado, regido por un ayuntamiento; territorio o término de esta división

muñeco, -a *s* juguete que representa la figura de una persona; *sf* parte del cuerpo donde se unen el brazo y la mano

muñequera *f* tira de tela elástica que se pone en la muñeca para evitar hacernos daño

mural *m* pintura que se coloca a modo de exposición sobre una pared

muralla *f* muro muy grande construido alrededor de una ciudad a modo de defensa

murciano, -a *adj/s* de la comunidad autónoma de Murcia y de su capital

murciélago *m zoo* mamífero de actividad nocturna que vuela con un ala unida a gran parte del cuerpo

murga *f* banda de músicos que actúan en la calle

murmullo *m* sonido suave y continuo

murmurar *vi* hablar mal de alguien ausente; *vt/i* hablar en voz muy baja; *pronl* extenderse una noticia que no se sabe si es o no cierta

muro *m* pared gruesa

musa *f* cada una de las diosas de las ciencias y las artes en la Grecia antigua

musaraña *f* *zoo* pequeño mamífero parecido al ratón pero de color rojizo y con el hocico muy puntiagudo

muscular *adj* de los músculos o relativo a ellos

músculo *m* cada uno de los órganos del cuerpo formados por tejido elástico

musculoso, -a *adj* que tiene los músculos muy desarrollados

museo *m* lugar en el que se guardan y exponen objetos de valor y obras de arte

musgo *m* *bot* planta que nace en lugares húmedos formando una especie de capa o alfombra

musical *adj* de la música o relativo a ella

músico, -a *s* persona que toca un instrumento musical; *sf* arte de combinar los sonidos para producir un efecto estético

muslo *m* parte de una pierna o de una pata comprendida desde la cadera hasta la rodilla

mustio, -a *adj* de la planta que ha perdido su belleza

musulm|án, ~ana *adj/s rel* que sigue la doctrina enseñada por Mahoma; de esta religión o relativo a ella

mutilar *vt/pronl* cortar una parte del cuerpo

mutuo, -a *adj* se dice de lo que se hace o da de forma recíproca

muy *adv* mucho

N

nabo m agr planta de huerta que tiene las hojas grandes y la raíz blanca y carnosa

nácar m sustancia blanca y dura que se forma en el interior de las conchas de los moluscos

nacer vi salir un ser vivo del vientre de su madre; salir un animal de un huevo; salir una planta de una semilla; fig salir el sol

nacimiento m hecho de nacer; rel conjunto de figuras que representan el nacimiento de Jesucristo

nación f conjunto de personas que viven en un determinado territorio o país con una misma estructura política; territorio ocupado por esas personas

nacional adj de la nación o relativo a ella

nacionalidad f hecho de pertenecer a una nación

nada f ausencia total de cualquier cosa; pron ninguna cosa; adv poca cantidad

nadar vi desplazarse por el agua moviendo los brazos y las piernas

nadie pron ninguna persona

naipe m carta de una baraja

nalga f cada una de las dos partes del cuerpo sobre las que nos sentamos

nana f canción para dormir a los niños pequeños

nanay interj fam no

napias f pl fam nariz

naranja f fruto del naranjo con la piel rugosa y pulpa dividida en gajos; adj/sm del color semejante al de este fruto

naranjada f bebida hecha con zumo de naranja

naranjo m bot árbol cuyo fruto es la naranja

narciso m bot planta de hojas alargadas cuya flor es amarilla o blanca

nariz f parte de la cara humana situada entre los ojos y la boca donde se localiza el sentido del olfato y que nos sirve para respirar

narizotas s fam persona que tiene la nariz muy grande; sf pl narices muy grandes

narración f hecho de narrar; novela o cuento

narrador, -a adj/s que narra

narrar vt contar un acontecimiento, un hecho o una historia imaginaria

nasal adj de la nariz o relativo a ella

nata f capa espesa que se forma en la superficie de la leche; *gastr* crema que se hace batiendo esta capa espesa con azúcar

natación *f dep* hecho de nadar

natalidad *f* número de nacimientos en un lugar y tiempo determinado

natillas *f pl gastr* dulce hecho con leche, huevos y azúcar

nativo, -a *adj* del lugar donde alguien ha nacido; *adj/s* nacido en el lugar del que se habla

natural *adj* de la naturaleza o relativo a ella; no hecho o elaborado con productos artificiales; sincero o espontáneo; *adj/sm* nacido en un determinado lugar

naturaleza *f* conjunto de todos los seres y cosas que constituyen el universo y en cuya formación no ha intervenido el hombre

naturalidad *f* cualidad de natural; sinceridad, sencillez

naufragar *vi* hundirse un barco; *fig* fracasar

naufragio *m* hecho de naufragar

náufrago, -a *s* persona que sufre un naufragio

náusea *f* sensación desagradable en el estómago que se produce antes de un vómito

náutico, -a *adj* de la navegación o relativo a ella

navaja *f* especie de cuchillo cuya hoja puede doblarse hasta quedar metida en el mango

navajazo *m* golpe dado con una navaja

naval *adj* de la nave, de la navegación o relativo a ellas

navarro, -a de la comunidad autónoma de Navarra

nave *f* embarcación; vehículo aéreo o espacial; espacio amplio de un edificio limitado por muros o arcos

navegable *adj* del río o lago por el que se puede navegar

navegación *f* hecho de navegar; viaje en barco; náutica

navegar *vi* desplazarse un barco por el agua

Navidad *f rel* día del nacimiento de Jesucristo; *pl* días durante los que se celebra

navideño, -a *adj* de la Navidad o relativo a ella

navío *m* barco de gran tamaño

neblina *f* niebla poco espesa

necesario, -a *adj* que se necesita para que alguien o algo pueda ser, existir, ocurrir; muy conveniente

neceser *sm* especie de bolsa o estuche para guardar los objetos relacionados con el aseo personal

necesidad *f* aquello que es necesario para algo; carencia o escasez de algo

necesitado, -a *adj/s* que carece de lo necesario para vivir

necesitar *vt/i* tener necesidad de algo

necio, -a *adj/s* tonto, idiota

nefasto, -a *adj* que provoca desgracia

negación *f* hecho de negar

negado, -a *adj/s* que es torpe o poco hábil en algo

negar *vt* decir que no; rechazar la existencia de algo; *pronl* no querer hacer algo

negativo, -a *adj* que sirve para negar; *fig* malo

negociar *vi econ* comprar o vender mercancías; *vt* discutir con alguien un asunto para llegar a un acuerdo

negocio *m econ* hecho de negociar; local comercial

negro, -a *adj* de color totalmente oscuro o falto de todo color; *fig* malo, desafortunado; enfadado, de mal humor; *adj/s* que se caracteriza por el color oscuro de la piel

nene, -a *s fam* niño pequeño

nenúfar *m bot* planta acuática de flores grandes

nervio *m* cada uno de los conjuntos de fibras del cuerpo conductores de los impulsos nerviosos; *pl* estado de intranquilidad

nerviosismo *m* estado de intranquilidad

nervioso, -a *adj* de los nervios o relativo a ellos; que está intranquilo

neto, -a *adj/sm econ* de la suma restante después de haber deducido los gastos; del peso de un producto deducido el envase

neumático *adj* que funciona o se hincha con aire u otros gases; *sm* parte de la rueda de algunos vehículos que se hincha con aire

neutral *adj* que no apoya ni a una parte ni a su contraria

neutro, -a *adj* que no tiene ni una característica ni su contraria

nevada *f* hecho de nevar; cantidad de nieve que ha caído de una vez

nevar *impers* caer la nieve

nevera *f* frigorífico

ni *conj* nexo de unión de oraciones negativas

nicaragüense *adj/s* de Nicaragua

nicho *m* hueco hecho en un muro del cementerio para un cadáver o su ceniza

nicotina *f* sustancia que aparece en el tabaco

nido *m* refugio construido por las aves con ramas y barro para poner huevos y cuidar a sus crías

niebla *f* nube blanquecina que se halla casi en contacto con el suelo

nieto, -a *s* cualquier persona en relación con sus abuelos

nieve *f* agua helada que se desprende de las nubes y cae en forma de copos

ningún adj/pron ninguno

ninguno, -a adj/pron ni una sola persona o cosa

niñería f fam acción o dicho poco lógico o importante

niñero, -a s persona que se dedica a cuidar niños; adj de la persona a la que le gustan mucho los niños

niñez f etapa de la vida que va desde el nacimiento hasta la adolescencia

niño, -a s persona que está en la niñez; *como un niño con zapatos nuevos* fam muy contento

niqui m camiseta ligera, con cuello y de manga corta

níscalo m bot hongo comestible de color anaranjado

níspero m bot árbol de grandes flores blancas cuyo fruto es redondo, de color anaranjado y comestible

nivel m altura, grado o categoría que alcanza alguien o algo

no adv se emplea para negar o como respuesta negativa

noble adj de carácter generoso y honesto; adj/s de la nobleza o relativo a ella

nobleza f conjunto de personas que poseen un título que les concede una posición social superior; forma de ser de las personas de carácter generoso y honesto

noche f espacio de tiempo entre la puesta y la salida del sol; *buenas ~s* saludo utilizado desde la puesta hasta la salida del sol

nochebuena f noche del 24 de diciembre, en la que se celebra el nacimiento de Jesucristo

nochevieja f última noche del año

noción f idea o conocimiento sobre algo

nocivo, -a adj perjudicial para la salud

nocturno, -a adj de la noche o relativo a ella

nogal m bot árbol de gran tamaño cuyo fruto es la nuez

nómada adj/s que no vive siempre en el mismo sitio

nombrar vt decir el nombre de alguien o de algo; elegir a alguien para asumir cierto cargo

nombre m palabra con la que nos referimos a alguien, a algo o a un conjunto; gram sustantivo; *en ~ de* en representación de alguien; *llamar a las cosas por su ~* fig contar las cosas tal como son

non adj/sm impar; pl fam no rotundo

nordeste o **noreste** m punto o lugar situado entre el norte y el este

noria f atracción de la feria que consiste en una rueda provista de cabinas con asientos que gira en sentido vertical; rueda que gira en sentido vertical y se utiliza para sacar agua de un pozo

norma f orden que se debe cumplir; indicación para hacer algo bien

normal adj que es o sucede siempre de la misma manera; que es como la mayoría

normalidad f cualidad de normal

normalizar vt hacer que algo se ajuste a una norma o regla; vt/pronl volver normal

noroeste m punto situado entre el norte y el oeste

norte m punto situado a la izquierda del lugar por donde sale el sol

noruego, -a adj/s de Noruega; sm idioma hablado en este país

nos pron gram forma reflexiva referida a la primera persona del plural

nosotros, -as pron indica la primera persona del plural

nostalgia f sentimiento de tristeza por el recuerdo de alguien o algo querido

nota f texto escrito muy breve para recordar o avisar sobre algo; calificación obtenida en un examen

notable adj que destaca por algo; calificación escolar mejor que el aprobado

notar vt darse cuenta de algo; experimentar cierta sensación

notario, -a s funcionario público autorizado cuyo trabajo consiste en asegurar que algo es cierto

noticia f información sobre un suceso; suceso reciente

novatada f broma pesada que gastan los veteranos a los recién incorporados al grupo

novato, -a adj/s de la persona que acaba de incorporarse a un grupo; de la persona que no tiene experiencia en algo

novedad f cualidad de nuevo; aquello que acaba de aparecer o suceder

novela f obra literaria en la que se narra una historia

novelista s persona que escribe novelas

noviazgo m relación que mantiene una pareja que tiene planes para casarse

noviembre m mes número once del año

novillo, -a s toro o vaca de dos o tres años

novio, -a s cada uno de los miembros de una pareja que tiene planes para casarse

nubarrón m nube grande y muy oscura

nube f conjunto de pequeñas gotas de agua que permanecen en la atmósfera formando una masa de color blanco o gris

nublar *vt/pronl* tapar las nubes el sol

nuboso, -a *adj* cubierto de nubes

nuca *f* parte posterior del cuello

nuclear *adj* del núcleo de los átomos o relativo a él; *adj/sf* central que produce energía eléctrica del núcleo de los átomos

núcleo *m* parte central o fundamental de algo; parte más importante de un asunto o cuestión

nudillo *m* parte exterior de las articulaciones de los dedos de las manos

nudista *adj/s* persona que practica la idea de que ir desnudo es más natural que ir vestido

nudo *m* lazo hecho con una o dos cuerdas que se aprieta al tirar de sus extremos; lugar donde se cruzan varias carreteras; parte principal de una historia

nuera *f* mujer con respecto a los padres de su marido

nuestro, -a *adj/pron* indica posesión respecto a la primera persona del plural

nuevo, -a *adj* que no ha sido utilizado o muy poco; que acaba de hacerse o aparecer; que es diferente a lo que existía antes; que se ve, se oye u ocurre por primera vez; **de nuevo** otra vez

nuez *f* fruto comestible del nogal con la cáscara muy dura y rugosa, de color marrón; bulto en la parte anterior del cuello

nulidad *f* ausencia de validez; *fig* persona torpe

nulo, -a *adj* no válido; *fig* torpe

numeración *f* hecho de numerar; *mat* sistema que permite expresar las cantidades

numerador *m mat* número que indica las partes que se cogen de un todo

numeral *adj* del número o relativo a él

numerar *vt* poner un número a cada uno de los elementos de un conjunto

número *m* concepto matemático que expresa cierta cantidad tomando como referencia la unidad; símbolo que representa esa cantidad; cantidad indeterminada de algo; cada una de las partes en que se divide un espectáculo

numeroso, -a *adj* que posee gran cantidad de elementos

nunca *adv* en ningún momento

nutria *f zoo* mamífero acuático de cuerpo alargado y piel muy suave

nutrición *f* conjunto de funciones que hacen posible la alimentación

nutrir *vt/pronl* proporcionar

a un ser vivo los alimentos que necesita

nutritivo, -a *adj* que nutre o alimenta

Ñ

ñandú *m zoo* ave más pequeña que el avestruz y parecida a él con tres dedos en cada pie y de color gris

ñato, -a *adj am* de nariz corta y aplastada, chato

ñoñería *f* conducta de alguien ñoño

ño, ña *s am* forma reducida de señor, señora en el tratamiento vulgar

ñoño, -a *adj/s* cursi, inseguro, quejica

ñoqui *m gastr* masa hecha de patata, harina, leche y cortada en trozos

ñu *m zoo* mamífero de color pardo que tiene la cabeza grande, dos cuernos curvos y abundante crin

O

oasis *m* lugar en el desierto donde hay agua y vegetación

obedecer *vt* hacer lo que manda alguien; cumplir lo que establece una norma

obediencia *f* hecho de obedecer

obediente *adj* que obedece

obelisco *m* monumento en forma de columna vertical terminada en punta

obesidad *f* gordura excesiva

obeso, -a *adj/s* muy gordo

obispo *m rel* cargo de la iglesia católica a quien corresponde la dirección de una diócesis

objeción *f* razonamiento en contra de algo

objetar *vt* plantear un razonamiento en contra de algo; *vi* no hacer el servicio militar en base a ciertos argumentos éticos

objetivo, -a *adj* que juzga los hechos sin mezclar sus intereses o sentimientos; *sm* propósito o fin de una actividad

objeto *m* cosa material; asunto de que trata una ciencia

obligación *f* deber que hay que cumplir

obligar *vt* hacer que alguien haga algo; *pronl* comprometerse a cumplir cierto propósito

obligatorio, -a *adj* que tiene que hacerse o cumplirse

oboe m mús instrumento de viento parecido a la flauta

obra f cosa realizada por alguien; resultado de una actividad; trabajo de albañilería

obrar vi comportarse de cierta manera

obrero, -a adj del trabajador o relativo a él; s persona que trabaja para otros a cambio de un sueldo

obsequiar vt hacer un regalo

obsequio m regalo o atención

observación f análisis que se hace de algo examinándolo con detalle; comentario sobre algo

observador, -a adj/s que observa todo con detalle; s persona encargada de seguir cierto acontecimiento sin intervenir en él

observar vt analizar algo examinándolo con detalle; darse cuenta de algo

observatorio m lugar dotado del instrumental necesario para observar algo

obsesión f idea o preocupación que no se puede apartar de la mente

obstáculo m dificultad, inconveniente

obstante, no ~ exp conj a pesar de ello

obstinado, -a adj/s que defiende una idea a pesar de cualquier razón en contra

obstruir vt/pronl impedir el paso de algo por cierto sitio

obtención f hecho de obtener algo

obtener vt conseguir algo

obús m arma que permite disparar a gran distancia

obvio, -a adj evidente, claro

oca f zoo ganso; juego de mesa que consiste en un tablero con casillas por las que se mueven las fichas

ocasión f momento en el que se sitúa un hecho; situación oportuna para algo

ocasionar vt producir un efecto

ocaso m puesta de sol

occidental adj de occidente o relativo a él; adj/s fig del conjunto de países del oeste de Europa y del norte de América

occidente m oeste; fig conjunto de países occidentales

oceánico, -a adj del océano o relativo a él

océano m mar grande que ocupa la mayor parte de la superficie terrestre

ocio m tiempo libre

ocioso, -a adj que está sin hacer nada

ocre adj/sm del color que resulta de mezclar amarillo y marrón

octógono m mat figura plana de ocho lados

octubre m décimo mes del año

ocular *adj* del ojo o relativo a él; que se hace con la vista

oculista *s* médico especialista en el tratamiento de las enfermedades oculares

ocultar *vt/pronl* tapar o esconder algo

oculto, -a *adj* que no se puede ver

ocupación *f* actividad que debe realizar una persona; entrada en un lugar por la fuerza

ocupante *s* persona que ocupa un lugar y se queda en él

ocupar *vt* llenar un espacio; entrar en un lugar por la fuerza; *pronl* encargarse de cierta tarea; dedicar a alguien o a algo la atención que necesita

ocurrencia *f* idea repentina

ocurrente *adj* que tiene ocurrencias

ocurrir *vi* suceder algo; *pronl* venir una idea a la mente de forma repentina

oda *f* obra escrita en verso

odiar *vt* sentir odio

odio *m* sentimiento profundo de rechazo hacia alguien o hacia algo

odioso, -a *adj* que provoca odio; desagradable

oeste *m* punto o lugar por donde se pone el sol

ofender *vt* insultar a alguien con cierto acto o comentario; *pronl* enfadarse mucho por algo que ha dicho o hecho otro

ofensa *f* hecho de ofender; dicho o hecho que ofende

ofensivo, -a *adj* que ofende

oferta *f* producto que se vende a un precio inferior al habitual; propuesta, sugerencia para hacer algo; presentación de un producto para su venta

oficial *adj* de la autoridad del Estado o relativo a ella

oficial, _a *s* trabajador que tiene una categoría entre aprendiz y maestro; *sm* mil conjunto de ciertos grados

oficina *f* lugar donde se llevan a cabo trabajos de administración

oficinista *s* persona que trabaja en una oficina

oficio *m* trabajo manual; profesión de alguien

ofrecer *vt* mostrar una cosa a alguien para que pueda disponer de ella si quiere; *pronl* mostrarse dispuesto a hacer algo

ofrecimiento *m* hecho de ofrecer

ofrenda *f* cosa que se ofrece como gesto de amor o devoción

ofuscar *vt/pronl* aturdir, impedir que alguien pueda pensar con claridad

ogro *m* personaje fantástico de gran tamaño y aspecto

humano; *fig* persona muy fea o cruel

oh *interj* expresa asombro, admiración o fastidio

oídas, de ~s *exp adv* conocido únicamente por lo que se ha oído hablar a otros

oído *m* sentido que nos permite percibir los sonidos; órgano donde se localiza este sentido; *mús* capacidad para reconocer y reproducir con exactitud los sonidos musicales; **aprender algo de ~** reproducir una canción sin tener conocimientos musicales; **decir algo al ~** hablar con alguien en voz muy baja

oír *vt* percibir un sonido; tener en cuenta un consejo o una petición; **como quien oye llover** *fam* sin poner atención

ojal *m* corte alargado que se hace en una tela para poder pasar por él un botón y abrocharlo

ojalá *interj* expresa deseo de que algo se cumpla

ojeada *f* hecho de ojear

ojear *vt* mirar algo de manera rápida y superficial

ojera *f* mancha oscura que aparece en la piel debajo del ojo

ojo *m* órgano de la vista; mirada, vista; *fig* atención o cuidado que se pone en una cosa; *interj* expresa la nece-

sidad de tener cuidado o prestar atención a algo; **calcular algo a ~** calcular algo de manera aproximada; **con cien ~s** *fig* con mucho cuidado; **con los ~s cerrados** *fig* con toda seguridad; **costar un ~ de la cara** *fam* costar mucho dinero; **echar ~ a algo** *fam* fijarse en algo con el deseo de conseguirlo

ola *f* movimiento del agua en la superficie del mar, de un lago; *fig* fenómeno atmosférico que provoca un cambio repentino en la temperatura; **estar en la cresta de la ~** *fam* estar en el mejor momento de algo

olé *interj* expresión de ánimo, aprobación o entusiasmo

oleaje *m* movimiento del mar provocado por las olas

óleo *m* pintura que se hace mezclando los colores en ciertos aceites; técnica para hacer esta pintura

oler *vt/i* percibir un olor; *fig* sospechar algo; tratar de enterarse de un asunto ajeno; *vi* desprender un olor

olfatear *vt/i* buscar algo con el olfato

olfato *m* capacidad para percibir los olores; *fig* capacidad para descubrir o apreciar algo

olimpiada o **olimpíada** *f dep* competición internacional que se celebra cada cuatro años

olímpico, -a adj de la olimpiada o relativo a ella

oliva f aceituna; olivo

olivar m terreno plantado de olivos

olivo m bot árbol de tronco grueso y grisáceo, hojas verdes y perennes cuyo fruto es la aceituna

olla f recipiente redondo con asas que se utiliza para cocinar

olmo m bot árbol de tronco grueso y corteza oscura que puede alcanzar gran altura

olor m sensación que percibimos por la nariz

oloroso, -a adj que desprende un olor agradable

olvidar vt/pronl dejar de tener algo en la memoria; no hacer algo por no recordarlo

olvido m hecho de olvidar

ombligo m pequeño agujero redondo situado en el centro del vientre

omisión f hecho de omitir

omitir vt no decir o no hacer algo que debería decirse o hacerse

onda f movimiento que se produce en la superficie de un líquido al agitarlo; curva que se forma en ciertas superficies flexibles; *coger la ~ fam* conseguir entender algo

ondear vi moverse un cuerpo flexible en forma de onda; vt agitar un cuerpo flexible formando ondas

ondulado, -a adj que tiene ondas

ondulante adj que se mueve despacio de un lado a otro

ondular vi moverse un cuerpo formando ondas o curvas; vt formar en un cuerpo ondas o curvas

opaco, -a adj de un cuerpo que no deja pasar la luz

opción f posibilidad de elegir entre varias cosas; cada una de las cosas entre las que se puede elegir en un momento determinado

ópera f mús obra escrita para ser cantada y representada en un teatro; teatro donde se representa ésta

operación f realización de una actividad para conseguir un fin; med hecho de abrir un cuerpo vivo para eliminar o curar un órgano dañado

operador, -a s persona que trabaja como técnico manejando ciertos aparatos

operar vt med realizar una operación quirúrgica

opinar vt tener una opinión sobre alguien o sobre algo; expresar una opinión

opinión f idea o juicio que una persona se forma sobre alguien o sobre algo

opio *m* droga que se obtiene de ciertas plantas

oponer *vt* utilizar algo contra una persona o cosa para impedir cierta acción; *pronl* rechazar algo con lo que no se está de acuerdo

oportunidad *f* circunstancia o situación que ofrece la posibilidad de hacer algo

oportuno, -a *adj* que es o sucede de la manera apropiada y en el momento adecuado; que es conveniente o necesario en cierta situación

oposición *f* relación que existe entre las personas o dos cosas que son contrarias entre sí; rechazo que una persona siente o manifiesta por alguien o por algo

opresión *f* molestia provocada por algo que oprime; situación en la que se limitan o suprimen la libertad y los derechos de alguien

oprimir *vt* apretar, hacer mucha fuerza sobre algo; quitar a una persona, colectividad, pueblo su libertad

optar *vi* elegir entre varias posibilidades; aspirar a cierto puesto de trabajo

optativo, -a *adj* que no es obligatorio

óptico, -a *adj* de la óptica o relativo a ella; *s* persona que vende objetos o instrumentos relacionados con la visión; *sf* técnica de fabricación de objetos e instrumentos relacionados con la visión; establecimiento donde se venden estos objetos

optimismo *m* actitud de la persona que intenta ver siempre los aspectos más favorables de una situación

optimista *adj/s* que tiene optimismo

óptimo, -a *adj* que es lo mejor posible

opuesto, -a *adj* que es totalmente contrario a una cosa

oración *f* *rel* hecho de orar; conjunto de palabras que se dirigen a un dios o a un santo

orador, -a *s* persona que habla a un público

oral *adj* que se expresa por medio de palabras

orangután *m* *zoo* mono muy grande y robusto

orar *vi* *rel* dirigirse a un dios o a un santo con palabras o de forma mental

órbita *f* *astr* trayectoria que siguen los astros en su desplazamiento

orden *m* colocación de alguien o de algo según un criterio o de la manera apropiada; situación de normalidad en la que todo está tranquilo; *f* mandato que debe obedecerse; *rel* cada uno de los grupos religiosos que tienen una organización y unas reglas comunes; **del ~ de**

aproximadamente; *estar a la ~ del día* *fam* estar de moda

ordenado, -a *adj* de algo que está colocado con orden; de alguien que actúa con orden o ha recibido las órdenes sagradas

ordenador, -a *adj/s* que ordena o sirve para ordenar; *sm inform* máquina electrónica capaz de almacenar gran cantidad de información y trabajar con ella de manera automática

ordenanza *f* norma o conjunto de normas dictadas por una autoridad para organizar cierta actividad; *s* persona que trabaja en una oficina realizando tareas que no exigen una especial preparación

ordenar *vt* colocar algo según un criterio o de la manera adecuada; dar una orden; *vt/pronl rel* administrar o recibir órdenes sagradas

ordeñar *vt* extraer la leche de las hembras de ciertos animales

ordinal *adj/sm* del orden o que indica orden, sobre todo, de los números que expresan sucesión

ordinario, -a *adj* que es normal o habitual; que es como la mayoría; *adj/s* que tiene poca educación o delicadeza

orégano *m bot* planta de olor agradable que se usa para cocinar

oreja *f* órgano donde se localiza el sentido del oído; pieza de ciertos objetos que tiene una forma parecida a la de este órgano

orejudo, -a *adj/s* que tiene las orejas muy grandes

orfanato *m* institución que recoge a los niños huérfanos

orfeón *m mús* coro que canta sin acompañamiento de instrumentos

organillo *m mús* instrumento con forma de órgano pero de menor tamaño que se hace sonar girando una manivela

organismo *m* ser vivo; conjunto de los órganos de un ser vivo; institución pública o privada creada para realizar funciones sociales

organista *s mús* persona que toca el órgano

organización *f* hecho de organizar; forma en que algo está organizado; conjunto de personas que se unen para conseguir un fin

organizador, ~a *adj/s* que organiza

organizar *vt* colocar los elementos necesarios de manera que se pueda conseguir un fin; poner algo en orden; *pronl* imponerse un orden para hacer las cosas

órgano *m* cada una de las partes del cuerpo de un ser vivo que realiza una función determinada; *más* instrumento de viento parecido al piano

orgullo *m* actitud de la persona que cree ser mejor que los demás; satisfacción que se siente por algo

orgulloso, -a *adj/s* que tiene orgullo

orientación *f* situación de algo con respecto a un punto; capacidad para situarse en el espacio; *fig* información que necesita conocer alguien para poder llevar a cabo cierto asunto

oriental *adj* del oriente, del este o relacionado con este punto; *adj/s* de Asia

orientar *vt* colocar una cosa en cierta posición con respecto a un punto; *fig* informar a una persona sobre lo que necesita conocer para llevar a cabo cierto asunto; *pronl* poder situarse en el espacio

oriente *m* punto o lugar por donde sale el sol; Asia y la parte de un continente más próximo a este punto

orificio *m* pequeño agujero en una superficie

origen *m* principio de algo; lugar de procedencia de alguien o de algo; causa de algo

original *adj* del origen o relativo aél; que llama la atención por ser diferente a lo habitual; *adj/s* que no es una imitación

orilla *f* límite de una superficie; borde de un río o de otra superficie de agua

orina *f* líquido de color amarillo que se produce en los riñones y que se expulsa fuera del cuerpo

orinal *m* recipiente para orinar

orinar *vi/pronl* expulsar la orina

oro *m* metal de color amarillo que se utiliza para hacer joyas y otros adornos; *pl* palo de la baraja; *a precio de ~ fam* muy caro

orquesta *f* *mús* conjunto de músicos que tocan, sobre todo, instrumentos de cuerda y viento

orquídea *f* *bot* planta con flores y colores muy raros que se usan como adorno

ortiga *f* *bot* planta con unos pelos que producen irritación en la piel al tocarlas

ortodoncia *f* tratamiento para corregir la posición de los dientes

ortografía *f* manera correcta de escribir las palabras de una lengua

ortográfico, -a *adj* de la ortografía o relativo a ella

ortopédico, -a *adj* que sirve

para corregir las deformaciones físicas

oruga f zoo insecto no adulto que tiene forma de gusano

orzuelo m especie de grano que aparece en el párpado

os pron forma reflexiva referida a la segunda persona del plural

osadía f valor para hacer cualquier cosa peligrosa

osar vt tener osadía

oscilar vi moverse de forma repetida de un lado a otro; variar los límites del precio, valor, tamaño de una cosa

oscurecer vt disminuir la cantidad de luz; impers anochecer

oscuridad f falta de luz; lugar en el que hay muy poca o ninguna luz

oscuro, -a adj que tiene muy poca o ninguna luz; del color que está próximo al negro; fig confuso, poco claro

osezno m zoo cría del oso

oso, -a s zoo mamífero salvaje de gran tamaño que tiene las orejas redondas, el hocico puntiagudo y mucho pelo; **hacer el oso** fam hacer tonterías

ostentación f demostración de algo con orgullo; demostración de la riqueza que se posee y se exhibe

ostra f zoo molusco comestible que tiene dos conchas redondeadas y que vive en el litoral del océano; pl interj expresa asombro, admiración o fastidio; **aburrirse como una ~** fam estar muy aburrido

otoñal adj del otoño o relativo a él

otoño m estación del año entre el verano y el invierno

otorgar vt dar o conceder a alguien lo que pide

otro, -a adj/pron se aplica a la persona o cosa distinta a la que está presente

ovación f aplauso muy grande

oval adj ovalado

ovalado, -a adj con forma parecida a la de un huevo

óvalo m línea curva cerrada cuya figura se parece a la forma de un huevo

ovario m órgano femenino en el que se forman las células sexuales

oveja f zoo hembra del carnero

ovillo m bola que se forma enrollando hilo o cuerda

ovino, -a adj de las ovejas y de los animales similares a ella

ovni m objeto volador cuyo origen se desconoce

óvulo m célula sexual femenina

oxidar vt/pronl estropear un material con el oxígeno

óxido m *quím* capa que se forma sobre ciertos materiales por la acción del aire y la humedad

oxigenar vt/pronl dar oxígeno a una sustancia

oxígeno m *quím* gas esencial para la respiración

oyente adj/s que se oye algo

ozono m gas de color azul pálido que se forma en las capas bajas de la atmósfera

P

pabellón m edificio grande que se construye para desarrollar en él cierta actividad

pacer vi comer hierba el ganado en el campo

pacharán m bebida alcohólica de color rojizo

pachorra f *fam* calma de quien no se altera por nada

pachucho, -a adj que no se encuentra muy bien

paciencia f capacidad de mantener la tranquilidad mientras se espera algo o mientras se realiza una actividad larga, pesada o difícil

paciente adj que tiene paciencia; s *med* persona que está enferma y sigue un tratamiento médico

pacífico, -a adj/s que quiere la paz y evita la violencia

pacifista adj/s de alguien que lucha por la paz sin medios violentos

pactar vt llegar a un acuerdo sobre cierto asunto comprometiéndose a cumplir ciertas condiciones

pacto m acuerdo establecido entre dos o más personas

padecer vt/i soportar un dolor físico o psíquico

padrastro m hombre con respecto a los hijos que son de su mujer y no suyos

padre m hombre con respecto a sus hijos; *rel* tratamiento que se da a los sacerdotes y a ciertos religiosos; *pl* lo que son un hombre y una mujer con respecto a sus hijos

padrenuestro m *rel* oración cristiana

padrino m hombre que acompaña a otra persona en ciertas ceremonias

paella f *gastr* plato típico español realizado con arroz

paellera f recipiente en el que se hace la paella

paga f dinero que se recibe cada cierto tiempo

pagano, -a adj/s *rel* que no es cristiano

pagar vt dar dinero a cambio de algo; cumplir una deuda o un castigo

página f cada una de las dos caras de la hoja de un libro o cuaderno

pago m entrega de dinero a cambio de algo

pagoda f rel templo en algunos países orientales

paipay m abanico de tela o de papel con forma redondeada y con un mango que permite moverlo de un lado a otro

país m territorio que constituye una unidad geográfica, cultural, política y que tiene unos límites bien definidos

paisaje m extensión de terreno que se puede ver desde cierto lugar; extensión de terreno que resulta agradable a la vista

paisano, -a adj/s que ha nacido en el mismo país, región, pueblo que otra persona

paja f tallo delgado y seco de los cereales; fig especie de tubo muy fino y de plástico que se utiliza para beber

pajarería f establecimiento donde se venden pájaros y otros animales domésticos

pajarita f especie de lazo que se ata al cuello sobre la camisa; figura de papel con forma de pájaro

pájaro m ave pequeña que puede volar; *matar dos ~s de un tiro* fam conseguir dos cosas al mismo tiempo

paje m muchacho joven que servía antiguamente como criado a los caballeros de cierta posición social

pala f herramienta hecha con una plancha metálica y un mango de madera que se utiliza para cavar o para llevar algo de un sitio a otro; parte ancha del remo con la que se hace fuerza en el agua

palabra f sonido o conjunto de sonidos que se utilizan para expresar algo; representación gráfica de dichos sonidos; promesa que alguien hace para cumplir algo; *decir la última ~* fig tomar una decisión acerca de cierto asunto; *dejar con la ~ en la boca* fam no dejar a alguien que termine de hablar

palabrota f palabra fea y grosera

palacio m casa grande y lujosa destinada a la residencia de reyes, príncipes, nobles o personalidades importantes

paladar m parte del interior de la boca que se encuentra encima de la lengua y tiene forma de bóveda

paladear vt/pronl disfrutar poco a poco del sabor de los alimentos

palanca f barra rígida que permite hacer fuerza para levantar o mover un objeto colocado en uno de sus extremos

palangana f recipiente de plástico, redondo, muy ancho y poco profundo, que se utiliza para lavarse o para lavar algunas cosas

palco m especie de balcón elevado con varios asientos que hay en los teatros

paleto, -a adj/s que vive en el campo; que tiene poca cultura o no sabe cómo comportarse en ciertas situaciones; sf pala pequeña; tabla pequeña que utiliza el pintor para poner las pinturas y mezclarlas

palidecer vi ponerse pálido

palidez f pérdida del color natural de la piel

pálido, -a adj de un tono más claro que su color natural; descolorido; relativo a los colores poco intensos

paliducho, -a adj fam pálido

palillero m recipiente donde se colocan los palillos

palillo m varilla pequeña de madera que se utiliza para pinchar los alimentos o para sacar restos de comida que quedan entre los dientes

palitroque m palo pequeño

paliza f conjunto de golpes que se dan a una persona o a un animal; trabajo o esfuerzo que resulta agotador; fig derrota importante que alguien sufre en una competi-

ción deportiva o en un juego; **dar la ~** fam molestar o aburrir

palma f parte interior de la mano desde la muñeca hasta los dedos; pl aplausos; **llevarse la ~** fam destacar en algo

palmada f golpe que se da con la palma de la mano

palmar vi fam morir una persona

palmo m medida de longitud que corresponde aproximadamente a lo que mide una mano abierta y estirada

palo m trozo de madera con forma de cilindro y más largo que grueso; golpe fuerte que se da con un trozo de madera de estas características; **de tal ~ tal astilla** fam que se comporta igual que alguno de sus familiares más próximos; **no dar un ~ al agua** fam no trabajar o no esforzarse

palomar m lugar en el que se recogen y se crían las palomas

palomita f grano de maíz que se fríe con aceite y sal hasta que revienta y se convierte en una masa blanca comestible

palomo, -a s zoo ave pequeña de pico corto y robusto que tiene las alas cortas y las plumas de color blanco, gris o azulado

palote *m* palo pequeño y delgado; cada uno de los trazos que hacen los niños sobre el papel cuando están aprendiendo a escribir

palpar *vt* tocar algo con las manos para examinarlo o para orientarse cuando se anda a oscuras

palpitar *vi* moverse el corazón de forma rítmica

palurdo, -a *adj/s* paleto

pamela *f* sombrero femenino de paja que tiene el ala muy ancha y la copa muy baja

pampa *f* terreno llano y sin árboles típico de algunas zonas de América del Sur

pamplina *f* *fam* dicho o hecho sin importancia

pan *m* alimento hecho con una masa de harina, agua y levadura que se cuece en el horno después de fermentada; pieza que resulta de cocer esta masa en el horno

pana *f* tela suave y gruesa de algodón parecida al terciopelo que tiene una especie de surcos en su superficie

panadería *f* tienda en la que se hace o se vende el pan

panadero, -a *s* persona que hace o vende pan

panal *m* estructura de cera formada por las abejas para almacenar la miel

panameño, -a *adj/s* de Panamá

pancarta *f* cartel grande de tela o de papel en el que se escriben frases o consignas para que puedan ser vistas con facilidad en una manifestación o en un acto de protesta

panceta *f* tocino de cerdo con carne magra

panchito *m* *fam* fruto seco pelado, frito y con sal por encima

pancho, -a *adj* tranquilo

panda *f* pandilla

pandereta *f* *mús* instrumento tradicional formado por un aro de madera que tiene alrededor cascabeles

pandero *m* *mús* instrumento tradicional formado por uno o varios aros de madera superpuestos y cubiertos por una membrana que tiene alrededor piezas de metal que suenan al golpearlo

pandilla *f* grupo de amigos que se reúnen de manera habitual

panera *f* cesta grande donde se coloca el pan cuando se saca del horno; especie de caja para guardar el pan en la cocina

panorama *m* paisaje extenso que se puede ver desde un lugar determinado

pantalla *f* superficie plana de color blanco sobre la que se proyectan imágenes

pantalón *m* prenda de vestir

que se ajusta al cuerpo en la cintura y cubre total o parcialmente las piernas por separado

pantano *m* especie de depósito de grandes dimensiones que se construye para almacenar agua aprovechando un terreno llano y extenso

pantanoso, -a *adj* del lugar donde hay pantanos

pantera *f zoo* animal salvaje parecido a un leopardo pero de color negro

pantorrilla *f* parte posterior de la pierna situada entre la rodilla y el tobillo

panza *f fam* tripa muy gorda

panzada *f* golpe que se da con la panza; *darse una ~ fam* hacer algo en exceso

pañal *m* pieza de gasa o de cierto material absorbente que se pone a los bebés a modo de braga

paño *m* trozo de tela que se utiliza para limpiar; tejido de lana muy grueso

pañuelo *m* pieza de tela fina que se utiliza para limpiarse el sudor, las lágrimas o los mocos; pieza grande de tela que se utiliza para protegerse del frío o como adorno

papa *m rel* sacerdote elegido para gobernar la iglesia católica

papá *m fam* padre de uno o varios hijos; *pl* el padre y la madre

papada *f* abultamiento anormal que se forma debajo de la barbilla

papagayo *m zoo* ave de pico grueso, fuerte y curvo que tiene las plumas de colores y puede llegar a imitar algunas palabras del lenguaje humano

papel *m* material elaborado con ciertas sustancias que se extraen de los árboles; lámina de dicho material que se utiliza para escribir o para imprimir algo; impreso o documento que se necesita para algo; *tea* parte de la obra dramática que debe representar cada actor; *hacer su ~* cumplir las funciones que corresponden a un determinado cargo; *hacer un buen ~* hacer algo con éxito

papelera *f* cesto o recipiente de metal donde se depositan los papeles que no sirven

papelería *f* establecimiento en el que se venden papel y otros objetos de escritorio

papeleta *f* hoja pequeña de papel en la que figura un número que da la posibilidad de obtener un premio en un sorteo o en una rifa

paperas *f pl med* enfermedad infantil que se caracteriza por la inflamación de la parte inferior de la cara

papilla *f gastr* comida triturada que se da a los niños pequeños

papiro *m* especie de lámina de papel que se utilizaba hace siglos para escribir

paquete *m* objeto que se envuelve para llevarlo de un sitio a otro

par *adj/s* que se puede dividir por dos; *sm* conjunto de dos cosas de una misma clase

para *prep* indica el fin al que se encamina una acción; indica el lugar al que uno se dirigimos; indica el tiempo en que va a suceder algo

parábola *f* historia ficticia sobre algún suceso que tiene siempre una moraleja

parabrisas *m* cristal grande situado en la parte delantera de un automóvil

paracaídas *m* aparato hecho de una tela fuerte que se sujeta al pecho mediante correas y se despliega para frenar la caída de una persona que se lanza al vacío desde un avión

paracaidista *s* persona que salta desde un avión con un paracaídas

parachoque *m* pieza exterior de un automóvil que sirve para amortiguar los golpes

parado, -a *adj* que no se mueve; *adj/s* desocupado o sin empleo; indeciso; *sf* he-

cho de detener o detenerse; lugar donde para habitualmente un vehículo público para recoger viajeros

parador *m* antigua construcción restaurada que se utiliza como hotel

paraguas *m* instrumento de tela impermeable que se sujeta sobre la cabeza para protegerse de la lluvia

paraguayo, -a *adj/s* de Paraguay

paragüero *m* recipiente para dejar los paraguas

paraíso *m rel* lugar donde vivieron el primer hombre y la primera mujer creados por Dios; *fig* lugar especialmente agradable y tranquilo

paraje *m* lugar, sitio

paralelo, -a *adj/sf mat* que se encuentra siempre a la misma distancia de una línea sin llegar a tocarla nunca; *adj* semejante, parecido

paralimpiada *f dep* competición olímpica internacional en la que sólo pueden participar personas con problemas físicos o psíquicos

parálisis *f med* pérdida total o parcial del movimiento

paralítico, -a *adj/s* que no puede mover cierta parte del cuerpo

paralizar *vt* impedir el movimiento de alguna parte del cuerpo; detener el desarrollo de una actividad

parapente *m* aparato parecido al paracaídas que se utiliza para saltar desde una gran altura

parar *vi/vl* dejar de moverse o de hacer algo

pararrayos *m* aparato que se coloca en el tejado para proteger de los rayos

parásito, -a *adj/s* relativo al organismo animal o vegetal que se alimenta de otro ser de distinta especie; *s fig* persona que vive a costa de otra

parcela *f* porción pequeña de terreno

parche *m* trozo de tela, plástico o papel que se utiliza para tapar un agujero

parchís *m* juego de mesa formado por fichas de colores, un dado y un tablero con diferentes casillas

parcial *adj* incompleto; que está siempre a favor de alguien o de algo

pardo, -a *adj* del color de la tierra

parecer *m* opinión sobre algo; *vi* tener un aspecto determinado; *pronl* tener semejanza con alguien o con algo

parecido, -a *adj* que se parece a otro; *sm* semejanza

pared *f* tabique delgado de ladrillo que separa las diferentes estancias de un edificio; tapia o muro exterior de un edificio

pareja *f* conjunto de dos personas o cosas que tienen algo en común

parentesco *m* relación familiar entre dos personas

paréntesis *m* signo de ortografía en el que se encierran frases a modo de complemento o de aclaración

parida *f* vulg tontería

pariente *s* persona que tiene cierta relación familiar con otra

paripé *m fam* acto que se realiza para aparentar o fingir algo que no se siente

parir *vi* tener un hijo una mujer o la hembra de algunos animales

parking *m* aparcamiento

parlamentario, -a *adj* del parlamento o relativo a él; *s* miembro del parlamento

parlamento *m pol* órgano encargado de elaborar y revisar las leyes de un país

parlanchín, -ina *adj/s fam* que habla mucho

paro *m* interrupción de un movimiento o de una actividad; situación en la que se encuentra una persona que no tiene trabajo

parpadear *vi* abrir y cerrar los ojos repetidamente

parque *m* terreno cercado y con jardines que está situado en el interior de una población y que se utiliza como lugar de recreo

parqué *m* suelo formado por trozos pequeños de madera que forman un dibujo geométrico

parra *f bot* vid que se levanta con varios palos para que crezca agarrada a ellos

párrafo *m* cada una de las partes de un escrito que están separadas entre sí por un punto y aparte

parrilla *f* utensilio de hierro formado de rejilla, un mango y tres o cuatro patas que se utiliza para asar o tostar algo al fuego; restaurante en el que se sirve carne asada que se prepara normalmente a la vista de los clientes

parrillada *f gastr* plato de carne o de pescado preparado a la parrilla

párroco *adj/sm rel* del sacerdote que está a cargo de una parroquia

parroquia *f rel* parte del territorio de una diócesis gobernada por un sacerdote; iglesia a la que acuden de manera habitual estos fieles

parroquial *adj* de la parroquia o relativo a ella

parte *f* porción de un todo; cantidad de una cosa que corresponde a alguien en un reparto; lugar o espacio de una zona o de un territorio determinado; cada una de las divisiones de un escrito o de un discurso; cada una de las personas que participan en un debate, discusión o conflicto; cada uno de los dueños de un negocio; **ponerse de ~ de** defender o dar la razón a alguien; **no llevar a ninguna ~** *fig* no ser útil o importante

participación *f* hecho de participar en algo; tarea que corresponde al que participa en algo; parte de un décimo de lotería y papeleta en la que figura la cantidad de dinero que corresponde a dicha parte

participante *s* persona que participa en algo

participar *vi* intervenir en algo; compartir las ideas u opiniones de otra persona

participio *m* forma no personal del verbo que puede realizar la función del adjetivo o la del sustantivo

partícula *f* parte muy pequeña de algo

particular *adj* que es característico de una persona o cosa y que permite distinguirlo de otras; que es privado; **en ~** en concreto

partida *f* hecho de partir de un lugar; conjunto de los diferentes partes de un juego

partidario, -a *adj/s* que apoya o defiende una determinada idea u opinión

partido *m pol* asociación de personas con una misma

ideología política cuyo objetivo es lograr acceder al gobierno en un país; *dep* competición deportiva en la que se enfrentan dos equipos de jugadores

partir *vt* dividir algo en una o varias partes; repartir algo entre varias personas; romper algo duro; *vi* marcharse de un lugar; tener algo origen en una persona o cosa

partitura *f mús* documento en el que aparece escrita una obra musical

parto *m* momento en el que tiene lugar el nacimiento de un niño o de la cría de ciertos animales

párvulo, -a *s* niño pequeño

pasable *f* que no está del todo mal

pasada *f* hecho de pasar de un lugar a otro; *de* ~ sin poner mucha atención; sin detenerse; *mala* ~ mal comportamiento de una persona con otra

pasadizo *m* paso estrecho y corto entre dos casas o entre dos calles

pasado *adj/sm* relativo a lo que ya ha sucedido; *sm* tiempo que ya ha pasado

pasador *m* especie de horquilla grande que sirve para sujetar el pelo

pasaje *m* billete de barco o de avión; conjunto de personas que viajan en un barco o

en un avión; paso cubierto entre dos calles

pasajero, -a *adj* que pasa pronto o dura poco; *s* persona que viaja en un vehículo sin conducirlo

pasamanos *m* barra superior de la barandilla de una escalera que sirve para sujetarse

pasaporte *m* documento que identifica a una persona y que permite pasar de un país a otro

pasapurés *m* aparato que sirve para triturar los alimentos y hacerlos puré

pasar *vt/i/pronl* llevar a alguien o algo de un lugar a otro; *vt/i* cruzar de una parte a otra; *vt* ir mas allá de un límite o de un punto determinado; atravesar una cosa a otra; sufrir o soportar cierta situación; superar con éxito una prueba o examen; *vi* contagiarse una enfermedad; estar en un sitio durante un determinado espacio de tiempo; entrar en cierto lugar; suceder algo; *vt/pronl* olvidar algo; ~ *de fam* no preocuparse de algo; ~*se de listo fam* equivocarse por haber tenido malas intenciones

pasarela *f* puente pequeño o para uso provisional; puente elevado sobre una carretera o sobre una vía que utilizan los peatones para pasar de un lado a otro; pasillo estrecho y elevado donde tienen lugar los desfiles de moda

pasatiempo *m* juego o entretenimiento para pasar el rato

pascua *f rel* época del año en la que se celebra la resurrección de Jesucristo; **estar como unas ~s** *fam* estar muy contento o animado; **hacer la ~** *fam* molestar o perjudicar a alguien

pascual *adj* de la pascua o relativo a ella

pase *m* permiso que se da por escrito para poder entrar en un sitio; hora a la que comienza cada una de las representaciones de un espectáculo

pasear *vi/pronl* caminar despacio por cierto lugar como distracción o para hacer ejercicio; ir a caballo, en barco, en bicicleta o en cualquier otro vehículo con ese mismo fin; *vt* llevar a una persona o a un animal de paseo

paseo *m* hecho de pasear; lugar público por el que se puede pasear; distancia corta que se hace andando en poco tiempo

pasillo *m* parte larga y estrecha del interior de una casa o edificio que comunica con las distintas habitaciones o estancias y que sólo se utiliza como lugar de paso

pasión *f* sentimiento fuerte por algo o alguien

pasivo, -a *adj* que deja que los demás hagan las cosas por él

pasmado, -a *adj* asombrado, atontado

pasmar *vt/i/pronl* dejar a alguien asombrado o atontado; *vt/pronl* tener mucho frío

pasmarote *m fam* persona que parece estar siempre atontada

pasa *adj* relativo a las frutas que se dejan secar al aire; *sf* uva secada al sol

paso *m* movimiento que se realiza al andar con cada uno de los pies; espacio que se recorre al realizar ese movimiento; huella que deja sobre el suelo una persona al andar; **a ~ de tortuga** *fig* muy lentamente; **dar un mal ~** *fig* cometer un error; **de ~** aprovechar la ocasión

pasodoble *m mús* baile y canción popular española

pasota *adj/s* fam que no tiene interés por las cosas y no se preocupa por nada

pasta *f* masa que resulta de mezclar una sustancia sólida con un líquido; *gastr* especie de galleta pequeña y dura que se cubre a veces con chocolate, mermelada o azúcar; cada una de las dos tapas de un libro; *fam* gran cantidad de dinero

pastar *vi* comer el ganado hierba en el campo

pastel *m gastr* dulce pequeño y blando que suele ir relleno de nata, crema, chocolate u otros ingredientes

pastelería *f* establecimiento donde se hacen o se venden pasteles y otros dulces

pastelero, -a *s* persona que hace o vende pasteles

pasteurizado, -a *adj* que ha sido sometido a un proceso que permite eliminar las bacterias que pueda tener un alimento

pastilla *f* medicina en forma de tableta pequeña y redondeada que se puede tragar con facilidad; **a toda ~** *fam* a gran velocidad

pasto *m* hierba que come el ganado en el campo; extensión de terreno cubierta de hierba

pastor, -a *s* persona que se dedica a cuidar el ganado en el campo; *rel* persona que pertenece a una iglesia y cuida de sus fieles

pastoso, -a *adj* que es suave y blando como una pasta

pata *f* cada una de las piernas de los animales; cada una de las piezas que sostienen un mueble y permiten apoyarlo en alguna parte; **a ~** *fam* andando; **estirar la ~** *fam* morir; **meter la ~** *fam* equivocarse

patada *f* golpe dado con el pie; **a ~s** *fam* en gran cantidad

patalear *vi* mover las piernas con fuerza y rapidez; dar patadas en el suelo con fuerza mostrando rabia o enfado

pataleta *f fam* enfado muy grande por algo que no tiene importancia

patata *f agr* planta cuya raíz comestible tiene forma redondeada y es amarilla por dentro y marrón por fuera

patatús *m fam* desmayo

paté *m gastr* pasta hecha con hígado de cerdo o de ave que se come untada en pan

patear *vt* golpear algo con los pies; *fam* andar mucho

patente *adj* visible; *f* documento que concede a alguien el derecho exclusivo de comercializar un invento o una marca

paternal *adj* relativo al cariño que los padres sienten por sus hijos

paternidad *f* hecho de ser padre

paterno, -a *adj* del padre, de los padres o relativo a ellos

patilla *f* pelo que crece delante de las orejas; cada una de las dos varillas del armazón de unas gafas

patín *m* bota que tiene en su parte inferior cuchillas o ruedas y que se utiliza para desplazarse sobre una superficie lisa

patinador, ~a *s* persona que se dedica a patinar

patinaje *m dep* ejercicio que consiste en deslizarse sobre patines por una superficie

patinar *vi* practicar el patinaje; resbalarse al pisar una superficie muy lisa

patinazo *m* movimiento brusco que se hace cuando se pisa algo que resbala mucho

patinete *m* juguete formado por una tabla lisa con cuatro ruedas que sirve para deslizarse sobre una superficie

patio *m* espacio rodeado de paredes y descubierto por la parte superior que hay en el interior de algunos edificios

pato, ~a *s zoo* ave acuática de pico ancho y patas pequeñas en forma de palma

patoso, ~a *adj/s* torpe, poco ágil

patria *f* país en el que ha nacido una persona

patriota *adj/s* que ama su patria

patriótico, ~a *adj* de la patria o relativo a ella

patrocinar *vt* proporcionar el dinero necesario para que

se desarrolle cierta actividad a cambio de que se haga publicidad de un determinado producto

patrón, ~ona *s* persona que defiende o protege a alguien o algo; *rel* santo que se considera protector de una persona, grupo o población; persona que manda y dirige una embarcación; *sm* aquello que sirve como modelo para hacer otra cosa igual

patrulla *f* grupo de soldados que vigilan un lugar; grupo de barcos o aviones que deben cumplir cierta misión

patrullar *vt/i* ir o permanecer en un lugar para vigilarlo

patuco *m* especie de calcetín corto de lana en forma de bota que utilizan los bebés y algunos adultos para dormir

pausa *f* breve descanso en una actividad

pausado, ~a *adj* que actúa con lentitud; que lleva un ritmo muy lento

pavimentar *vt* cubrir el suelo con cierto material para que esté firme y liso

pavimento *m* material que se utiliza para recubrir el suelo de manera que quede firme y liso

pavo, ~a *s zoo* ave de granja de gran tamaño cuya carne es muy apreciada; *adj/s fam* que tiene poca gracia

payasada f gracia que se hace para que los demás se rían

payaso, -a s artista de circo cuyo trabajo consiste en hacer que el público se ría; persona que hace reír

paz f ausencia de guerra o de violencia; acuerdo al que llegan dos o más países para poner fin a una guerra; situación de calma y tranquilidad en la que no se tienen problemas con nadie; *dejar en ~* dejar de molestar a alguien; *descansar en ~ fam* morir

peaje m cantidad de dinero que hay que pagar para poder utilizar una autopista

peat|ón, ~ona s persona que va andando por la calle

peatonal adj reservado para los peatones

peca f mancha pequeña y oscura que aparece en la piel

pecado m rel dicho o hecho que va en contra de la ley de Dios

pecador, ~a adj/s rel que dice o hace cosas contrarias a la ley de Dios

pecar vi rel no cumplir la ley de Dios

pecera f recipiente de cristal transparente que se llena de agua para que puedan vivir en él los peces

pecho m parte del cuerpo que se encuentra entre el cuello y el abdomen; parte del cuerpo de una mujer donde se produce la leche que le permite alimentar a sus hijos recién nacidos

pechuga f pecho de las aves

pecoso, -a adj que tiene muchas pecas

pedal m palanca que sirve para hacer funcionar una máquina o un vehículo haciendo presión con el pie

pedalear vi mover los pedales de una máquina o de un vehículo

pedante adj/s que cree saber más que los demás y trata de mostrar constantemente sus conocimientos

pedazo m trozo

pedestal m estructura que sirve de base a una estatua o a una columna

pediatra s médico especialista de las enfermedades infantiles

pedido m encargo de material que se hace a un vendedor o a un fabricante

pedigüeño, -a adj/s que pide mucho de manera frecuente

pedir vt decir a una persona a otra que le dé algo o que haga algo por ella; poner precio a algo para venderlo; querer o desear algo; solicitar limosna un necesitado

pedo m conjunto de gases que salen por el ano acom-

325 de un sonido carac-

pañados de un sonido característico; *fam* borrachera

pedorreta *f* sonido que se hace con la boca imitando el sonido del pedo

pedrada *f* golpe que se da con una piedra

pedrusco *m* trozo grande de piedra

pega *f* sustancia que sirve para pegar; dificultad a la hora de hacer algo

pegadizo, -a *adj* que se retiene con facilidad en la memoria; contagioso

pegajoso, -a *adj* que se pega con facilidad; *fam* demasiado cariñoso

pegamento *m* sustancia que sirve para pegar

pegar *vt* unir una cosa con otra de manera que no se puedan separar; juntar dos o más cosas de forma que no quede espacio entre ellas; dar golpes; *vi* estar una cosa muy próxima a otra; quedar bien una cosa con otra; calentar mucho el sol; *vt/pronl* contagiar una enfermedad; chocar violentamente con algo; *pron* pelearse con alguien

pegatina *f* trozo de papel o de plástico que se puede pegar sobre una superficie por uno de sus lados

pegote *m* masa de material pegajoso; cosa innecesaria que se añade a algo

peinado *m* cada una de las formas de arreglarse el pelo

peinar *vt* arreglar y colocar el pelo de una determinada manera; *fig* desenredar la lana o pelo de algunos animales

peine *m* utensilio con púas que se utiliza para peinar el pelo

peineta *f* especie de peine pequeño y curvo que utilizan las mujeres para adornar o sujetar el pelo

pelas *f pl fam* dinero

pelea *f* discusión o riña entre dos o más personas

pelear *vi/pronl* discutir o reñir dos o más personas pudiendo llegar a pegarse o a causarse algún daño físico

pele|ón, -ona *adj/s* que se pelea con frecuencia y disfruta haciéndolo

peletería *f* establecimiento donde se hace o se vende ropa de piel

pelícano o **pelicano** *m zoo* ave de plumas blancas de pico largo y ancho que forma en su parte inferior una especie de bolsa para depositar los alimentos

película *f* historia que se cuenta a través de un conjunto de imágenes en movimiento; cinta en la que se graban dichas imágenes para poder ser emitidas

peligrar *vi* estar en peligro

peligro m riesgo de que ocurra algo malo o dañino

peligroso, -a adj que tiene peligro

pelirrojo, -a adj/s que tiene el pelo de color rojizo

pellejo m piel que cubre el cuerpo del hombre y de los animales; piel muy fina de algunas frutas

pellizcar vt/vpronl coger con dos dedos un trozo de carne o de piel y apretar con fuerza; vt coger una pequeña cantidad de una cosa

pellizco m apretón que se da al pellizcar; marca que deja en la piel dicho apretón; pequeña cantidad que se coge de algo; **un buen ~** fam mucha cantidad de dinero

pelma adj/s fam pelmazo

pelmazo adj/s fam que molesta o aburre mucho

pelo m especie de hilo muy fino que sale en la piel del hombre y de los animales; conjunto de estos hilos; conjunto de estos hilos que nacen en la parte superior de la cabeza; **con ~s y señales** fam con mucho detalle; **dar para el ~** fam regañar mucho o pegar a alguien; **estar hasta los ~s** fam estar harto; **no tener un ~ de tonto** fam ser muy listo; **poner los ~s de punta** fig asustar mucho; **por los ~s** fam por muy poco

pell||ón, ~ona adj/s que tiene poco pelo o lo lleva muy corto; que está pelado

pelota f bola de goma pequeña y llena de aire que se utiliza para jugar; juego que se realiza con esta bola; balón; adj/s que finge ser amable con otra persona para conseguir algo de ella

pelotazo m golpe que se da con una pelota

pelotillero, -a adj/s fig que finge ser amable con otra persona para conseguir algo de ella

pelotón m conjunto de muchas personas que caminan de manera desordenada; dep grupo numeroso de ciclistas que marchan juntos durante una carrera; mil pequeña unidad de soldados a las órdenes de un sargento

peluca f cabello postizo

peluche m tela suave y con pelo poco largo; muñeco hecho con esta tela

peludo, -a adj que tiene mucho pelo

peluquería f establecimiento donde se corta, lava y arregla el pelo

peluquero, -a s persona que trabaja o tiene una peluquería

peluquín m peluca que sólo cubre una parte de la cabeza

pelusa f pelo corto, fino y suave; acumulación de polvo y suciedad que se forma debajo de los muebles cuando no se limpia

pelvis f conjunto de huesos que unen las piernas con el resto del cuerpo

pena f sentimiento muy fuerte de dolor, disgusto o tristeza; condena que tiene que cumplir un preso por haber cometido cierto delito

penalización f multa o castigo que se pone a alguien que ha hecho algo incorrecto

penalti m dep penalización máxima por haber cometido un jugador una falta en su área y que consiste en el lanzamiento del balón por el otro equipo desde un punto cercano a la portería del que cometió la falta

pendiente adj que cuelga o está inclinado; que está muy atento; fig que aún no se ha terminado; sm adorno femenino que se coloca en las orejas; sf terreno inclinado

péndulo m cuerpo que cuelga de un punto fijo y se mueve de un lado a otro

pene m órgano sexual masculino

penetrar vt meterse un cuerpo en otro; introducirse en un espacio aunque exista mucha dificultad

penicilina f med sustancia que se utiliza para curar ciertas enfermedades

península f tierra rodeada de agua por todas partes excepto por una por la que está unida a otra extensión de tierra mayor

peninsular adj/s de la península o relativo a ella

penitencia f rel sacrificio que debe cumplirse cuando se ha cometido un pecado

penoso, -a adj que causa pena

pensador, -a s persona que estudia temas de gran trascendencia profundizando mucho en ellos

pensamiento m capacidad de pensar; aquello que se piensa

pensar vt formar ideas en la mente de manera ordenada; reflexionar detenidamente sobre algo; tener una opinión de algo después de haber reflexionado sobre ello

pensativo, -a adj que está pensando

pensión f cantidad de dinero que recibe periódicamente como ayuda una persona que no trabaja o que tiene determinadas necesidades sociales o sanitarias; hotel barato

pensionista s persona que cobra un cierto derecho a recibir una pensión

pentágono m mat figura plana que tiene cinco lados y cinco ángulos

pentagrama *m* mús conjunto de cinco líneas horizontales y paralelas y cuatro espacios sobre los que se representan las notas

penúltimo, -a *adj/s* que está o sucede antes del último

penumbra *f* situación en la que hay poca luz

peña *f* piedra grande

peñasco *m* peña grande situada en un lugar elevado

peñazo *adj/sm fam* que aburre o cansa mucho

peñón *m* monte lleno de grandes piedras

peón *m* trabajador no especializado; pieza de ajedrez

peonza *f* juguete de madera que se lanza con una cuerda soltándola para que gire

peor *adj* de características no tan buenas como otra cosa

pepinillo *m* pepino muy pequeño que se conserva en vinagre

pepino *m agr* planta de huerta cuyo fruto es alargado y de color verde

pepita *f* semilla de algunas frutas

pequeñez *f* cosa sin valor o sin importancia

pequeño, -a *adj* de poco tamaño; *fig* poco importante; *adj/s* que tiene pocos años

pera *f* fruta de piel fina de color amarillo o verde cuya carne es dulce y jugosa

peral *m bot* árbol que da peras

percance *m* suceso inesperado y de poca importancia

percatar *pronl* darse cuenta de algo

percebe *m zoo* animal marino con un caparazón que vive pegado a las piedras

percha *f* armazón de madera o de plástico que sirve para colgar ropa u otros objetos

perchero *m* mueble con perchas

percibir *vt* conocer algo por las sensaciones que se reciben del exterior

perdedor, -a *adj/s* que pierde

perder *vt* dejar de tener algo; sufrir la separación de un ser querido que ha muerto; *vi* estropearse algo; *pronl* no encontrar el camino

pérdida *f* privación de lo que se tenía; *no tener* ~ *fam* ser muy fácil de encontrar

perdigón *m* bola pequeña de plomo que se utiliza como munición en la caza

perdiz *f zoo* ave pequeña que tiene el cuerpo grueso, el cuello corto y las plumas de color gris y rojizo

perdón *m* hecho de perdonar; *exp* expresa una disculpa

perdonar *vt* disculpar las faltas que otro comete

perdurar *vi* durar mucho tiempo

peregrinar *vi rel* viajar a un santuario o a un lugar sagrado por devoción o para cumplir una promesa

peregrino, -a *adj/s* que viaja a un lugar sagrado por devoción o para cumplir una promesa

perejil *m* planta de color verde que se utiliza como condimento

perenne *adj* relativo a las hojas de los árboles que no se caen en otoño

pereza *f* falta de ganas de hacer algo

perezoso, -a *adj/s* que tiene pereza

perfección *f* ausencia total de errores o defectos

perfeccionar *vt/pronl* mejorar algo

perfecto, -a *adj/s* que no tiene errores ni defectos

perfil *m* postura que al únicamente deja ver una de las dos mitades laterales del cuerpo de una persona o de un objeto

perforadora *f* máquina que sirve para hacer agujeros en una superficie dura

perforar *vt* agujerear total o parcialmente algo

perfumar *vt/pronl* dar buen olor con un perfume

perfume *m* sustancia aromática líquida o sólida que se utiliza para dar buen olor

perfumería *f* establecimiento donde se hacen o se venden perfumes

pergamino *m* especie de papel hecho con piel seca y estirada de ciertos animales

perilla *f* barba que se deja crecer en la barbilla

periódico, -a *adj* que se hace o sucede cada cierto tiempo; *sm* especie de revista que se publica diariamente para dar a conocer las noticias

periodismo *m* conjunto de estudios que proporcionan a una persona la formación necesaria para ser periodista

periodista *s* persona que se dedica a informar en prensa, radio o televisión sobre temas de actualidad

período o **periodo** *m* espacio de tiempo; menstruación

peripecia *f* suceso imprevisto que cambia el curso de los acontecimientos

periquete *m fam* espacio muy breve de tiempo

periquito, -a *s zoo* pájaro que tiene el pico pequeño y las plumas de colores

periscopio *m* aparato que se utiliza para ver la superficie del mar desde un submarino

perjudicar *vt* causar un perjuicio

perjudicial adj malo, dañino

perjuicio m daño que se causa a alguien

perla f especie de bola pequeña de color blanco que se forma en el interior de las ostras y que se utiliza para hacer joyas

permanecer vi mantenerse en cierto estado o posición; estar en un lugar durante cierto tiempo

permanente adj que permanece; sf rizo artificial del cabello

permiso m autorización para hacer algo

pernicioso, -a adj perjudicial

pero conj indica objeción

perol m cazuela en forma de media esfera

perola f perol pequeño

perpendicular adj que forma un ángulo recto con una línea

perpetuo, -a adj que dura siempre

perplejo, -a adj confuso, sorprendido

perrera m lugar donde se recoge a los perros que se han perdido o que no tienen dueño

perrito m, ~ **caliente** gastr salchicha asada y metida en un bollo alargado de pan

perro, -a s zoo animal doméstico de fino olfato, muy inteligente y fiel

persecución f hecho de perseguir a alguien

perseguir vt ir detrás de alguien que intenta escapar; tratar de conseguir cierto objetivo

persiana f cierre de láminas que se coloca en las ventanas para que no entre la luz

persistir vi mantenerse algo firme o constante; durar mucho tiempo

persona f individuo de la especie humana

personaje m persona que destaca entre otras por algo; cada uno de los seres que aparecen en una obra literaria, teatral o cinematográfica

personal adj de la persona o relativo a ella; que interesa sólo a una persona; m conjunto de personas que trabajan en una empresa

personalidad f conjunto de comportamientos y características que diferencian a una persona de otra

perspectiva f técnica que permite representar sobre una superficie plana objetos que no lo son; fig punto de vista

persuadir vt convencer a alguien para que piense o actúe de cierta manera

persuasivo, -a adj que tiene una gran capacidad para persuadir

pertenecer *vi* ser algo propiedad de alguien; formar parte de algo

pértiga *f* dep palo largo y flexible que se utiliza para saltar a gran altura sobre una colchoneta

peruano, -a *adj/s* de Perú

perverso, -a *adj/s* malvado

pervertir *vt* hacer que alguien se vuelva malo o adquiera ciertos vicios

pesa *f* pieza metálica que sirve para calcular el peso de algo; *dep* pieza o aparato que se utiliza en gimnasia para desarrollar algunos músculos

pesadez *f* cosa que molesta o aburre; *fig* malestar que se siente después de haber comido en exceso

pesadilla *f* sueño que produce miedo o angustia, ansiedad

pesado, -a *adj* que pesa mucho; *fig* que molesta o aburre mucho

pesar *m* sentimiento de dolor y pena; arrepentimiento; *vi* tener cierto peso; *vt* calcular el peso de alguien o de algo

pesca *f* actividad que consiste en sacar peces y otros animales del agua

pescadería *f* establecimiento donde se venden pescados y mariscos

pescadero, -a *s* persona que vende pescado

pescadilla *f* zoo cría de la merluza

pescado *m* pez comestible

pescador, -a *s* persona que se dedica a pescar

pescar *vt* sacar del agua peces y otros animales por diferentes procedimientos

pescuezo *m* parte de atrás del cuello

pesebre *m* especie de cajón donde comen los animales

peseta *f* moneda oficial de España

pesimismo *m* forma de pensar que consiste en considerar únicamente los aspectos desfavorables de las cosas

pesimista *adj/s* que tiene tendencia al pesimismo

pésimo, -a *adj* muy malo

peso *m* cantidad que pesa una cosa

pesquero, -a *adj/s* de la pesca o relativo a ella

pestaña *f* pelo que sale en el borde de los párpados

pestañear *vi* mover los párpados de forma rápida y repetida

peste *f* enfermedad muy grave y contagiosa que puede provocar la muerte; mal olor

pestillo *m* cerrojo pequeño que sirve para asegurar puertas y ventanas

petaca *f* estuche para llevar el tabaco

pétalo *m* cada una de las hojas de una flor

petardo *m* pequeño explosivo que hace mucho ruido cuando se prende; *fam* persona o cosa muy aburrida

petición *f* hecho de pedir algo; solicitud formal que se presenta ante cierta autoridad

peto *m* pieza de algunas prendas de vestir que cubre el pecho y se sujeta a los hombros por medio de tirantes

petróleo *m* líquido de color negro que se saca de las capas más profundas de la tierra

petrolero, -a *adj* del petróleo o relativo a él; *sm* barco que se utiliza para transportar petróleo

petrolífero, -a *adj* que contiene petróleo

pez *m* *zoo* animal acuático que tiene el cuerpo cubierto de escamas, las extremidades en forma de aletas y respira por branquias

pezón *m* parte central, oscura y saliente de los pechos

pezuña *f* extremo de la pata de ciertos animales

piadoso, -a *adj* que trata a los demás con compasión

pianista *s* *mús* músico que toca el piano

piano *m* *mús* instrumento formado por una fila larga de teclas blancas y negras que producen diferentes sonidos

piar *vi* emitir algunas aves cierto sonido característico

piara *f* manada de cerdos

picador, -a *s* persona que doma y adiestra caballos; torero montado a caballo que pica a los toros con una especie de lanza; *f* aparato eléctrico que sirve para picar alimentos

picadura *f* herida que hacen algunos animales cuando muerden o pican

picante *adj/sm* que pica y tiene un sabor muy fuerte

picaporte *m* pieza que permite abrir con la mano puertas y ventanas

picar *vt* pinchar o hacer un agujero con un objeto agudo; morder algunos animales dejando una herida; clavar al toro el torero que monta a caballo una especie de lanza; cortar algo en trozos muy pequeños; tomar la comida que las aves con el pico; golpear una superficie dura con un pico; *vi* comer algo en pequeñas cantidades; sentir escozor en alguna parte del cuerpo; calentar mucho el sol

picardía *f* habilidad para conseguir aquello que se

quiere; habilidad para hablar de sexo sin que resulte de mal gusto

pícaro, -a *adj/s* que tiene picardía

picha *f vulg* pene

picnic *m* comida o merienda en el campo

pico *m* parte saliente de la cabeza de las aves por donde toman el alimento; punta o parte saliente de un objeto; herramienta formada por una hoja grande de metal y un mango de madera que sirve para cavar la tierra o para romper una superficie dura; parte más elevada de una montaña; **abrir el ~** *fam* intentar hablar; **cerrar el ~** *fam* callarse

picor *m* sensación de escozor en cierta parte del cuerpo

picota *f* cereza grande y sin rabo

picotazo *m* golpe y herida que hace un ave con el pico

picudo, -a *adj* que tiene forma de pico; que tiene mucho pico

pie *m* extremo de cada una de las piernas del hombre que se apoya en el suelo para poder andar; base en la que se apoya algo; espacio en blanco que queda en la parte inferior de una hoja; texto que se escribe a veces en dicho espacio; texto corto que se pone debajo de un dibujo o de una fotografía; **a ~** andando; **andar con ~s de plomo** *fam* tener cuidado; **a ~s juntillas** *fam* sin dudar; **buscar tres ~s al gato** *fam* tratar de encontrar problemas o dificultades donde no los hay; **dar ~** dar motivo; **de ~** levantado; **levantarse con el ~ izquierdo** *fam* tener un mal día; **no tener ~ ni cabeza** *fam* no tener sentido

piedad *f rel* cualidad de piadoso; sentimiento de pena y compasión hacia alguien que sufre

piedra *f* trozo de un mineral duro y compacto; granizo fuerte; *med* cuerpo pequeño y duro que se forma en ciertos órganos del cuerpo y produce molestias; **~ preciosa** mineral de gran valor que se utiliza para hacer joyas; **de ~** *fam* asombrado

piel *f* tejido externo que cubre el cuerpo del hombre y de los animales; capa muy fina que cubre la parte comestible de algunas frutas; cuero curtido; **dejarse la ~** *fig* esforzarse mucho en algo

pienso *m* alimento seco para el ganado

pierna *f* parte del cuerpo que va desde el tronco hasta el pie; parte más ancha de la pata de algunos animales; **dormir a ~ suelta** dormir mucho y muy bien; *estirar las* ~*s* pasear después de haber estado sentado mucho tiempo

pieza *f* cada una de las partes de una cosa; trozo de tela o papel que se fabrica de una vez; *de una* ~ *fam* muy asombrado

pijama *m* prenda de vestir de dos piezas que se utiliza para dormir

pijo, -a *s fig* que presume de tener mucho dinero; que quiere hacer siempre las cosas a la perfección

pila *f* pieza pequeña que genera energía eléctrica; conjunto de cosas colocadas unas encima de otras

pilar *f* pieza que sirve de apoyo a algo muy pesado

píldora *f* medicamento en forma de pastilla redonda y muy pequeña; medicamento que toman algunas mujeres como método anticonceptivo

pillar *vt* coger o agarrar a alguien o algo; atropellar un vehículo a una persona o a un animal; sujetar o aprisionar a alguien causándole daño o dolor; *fig* sorprender a alguien en una situación comprometida

pillo, -a *adj/s* pícaro; travieso

pilotar *vt* dirigir un vehículo

piloto *m* persona que dirige un vehículo

pimentón *m* especia en polvo elaborada con pimientos rojos secos

pimienta *f* especia en grano o en polvo de color negro

pimiento *m* fruto de huerta alargado que puede ser de color rojo o verde

pimpón *m* juego parecido al tenis que consiste en golpear una pelota pequeña con una pala de madera sobre una mesa rectangular

pin *m* pequeño adorno de metal que se sujeta a la ropa con una especie de alfiler

pinacoteca *f* museo de pinturas

pinar *m* terreno en el que hay muchos pinos

pincel *m* instrumento formado por un grupo de cerdas sujetas a un mango largo y delgado que se utiliza para pintar

pincelada *f* trazo hecho con un pincel

pinchadiscos *s* persona encargada de elegir y poner los discos en una discoteca

pinchar *vt/pronl* presionar sobre la piel con un objeto puntiagudo; hacer una herida con un objeto de este tipo; poner una inyección; coger un alimento con un tenedor o con un palillo; *vt fig* comer algo en pequeñas cantidades; *vi/pronl* tener un pinchazo la rueda de un vehículo

pinchazo m dolor provocado por la presión de un objeto puntiagudo sobre la piel; herida hecha con un objeto de este tipo; inyección; agujero o grita que se produce en la rueda de un vehículo

pincho m cosa que pincha; fig aperitivo que se toma para acompañar una bebida

ping-pong m pimpón

pingüino m zoo ave que tiene el cuerpo negro por detrás y blanco por delante y que vive en zonas muy frías

pino m bot árbol de hojas estrechas y puntiagudas que no se caen en invierno

pinrel m fam pie

pinta f adorno en forma de lunar

pintado, -a adj fam muy parecido

pintalabios m pintura en barra que se utiliza para dar color a los labios

pintar vt representar algo en una superficie utilizando diferentes colores; cubrir con un color la superficie de una cosa

pintarrajear vt hacer trazos de colores sobre una superficie sin representar ninguna figura concreta

pintauñas m laca de color

que se utiliza para pintar las uñas

pintor, -a s persona que pinta cuadros; persona que se dedica a pintar paredes y otras superficies

pintoresco, -a adj relativo a las imágenes agradables

pintura f técnica y arte de pintar; cuadro realizado por un pintor; producto que se usa para pintar

pinza f instrumento formado por dos piezas que se aproximan por uno de sus extremos para sujetar algo

piña f bot fruto del pino; fruta tropical de gran tamaño, de color marrón por fuera y amarillo por dentro, que tiene un sabor dulce y se suele comer en rodajas

piñata f recipiente lleno de golosinas que suele colgarse del techo para que alguien lo rompa con un palo y caiga todo su contenido

piño m fam diente

piñón m semilla del pino que es dulce y comestible

pío, -a adj que es muy religioso

piojo m zoo insecto pequeño que vive en el pelo del hombre y de los animales

pionero, -a adj/s persona que inicia la exploración de un territorio; persona que inicia una actividad

pipa f utensilio que sirve

para fumar tabaco; semilla de algunas frutas; semilla del girasol

pipí *m fam* pis

piqueta *f* herramienta parecida a un martillo terminado en pico por un extremo

pirado, -a *adj/s fam* un poco loco

piragua *f* embarcación pequeña, larga y estrecha

piragüismo *f dep* actividad náutica que se practica con piraguas

pirámide *f* cuerpo con varias caras triangulares que se apoyan en una única base y se juntan en un pico

pirarse *pronl fam* irse

pirata *adj/s* relativo a las personas que se dedicaban a asaltar y robar barcos

pirenaico, -a *adj/s* de los montes Pirineos

pirita *f* mineral de color amarillo brillante

piropo *m* conjunto de palabras que se dicen a una persona para alabar su belleza

pirrar *vi/pronl fam* gustar mucho alguien o algo

pirueta *f* salto en el aire

piruleta *f* caramelo plano que se chupa agarrándolo del palo al que va sujeto

pirulí *m* caramelo con forma de cono que se chupa agarrándolo del palo al que va sujeto

pis *m fam* orina

pisada *f* cada uno de los movimientos que se hacen al apoyar el pie en el suelo para andar; huella que se deja sobre el suelo al andar

pisapapeles *m* objeto que se utiliza para sujetar los papeles sobre la mesa

pisar *vt* hacer presión con el pie sobre una cosa o sobre el pie de otra persona; poner el pie en el suelo al andar

piscina *f* estanque lleno de agua que se utiliza para bañarse o para practicar la natación

piscis *adj/s* signo del horóscopo; *adj/s* que ha nacido bajo este signo

piso *m* suelo; cada una de las alturas de un edificio; cada una de las viviendas que hay en un edificio

pisotear *vt* pisar algo con fuerza y de manera repetida

pisotón *m* golpe fuerte dado con el pie al pisar

pista *f* señal que indica que alguien o algo ha estado en cierto lugar; terreno acondicionado para el despegue y aterrizaje de los aviones

pistacho *m* fruto seco de color verde que tiene la cáscara marrón y muy dura

pistola *f* arma de fuego pequeña que se maneja con una sola mano

pistolero, -a *s* delincuente que utiliza pistolas; *f* especie de bolsa para guardar la pistola que se lleva atada a la cintura

pitar *vi* tocar o sonar el pito; emitir algo un sonido agudo y continuado; *vt/i dep* señalar el árbitro algo con el pito

pitido *m* sonido de pito

pitillera *f* especie de caja pequeña para llevar cigarrillos

pitillo *m* cigarro pequeño y alargado

pito *m* especie de silbato que tiene un sonido muy agudo; *importar un ~ fam* no importar absolutamente nada

pitorrearse *pronl* burlarse de alguien o de algo

pitorreo *m* hecho de pitorrearse

pizarra *f* superficie plana que se cuelga en la pared y sobre la que se escribe con tiza o con rotuladores

pizca *f fam* cantidad muy pequeña de algo

pizza *f gastr* especie de torta elaborada con agua, harina y sal que se cuece en el horno poniendo sobre ella tomate, queso y otros ingredientes

placa *f* trozo plano y delgado de cierto material duro; cartel que se coloca en un lugar visible para anunciar el ejercicio de una profesión, el cargo de una persona o la categoría de un establecimiento; insignia que identifica a los agentes de policía

placer *m* satisfacción o sensación agradable que se experimenta al hacer o tener algo que gusta mucho

plaga *f* catástrofe que afecta a un grupo muy numeroso de personas; *fig* gran cantidad de animales de la misma especie que provocan graves destrozos en el campo

plagar *vt/pronl* llenarse un lugar de personas o cosas que molestan

plan *m* intención o proyecto de hacer algo; conjunto ordenado de pasos necesarios para alcanzar un objetivo; dieta

plancha *f* lámina delgada y plana de metal; aparato eléctrico que se utiliza para quitar las arrugas a la ropa

planchar *vt* quitar las arrugas a la ropa con una plancha

planear *vt* idear un plan; *vi* volar en un avión sin motor

planeta *m astr* cuerpo celeste que no tiene luz propia y que gira alrededor de una estrella

planificar *vt* organizar algo antes de hacerlo

plano, -a *adj* llano, liso; *sm* representación gráfica de un terreno o una construcción

planta *f* parte inferior del pie que se apoya sobre el suelo al andar; cada una de las diferentes alturas de un edificio; *bot* vegetal que está sembrado en cierto lugar

plantación *f* gran extensión de terreno en el que se cultiva un mismo tipo de vegetal

plantar *vt* meter en la tierra una planta para que crezca; llenar un terreno de plantas

plantear *vt* preparar algo que debe realizarse más adelante; dar a conocer un asunto; sugerir algo; *pronl* empezar a considerar algo

plantilla *f* pieza con la que se cubre la parte interior de un zapato; pieza que se pone sobre otra para sacar una copia; conjunto de personas que trabajan en un mismo lugar

plasta *f* cosa blanda y pastosa; *adj/s fam* de alguien que resulta pesado o molesto

plastilina *f* pasta blanda de colores que utilizan los niños para hacer diversas figuras

plástico, -a *adj/sm* de un material sintético, ligero, transparente o moldeable

plata *f* metal gris que se utiliza para hacer joyas; *dep* medalla hecha con este metal que se da al segundo clasificado en una competición

plataforma *f* construcción elevada sobre el suelo de tablas o de otro material para colocarse personas o poner cosas; *fig* organización de personas o grupos para defender intereses comunes

platanero, -a *adj* del plátano o relativo a él; *s* plátano

plátano *m bot* planta alta y tallo robusto rodeado por las vainas de las hojas, banano; fruto de esta planta, alargado y curvo, que tiene la cáscara amarilla con manchas negras

plateado, -a *adj* bañado en plata; del color parecido al de la plata

platillo *m* plato pequeño; *mús* instrumento formado por dos piezas redondas de metal que suenan al chocar entre sí o al golpearlas con una especie de palo

platino *m* metal muy valioso que tiene un color parecido al de la plata

plato *m* recipiente donde se sirve la comida

plató *m* lugar cubierto donde se ruedan películas de cine o programas de televisión

playa *f* lugar cubierto de arena situado a la orilla del mar

playback *m* imitación de los gestos de un cantante mientras se escucha su voz

playboy *m* hombre que liga mucho

playero, -a *adj* de la playa o relativo a ella

plaza f trozo ancho de calle rodeado de edificios que suele tener un jardín o una fuente en el centro; sitio que puede ocupar alguien o algo; puesto de trabajo

plazo m período de tiempo establecido para hacer algo

plazoleta f plaza pequeña

plegaria f rel petición que se hace a Dios o a un santo

pleito m jur disputa entre dos o más personas que debe ser resuelta en los tribunales

pleno, -a adj completo, lleno; sm reunión de todos los componentes de cierto colectivo

pliego m hoja de papel

pliegue m arruga que se forma en una cosa flexible

plomo m metal de color gris muy pesado; fam persona que resulta muy pesada

pluma f cada una de las piezas que cubren la piel de un ave; instrumento que sirve para escribir con tinta

plumaje m conjunto de plumas de un ave

plumero m objeto formado por varias plumas sujetas a un palo que se utiliza para quitar el polvo

plumier m caja o estuche para guardar lápices

plural adj que presenta variedad de aspectos

pluriempleo m situación de la persona que tiene más de un trabajo

plusmarca f dep mejor resultado que se ha registrado en cierto deporte

población f conjunto de personas o animales que viven en un lugar determinado; pueblo o ciudad

poblado m aldea pequeña

poblar vt ocupar un lugar cierto número de personas o animales para vivir en él; pronl llenarse un lugar de personas, animales o plantas

pobre adj/s de las personas que no tienen lo suficiente para vivir; adj fig que es escaso; de poca calidad

pobreza f falta de los recursos necesarios para poder vivir

pocho, -a adj fam que esta podrido; se dice de una persona que esta algo enferma

pocilga f lugar donde se guardan los cerdos

poción m bebida medicinal con propiedades mágicas

poco, -a adj escaso, que tiene pequeña cantidad; sm cantidad pequeña de algo

poda f hecho de cortar las ramas de un árbol o una planta para que crezca con más fuerza

podar vt hacer la poda

poder m capacidad que alguien tiene para hacer algo; autoridad que tiene una persona para ordenar que se haga algo; *vt* tener capacidad para hacer algo; tener derecho o autorización para hacer algo; *vi impers* existir la posibilidad de que ocurra algo; **no ~ verlo ni en pintura** *fam* odiar a alguien

poderoso, -a *adj/s* que tiene mucho poder

podio *m dep* plataforma sobre la que suben los primeros clasificados en una competición para recibir su premio

podrir *vt/pronl* pudrir

poema *m* obra literaria escrita en verso

poesía *f* manera de expresar la belleza de algo por medio de palabras; poema

poet|a, ~isa *s* persona que compone poemas

poético, -a *adj* de la poesía o relativo a ella; que participa de la belleza de la poesía

polaco, -a *adj/s* de Polonia; *sm* lengua hablada en este país

polar *adj* de los polos de la Tierra o relativo a ellos

polea *f* instrumento que consiste en una rueda por la que se hace pasar una cuerda de la que se tira para poder mover objetos pesados

polémico, -a *adj* que provoca discusiones; *f* discusión entre varias personas que sostienen ideas distintas

polen *m* polvo de las flores

que utilizan éstas para su reproducción

poleo *m* planta de flores azuladas que se utiliza para hacer infusiones

poli *s fam* policía

policía *f* cuerpo encargado de mantener el orden público; *s* miembro de dicho cuerpo

policiaco, -a o **policíaco, -a** *adj* de la policía o relativo a ella

policial *adj* policíaco

polideportivo *adj/sm dep* de las instalaciones necesarias para practicar deportes

polígono *m* zona dedicada a fines industriales, comerciales o residenciales; *mat* figura plana limitada por tres o más líneas rectas

polilla *f zoo* mariposa nocturna que tiene las alas grises con manchas negras

político, -a *adj* de la política o relativo a ella; *sf* ciencia sobre el gobierno de un país; conjunto de actividades relacionadas con ese gobierno; *s* persona que se dedica a dichas actividades

polizón *m* persona que se embarca de forma clandestina

pollería *f* establecimiento en el que se venden huevos, pollos y otras aves comestibles

pollo, -a *s zoo* cría de un ave

y particularmente de la gallina; *sf vulg* pene

polo *m* cada una de las zonas que están en los extremos de la Tierra; *fig* tipo de helado que se come sujetándolo por una especie de palillo

polución *f* gran contaminación del agua o del aire

polvareda *f* gran cantidad de polvo que se levanta del suelo por la acción del viento o por otra causa

polvo *m* conjunto de partículas muy pequeñas de tierra que se levantan en el aire y se depositan sobre los cuerpos sólidos; conjunto de granos muy pequeños a los que queda reducida una sustancia que ha sido molida; *pl* tipo de maquillaje que sirve para dar color a la cara

pólvora *f* mezcla de sustancias con gran poder explosivo; fuegos artificiales

polvoriento, -a *adj* que tiene mucho polvo

polvorín *m* lugar o edificio donde se guarda la pólvora

polvorón *m gastr* dulce hecho de harina, manteca y azúcar, que se deshace fácilmente al comerlo

pomada *f* medicamento en crema que se utiliza extendiéndolo sobre la piel

pomelo *m* fruta redondeada parecida a la naranja pero más amarga

pompa *f* esfera de aire que se forma por una capa de agua

pompi o **pompis** *m fam* culo

pompón *m* bola de lana que se utiliza como adorno en ciertas prendas de vestir

pómulo *m* cada uno de los huesos de la cara que están debajo de los ojos

poncho *m* prenda de abrigo que cuelga desde los hombros hasta los muslos y que está formada por una especie de manta con un agujero para meter la cabeza

poner *vt* colocar algo o a alguien en cierto lugar; preparar lo necesario para realizar cierta actividad; añadir algo; admitir una hipótesis; escribir algo en un papel; establecer o instalar un negocio; *pronl* vestirse; ocultarse el sol o la luna en el horizonte; empezar a hacer algo; **~ al corriente** informar a alguien de algo; **~ colorado** avergonzar a alguien

póney *m* caballo que se caracteriza por su poca altura

poniente *m* lugar por donde se oculta el sol, oeste

pontífice *m rel* cargo sacerdotal de la antigua Roma; obispo y, sobre todo, el papa

pop *m adj/más* de un tipo de música moderna nacida en países de habla inglesa

popa *f* parte trasera de una embarcación

popular *adj* del pueblo o relacionado con él; característico de las clases sociales más bajas; que es muy conocido

popularidad *f* fama de alguien o algo que es muy conocido por todos

por *prep* indica paso a través de cierto lugar; indica un lugar o tiempo aproximado; señala el momento en el que alguien o algo se encuentra; *sm mat* signo de la multiplicación; **~ qué** expresa interrogación; **~ si acaso** para estar o tener algo preparado

porcelana *f* material fino, brillante y de color claro que se utiliza para hacer ciertos recipientes de cocina y algunos objetos de adorno

porcentaje *m* cantidad que representa una parte de cien

porche *m* parte de un edificio, sin paredes y con techo, que suele estar situado a la entrada o a los lados del mismo

porcino, -a *adj* del cerdo o relativo a él

porción *f* cantidad separada de otra mayor

pordiosero, -a *adj/s* que pide limosna para poder vivir

pornográfico, -a *adj* que presenta ciertos temas o imágenes relacionados con el sexo de manera ofensiva

poro *m* cada uno de los pequeños agujeros de la piel

porque *conj* indica la causa, la razón o el motivo de algo

porqué *m* causa, razón o motivo de algo

porquería *f* suciedad, basura; *fig* cosa vieja o rota

porra *f* especie de churro grande; especie de palo alargado más estrecho por un extremo que por el otro; *interj pl* expresa enfado o disgusto; **irse a la ~** *fam* estropearse

porrazo *m* golpe que se da con la porra; golpe muy fuerte

porrillo, a ~ *exp adv fam* en gran cantidad

porro *m* cigarrillo que contiene droga

porrón *m* recipiente de cristal que se utiliza para beber vino

portaaviones *m* barco de guerra de grandes dimensiones que tiene las instalaciones adecuadas para poder llevar aviones

portada *f* fachada principal de un edificio; primera página de un periódico, libro o revista

portador, -a *adj* que lleva algo de un lugar a otro

portaequipajes *m* parte de un automóvil que se utiliza para llevar el equipaje

portal *m* entrada de un edificio; *rel* **~ de Belén** establo donde nació Jesucristo; belén

portar vt llevar algo de un lugar a otro; *pronl* tener un comportamiento determinado

portátil adj que se puede transportar fácilmente

portavoz s persona que habla en representación de otra o de otras

portazo m golpe que se da con una puerta cuando se cierra con fuerza

portento m persona que sobresale por cierta cualidad

portería f parte de un edificio desde la que el portero vigila la entrada y la salida de personas; *dep* espacio entre dos palos con una red por donde tiene que entrar el balón para marcar un tanto

portero, -a s persona que se encarga de abrir y cerrar las puertas de un edificio, vigilar la entrada y la salida de gente y hacer la limpieza de la escalera; *dep* jugador que defiende la portería

portugu|és, -esa adj/s de Portugal; *sm* lengua oficial de Portugal y de otros países

porvenir m tiempo futuro

posada f establecimiento en el que se hospedan viajeros

posar vt colocar una cosa sobre otra de manera suave; *pronl* detenerse después de volar

posavasos m pieza pequeña de cartón que se coloca debajo de los vasos para evitar que se manche la mesa

poseer vt tener algo

posesión f hecho de poseer algo

posesivo, -a adj que trata a los demás como si fueran objetos de su propiedad

posguerra f tiempo que sigue al final de una guerra

posibilidad f hecho de ser posible una cosa; oportunidad para hacer algo

posible adj que puede ser o suceder

posición f forma de colocarse alguien o algo; lugar que ocupa alguien o algo

positivo, -a adj que resulta bueno, útil o conveniente

poso m conjunto de partículas sólidas que deja un líquido en el recipiente que lo contiene

postal adj de correos o relativo a él; *adj/sf* tarjeta que se envía por correo sin sobre

poste m palo grueso y alargado que se coloca en posición vertical para servir de apoyo o de señal

póster m cuadro grande de papel que se coloca a modo de adorno en la pared

posterior adj que sucede después; que está detrás

postizo, -a *adj/sm* que es artificial o añadido

postre *m gastr* plato que se toma al final de una comida

postura *f* forma de colocarse alguien o algo

potable *adj* que se puede beber sin que haga daño

potaje *m gastr* plato elaborado con legumbres y verduras

potencia *f* capacidad para hacer una cosa y producir un efecto

potente *adj* que tiene gran potencia

potingue *m fam* comida o bebida de aspecto o sabor poco agradable

potito *m* alimento para bebés en forma de puré que se vende ya preparado en tarros de cristal

potro, -a *s zoo* cría del caballo; *m dep* aparato de gimnasia que se utiliza para saltar por encima de él

poyo *m* banco de piedra que se construye pegado a la pared

pozo *m* agujero profundo excavado en la tierra para sacar agua

practicante *adj* que practica; *s med* persona que se dedica a poner inyecciones

practicar *vt* realizar de forma habitual cierta actividad; repetir muchas veces algo que se ha aprendido

para conseguir hacerlo cada vez mejor; llevar a cabo algo

práctico, -a *adj* que resulta útil o proporciona alguna ventaja; que es conveniente o adecuado para algo; *sf* habilidad que se alcanza al hacer algo muchas veces

pradera *f* prado grande

prado *m* terreno llano cubierto de hierba

precaución *f* cuidado que se pone para evitar un peligro

precavido, -a *adj* que actúa con precaución

precedente *adj* que precede; *m* hecho pasado que sirve como ejemplo

preceder *vt* estar por delante; ocurrir una cosa antes que otra

precio *m econ* cantidad de dinero que hay que pagar por algo

preciosidad *f* persona, animal o cosa de gran belleza

precioso, -a *adj* de gran belleza; que tiene mucho valor

precipicio *m* corte profundo y vertical en un terreno elevado

precipitar *vt/pronl* lanzar o arrojar a alguien o algo desde un lugar elevado; hacer que algo suceda antes de lo que se pensaba

precisar *vt* necesitar; explicar algo de manera exacta

precisión *f* exactitud

preciso, -a adj que es necesario para algo; exacto

precoz adj que sucede o se desarrolla antes de lo previsto

predecir vt decir con antelación lo que va a suceder

predicado m gram palabra o conjunto de palabras que acompañan al verbo en una oración

predicar vt/i rel hablar un sacerdote en la misa

predicción f hecho de predecir; palabras con que se predice

predominio m superioridad de una persona o cosa sobre otras

preescolar adj/sm relativo a la educación anterior a la enseñanza primaria

prefabricado, -a adj que ha sido fabricado con anterioridad por piezas separadas que luego se montan

preferencia f circunstancia de tener más derecho a algo que otra persona; inclinación hacia cierta actividad

preferible adj mejor, más conveniente

preferir vt querer a una persona más que a otra; gustarle a alguien más una cosa que otra

prefijo m conjunto de cifras que es necesario marcar antes del número de teléfono para llamar a otra provincia o a otro país

pregón m anuncio que se hace en voz alta por las calles o en un lugar público

pregonar vt anunciar algo con un pregón; hacer que todo el mundo conozca algo que debería mantenerse oculto

pregunta f hecho de preguntar; palabras con que se pregunta

preguntar vt/i/pronl pedir a alguien que nos dé cierta información

pregunt|ón, _ona adj/s que pregunta demasiado

prehistoria f período de la historia que comprende desde el origen del hombre hasta la aparición de los primeros documentos escritos

prejuicio m opinión que se tiene sobre algo antes de conocerlo

premamá adj fam relativo a la mujer que va a tener un hijo

prematuro, -a adj que sucede antes de lo que sería normal o conveniente; que no está suficientemente desarrollado; adj/s relativo al niño que nace antes de los nueve meses

premiar vt dar un premio

premio m recompensa que se da a alguien por haber hecho algo bien

prenda f pieza de ropa

prender vt/pronl incendiar o quemar algo

prensa f máquina que sirve para aplastar objetos; máquina que se utiliza para imprimir; fig conjunto de periódicos y revistas que se publican cada cierto tiempo

preñada adj/s relativo a la mujer o a la hembra de ciertos animales que va a tener un hijo o una cría

preocupación f hecho de preocupar o preocuparse

preocupar vt/pronl provocar algo en una persona un sentimiento de intranquilidad o angustia haciéndole pensar demasiado en ello

preparación f hecho de preparar o prepararse; conjunto de conocimientos adquiridos sobre cierta materia

preparar vt poner algo de manera que pueda ser utilizado para cierto fin; enseñar a alguien ciertos conocimientos; estudiar para un examen

preposición f gram clase de palabra que se utiliza para unir dos expresiones dentro de una misma frase

prescindir vi dejar de tener o de utilizar una cosa

presencia f hecho de estar alguien o algo en un lugar determinado

presenciar vt ver en persona

cierto acontecimiento o suceso

presentación f hecho de presentar algo ante alguien

presentador, _a s persona que presenta un espectáculo o un programa de radio o televisión

presentar vt poner algo ante alguien para que lo vea o lo examine; dar a conocer algo a los demás; tener una determinada característica; dar una persona el nombre de otra para que la conozca; comentar o dirigir un espectáculo o un programa de radio o televisión; pronl aparecer alguien en cierto lugar

presente adj que está en presencia de alguien o de algo; fig se dice de aquello que todavía se recuerda; sm tiempo actual

presentimiento m sensación de que va a ocurrir algo

presentir vt tener un presentimiento

preservar vt proteger de un daño o peligro

preservativo m especie de funda de goma que se utiliza para cubrir el pene cuando se tienen relaciones sexuales para evitar embarazos o el contagio de ciertas enfermedades sexuales

presidencia f cargo que ocupa el presidente; duración de dicho cargo

presidente, -a *s* persona que preside un grupo, comunidad o gobierno

presidio *m* cárcel

presidir *vt* dirigir un grupo, comunidad o gobierno

presión *f* fuerza que ejerce un cuerpo sobre una superficie; fuerza que se hace sobre una persona para obligarle a hacer o decir algo

presionar *vt* hacer fuerza sobre algo; intentar obligar a alguien a que haga o diga algo

preso, -a *adj/s* que está en la cárcel; *sf* animal que puede ser cazado; muro muy grande que se construye en ríos y embalses para retener el agua

préstamo *m* cantidad de dinero u objeto que se presta

prestar *vt* dar algo a alguien para que lo utilice durante un tiempo y lo devuelva después

prestidigitador, -a *s* persona que hace juegos de magia con las manos

prestigio *m* buena fama

presumido, -a *adj/s* que presume

presumir *vi* mostrarse excesivamente orgulloso de sí mismo

presupuesto *m econ* cálculo que se hace para saber lo que va a costar algo o los ingresos y gastos que se van a tener durante cierto período de tiempo

pretender *vt* intentar conseguir algo

pretendiente *adj* que pretende conseguir algo; *sm* hombre que quiere casarse con una mujer

pretérito, -a *adj* que ya ha sucedido

pretexto *m* excusa que se da para no hacer algo

prevenir *vt* adoptar las medidas necesarias para evitar un daño o peligro

prever *vt* suponer que algo puede ocurrir; preparar lo necesario para un determinado fin

previsión *f* plan que se hace para algo

previsor, -a *adj/s* que organiza las cosas teniendo en cuenta lo que puede ocurrir

previsto, -a *adj* planeado con anterioridad

primario, -a *adj* que es más importante que otra cosa

primavera *f* estación del año que está entre el invierno y el verano

primaveral *adj* de la primavera o relativo a ella

primitivo, -a *adj* de los primeros tiempos de algo

primo, -a *s* hijo o hija del hermano o hermana de los padres de alguien

primogénito, -a *adj/s* del

primer hijo que tiene una pareja

princesa f título que corresponde a la hija del rey

principal adj que es lo más importante

príncipe m título que corresponde al hijo del rey

principiante, -a adj/s que no tiene experiencia en cierto oficio o actividad

principio m primer momento de la existencia de algo; origen o causa de algo; **al ~** inicialmente; **en ~** sin considerar otras posibilidades

pringar vt/pronl manchar con grasa o con una sustancia pegajosa; vt/i mojar pan en una salsa

pringoso, -a adj que esta manchado con grasa o con una sustancia pegajosa

pringue s grasa que sueltan algunos alimentos al cocinarlos; fig suciedad grasienta o pegajosa

prior, -a s rel superior de un convento

prioridad f hecho de tener más derecho a algo que otra persona; mayor importancia de algo

prioritario, -a adj que tiene prioridad

prisa f rapidez con que se hace algo

prisión f cárcel

prisionero, -a adj/s que está en prisión

prisma m mat cuerpo formado por dos bases y varios lados paralelos

prismáticos m pl instrumento formado por dos tubos con lentes que permite ver los objetos que están lejos

privación f falta o pérdida de algo

privado, -a adj que pertenece a una sola persona o a un grupo de personas

privar vt quitar a una persona algo que tenía o disfrutaba; pronl renunciar a algo por voluntad propia

privilegiado, -a adj/s que disfruta de algún privilegio

privilegio m derecho o ventaja especial de la que disfruta una persona

pro m beneficio, ventaja; **en ~ de** en favor de

proa f parte delantera de una embarcación

probabilidad f posibilidad de que suceda algo

probable adj que tiene muchas posibilidades de suceder; que se puede probar

probador m habitación pequeña de una tienda de ropa donde el cliente se prueba las prendas antes de comprarlas

probar vt demostrar la verdad o la existencia de algo; vi intentar hacer algo; pronl ponerse una prenda de vestir para ver si sienta bien

problema *m* cuestión que hay que resolver conociendo algunos datos; dificultad que hay que superar

problemático, -a *adj* que plantea problemas; *f* conjunto de cuestiones relacionadas con un determinado tema

procedencia *f* origen o principio de algo; lugar del que procede una persona

proceder *m* manera de comportarse una persona; *vi* tener origen en algo; tener origen o venir de cierto lugar

procesión *f* rel desfile con imágenes y signos religiosos

proceso *m* sucesión de las etapas o fases de un fenómeno o actividad

proclamar *vt* anunciar algo públicamente, declarar de forma solemne el inicio de una nueva forma de gobierno

procrear *vt* tener hijos

prodigio *m* suceso o fenómeno que resulta extraordinario y no puede explicarse

prodigioso, -a *adj* que resulta extraordinario o maravilloso y no puede explicarse

producción *f* proceso por el cual se obtiene algo; cosa producida

producir *vt* obtener algo a través de un proceso natural o artificial; obtener materias primas necesarias para la producción de algo; dar beneficios materiales; causar un efecto

producto *m* resultado de un proceso de producción; beneficio o ganancia; *mat* resultado de multiplicar dos o más números

productor, -a *adj/s* que produce; *adj/s* que se dedica a la producción

proeza *f* acción con mucho riesgo que requiere mucho valor

profanar *vt* tratar sin respeto algo sagrado; *fig* hablar mal de alguien que ha muerto

profano, -a *adj* que no es sagrado o religioso; *fig* que no tiene los conocimientos o la experiencia necesaria sobre cierto asunto

profecía *f* rel anuncio que hace el profeta en nombre de Dios; predicción

profesión *f* oficio o actividad laboral de una persona

profesional *adj* de la profesión o relativo a ella; *adj/s* que ejerce habitualmente una profesión como medio de vida

profesor, -a *s* persona que se dedica a la enseñanza

profeta, -isa *s* rel persona que habla en nombre de Dios

profundidad *f* distancia que

hay entre la superficie de una cosa y su fondo

profundizar *vt* hacer algo más profundo; *fig* estudiar o analizar algo con mucha atención

profundo, -a *adj* que tiene mucha distancia desde la superficie hasta el fondo

programa *m* conjunto de ideas ordenadas que sirven de base a algo; listado de las diferentes partes de un acto o de un discurso; cada uno de los espacios transmitido por radio o televisión; *inform* conjunto de instrucciones que hay que dar a un ordenador para que realice un trabajo concreto

programación *f* conjunto de ideas ordenadas que sirven de base a algo; conjunto de programas de radio o televisión; *inform* elaboración de un programa de ordenador

programar *vt* preparar algo con antelación; preparar algunas máquinas para que empiecen a funcionar de determinada manera y en el momento adecuado; *inform* elaborar un programa de ordenador; *pronl* organizarse

progresar *vi* hacer progresos

progresista *adj/s* que está a favor de los cambios sociales, económicos y políticos

progresivo, -a *adj* que avanza de manera continua y gradual

progreso *m* mejora de algún aspecto de una persona o cosa; desarrollo social, económico y político de la humanidad

prohibir *vt* no dejar a alguien que haga algo

prójimo *m* respecto a una persona, cada una de las personas que forman parte de la humanidad

prólogo *m* parte que precede a un escrito y sirve de presentación

prolongar *vt* aumentar la duración de algo; aumentar la longitud de algo

promedio *m* nivel medio de algo

promesa *f* compromiso que se adquiere con una persona y que debe cumplirse

prometer *vt* hacer una promesa

prometido, -a *s* persona que se va a casar con otra

pronombre *m* *gram* clase de palabras que pueden sustituir al nombre

pronosticar *vt* hacer pronósticos

pronóstico *m* anuncio anticipado de algo en base a ciertos indicios o señales; *med* opinión que tiene un médico sobre la evolución de un paciente

prontitud f rapidez con que se hace algo

pronto, -a sm fam reacción repentina e inesperada de una persona; **pronto** adv en seguida; antes de tiempo; en las primeras horas del día; **de pronto** de forma inesperada

pronunciar vt emitir y articular los sonidos de una determinada lengua; pronl expresar en voz alta algo a favor o en contra de cierto tema o asunto

propaganda f conjunto de actividades que se realizan para dar a conocer las ventajas o las cualidades de alguien o de algo

propagar vt/pronl hacer que algo llegue a mucha gente o a diferentes lugares para que sea conocido

propiedad f hecho de poseer una cosa y poder disponer de ella; cosa que se posee; cualidad o característica permanente de una persona o de una cosa

propietario, -a adj/s que posee algo

propina f cantidad de dinero que se da a alguien de forma voluntaria para agradecer un servicio prestado

propio, -a adj que pertenece a una persona; que pertenece a la persona de la que se habla; característica que distingue a una persona o cosa de las demás

proponer vt manifestar alguien una idea para que sea aceptada; pronl tomar la decisión de tratar de conseguir algo

proporción f relación justa y equilibrada que existe entre dos o más cosas

proporcionado, -a adj que no es ni muy grande ni muy pequeño; que guarda la debida proporción

proporcionar vt dar a alguien algo que desea o necesita; hacer que algo tenga la debida proporción

proposición f idea o sugerencia para hacer algo

propósito m intención de hacer algo; objetivo que se quiere alcanzar

prórroga f ampliación del plazo establecido para algo; mil aplazamiento del servicio militar

prorrogar vt establecer una prórroga

prosa f manera natural de escribir sin hacer versos

proseguir vt/i continuar algo que ya estaba iniciado

prosperar vi mejorar en algo; tener éxito o buena suerte

próspero, -a adj que se desarrolla favorablemente

prostituta f mujer que mantiene relaciones sexuales

con un hombre a cambio de dinero

protagonista *s* personaje principal de la obra literaria, teatral o cinematográfica

protección *f* hecho de protegerse de un daño; persona o cosa que protege

protector, -a *adj/s* que protege; que vela por los intereses de una persona o de una comunidad

proteger *vt/pronl* evitar o defender de un daño o peligro; *vt* velar por los intereses de alguien

protesta *f* hecho de protestar; acto que se realiza para manifestar el desacuerdo que se tiene con alguien o con algo

protestante *adj/s* rel del protestantismo o relativo a él

protestantismo *m* rel iglesia cristiana basada en la doctrina de Lutero que no está de acuerdo con la iglesia católica

protestar *vi* mostrar desacuerdo con algo; quejarse por incomodidad o dolor

provecho *m* beneficio o utilidad que se saca de algo

provechoso, -a *adj* que resulta útil

proveer *vt/pronl* proporcionar a alguien lo que necesita para algo

provenir *vi* proceder de cierto lugar

provincia *f* división territorial y administrativa de un país

provincial *adj* de la provincia o relativo a ella

provinciano, -a *adj* que ha nacido o vive en una provincia y no se acostumbra a la vida de la ciudad

provisión *f* hecho de proveer; conjunto de alimentos que se guardan para cuando sean necesarios

provisional *adj* que es temporal

provocar *vt* producir cierto efecto; hacer enfadar a alguien para que riña o pelee

provocativo, -a *adj* que provoca

proximidad *f* cercanía entre dos o más cosas; *pl* lugar que está próximo a otro

próximo, -a *adj* que está cerca de cierto lugar o momento

proyectar *vt* lanzar con fuerza una cosa hacia adelante o a cierta distancia; exhibir una película en un cine

proyectil *m* cuerpo que se lanza contra un objetivo con un arma de fuego

proyecto *m* pensamiento de hacer algo y de cómo hacerlo; conjunto de investigaciones y estudios ordenados que sirven de base para hacer algo

proyector *m* aparato eléctri-

co que sirve para proyectar imágenes sobre una superficie plana

prudencia f cuidado que se pone al hacer las cosas para evitar un daño o peligro

prudente adj que actúa con prudencia

prueba f objeto o señal que permite demostrar la verdad o la falsedad de algo; intento de hacer algo; experimento que se hace para comprobar cómo funciona algo; análisis médico; examen para demostrar los conocimientos o las capacidades de una persona

psicología f ciencia que estudia el comportamiento de las personas

psicólogo, -a s persona que se dedica a la psicología

psiquiatría f parte de la medicina que se encarga del estudio de las enfermedades mentales

psíquico, -a adj de la mente humana o relativo a ella

púa f diente de un peine; cada una de las espinas que cubren el cuerpo de algunos animales

pub m bar especialmente decorado donde se pueden tomar bebidas alcohólicas y escuchar música

pubis m parte inferior del vientre situada entre las piernas

publicación f escrito impreso que se publica para que pueda ser conocido por mucha gente

publicar vt incluir una noticia en un periódico o en una revista; imprimir, editar y poner a la venta una obra

publicidad f conjunto de técnicas y actividades destinadas a dar a conocer algo

público, -a adj que puede ser utilizado por todos los ciudadanos; que puede ser visto o conocido por todos; sm conjunto de personas que acuden a cierto acto o lugar; conjunto de personas al que va dirigido cierta obra o cierto espectáculo

puchero m recipiente de barro con una o dos asas que sirve para cocinar; pl fam gesto que indica que alguien va a empezar a llorar

pudding m gastr plato que se prepara mezclando varios alimentos y colocando la masa en un recipiente para que adquiera su forma

pudor m sentimiento de vergüenza que experimenta una persona al hablar de temas sexuales o mostrar su cuerpo en público; timidez

pudrir vt/pronl hacer que una sustancia orgánica se descomponga o se estropee

pueblo m población rural con pocos habitantes; conjunto de personas que viven o han nacido en dicha población; conjunto de los habitantes de un país; conjunto de personas que forman una comunidad y están unidas por su origen o por su religión

puente *m* construcción elevada que sirve para cruzar un río o una carretera; plataforma situada sobre la cubierta de un barco desde donde el capitán da las órdenes; pieza central de la montura de unas gafas; *fig* día no festivo en el que no se trabaja por encontrarse entre dos días festivos

puerco, -a *s* cerdo; *adj/s fig* que es o está muy sucio

puericultor, -a *s* persona especializada en el cuidado de los niños más pequeños

puerro *m agr* hortaliza alargada de color blanco en la base y verde por la parte superior que tiene un sabor parecido al de la cebolla

puerta *f* abertura que se hace en una pared para poder entrar y salir de cierto lugar; armazón de madera u otro material que se sujeta con bisagras y sirve para tapar dicha abertura

puerto *m* lugar natural o artificial situado en la costa donde se detienen las embarcaciones para cargar y descargar pasajeros y mercancías; lugar de paso entre montañas

puertorriqueño, -a *adj/s* de Puerto Rico

pues *conj* indica causa, razón o motivo de algo; expresa consecuencia

puesto, -a *adj* que va bien vestido; *sm* lugar o espacio que ocupa una persona o cosa; empleo que tiene una persona; tienda desmontable que se coloca en la calle para vender determinados productos; tienda de un mercado; *sf* hecho de ocultarse el sol al final del día

pulga *f zoo* pequeño insecto parásito

pulgar *m* dedo más grueso y corto de la mano; dedo más grueso del pie

pulgón *m zoo* pequeño insecto muy perjudicial para los cultivos

pulir *vt* hacer que una superficie quede lisa y suave; corregir los defectos de una cosa para que quede perfecta

pulmón *m* cada uno de los dos órganos que permiten respirar al hombre y a los animales vertebrados

pulmonía *f med* infección que afecta a los pulmones

pulpa *f* parte interior de una fruta que es blanda y comestible

pulpo m zoo animal marino que tiene ocho tentáculos

pulsar vt hacer presión con los dedos sobre un botón

pulsera f aro o cadena que se coloca como adorno en la muñeca; correa del reloj

pulso m movimiento rítmico del corazón que se percibe colocando los dedos en la muñeca; capacidad para mantener la mano firme cuando se realizan tareas de cierta precisión; *a ~* haciendo fuerza con la muñeca y con la mano

pulverizar vt convertir algo en polvo; esparcir un líquido en forma de gotas muy pequeñas

puma m zoo mamífero salvaje y carnívoro de color pardo y con manchas blancas en la cabeza

punta f extremo agudo de un objeto; *de ~* en posición vertical; *de ~ en blanco* fam muy elegante; *de ~ a ~* de principio a fin o de un extremo a otro; *tener algo en la ~ de la lengua* fam estar a punto de recordar algo

puntada f cada una de las pasadas que se hacen con la aguja y el hilo al coser; porción de hilo que ocupa este espacio

puntapié m golpe que se da con la punta del pie

puntear vt marcar puntos sobre una superficie; dibujar o pintar algo con puntos; *mús* tocar la guitarra u otro instrumento pulsando cada cuerda por separado

puntería f habilidad para dar en el blanco

puntero, -a adj/s que aventaja a los de su misma clase; sm palo largo y fino que se utiliza para señalar algo; sf parte del zapato que cubre los dedos del pie

puntiagudo, -a adj que tiene mucha punta

puntilla f adorno de tela en forma de ondas que se coloca en el borde de la ropa

punto m señal pequeña y redondeada; *gram* signo de ortografía que señala una pausa y sirve para indicar el final de una frase; sitio o lugar determinado; momento en que ocurre algo; fase, estado o situación en que se encuentra algo; tipo de tejido que se hace enlazando de distintas formas un hilo de lana; *a ~* listo para algo; *en ~* a la hora justa; *en su ~* en su mejor estado

puntuación f número de puntos conseguidos en una prueba, en un juego o en una competición; *gram* conjunto de signos ortográficos necesarios para puntuar un escrito de manera que se pueda leer con corrección

puntual *adj* que comienza o sucede a la hora convenida; que suele llegar con puntualidad; concreto, exacto

puntualidad *f* hecho de llegar a un lugar a la hora convenida

puntuar *vt* calificar con puntos una prueba

punzón *m* instrumento alargado y puntiagudo que sirve para hacer agujeros

puñado *m* cantidad de cualquier cosa que cabe en un puño

puñal *m* arma de acero parecida a un cuchillo

puñalada *f* golpe dado con un puñal; herida causada por un puñal

puñeta *f fam* cosa incómoda o molesta; **a hacer ~s** *vulg* se utiliza para echar a alguien con malos modales

puñetazo *m* golpe que se da con el puño

puño *m* mano cerrada con todos los dedos doblados; parte de la manga de una prenda de vestir que rodea la muñeca

pupa *f* especie de herida que sale en los labios; costra que

queda cuando se seca una herida

pupilo, -a *s* persona que esta bajo la tutela y protección de otra; *f* parte negra y redonda del ojo

pupitre *m* mesa que tiene la parte superior inclinada y que se utiliza para escribir

puré *m gastr* comida que se hace triturando los alimentos ya cocidos

pureza *f* cualidad de puro

purificar *vt* eliminar toda clase de impureza

puro, -a *adj* que no está mezclado con otra cosa; que no tiene suciedad o impurezas; *m* cigarro grueso

purpurina *f* polvo muy fino que se obtiene de ciertos metales y con el que se preparan pinturas doradas o plateadas

pus *m med* líquido espeso y amarillento que sale por las heridas infectadas

puta *f vulg* prostituta

putada *f vulg* acción hecha con mala intención

putear *vt vulg* hacer putadas

puzzle *m* juego que consiste en formar una figura juntando las distintas piezas en que está dividido

Q

que *pron* sustituye al nombre de una persona o de una cosa mencionada; *conj* introduce ciertas oraciones; se usa en algunas comparaciones; *por* ~ se usa para indicar la causa de algo

qué *pron* introduce oraciones interrogativas; introduce oraciones exclamativas; ~ *tal* se usa como saludo

quebrado *adj/sm mat* número que indica en cuantas partes se divide la unidad y cuantas partes se toman

quebrantar *vt fig* no cumplir una norma o una obligación

quebrar *vt/pronl* romper en trozos algo duro; *vi econ* arruinarse una empresa

quedar *vi* citarse con alguien; llegar a un acuerdo; seguir existiendo; faltar algo por hacer; sentar bien o mal una prenda de vestir; *vi/pronl* estar o permanecer en un sitio; *pronl* apropiarse de algo; retener algo en la memoria; *fig* morirse; ~ *atrás* estar muy pasado; ~*se con alguien fam* gastar a alguien una broma

quehacer *m* tarea que tiene que realizar una persona

queja *f* manifestación de dolor o pena; expresión de disgusto o protesta por algo

quejarse *pronl* expresar una queja

quejica *adj/s fam* que se queja por cualquier cosa

quejido *m* voz o sonido que expresa dolor o pena

quemadura *f* herida producida por el fuego o por el calor

quemar *vt* destruir algo con fuego; sentir dolor al tocar algo muy caliente; estropear la comida por cocinarla con demasiado calor; *vi/pronl* poner la piel muy morena al sol o producir quemaduras en ella; *fam* hacer enfadar a alguien

querer *m* amor, cariño; *vt* sentir amor o cariño; desear algo; estar decidido a realizar cierta acción; *sin* ~ sin intención

querido, -a *s* persona que mantiene una relación amorosa con otra

quesero, -a *adj* del queso o relativo a él; de la persona a la que le gusta mucho el queso; *s* persona que hace o vende queso; *sf* recipiente para guardar el queso

queso *m gastr* alimento sólido que se obtiene de la leche; *dársela a alguien con ~ fam* engañar

quicio *m* parte de una puerta o de una ventana por donde ésta se une a la pared; *sacar a alguien de ~ fam* hacer que alguien se enfade mucho; *sacar las cosas de ~ fam* exagerar

quiebra *f* *econ* hecho de quebrar una empresa; *fig* daño o pérdida

quien *pron* sustituye al nombre de una persona mencionada con anterioridad; *no ser ~* no ser la persona adecuada para algo

quién *pron* introduce oraciones interrogativas; introduce oraciones exclamativas

quienquiera *pron* se usa para referirse a una persona indeterminada

quieto, -a *adj* que no está en movimiento

quietud *f* ausencia de movimiento; *fig* situación de calma y tranquilidad

quilo *m* kilo

químico, -a *adj* de la química o relativo a ella; *s* persona que se dedica al estudio de la química; *sf* ciencia que estudia la composición y las propiedades de las sustancias

quimono *m* prenda de vestir japonesa en forma de túnica; conjunto de chaqueta y pantalón muy anchos para practicar ciertos deportes

quincena *f* período de tiempo que dura quince días

quincenal *adj* que ocurre cada quince días; que dura quince días

quiniela *f* juego que consiste en acertar los resultados de una competición deportiva

quinqué *m* lámpara de aceite

quintuplicar *vt* multiplicar algo por cinco

quiosco *m* caseta situada en las aceras donde se venden periódicos o flores

quirófano *m* *med* lugar preparado para realizar operaciones quirúrgicas

quirúrgico, -a *adj* *med* de la cirugía o relativo a ella

quisquilloso, -a *adj/s* de alguien que se ofende por cualquier cosa

quiste *m* *med* bulto que aparece en cierta parte del cuerpo

quitamanchas *m* producto que sirve para quitar las manchas de la ropa sin necesidad de lavarla

quitanieves *f* máquina que sirve para quitar la nieve de carreteras, caminos o vías

quitar *vt* separar una cosa de otra o del lugar en el que se encuentra; coger sin autorización algo que pertenece a otra persona; dejar a una persona sin algo que antes tenía; *pronl* apartarse de un lugar

quivi *m* kiwi

quizá *adv* indica duda o posibilidad de algo

R

rábano *m agr* planta de huerta que tiene las hojas grandes y la raíz carnosa comestible y de sabor picante

rabia *f* enfermedad contagiosa de algunos animales; *fig* enfado muy grande

rabiar *vi fig* sentir un gran enfado

rabieta *f* enfado o llanto violento que manifiesta una persona cuando no consigue lo que quiere

rabioso, -a *adj fig* muy enfadado; muy grande, enorme; *adj/s* que padece la enfermedad de la rabia

rabo *m* cola de un animal

racha *f* período de tiempo en el que suceden cosas buenas o malas; golpe de viento

racial *adj* de la raza o relativo a ella

racimo *m* conjunto de frutos que cuelgan de un tallo

ración *f* cantidad de comida que corresponde a una persona o a un animal

racional *adj* de la razón o relativo a ella

racismo *m* sentimiento de rechazo hacia las personas

que pertenecen a una raza diferente a la propia

racista *adj/s* que defiende el racismo

radar *m* aparato que permite descubrir la presencia y la posición de un objeto en un lugar

radiación *f* hecho de desprender energía cierto cuerpo

radiactividad *f* energía que se desprende cuando se rompe el núcleo de los átomos

radiactivo, -a *adj* de la radiactividad o relativo a ella

radiador *m* aparato de calefacción

radiante *adj* que brilla mucho

radiar *vt* emitir un programa de radio; emitir radiaciones

radical *adj* de la raíz o relativo a ella; fundamental

radio *m* cada una de las varillas que forman la rueda de una bicicleta o de una motocicleta; *f* medio de comunicación que transmite el sonido a través del aire

radiocasete *m* aparato de radio en el que se pueden poner cintas y escucharlas

radiografía f negativo de la fotografía de cierta parte del cuerpo

radiotelevisión f medio de comunicación que transmite sonido e imágenes a través del aire

radioyente s persona que escucha los programas de la radio

raer vt raspar una superficie con un objeto áspero haciendo que se rompa o se desgaste

ráfaga f golpe de viento; golpe de luz fuerte y de escasa duración

raíl m cada una de las dos barras de hierro que forman la vía del ferrocarril

raíz f parte de una planta que crece bajo tierra y absorbe los alimentos que ésta necesita; fig origen, fundamento de algo

raja f abertura larga y estrecha producida por un objeto que corta; porción larga y delgada de un alimento

rajar vt romper algo haciendo una raja; vulg herir a alguien con un cuchillo o con una navaja

rallador m utensilio de cocina que sirve para rallar ciertos alimentos

rallar vt deshacer un alimento en trozos muy finos y pequeños

rama f cada una de las partes

de una planta que salen del tronco o del tallo y en la que nacen las hojas, las flores y los frutos; cada una de las partes en que se divide una ciencia; *andarse por las ..s* fam centrarse en los aspectos secundarios de un asunto

ramaje m conjunto de ramas

ramo m conjunto de flores

rampa f terreno liso y en pendiente

rana f bot anfibio pequeño de ojos grandes y patas traseras muy largas que le permiten dar grandes saltos

ranchero, -a s persona que posee o trabaja en un rancho; f mús canción popular mexicana

rancho m am granja en la que se cuidan caballos, vacas y otros animales

rancio, -a adj de los alimentos que con el paso del tiempo adquieren un sabor y un olor más fuertes

ranura f abertura pequeña y estrecha que hay en la superficie de algunos objetos

rapar vt cortar el pelo muy corto

rapaz adj/sf zoo del ave carnívora que tiene el pico y las uñas muy grandes y fuertes

rape m zoo pez marino comestible de color pardo y boca grande

rapidez f gran velocidad con que se hace algo

rápido, -a adj que se mueve a gran velocidad; que ocurre en muy poco tiempo; adv a gran velocidad

raptar vt secuestrar a una persona

raqueta f dep especie de pala que se utiliza para golpear la pelota

raquítico, -a adj muy débil y delgado

rareza f cosa o acción que resulta rara o extraña

raro, -a adj que resulta extraño; poco frecuente

rascacielos m edificio de gran altura

rascar vt pasar por la piel las uñas o una cosa áspera o afilada

rasgar vt/pronl romper algo al tirar de ello

rasgo m característica personal de alguien; línea del rostro de una persona

rasguño m arañazo

raso, -a s tela de seda lisa y brillante

raspa f espina del pescado

raspar vt/pronl rozar una cosa contra una superficie dura y áspera

raspón m arañazo

rastra, a ~s exp adv arrastrando el cuerpo o un objeto

rastrillo m instrumento formado por un mango largo y un conjunto de púas unidas entre sí que permite arrastrar y recoger hojas, hierba o ciertos objetos del suelo

rastro m señal que deja alguien o algo al pasar por un sitio; mercado callejero

rata s f zoo mamífero roedor de color gris o pardo que tiene el cuerpo gordo y la cola muy larga

ratero, -a s ladrón que roba cosas de poco valor

rato m espacio de tiempo que tiene una duración indeterminada; a ~s a veces sí y a veces no; para ~ para mucho tiempo; pasar el ~ entretenerse con algo para pasar el tiempo; un buen ~ bastante tiempo

ratón m zoo mamífero roedor de color gris o pardo, de menor tamaño que la rata, que tiene la cabeza pequeña y la cola muy larga; inform mando del ordenador que está separado del teclado y que se maneja desplazándolo sobre una superficie

ratonera f trampa que se utiliza para cazar ratones; madriguera de los ratones

raya f señal alargada y estrecha que se hace sobre una superficie; cada una de las líneas estrechas que forman el dibujo de una tela; línea que queda en la cabeza al separar el pelo con un peine; marca vertical que queda en ciertas prendas de vestir al plancharlas

rayado, -a *adj* que tiene líneas o rayas

rayar *vt* trazar líneas o rayas sobre una superficie; *vt/pronl* estropear un disco

rayo *m* descarga eléctrica producida por el choque de dos nubes; línea de luz que se desprende del sol; **~s X** rayos que pueden atravesar ciertos cuerpos

raza *f* cada uno de los grupos en que se divide la especie humana en función del color de la piel, los rasgos faciales y la constitución física

razón *f* capacidad de una persona para pensar y elaborar ideas, juicios; motivo de una actitud o de un comportamiento; verdad en lo que se dice o se hace

razonable *adj* que está de acuerdo con la razón; bastante o suficiente

razonamiento *m* hecho de razonar; conjunto de razones para demostrar algo o convencer a alguien de algo

razonar *vi* pensar o manifestar algo de forma ordenada tratando de llegar a una conclusión lógica; aportar razones para demostrar algo

reacción *f* acción que se manifiesta como respuesta a algo

reaccionar *vi* actuar en respuesta a algo

reactor *m* motor que produce movimiento mediante la expulsión de ciertos gases

real *adj* que existe; del rey, de la reina o relativo a ellos

realidad *f* conjunto de todo lo que existe o sucede

realismo *m* forma de pensar de la persona realista

realista *adj* que considera las cosas tal como son y actúa conforme a ello

realización *f* hecho de realizar; lo que se realiza

realizar *vt* hacer una cosa, poner algo en práctica

reanimar *vt/pronl* hacer que una persona vuelva en sí después de haber perdido el conocimiento

reanudar *vt/pronl* continuar algo que se había interrumpido

rebaja *f* disminución del precio de algo; *pl* venta de productos a precios bajos

rebajar *vt* hacer más bajo el nivel de una superficie; bajar los precios de algo

rebanada *f* trozo ancho y plano de pan

rebañar *vt* juntar y comer los restos de comida que quedan en un plato

rebaño *m* conjunto de cabezas de ganado

rebeca *f* chaqueta de punto

rebelarse *pronl* negarse a obedecer ciertas normas

rebelde *adj* difícil de educar o controlar

rebeldía *f* forma de ser y actuar de la persona rebelde

rebelión *f* movimiento de protesta contra la autoridad

rebosante *adj* que rebosa

rebosar *vi* salirse un líquido por encima de los bordes de un recipiente

rebotar *vi* cambiar de dirección un objeto al chocar con algo

rebote *m* cambio de dirección de un objeto que rebota; **de ~** *fig* por casualidad

rebozar *vt gastr* cubrir un alimento con huevo y harina

rebuscado, -a *adj* que no es sencillo, complicado

rebuznar *vi* dar rebuznos el burro

rebuzno *m* voz característica del burro

recado *m* mensaje; encargo que alguien debe realizar

recaer *vi* ponerse peor una persona; volver a caer en un error; corresponder a alguien

recalcar *vt* destacar de manera especial

recambio *m* pieza que sustituye a otra igual

recapacitar *vt* pensar algo con atención

recargar *vt* volver a cargar; poner demasiada carga; *fig* poner adornos en exceso

recaudación *f* cantidad de dinero recaudada

recaudar *vt* reunir cierta cantidad de dinero procedente de muchas personas

recepción *f* hecho de recibir a alguien; lugar donde se recibe; fiesta o ceremonia para recibir a una persona importante

receptor *m* aparato que recibe y emite señales

receta *f gastr* nota en la que se detalla la preparación de cierto plato; *med* nota en la que el médico indica las medicinas

recetar *vt* indicar el médico en una nota qué medicinas debe tomar el enfermo

rechazar *vt* decir que no a algo; resistir un cuerpo la fuerza de otro

rechazo *m* hecho de decir que no a algo; *med* hecho de no aceptar bien el organismo ciertas sustancias o ciertos órganos trasplantados

rechistar *vi* decir algo para protestar

rechoncho, -a *adj* grueso y de poca altura

rechupete, de ~ *exp adj adv fam* muy bueno o muy bien

recibidor *m* pequeño espacio situado a la entrada de una casa

recibimiento *m* hecho de recibir algo; acogida a una persona

recibir vt recoger una persona algo que alguien le da o le envía; experimentar cierta impresión; acoger a una persona que llega de fuera

recibo m documento en el que figura que se ha efectuado un pago

reciclar vt aplicar cierto proceso a un producto ya usado para que pueda volver a utilizarse

recién adv desde hace muy poco tiempo

reciente adj que es nuevo; que ha ocurrido hace muy poco tiempo

recinto m espacio cerrado

recipiente m objeto que puede contener algo

recíproco, -a adj que se recibe en la misma medida que se da

recital m mús espectáculo en el que canta o toca un artista

recitar vt decir en voz alta un poema u otro texto

reclamación f petición de algo a lo que se tiene derecho; protesta con la que se expresa el desacuerdo con algo

reclamar vt pedir algo a lo que se tiene derecho; expresar el desacuerdo con algo y protestar por ello

recluso, -a s persona que está en la cárcel

recluta s mil persona que comienza el servicio militar

reclutar vt mil llamar a una persona para que se incorpore al ejército

recobrar vt volver a tener algo que se había perdido

recodo m curva muy cerrada en un camino o en un río

recogedor m especie de pala con la que se recoge la basura después de barrer

recoger vt coger algo que se había caído; guardar las cosas; poner en orden; reunir cosas que estaban separadas; ir a buscar a alguien o algo al lugar en que se encuentra

recolección f hecho de recolectar

recolectar vt recoger una cosecha

recomendable adj bueno, aconsejable

recomendación f hecho de recomendar

recomendar vt aconsejar

recompensa f premio que se da por haber hecho algo bien

recompensar vt dar una recompensa

reconciliar vt/pronl hacer que dos o más personas vuelvan a tener una buena relación

reconfortar vt animar y dar fuerzas a alguien

reconocer vt identificar a una persona o cosa; admitir

que algo es de cierta manera; examinar algo con atención

reconocimiento *m* hecho de reconocer; agradecimiento

reconquista *f* hecho de volver a conquistar un país los territorios perdidos

reconstrucción *f* hecho de reconstruir

reconstruir *vt* volver a construir un edificio destruido o que está en ruinas

récord *m* mejor resultado que se ha conseguido en un deporte

recordar *vt* conservar algo en la memoria; hacer que alguien no olvide algo

recordatorio *m* tarjeta en la que se recuerda la fecha de cierto acontecimiento

recorrer *vt* cruzar un lugar de un lado a otro pasando por todas y cada una de sus partes; realizar determinado recorrido

recorrido *m* conjunto de lugares por los que se pasa en el trayecto de un sitio a otro

recortable *adj* que se puede recortar

recortar *vt* cortar lo que sobra de una cosa; cortar algo formando determinada figura; *fig* hacer algo más pequeño

recorte *m* trozo recortado de algo; hecho de hacer algo más pequeño; noticia breve

de un periódico que recorta una persona para guardarla

recostar *vt/pronl* inclinar el cuerpo y apoyarlo sobre algo

recoveco *m* curva pronunciada en un camino

recrear *vt* reproducir algo que existe o que ya está hecho; *vt/pronl* hacer que alguien disfrute con algo

recreativo, -a *adj* que sirve para descansar, divertirse

recreo *m* actividad que permite a una persona divertirse y descansar después de un período de trabajo; tiempo durante el cual se interrumpen las clases en una escuela para que los niños se distraigan jugando

rectangular *adj* que tiene forma de rectángulo

rectángulo *m mat* figura plana que tiene cuatro ángulos rectos y cuatro lados iguales dos a dos

rectificar *vt* corregir un error o un defecto

rectitud *f fig* forma de comportarse de las personas justas y honestas

recto, -a *adj* que no tiene curvas ni ángulos; que no está inclinado o torcido; que actúa con honradez

recuadro *m* línea cerrada en forma de cuadrado

recuento *m* hecho de volver a contar los elementos de un conjunto

recuerdo *m* hecho de recordar algo; presencia en la mente de algo pasado; *fig* objeto que conservamos para recordar cierto acontecimiento; *pl* saludo que se envía a una persona a través de otra

recuperación *f* hecho de volver alguien o algo a su estado normal

recuperar *vt* volver a tener algo que se había perdido; *med* curarse de una enfermedad o lesión

recurrir *vi* solicitar la ayuda de alguien o utilizar algo para conseguir cierto fin; presentar una petición ante una autoridad

recurso *m* medio al que se recurre para conseguir un fin; petición que se presenta ante una autoridad; *pl* bienes y medios de que dispone una persona o entidad

red *f* tejido hecho con cuerdas o hilos que se cruzan formando pequeños cuadrados

redacción *f* expresión de algo por escrito; ejercicio escolar consistente en desarrollar cierto tema por escrito; conjunto de redactores de un periódico

redactar *vt/i* expresar algo por escrito

redactor, -a *adj/s* de la persona cuyo trabajo consiste en redactar las noticias de un periódico o en un informativo de radio o televisión

redecilla *f* tejido muy fino en forma de red que se utiliza para recoger el pelo

redicho, -a *adj/s fam* que intenta hablar con mucha corrección en ocasiones en las que no es necesario hacerlo

redil *m* terreno rodeado por una valla en el que se guarda el ganado

redoblar *vt/pronl* aumentar algo el doble de lo que es; *vi* tocar el tambor haciendo rebotar los palos de manera repetida

redondear *vt/pronl* dar a algo una forma redonda

redondel *m fam* círculo

redondo, -a *adj* que tiene forma circular; *fig* perfecto, bien conseguido; *sm gastr* trozo de carne que se corta en forma de cilindro

reducción *f* hecho de reducir

reducido, -a *adj* que ha disminuido en tamaño, cantidad o intensidad

reducir *vt/pronl* disminuir algo en tamaño, cantidad o intensidad; *fig* consistir una cosa en otra más sencilla; *vt* transformar una cosa en otra más pequeña

referencia *f* hecho de referirse a alguien o a algo; modelo que se utiliza para ha-

cer algo; pl información que
alguien da a una persona sobre otra tercera

referéndum m pol votación
realizada para conocer la
opinión del pueblo sobre
cierto asunto

referir vt contar un hecho;
pronl hablar sobre alguien o
sobre algo

refilón, de ~ exp adv sin detenerse mucho en algo

refinado, -a adj delicado, de
buen gusto; que ha sido me-
jorado o perfeccionado

refinar vt hacer más fina o
más pura una cosa; mejorar
o perfeccionar una cosa;
pronl comportarse alguien
de una manera más fina y
delicada de lo que lo hacía
hasta ahora

reflejar vt/i/pronl hacer que
la luz, el calor o el sonido
cambien de dirección

reflejo, -a adj que ha sido re-
flejado; adj/sm del movi-
miento involuntario que se
produce como respuesta a
un estímulo; sm luz que
se refleja en un objeto; imagen de una persona o cosa
que aparece en una super-
ficie al ponerse delante de
ella

reflexión f hecho de reflexionar

reflexionar vt/i pensar algo
despacio y con atención

reforma f hecho de reformar

reformar vt cambiar una
cosa con intención de mejo-
rarla

reformatorio m institución
que acoge a los menores de
edad que han cometido al-
gún delito para tratar de
mejorar su comportamiento

reforzar vt hacer más fuerte
una cosa

refrán m dicho que contiene
una enseñanza moral

refrescante adj que refresca

refrescar vt/i/pronl disminuir el calor

refresco m bebida para re-
frescarse

refrigerador m frigorífico

refuerzo m aquello que sirve
para que algo sea más fuerte

refugiado, -a s persona que
huye a otra nación como
consecuencia de una guerra
en su propio país

refugiar vt dar a una persona
protección y refugio; pronl
fig buscar en otra persona
consuelo y protección

refugio m protección, ayuda;
lugar que sirve para protegerse de algún peligro

refunfuñar vi protestar en
voz baja

regadera f recipiente redondo que se utiliza para regar
las plantas

regadío m terreno en el que
se cultivan plantas que necesitan mucho riego

regalar vt dar algo a una persona sin recibir nada a cambio

regaliz *m* golosina de color negro o rojo elaborada con la raíz de cierta planta

regalo *m* cosa que se regala a una persona

regañadientes, a ~ *exp adv* de mala gana

regañar *vt* decir a alguien que ha hecho algo mal; *vi* discutir con alguien

regañina *f* hecho de regañar; *fam* pelea poco importante

regar *vt* echar agua a las plantas para que crezcan

regata *f dep* carrera de embarcaciones

regate *m* movimiento rápido para evitar un choque

regatear *vt* discutir el precio de una cosa que se quiere comprar; *vi* hacer un regate

regazo *m* parte del cuerpo de una persona sentada comprendida entre la cintura y las rodillas

régimen *m* plan según el cual se regula algo; *med* comida especial que toma una persona enferma o que quiere adelgazar

regimiento *m mil* unidad muy grande del ejército

región *f* parte de un territorio con características comunes

regional *adj* de la región o relativo a ella

registrar *vt* examinar con de-

talle un lugar para encontrar algo; examinar la ropa y las pertenencias de alguien para ver si lleva algo que se está buscando; incluir un dato en una lista

registro *m* examen de algo con detalle para encontrar algo; hecho de incluir un dato en una lista

regla *f* instrumento plano y muy alargado que sirve para trazar líneas rectas y para medir la distancia entre dos puntos; norma que se debe cumplir; *fam* menstruación

reglamentario, -a *adj* que se ajusta a las reglas

reglamento *m* conjunto de reglas que regulan una actividad

regocijar *vt* causar alegría; *pronl* alegrarse mucho

regocijo *m* sensación de alegría que se manifiesta a través de gestos y risas

regresar *vi* volver al lugar del que se ha partido

regreso *m* hecho de regresar

reguero *m* señal que deja un líquido que se va cayendo

regular *adj* de características normales; que se ajusta a unas reglas; *vt* establecer las normas a las que debe ajustarse una actividad; *adv* no demasiado bien

rehabilitación *f med* conjunto de técnicas y tratamientos necesarios para que alguien pueda curarse

rehacer vt volver a hacer algo; pronl recuperar una persona la salud, el ánimo o las fuerzas

rehén m persona a la que se tiene prisionera para obligar a alguien a hacer algo

rehuir vt evitar el trato con alguien; evitar cierta situación

rehusar vt rechazar algo

reina f mujer que reina en un país; mujer del rey

reinado m tiempo que dura el mandato de un rey o de una reina

reinar vi gobernar un país un rey o una reina; fig predominar una cosa

reino m territorio en el que el rey o la reina tienen la máxima autoridad; cada uno de los tres grandes grupos en que se dividen los seres vivos

reír vi manifestar alegría moviendo la boca y produciendo ciertos sonidos

reivindicar vt pedir una persona algo a lo que tiene derecho

reja f conjunto de barras de hierro que impiden la entrada a un lugar

rejilla f especie de red de metal que sirve para tapar pequeñas aberturas

rejuvenecer vt/i volver a tener un adulto el aspecto de una persona joven

relación f existencia de algún tipo de asociación entre dos o más cosas; trato que se establece entre dos o más personas

relacionar vt poner en relación dos o más personas o cosas; pronl mantener cierto trato con otras personas

relajar vt/pronl aflojar algo para disminuir la tensión

relámpago m resplandor intenso y breve que se produce cuando chocan dos nubes

relatar vt contar un suceso

relativo, -a adj que tiene relación con algo; que puede ser considerado desde diferentes puntos de vista

relato m suceso que se cuenta

releer vt volver a leer algo

relevar vt sustituir a una persona en cierta actividad

relevo m hecho de relevar

relieve m parte que sobresale de una superficie; conjunto de los accidentes geográficos que hay en la superficie de la Tierra

religión f conjunto de creencias y prácticas relacionadas con un dios

religioso, -a adj de la religión o relacionado con ella

relinchar vi dar relinchos el caballo

relincho m voz del caballo

reliquia *f rel* objeto perteneciente a un santo o parte del cuerpo del mismo a la que se rinde culto

rellano *m* espacio ancho y llano entre dos tramos de escalones

rellenar *vt/pronl* volver a llenar una cosa; llenar por completo algo que está medio vacío; *vt* poner ciertos ingredientes en el interior de un alimento

relleno, -a *adj* que tiene la parte interior llena de algo; *fam* que está un poco gordo; *sm gastr* conjunto de ingredientes con los que se rellena un alimento; material con que se rellena algo

reloj *m* instrumento para medir el tiempo

relojería *f* establecimiento donde se hacen, se arreglan o se venden relojes

relojero, -a *s* persona que hace, arregla o vende relojes

relucir *vi* brillar mucho una cosa; *fig* destacar alguien o algo por sus cualidades

relumbrar *vi* relucir

remangar *vt* subir hacia arriba la parte más baja de la ropa

remar *vi* mover los remos de una embarcación para que avance sobre el agua

rematar *vt* poner fin a algo; *fig* acabar de estropear algo

que estaba mal; *dep* lanzar el balón con fuerza para meter un gol

remate *m* hecho de rematar; *estar loco de* ~ *fam* estar completamente loco

remediar *vt* tratar de arreglar o compensar un daño; evitar que suceda algo malo

remedio *m* solución contra un mal; cambio necesario para que algo no ocurra; *no haber más* ~ no haber otra solución; ser algo necesario; *no tener* ~ *fig* ser alguien imposible de cambiar

remendar *vt* coser un trozo de tela sobre un roto

remiendo *m* hecho de remendar; trozo de tela que se cose sobre un roto

remite *m* nota que se pone en la parte posterior de una carta y que indica el nombre y la dirección de quien la envía

remitir *vt* enviar algo a alguien; *vt/i* indicar en un escrito donde puede encontrarse información complementaria

remo *m* especie de pala larga y estrecha que sirve para hacer que ciertas embarcaciones avancen sobre el agua

remojar *vt/pronl* meter algo en el agua

remojo *m* hecho de remojar o remojarse

remojón *m* baño, chapuzón

remolacha *f agr* planta de huerta comestible cuya raíz es de color rojo

remolcar *vt* arrastrar un vehículo a otro tirando de él

remolino *m* movimiento giratorio muy rápido de aire o de agua

remoll|ón, _ona *adj/s* perezoso

remolque *m* vehículo sin motor que es arrastrado por otro vehículo

remontar *vt* subir una pendiente; navegar en contra de la corriente

remordimiento *m* sensación de culpa que experimenta una persona cuando cree que ha hecho algo que no está bien

remoto, -a *adj* lejano en el espacio o en el tiempo

remover *vt* mover algo de manera continua

renacentista *adj/s* del Renacimiento o relativo a él

renacer *vi* volver a nacer

renacimiento *m* hecho de renacer; renacimiento movimiento cultural de los siglos XV y XVI que toma como modelo la cultura grecolatina

renacuajo *m zoo* cría de la rana; *fig fam* niño muy pequeño

rencor *m* sentimiento de odio hacia una persona por algo que ésta hizo en el pasado

rencoroso, -a *adj* que siente rencor

rendija *f* abertura larga y estrecha en una superficie

rendir *vt* producir un beneficio; cansar mucho; *pronl* darse alguien por vencido

renegar *vi* rechazar alguien su religión o sus creencias

renglón *m* conjunto de palabras escritas en la misma línea de un papel

reno *m zoo* animal parecido al ciervo que tiene los cuernos muy grandes y habita en zonas muy frías

renovación *f* hecho de renovar

renovar *vt* cambiar una cosa por otra similar pero mejor

renta *f* cantidad de dinero que produce periódicamente algo

rentable *adj* que produce ganancias y merece la pena

renunciar *vi* rechazar algo por propia voluntad; abandonar un proyecto

reñir *vt* decir a alguien que ha hecho algo mal; *vi* pelear o discutir con alguien

reojo, mirar de ~ *exp adv* mirar con disimulo

reparación *f* hecho de reparar algo

reparar *vt* arreglar algo que no funciona

repartir *vt* dividir algo entre varias personas; entregar el mismo producto a varias personas en diferentes lugares

reparto *m* división de algo entre varias personas; entrega del mismo conjunto a varias personas en diferentes lugares

repasar *vt* examinar algo ya terminado para comprobar si le falta algún detalle o hay algo que corregir; volver a leer algo que se ha estudiado

repaso *m* examen que hacemos de algo ya terminado para comprobar si le falta algún detalle o hay algo que corregir; lectura que se hace de algo ya estudiado

repatear *vi fam* molestar mucho algo

repelente *adj* que repele

repeler *vt* arrojar o echar a alguien o algo fuera de sí; provocar asco, rechazo

repelús *m* sensación de temor o de asco

repente *m fam* impulso repentino que nos mueve a hacer o decir algo; **de ~** de forma inesperada

repentino, -a *adj* que ocurre de manera inesperada

repercutir *vi* producir un efecto en otra persona o en otra cosa

repertorio *m* conjunto de números que realiza un artista; colección de cosas

repetición *f* hecho de repetir algo

repetir *vt* volver a hacer o mostrar algo

repicar *vt* tocar las campanas de manera repetida

repipi *adj/s* de la persona muy redicha y repelente

repique *m* sonido que se produce al repicar las campanas

repisa *f* tabla horizontal sujeta a la pared que sirve para colocar cosas encima

repleto, -a *adj* muy lleno

replicar *vi* afirmar algo que pone en duda lo que otra persona ha dicho; protestar

repoblación *f* hecho de repoblar

repoblar *vt* volver a plantar árboles en lugares donde ya no queda vegetación

repollo *m agr* planta de huerta formada por una especie de bola blanca rodeada de hojas verdes muy grandes

reponer *vt* poner en un sitio una cosa igual a otra que falta; *pronl* curarse de una enfermedad

reportaje *m* trabajo informativo en el que se relata y se amplía cierta noticia

reportero, -a *s* periodista cuyo trabajo consiste en elaborar reportajes

reposar *vi* descansar después de cierto trabajo o actividad

reposo *m* ausencia de actividad o movimiento

reprender vt decir a una persona que ha hecho algo mal

representación f cosa que representa a otra; imagen mental de algo real; hecho de actuar una persona en nombre de otra

representante s persona que actúa en nombre de otra

representar vt ser una cosa imagen o expresión de otra; actuar una persona en nombre de otra

represión f hecho de reprimir

reprimir vt no dejar que se manifieste un impulso o un sentimiento

reprochar vt dirigir quejas a una persona para comunicarle nuestro desacuerdo

reproche m hecho de reprochar

reproducción f proceso por el cual uno o dos seres vivos hacen posible la aparición de otro de la misma especie; copia de una cosa

reproducir vt hacer una copia de algo; volver a repetir lo que ya se ha dicho; pronl hacer posible uno o dos seres vivos la aparición de otro de la misma especie

reptar vi desplazarse arrastrando el cuerpo por el suelo

reptil adj/s zoo del animal de sangre fría que se mueve arrastrando el cuerpo por el suelo

república f pol sistema de gobierno de un país en el que la máxima autoridad la tiene una persona elegida por el pueblo

republicano, -a adj de la república o relativo a ella

repuesto m pieza que sustituye a otra que ya no sirve

repugnancia f sensación de asco provocada por algo que resulta desagradable

repugnante adj que provoca repugnancia

requemado, -a adj que tiene un color muy oscuro por haber estado demasiado tiempo al fuego o al sol

requesón m masa blanca y mantecosa con poca grasa que se obtiene de la leche

requetebién adv fam muy bien, estupendo

requisito m condición que se debe cumplir necesariamente para algo

res f animal de cuatro patas perteneciente a las especies domésticas y ciertas especies salvajes

resaca f malestar físico después de haber bebido mucho alcohol

resaltar vi destacar sobre otras personas o cosas

resbaladizo, -a adj que resbala o hace resbalar

resbalar *vi* moverse algo por una superficie de manera muy rápida; *vi/pronl* desplazarse alguien o algo sobre una superficie cayendo o perdiendo el equilibrio

resbalón *m* caída o pérdida del equilibrio que se produce al pisar una superficie que resbala

rescatar *vt* salvar a alguien de un daño o peligro

rescate *m* conjunto de operaciones necesarias para salvar a alguien de un daño o peligro; dinero que se paga para liberar a una persona que ha sido secuestrada

resecar *vt/pronl* secarse algo mucho

reseco, -a *adj* muy seco

resentido, -a *adj/s* que muestra resentimiento

resentimiento *m* sentimiento de enfado y antipatía que siente una persona hacia otra a la que considera responsable del daño o perjuicio que sufre

reserva *f* hecho de guardar una o varias cosas para usarlas más adelante; acuerdo al que se llega para que nos guarden algo que queremos comprar y no podemos en ese momento; territorio donde viven especies animales y vegetales protegidas

reservado, -a *adj* que habla muy poco y apenas manifiesta lo que piensa o lo que siente; que es particular o secreto

reservar *vt* guardar una o varias cosas para usarlas más adelante; hacer que un lugar o una cosa se guarde para que pueda ser usada por cierta persona

resfriado, -a *adj med* que tiene un resfriado; *sm* enfermedad provocada por cambios de temperatura que se caracteriza por tos, mocos y estornudos

resfriar *pronl* coger un resfriado

resguardar *vt/i/pronl* proteger, poner a cubierto

resguardo *m* cosa que sirve para resguardar; documento que acredita que se ha realizado un pago

residencia *f* lugar en el que alguien vive; casa grande y lujosa donde vive una persona; hospital

residir *vi* vivir en un sitio de forma habitual

residuo *m* parte que sobra de algo

resignación *f* hecho de resignarse

resignarse *pronl* aceptar las situaciones desfavorables y conformarse con ellas

resina *f* sustancia muy pegajosa que se obtiene de ciertas plantas

resistencia *f* oposición fuer-

resto

te contra algo; capacidad para resistir

resistente *adj* que resiste

resistir *vt* aguantar o soportar algo la acción de una fuerza; aguantar o soportar alguien o algo que resulta molesto o perjudicial; *pronl* oponerse con fuerza a algo

resolver *vt* encontrar la solución a un problema

respaldo *m* parte de un asiento donde se apoya la espalda

respectivo, -a *adj* de aquello que se corresponde con algo

respecto, al ~ *exp adv* en relación con

respetable *adj* que merece respeto

respetar *vt* tratar a alguien con respeto

respeto *m* cortesía con que se trata a alguien

respetuoso, -a *adj* que muestra respeto

respingo *m* movimiento del cuerpo o de la cabeza que hace una persona de forma involuntaria cuando recibe un susto

resping|ón, -ona *adj* que se levanta un poco hacia arriba, sobre todo, la nariz

respiración *f* hecho de respirar

respirar *vi/t* introducir y expulsar el aire de los pulmones

respiratorio, -a *adj* de la respiración o relativo a ella

respiro *m* momento de descanso durante la realización de un trabajo

resplandecer *vi* relucir, relumbrar

resplandeciente *adj* muy brillante

resplandor *m* luz muy clara que sale de algún cuerpo

responder *vt/i* contestar a una pregunta; contestar a un saludo, a una carta o a una llamada

responsabilidad *f* cualidad de responsable

responsable *adj* que cumple con sus obligaciones; *adj/s* que es culpable de algo

respuesta *f* hecho de responder

resta *f* *mat* operación que consiste en calcular la diferencia que hay entre dos cantidades

restablecer *vt* volver a establecer algo; *pronl* curarse de una enfermedad

restar *vt* hacer algo más pequeño de lo que es; *mat* calcular la diferencia que hay entre dos cantidades

restaurante *m* establecimiento donde se sirven comidas

restaurar *vt* volver a poner algo como estaba; arreglar una obra de arte o antigua

resto *m* parte que sobra de

algo; *mat* resultado de calcular la diferencia entre dos cantidades

restregar *vt* frotar una cosa sobre otra con fuerza

resucitar *vt/i* hacer que vuelva a vivir un muerto

resuelto, -a *adj* valiente, atrevido

resultado *m* consecuencia de algo; puntuación obtenida en un examen; información que se obtiene a partir de una investigación; *mat* solución de una operación

resultar *vi* producir una cosa determinado efecto o consecuencia; ser alguien o algo de cierta manera

resumen *m* exposición oral o escrita, breve y ordenada, que recoge lo más importante de cierto tema o asunto

resumir *vt* expresar de forma oral o escrita y de manera breve y ordenada lo más importante acerca de cierto tema o asunto

resurrección *f* hecho de resucitar un muerto

retablo *m* conjunto de figuras que decora el altar de algunas iglesias

retaco, -a *adj/s* que es bajo y rechoncho

retaguardia *f mil* parte de un ejército que se mantiene lejos del frente

retahíla *f* conjunto de cosas que se dicen una detrás de otra de forma monótona

retal *m* trozo de tela que sobra después de cortarla

retar *vt* desafiar una persona a otra para luchar o competir por algo

retener *vt* impedir que alguien se vaya manteniéndolo en cierto lugar

retirado, -a *adj* que está lejos o muy apartado; marcha de un lugar; abandono de una actividad

retirar *vt* quitar algo o separar a alguien de un sitio; hacer que alguien abandone una actividad; *pronl* abandonar una actividad; irse a un lugar tranquilo y apartado

retiro *m* hecho de retirar o retirarse del trabajo; lugar tranquilo y apartado

reto *m* hecho de retar; objetivo o motivo difícil de conseguir que una persona se propone alcanzar

retocar *vt* perfeccionar una cosa

retoque *m* hecho de retocar

retorcer *vt/pronl* torcer mucho algo dándole vueltas alrededor de sí mismo

retorcido, -a *adj/s fam* de la persona falsa que no manifiesta sus verdaderas intenciones

retornar *vi* volver a un lugar

retortijón *m* dolor muy fuerte en el estómago

retransmisión *f* emisión de un programa de radio o televisión

retransmitir *vt* emitir un programa de radio o televisión

retrasado, -a *adj* de algo que va más lento de lo previsto

retrasar *vt* dejar algo para hacerlo más tarde; *vt/pronl* hacer que algo suceda más despacio o más tarde

retraso *m* hecho de retrasar o retrasarse

retratar *vt* hacer una fotografía de alguien o de algo

retrato *m* dibujo o fotografía de alguien o de algo

retrete *m* recipiente que hay en el cuarto de baño para hacer de vientre y orinar

retroceder *vi* volver hacia atrás

retroceso *m* hecho de retroceder

retrovisor *m* espejo situado en la parte delantera de un vehículo en el que el conductor ve lo que está detrás de aquel

retumbar *vi* hacer mucho ruido una cosa

reúma *m* med reumatismo

reumatismo *m* enfermedad que provoca dolores en las articulaciones de los huesos

reunión *f* encuentro organizado de personas con un fin determinado

reunir *vt* juntar varias personas, cosas formando un grupo o conjunto; *pronl* juntarse dos o más personas con un fin determinado

revancha *f* venganza por un daño o disgusto

revelación *f* hecho de revelar o revelarse; *rel* hecho de comunicar Dios a los hombres sus planes

revelar *vt* descubrir algo desconocido; *rel* comunicar Dios a los hombres sus planes; reproducir en papel las imágenes de un negativo fotográfico

reventar *vt/i/pronl* romperse o explotar algo de forma brusca debido a la presión interior

reverencia *f* inclinación del cuerpo en señal de respeto

revés *m* parte posterior o contraria a la que se considera principal en un objeto; golpe que se da a otra persona con el dorso de la mano; *fig* desgracia, sufrimiento; **al** - al contrario

revisar *vt* examinar algo con mucha atención para comprobar si le falta algún detalle o hay algo que corregir

revisión *f* hecho de revisar algo

revisor, -a *s* persona que trabaja en diferentes medios de transporte público comprobando que los pasajeros han adquirido su billete

revista f publicación periódica con imágenes y escritos sobre diversos temas

revistero m mueble para colocar revistas y periódicos

revivir vi resucitar; vt fig recordar algo del pasado

revolcar vt tirar a alguien al suelo y hacerle dar vueltas; pronl echarse sobre algo y dar vueltas

revolotear vi volar con movimientos rápidos en un pequeño espacio

revoltijo m conjunto de cosas desordenadas

revoltoso, -a adj/s que hace muchas travesuras

revolución f pol rebelión del pueblo contra un sistema político injusto

revolucionar vt alterar el orden y la tranquilidad

revolucionario, -a adj de la revolución o relativo a ella; adj/s que toma parte en una revolución

revolver vt mover varias cosas que están juntas para que se mezclen; desordenar algo; registrar algo de forma rápida para buscar una cosa; pronl moverse de un lado a otro

revólver m arma de fuego de pequeño tamaño que se hace funcionar apretando el gatillo

revuelo m fig gran movimiento de personas acompañado de mucho ruido que se produce cuando ocurre un hecho inesperado

revuelto, -a adj desordenado; del estómago, del tiempo alterado; intranquilo; sm comida que se prepara mezclando huevo con diversos alimentos; f protesta popular violenta

rey m jefe de Estado o monarca por herencia

rezar vt rel decir una oración

rezo m rel oración

ría f geo parte del mar que entra en la desembocadura de un río

riachuelo m río pequeño que lleva poca agua

riada f aumento grande de las aguas de un río

ribera f borde del mar o de un río

rico, -a adj que tiene mucho de algo; que tiene un buen sabor; fam simpático; adj/s que tiene mucho dinero

ricura f fam que resulta simpático, cariñoso y agradable

ridiculizar vt hacer bromas sobre alguien o sobre algo para reírse de ellos

ridículo, -a adj que provoca la risa de los demás por ser diferente; sm sensación que experimenta alguien cuando los demás se ríen de él

riego m hecho de regar

rienda f cada una de las dos cintas con las que se sujeta y se guía a una caballería; *dar ~ suelta fam* dejar total libertad a alguien o algo

riesgo m posibilidad de estar en peligro

rifa f sorteo que consiste en elegir un número al azar y dar un premio a la persona que tenga una papeleta con ese mismo número

rifar vt sortear algo mediante una rifa; *pronl* disputarse la presencia de alguien o la posesión de algo

rifle m fusil

rígido, -a adj que resulta difícil o imposible de doblar; *fig* severo, inflexible

rigor m severidad, dureza, precisión, exactitud

rimar vi terminar dos palabras o frases con sonidos iguales o muy parecidos

rimbombante adj fig que se hace para llamar la atención

rincón m parte del ángulo que forman dos paredes que está más próxima al suelo

rinoceronte m zoo mamífero salvaje de gran tamaño que tiene uno o dos cuernos sobre la nariz

riña f pelea o discusión entre dos o más personas

riñón m cada uno de los dos órganos del cuerpo encargados de filtrar la sangre para eliminar las sustancias perjudiciales

riñonera f especie de bolsa pequeña provista de un cinturón para sujetarla a la cintura

río m geo corriente de agua que desemboca en otro río, en un lago o en el mar

riojano, -a adj de la comunidad autónoma de La Rioja

riqueza f cualidad de rico; abundancia de algo

risa f hecho de reír

risueño, -a adj que muestra risa en el rostro; que se ríe mucho y es alegre

rítmico, -a adj del ritmo o relativo a él; que tiene ritmo

ritmo m mús orden regular al que se someten los sonidos

rito m rel conjunto de normas establecidas para una ceremonia; ceremonia que sigue estas normas

rival adj/s que lucha con otro por conseguir una misma cosa

rivalidad f relación entre personas que luchan por conseguir una misma cosa

rizar vt/pronl hacer rizos en el pelo

rizo m conjunto de pelos enrollados en forma de anillo; *rizar el ~ fam* complicar algo demasiado

robar vt quitar a alguien algo que le pertenece

roble m bot árbol de tronco

grueso cuya madera es muy
dura; **estar como un ~** *fam*
estar muy fuerte y robusto

robo *m* hecho de robar

robot *m* máquina que puede
ser programada para realizar ciertas operaciones de
manera automática

robusto, -a *adj* fuerte y con
buena salud

roca *f* conjunto de minerales
endurecidos que forman el
suelo de la Tierra; peñasco
que sobresale en la tierra o
en el mar

roce *m* hecho de rozar; marca que deja el roce

rociar *vt* humedecer algo con
pequeñas gotas de cierto líquido

rocío *m* conjunto de pequeñas gotas de agua que se forman con el frío por la noche
y caen sobre la superficie de
la tierra

rock *m mús* rock and roll

rock and roll *m mús* estilo
musical desarrollado a partir de los años cincuenta que
tiene mucho ritmo, se puede
bailar y suele tocarse con
instrumentos eléctricos

rocoso, -a *adj* que está lleno
de rocas

rodaja *f* trozo de un alimento
partido en forma circular

rodaje *m* hecho de filmar
una película; *fig* experiencia
que tiene una persona en
cierto asunto o actividad

rodar *vi* moverse una cosa
dando vueltas sobre sí misma; moverse una cosa por
medio de ruedas; *fig* ir de un
lado a otro sin descanso; *vt*
filmar una película

rodear *vt* estar o ponerse
alrededor de alguien o de
algo; ir a algún sitio por un
camino más largo al habitual

rodeo *m* hecho de rodear;
camino más largo que el habitual; *fig* manera indirecta
de decir algo

rodilla *f* parte del cuerpo por
la que se dobla la pierna

rodillera *f* trozo de tela que
se pone en los pantalones a
la altura de la rodilla

rodillo *m* utensilio de cocina
que tiene forma cilíndrica y
alargada y un mango a cada
lado para hacerlo girar

roedor *m zoo* animal de pequeño tamaño que tiene en
la mandíbula superior un
par de dientes grandes y
fuertes

roer *vt* cortar en trozos algo
en trozos muy peque-
ños; quitar con los dientes
la carne a un hueso

rogar *vt* pedir algo por favor
y con mucha humildad

rojizo, -a *adj* de color parecido al rojo

rojo, -a *adj/sm* del color de la
sangre

rollizo, -a *adj* grueso, robusto

rollo *m* objeto que tiene forma de tubo o cilindro; *fam* persona o cosa pesada y aburrida

romance *m* relación entre dos personas que se aman

románico, -a *adj* del románico o relativo a él; *sm* movimiento artístico desarrollado en Europa durante los siglos XII y XIII que se caracteriza por sus formas sencillas y la escasez de adornos

romano, -a *adj/s* de la actual y de la antigua Roma y de los territorios que estuvieron bajo el dominio de ésta

romántico, -a *adj* del romanticismo o relativo a este movimiento artístico de los siglos XVIII y XIX; *adj/s* seguidor de este movimiento; de alguien sentimental

rombo *m mat* figura plana que tiene cuatro lados iguales y paralelos dos a dos y cuatro ángulos iguales dos a dos

romería *f* fiesta popular que consiste en desplazarse hasta un lugar sagrado llevando distintas ofrendas

rompecabezas *m* juego consistente en formar una figura con una serie de piezas que encajan entre sí

rompeolas *m* muro que se construye en un puerto para proteger cierta zona de las olas

romper *vt* hacer trozos una cosa; *vi* deshacerse las olas al chocar con las rocas de la costa

ron *m* bebida alcohólica con un sabor fuerte que se obtiene de la caña de azúcar

roncar *vi* emitir alguien un sonido grave al respirar cuando está dormido

ronco, -a *adj* que tiene ronquera

ronda *f* hecho de rondar

rondar *vi* recorrer por la noche cierto lugar para vigilarlo; dar vueltas por la noche

ronquera *f* alteración de las cuerdas vocales que hace que la voz suene más grave de lo habitual

ronquido *m* sonido grave que alguien emite al respirar cuando está dormido

ronronear *vi* emitir el gato un sonido grave cuando está a gusto

roña *f* suciedad muy pegada sobre algo; *adj/s fam* tacaño

roñica *adj/s fam* tacaño

roñoso, -a *adj* que tiene roña; que está oxidado; *adj/s fam* tacaño

ropa *f* conjunto de prendas de tela que se utilizan para vestirse o para otros usos domésticos

ropero *m* habitación pequeña para guardar la ropa

roque *adj fam* dormido

rosa *adj/sm* del color que resulta de mezclar el rojo y el blanco; *sf* flor de gran belleza que tiene el tallo lleno de espinas

rosado, -a *adj* de color parecido al rosa; *sm* vino de color rojo claro

rosal *m* arbusto cuya flor es la rosa

rosario *m rel* oración dividida en quince partes relacionadas con la vida de Jesucristo

rosca *f* objeto que tiene forma circular y un agujero en el centro

roscón *m* bollo en forma de rosca

rosquilla *f* dulce frito pequeño y con forma de rosca

rostro *m* parte de la cabeza de una persona donde se encuentran los ojos, la nariz y la boca

rotación *f* movimiento alrededor de un punto

roto *m* agujero o raja que se hace en cierto material

rotulador *m* especie de bolígrafo que tiene en su interior un cilindro cargado de tinta

rótulo *m* letrero colocado en cierto lugar para indicar algo

rotundo, -a *adj* firme

rotura *f* hecho de romper o romperse algo

roulotte *f* remolque que se engancha a la parte poste-rior de un automóvil y cuyo interior dispone de todo lo necesario para vivir en él

rozadura *f* marca que deja un roce

rozar *vt/i* tocar algo de manera suave

rubeola *f* enfermedad infecciosa que se caracteriza por la aparición de pequeñas marcas rojas en la piel

rubí *m* piedra preciosa de color rojo

rubio, -a *adj/s* que tiene el pelo de color parecido al amarillo o al dorado

ruborizar *vt/pronl* hacer que a alguien se le ponga la cara colorada por algo que le da vergüenza

rudo, -a *adj* que es poco delicado

rueda *f* objeto circular que gira sobre sí mismo

ruedo *m* parte de la plaza de toros donde se torea

ruego *m* hecho de pedir algo por favor y con humildad

rufián *m* hombre que se dedica a estafar a los demás

rugby *m dep* deporte parecido al fútbol que se juega con un balón alargado

rugido *m* voz característica del león y otros animales salvajes

rugir *vi* dar rugidos el león y otros animales salvajes

ruido *m* sonido fuerte y desagradable

ruidoso, -a *adj* que hace mucho ruido

ruin *adj* que tiene malas intenciones; tacaño

ruina *f* pérdida completa de todos los bienes económicos; *pl* restos de una construcción antigua

ruiseñor *m* pájaro pequeño que tiene un canto melodioso y muy agradable

ruleta *f* juego formado por una rueda con casillas numeradas que gira haciendo dar vueltas a una bola que indica el número que resulta premiado al detenerse

rulo *m* cilindro de pequeño tamaño sobre el que se enrolla el pelo para rizarlo

rumano, -a *adj/s* de Rumania; *sm* lengua oficial de este país

rumbo *m* dirección que sigue alguien o algo que se mueve

rumiante *adj/sm* del animal que traga la comida entera y luego vuelve a pasarla a la boca para masticarla

rumiar *vt* masticar el alimento que vuelve a la boca después de haberlo tragado

rumor *m* comentario que se extiende sin que se sepa su origen ni si es o no cierto

rumorear *pronl* extenderse un rumor entre la gente

ruptura *f* hecho de poner fin a la relación con otra o con otras personas

rural *adj* del campo o relativo a él

ruso, -a *adj/s* de Rusia; *sm* lengua oficial de este país

rústico, -a *adj* relativo al campo

ruta *f* conjunto de lugares por los que se pasa en el trayecto de un sitio a otro

rutina *f* costumbre que se repite con cierta frecuencia y siempre de la misma manera

S

sábado *m* sexto día de la semana

sabana *f* llanura en la que crece mucha hierba

sábana *f* cada una de las dos piezas de tela entre las que se mete una persona en la cama

sabandija *f zoo* cualquier pequeño reptil

sabelotodo *adj/s fam* que presume de saber más que los demás

saber *m* sabiduría; *vt* conocer o estar informado sobre algo; tener capacidad o habilidad para hacer algo; *vt/i* tener conocimientos sobre cierta materia; *vi* ser muy listo o astuto; tener algo cierto sabor

sabiduría *f* conocimiento profundo sobre algo

sabio, -a *adj/s* que muestra sabiduría

sabiondo, -a *adj/s fam* sabelotodo

sable *m* arma parecida a la espada pero con forma curvada y con un solo filo

sabor *m* sensación que se produce en la boca cuando se come o se bebe algo

saborear *vt* disfrutar el sabor de una comida o de una bebida

sabotaje *m* destrucción de algo en señal de protesta

sabroso, -a *adj* que tiene un sabor agradable

saca *f* saco de tela grande

sacacorchos *m* utensilio que sirve para abrir las botellas que tienen el tapón de corcho

sacapuntas *m* instrumento que sirve para sacar punta a los lápices

sacar *vt* poner algo fuera del lugar donde estaba; *fig* llegar a cierta conclusión a partir de una serie de señales o indicios; adquirir un billete o una entrada para un espectáculo; tener ventaja sobre otra persona; hacer una fotografía; *dep* lanzar la pelota al comienzo de un partido

sacarina *f* sustancia dulce que sustituye al azúcar

sacerdote *m rel* hombre que dirige las ceremonias

sacerdotisa *f rel* mujer que dirige ceremonias religiosas en honor de ciertos dioses

saciar *vt/pronl* satisfacer por completo una necesidad

saco *m* especie de bolsa grande de tela, plástico o papel que sirve para meter cosas en su interior

sacramento *m rel* signo que representa el encuentro del hombre con Jesucristo en la religión cristiana

sacrificar *vt* ofrecer una víctima a un dios para pedirle o agradecerle algo; matar un animal para el consumo humano; matar a un animal que se está muriendo para evitar que sufra; *vt/pronl* renunciar a algo en beneficio de otra persona

sacrificio *m rel* hecho de sacrificar o sacrificarse

sacristán *m rel* hombre que ayuda al sacerdote en el altar y se encarga del cuidado de la iglesia

sacristía *f* parte de la iglesia donde se guardan las ropas y los objetos necesarios para las ceremonias religiosas

sacudida *f* movimiento brusco de un lado a otro

sacudir *vt* mover bruscamente de un lado a otro; golpear o agitar algo en el aire para quitarle el polvo o la suciedad; pegar a alguien

saeta *f* pequeña flecha que se dispara con un arco

safari *m* expedición que se organiza en ciertos territorios de África para cazar animales salvajes

sagitario *m astr* noveno signo del horóscopo; *adj/s* que ha nacido bajo este signo

sagrado, -a *adj* relativo a un dios; *fig* que merece un respeto absoluto

sagrario *m rel* lugar donde el sacerdote guarda el pan y el vino después de haberse convertido en el cuerpo y la sangre de Jesucristo en las ceremonias religiosas cristianas

sal *f* sustancia blanca en forma de pequeños cristales que se utiliza para dar sabor a las comidas

sala *f* habitación grande de cierto edificio que se emplea para diversos usos; habitación de una casa donde se hace la vida durante el día

salado, -a *adj* que tiene demasiada sal

salario *m* cantidad de dinero que recibe una persona por realizar cierto trabajo

salchicha *f gastr* embutido delgado y alargado hecho con carne picada

salchichón *m gastr* embutido de color rosado que se hace con carne de cerdo picada y que se come crudo

salero *m* recipiente para guardar la sal; *fig* gracia que una persona tiene al hablar

saleroso, -a *adj* que tiene salero

salida *f* lugar por donde se sale de un sitio; hecho de partir hacia otro lugar; lugar de donde se sale para hacer cierto recorrido; hecho de ir a cierto lugar para distraerse o divertirse; excursión, viaje; *fig* dicho gracioso o agudo; posibilidad de venta de cierto producto; *pl* conjunto de las diferentes posibilidades de trabajo existentes después de haber realizado determinados estudios

salir *vi* pasar de la parte de dentro a la de fuera; partir hacia otro lugar; ir a cierto lugar a distraerse o divertirse; resultar o quedar algo de cierta manera; aparecer, surgir; tener origen o ser consecuencia de algo; aparecer alguien o algo en una fotografía; *pronl* separarse un líquido al hervir; actuar fuera de las normas; **~se con la suya** *fig* hacer o conseguir lo que uno quiere

saliva *f* líquido transparente que se forma dentro de la boca

salmo *m* *rel* canción con la que se alaba a Dios

salmón *m* *zoo* pez que tiene la piel gris azulada y cuya carne es de color rosado y muy apreciada como alimento; *adj/s* del color entre rosa y anaranjado

salón *m* habitación grande de cierto edificio donde se celebran actos a los que asiste un gran número de personas; habitación principal de

una casa donde se suele recibir a las visitas

salpicadura *f* señal que deja un líquido al salpicar

salpicar *vt* humedecer o ensuciar una superficie con pequeñas gotas de cierto líquido

salsa *f* *gastr* caldo o crema hecha con diferentes ingredientes que se sirve para acompañar ciertas comidas; **estar en su ~** *fam* estar en su ambiente habitual

salsera *f* recipiente para poner la salsa

saltador *m* juguete formado por un trozo de cuerda que tiene un mango en cada uno de sus extremos y que sirve para saltar haciendo pasar la cuerda por debajo de los pies

saltamontes *m* *zoo* insecto que tiene las patas traseras más grandes y fuertes que las delanteras y que se desplaza dando grandes saltos

saltar *vi* tomar impulso y elevarse alguien o algo por encima del lugar donde se encuentra para caer en el mismo sitio o en otro; lanzarse desde cierto lugar para caer en otro que está más abajo; *fig* mostrar de forma repentina la indignación que algo produce; decir algo inesperado e inoportuno

mucho una cosa; *vt* superar un obstáculo pasando por encima de él; *vt/pronl* pasar de una cosa o de una etapa a otra sin tener en cuenta lo que está entre ambas; no cumplir una norma

saltear *vt* robar, atracar; *gastr* freír ligeramente un alimento

saltimbanqui *m* persona que realiza ejercicios de acrobacia en el circo

salto *m* elevación de alguien o algo por encima del lugar donde se encuentra y con fuerte impulso para caer en el mismo sitio o en otro; hecho de lanzarse desde cierto lugar para caer en otro que está más abajo; paso de una etapa o de una situación a otra sin tener en cuenta lo que está entre ambas; caída de agua desde una gran altura

salud *f* estado en que se encuentra el organismo de un ser vivo que realiza sus funciones con normalidad

saludable *adj* que es bueno para la salud; que tiene o muestra buena salud

saludar *vt* dirigir un saludo a una persona

saludo *m* palabra o gesto de cortesía o de respeto que se dirige a una persona al encontrarse con ella o al despedirse

salvación *f* hecho de salvar o salvarse

salvador, -a *adj/s* que salva de un daño o de un peligro

salvadoreño, -a *adj/s* de El Salvador

salvajada *f* acción o expresión salvaje y cruel

salvaje *adj* de los animales y plantas que no viven en contacto con el hombre; del terreno que no está cultivado ni edificado; *adj/s* que no se ha incorporado a la civilización; *fig* que se comporta de manera cruel

salvajismo *m* forma de comportarse de las personas salvajes y crueles

salvamanteles *m* objeto de madera u otro material que se pone encima de la mesa y sobre el que se colocan recipientes calientes para proteger el mantel

salvamento *m* conjunto de operaciones necesarias para salvar a alguien de un daño

salvar *vt/pronl* librar a alguien de un daño o peligro; superar un obstáculo o dificultad; recorrer cierta distancia

salvavidas *m* objeto que permite flotar sobre el agua

salve *f rel* oración que se reza a la Virgen María

salvo, -a *adj* que no ha sufrido ningún daño

samba *f* música y baile popular de Brasil que tiene mucho ritmo

san *adj* santo

sanar *vt* curar a alguien; *vi* recuperar la salud después de una enfermedad

sanatorio *m* clínica donde se ingresa a los enfermos que requieren un tratamiento

sanción *f* pena o castigo que se impone a quien no cumple una ley o una norma

sancionar *vt* poner una sanción

sandalia *f* calzado formado por una suela que se sujeta al pie mediante una especie de cintas

sandez *f* bobada, tontería

sandía *f agr* planta cuyo fruto es comestible, redondo y de color verde oscuro por fuera y rojo por dentro; fruto de esta planta

sandwich *m* especie de bocadillo formado por una o varias lonchas de cierto alimento colocadas entre dos rebanadas finas de pan

sangrar *vi* echar sangre

sangre *f* líquido de color rojo que circula por las venas del hombre y de los animales; **~ fría** *fig* capacidad para mantener la calma en situaciones difíciles

sangría *f* bebida fría que se prepara con vino, agua, limón, azúcar y trozos de frutas

sangriento, -a *adj* con mucha sangre

sanidad *f* conjunto de servicios y personas dedicadas al cuidado de la salud pública

sanitario, -a *adj* relativo a la sanidad; *adj/sm* cada una de las instalaciones de un cuarto de baño destinadas al aseo personal

sano, -a *adj* que tiene buena salud; que es bueno para la salud

sanseacabó *interj fam* se usa para dar por terminado cierto asunto

santiamén, en un ~ *exp adv fam* en un momento

santidad *f* cualidad de santo; tratamiento que se da al Papa

santiguar *vt/pronl rel* hacer la señal de la cruz tocando la frente, el pecho y los hombros

santo, -a *adj rel* de Dios y de lo dedicado a Él; *adj/s* de la persona que ha sido declarada por la iglesia católica como modelo de vida cristiana; que tiene mucha paciencia

santoral *m* lista de los santos que se celebran cada uno de los días del año

santuario *m* lugar sagrado en el que se adora a un dios o a otros seres sagrados

sapo *m zoo* anfibio de mayor tamaño que la rana que tiene los ojos grandes y las patas traseras adaptadas para el salto

saque m dep hecho de lanzar una pelota para iniciar o continuar el juego

saquear vt robar todo lo que hay en cierto lugar causando grandes destrozos

sarampión m enfermedad contagiosa que se caracteriza por la aparición de pequeñas marcas rojas en la piel

sarcófago m especie de caja hecha de piedra donde se coloca el cadáver de una persona

sardana f mús baile popular de Cataluña que se realiza formando un gran corro

sardina f zoo pez marino de color gris azulado que se puede comer fresco o en conserva

sargento, -a sm mil grado inferior de los oficiales del ejército

sarmiento m tallo de la vid

sarta f conjunto de cosas enlazadas una detrás de otra mediante un hilo o una cuerda; fig conjunto de palabras que se suceden unos detrás de otros

sartén f utensilio de cocina que tiene forma redonda y se utiliza para freír los alimentos

sastre, -a s persona que se

dedica a hacer trajes de caballero

sastrería f establecimiento en el que se hacen y se venden trajes de caballero

satélite m astr astro que gira alrededor de otro de mayor tamaño, que no tiene luz propia y que puede verse porque refleja la luz de otro cuerpo celeste

satisfacción f sensación de placer que se experimenta cuando se tiene algo bueno o cuando se ha hecho algo bien

satisfacer vt hacer realidad un deseo; dar solución a una necesidad o a una duda; vi gustar o complacer a alguien

satisfactorio, -a adj que satisface porque es bueno o suficiente

satisfecho, -a adj contento

sauce m bot árbol de tronco grueso y recto con abundantes ramas

sauna f baño de vapor a altas temperaturas

savia f líquido que circula por los conductos de las plantas

saxofón m mús instrumento de viento construido en metal con un tubo de forma curvada

se pron reflexiva que indica la tercera persona

secador m aparato que sirve para secar el pelo

secadora f electrodoméstico utilizado para secar la ropa

secano m tierra de cultivo que sólo recibe agua de lluvia

secar vt eliminar el agua o la humedad; pronl endurecerse una sustancia

sección f división de un conjunto que tiene una función determinada

seco, -a adj que no tiene ningún líquido; con poca agua; de las plantas que no tienen savia; de carácter poco expresivo

secretaría f lugar de trabajo de un secretario

secretario, -a s persona que asiste a otra o a una empresa en labores de administración y registro

secreto, -a adj que está oculto y sólo lo conocen unos pocos; sm cosa que alguien no quiere comunicar a los demás

secta f grupo que no recibe el reconocimiento de la sociedad y es rechazado por ésta

sector m parte de un conjunto que se considera distinta del resto por tener unas propiedades diferentes

secuestrador, -a s persona que lleva a cabo un secuestro

secuestrar vt retener a una persona por la fuerza con el fin de conseguir dinero a cambio de su libertad

secuestro m hecho de retener a una persona y no dejarla libre hasta conseguir cierta cantidad de dinero

secundario, -a adj que tiene menos importancia que algo

sed f ganas de beber

seda f hilo fino que producen algunos gusanos con la sustancia viscosa que segregan; tejido suave elaborado con este hilo

sediento, -a adj que tiene sed

sedoso, -a adj suave como la seda

segador, -a s persona que trabaja en el campo cortando hierba u otras plantas parecidas al trigo

segar vt cortar hierba, cereales u otras plantas

seglar adj/s rel del cristiano que no pertenece a una comunidad religiosa

segmento m mat parte de una línea recta comprendida entre dos puntos

seguido, -a adj sin interrupción

seguidor, -a s persona que es aficionada a algo o que admira a alguien

seguir vt ir o estar detrás de algo; tomar un camino y no abandonarlo; obrar siguiendo determinadas indicaciones o recomendaciones continuar haciendo lo mismo que antes; quedarse

según *prep* señala un punto de vista

seguridad *f* ausencia de peligro; lo que garantiza estabilidad; ausencia de duda

seguro, -a *adj* que no está expuesto al peligro; que es estable y no admite duda; *adv* con seguridad

seísmo *m geo* temblor producido en la superficie de la Tierra que tiene su origen en el movimiento de masas del interior

selección *f* conjunto de elementos escogidos de un grupo por ser mejores o más adecuados

seleccionar *vt* escoger personas o cosas de un conjunto por ser los mejores o las más adecuadas

selecto, -a *adj* que es mejor con respecto a algo de su misma especie

sellar *vt* poner sellos en un documento; cerrar algo de forma que no se abra

sello *m* trozo pequeño, cuadrado o rectangular, de papel con un dibujo impreso que se pega en la parte superior derecha de los sobres para enviarlos por correo; utensilio con el que se imprime cierto gráfico o texto

selva *f* bosque de grandes dimensiones caracterizado por su humedad y su abundante vegetación

semáforo *m* aparato con un juego de luces de color rojo, ámbar y verde que sirve para regular la circulación

semana *f* período de tiempo de siete días consecutivos; *entre ~* en un día comprendido entre lunes y viernes

semanal *adj* que se repite cada semana; que tiene la misma duración que una semana

semanario *m* publicación semanal

semántica *f* disciplina lingüística que se ocupa del significado de las palabras

semblante *m* expresión de la cara entendida como reflejo del estado de ánimo de una persona

sembrado *m* terreno en el que se siembran muchas semillas del mismo tipo

sembrador, -a *s* persona que siembra

sembrar *vt* arrojar semillas en la tierra para que produzcan fruto

semejante *adj* que se parece a otra persona o cosa; *sm* lo que es una persona con respecto a los demás

semen *m* líquido que contiene los espermatozoides

semestre *m* período de tiempo de seis meses

semifinal *f* cada una de las

semilla f parte del fruto de los vegetales que contiene el origen de una nueva planta

seminario m rel centro en el que estudian y se forman los que van a ser sacerdotes

semirrecta f parte de una recta dividida por un punto

senado m organismo que se encarga de confirmar o rechazar las leyes para gobernar un país

senador, -a s pol persona elegida por votación para que represente a los ciudadanos en el senado

sencillez f ausencia de complementos o adornos; lo que no tiene dificultad

sencillo, -a adj que está formado por pocos elementos o por uno solo; que no tiene muchos adornos; que se hace sin dificultad

senda f sendero

sendero m camino estrecho formado por el paso de personas y animales

sendos, -as pron pl uno para cada persona o cosa

seno m parte del cuerpo femenino en que se produce leche cuando las mujeres dan a luz

sensación f impresión que tenemos a través de los sentidos y que llega hasta el cerebro; fuerte efecto o sorpresa que produce algo en una persona

sensacional adj muy bueno

sensatez f forma de actuar de la persona prudente y responsable

sensato, -a adj de la persona prudente que actúa de forma responsable

sensibilidad f capacidad de sentir; capacidad para comprender a los demás

sensible adj que puede tener sensaciones; que se emociona fácilmente

sentar vt/pronl colocar sobre algún soporte a alguien de manera que quede apoyado sobre las nalgas; producir algo una impresión favorable o desfavorable en una persona

sentencia f decisión de un juez al final de un proceso judicial

sentido m función de los seres vivos por la que perciben impresiones; capacidad para conocer y entender el mundo que nos rodea; lo que está de acuerdo con la razón y es lógico; significado de una palabra, frase o texto; cada una de las dos direcciones en que puede estar orientada una línea; **~ común** capacidad para pensar y actuar de manera razonable

sentimental *adj* relativo a los sentimientos; relativo al amor; *adj/s* que se deja llevar por sus sentimientos o se emociona con facilidad

sentimiento *m* emoción fuerte que experimenta una persona; estado de ánimo

sentir *vt* percibir una sensación por los sentidos; experimentar cierta emoción; experimentar pena o disgusto por alguna cosa; tener un presentimiento; *pronl* encontrarse en un estado o situación determinada

seña *f* gesto con el que una persona comunica algo a otra; *pl* dirección de una persona

señal *f* marca que nos permite reconocer a una persona o una cosa; huella o prueba que queda de algo; indicio que permite suponer algo; objeto utilizado para representar o indicar alguna cosa; cantidad de dinero que se paga por adelantado para reservar una cosa antes de comprarla

señalar *vt* poner una señal para recordar o reconocer alguna cosa; utilizar señales o palabras para indicar algo; establecer o fijar algo con cierto fin; dejar una herida una marca en la piel

señalización *f* hecho de utilizar señales para indicar alguna cosa

señalizar *vt* utilizar señales con el fin de indicar alguna cosa

señor, ~a *s* tratamiento de respeto utilizado para dirigirse a una persona adulta; persona adulta; tratamiento que se utiliza antepuesto al apellido de una persona casada; *f* esposa

señorial *adj* que es admirado por su carácter noble o por su aspecto majestuoso

señorito, -a *s* título que se daba al hijo de un señor o de una persona importante; *f* tratamiento utilizado para hacer referencia a una mujer soltera; tratamiento que se da a una persona

separación *f* hecho de alejar una cosa de otra; distancia espacial o temporal que se impone entre dos cosas que antes estaban juntas

separar *vt* alejar una cosa de otra; *pronl* romperse la relación entre una pareja

sepia *f zoo* molusco que tiene diez brazos

septentrional *adj* situado u orientado al norte

septiembre *m* noveno mes del año

sepulcro *m* obra de piedra que se levanta sobre el suelo para enterrar a un muerto

sepultar *vt* enterrar a un

muerto; cubrir totalmente a alguien o alguna cosa de forma que no se vea

sepultura f hecho de enterrar a una persona; lugar donde está enterrada una persona

sequedad f falta de agua; *fig* trato áspero, frío o poco amable

sequía f largo período de tiempo sin lluvias

séquito m conjunto de personas que forma la comitiva de alguien importante

ser m cualquier cosa que tiene vida; persona; vida, existencia; *v/cop* tener una cualidad o característica; nacer en un lugar o proceder de él; servir para algo; tener lugar, producirse, suceder; haber o existir; valer, costar; pertenecer a una persona o cosa; indica la hora o la fecha

serenar vt tranquilizar a alguien; *pronl* calmarse, sosegarse

serenata f música que se interpreta en la calle durante la noche para una persona en particular; *fig* lo que se repite continuamente provocando enfado o aburrimiento

serenidad f capacidad para mantener la calma

sereno, -a adj que mantiene la calma; que no está bajo los efectos del alcohol

serie f sucesión de cosas que mantienen una relación entre sí; conjunto de personas o cosas que tienen algo en común; obra de radio o televisión que se emite por capítulos; conjunto de sellos o de billetes que se emiten al mismo tiempo; *fuera de ~ fig* que destaca y es extraordinario

seriedad f cualidad de serio

serio, -a adj que es responsable y prudente; que no muestra alegría o felicidad

sermón m *rel* discurso del sacerdote a sus fieles

serpentina f cinta de papel de colores, enrollada, larga y estrecha, que se lanza en las fiestas sujetándola por un extremo

serpiente f *zoo* reptil largo y de piel escamosa que no tiene patas y se traslada arrastrándose por el suelo

serrar vt cortar con sierra

serrín m conjunto de partículas que se desprenden al cortar madera

servicial adj que está siempre dispuesto a ayudar a los demás

servicio m uso que una cosa tiene; retrete; *rel* acto religioso; *de ~* que está trabajando; *~ militar* período de tiempo durante el cual un ciudadano sirve como soldado en el ejército de su país

siempre

servidor, ~a s expresión que una persona utiliza cuando habla de sí misma

servilleta f pieza de tela o papel que una persona usa durante las comidas para limpiarse

servilletero m utensilio donde se colocan las servilletas

servir vi ser válido o útil para algo; trabajar para otra persona como criada; hacer algo provechoso para otra persona; vt ocuparse de la presentación, comida y bebida de una mesa; llenar un plato de comida o un vaso de bebida; suministrar o llevar algo a algún lugar

sesión f representación de un espectáculo ante el público

seso m masa de tejido que se encuentra en el interior del cráneo

seta f ser vivo de la familia de los hongos que crece en lugares húmedos

seto m pared hecha con plantas muy frondosas

seudónimo m nombre falso con que un escritor firma sus obras para no dar a conocer su propio nombre

severo, -a adj de la persona que es dura y poco comprensiva; de la persona que hace respetar la disciplina

sevillana f mús baile y canción popular de Andalucía

sexo m constitución orgánica de los seres vivos que hace que éstos se dividan en machos y hembras; órganos reproductores

sexual adj del sexo o relativo a él

sexualidad f conjunto de características anatómicas de cada sexo; conjunto de comportamientos relacionados con la atracción entre sexos

sexy adj que seduce, que tiene atractivo sexual

show m espectáculo

si conj expresa condición; introduce preguntas y dudas; introduce frases en las que se expresa un deseo; se usa para dar énfasis a algo; ~ **no** de lo contrario

sí pron forma reflexiva que indica la tercera persona y que se usa con preposición; adv se usa para responder de forma afirmativa

sida m enfermedad que destruye las defensas del organismo

sidra f bebida con alcohol de color amarillo que se obtiene de las manzanas

siega f hecho de segar; período de tiempo que dura esta actividad

siembra f hecho de sembrar

siempre adv en todo momento; cuando existe una posibilidad; **hasta** ~ despedida que se usa para decir adiós a alguien a quien será difícil volver a ver; ~ *que* se usa para introducir proposiciones temporales o condicionales

sien *f* parte lateral de la cabeza situada a la altura de los ojos

sierra *f* herramienta que consta de una hoja de metal y un mango; *geo* conjunto de montañas

siervo, -a *s* persona que está al servicio de otra y cumple sus deseos

siesta *f* hecho de dormir después de comer

sietemesino, -a *adj/s* niño que nace a los siete meses de embarazo

sigla *f* palabra formada con las iniciales de otra

siglo *m* período de tiempo de cien años

significado *m* idea expresada por una palabra, un gesto o un símbolo

significar *vt* representar, expresar, querer decir; tener importancia

significativo, -a *adj* que tiene importancia

signo *m* señal que representa alguna cosa; indicio que permite suponer algo

siguiente *adj* que es posterior, que va después

sílaba *f* sonido o conjunto de sonidos que se pronuncian en un solo golpe de voz

silbar *vt/i* producir silbidos

silbato *m* instrumento hueco que produce un sonido parecido al del silbido cuando el aire pasa por él

silbido *m* sonido agudo que se produce cuando hacemos pasar el aire entre los labios

silencio *m* ausencia de ruido

silencioso, -a *adj* que no tiene o no produce ruidos

silla *f* mueble formado por un asiento, un respaldo y cuatro patas que sirve para sentarse; ~ *de ruedas* silla provista de ruedas utilizada por las personas que no pueden andar

sillín *m* asiento utilizado en las bicicletas

sillón *m* silla grande y cómoda con brazos

silueta *f* línea que forma el contorno de un objeto

silvestre *adj* que nace en el campo sin que nadie lo haya cultivado

simbólico, -a *adj* que constituye un símbolo

símbolo *m* realidad que representa a otra en función de cierta relación

simetría *f* disposición de dos cosas colocadas a la misma distancia de un punto

simiente *f* semilla

similar *adj* parecido

simio, -a *s zoo* mamífero de abundante pelo que anda a cuatro patas

simpatía *f* sentimiento de afecto hacia una persona

simpático, -a *adj* agradable, afectuoso

simpatizar *vi* llevarse bien con una persona

simple *adj* compuesto por una sola cosa; sencillo, fácil; *fig* inocente; *fig* torpe

simular *vt* fingir algo que no se corresponde con la realidad

simultáneo, -a *adj* que se produce al mismo tiempo que otra cosa

sin *prep* indica falta de alguna cosa; **~ embargo** indica oposición

sinagoga *f* rel templo judío

sincero, -a *adj* que actúa o habla de acuerdo a lo que piensa o siente

sindicato *m* asociación cuyo objetivo es defender los intereses de los trabajadores

sinfín *m* gran abundancia de una cosa

singular *adj* raro, extraño, poco frecuente

siniestro, -a *adj* malo, perverso; *sm* suceso que produce daños graves

sino *m* fuerza que no se puede controlar y que dirige el curso de los acontecimientos

sinónimo, -a *adj* de la palabra que tiene el mismo significado que otra

sintaxis *f* gram parte que estudia la forma en que las palabras se unen y se relacionan para formar oraciones

síntesis *f* resumen de los aspectos más importantes de cierto tema o discurso

sintético, -a *adj* que se obtiene por métodos químicos imitando los productos naturales

síntoma *m* signo que informa de la existencia de una enfermedad y de la naturaleza de ésta

sintonizar *vt* captar una señal sonora o visual con un aparato receptor

sinvergüenza *adj/s* que engaña a los demás con astucia; que no respeta la ley

siquiera *adv* tan solo

sirena *f* ser imaginario que habita en el mar y tiene torso de mujer y cola de pez

sistema *m* modo ordenado de hacer algo; conjunto de cosas que guardan una relación entre sí y forman una unidad; *por ~* por costumbre y sin ninguna razón

sitiar *vt* asediar o rodear un sitio para apoderarse de él impidiendo la entrada y salida del mismo

sitio *m* lugar; espacio que puede ser ocupado por algo o alguien; posición que ocupa una persona en un determinado momento

situación f posición de una persona o cosa en el espacio o en el tiempo

situar vt colocar a alguien o algo en el espacio o en el tiempo; pronl alcanzar una buena posición económica, política o social

slip m calzoncillo ajustado que no llega a cubrir la parte de las piernas

slogan m eslogan

so prep bajo, debajo de

sobaco m hueco situado debajo del hombro

sobar vt tocar o acariciar a una persona de forma continua e insistente

soberano, -a adj que tiene independencia y libertad; s rey o reina

soberbio, -a adj es orgulloso y altivo; sf actitud de la persona que se siente superior a los demás

sobornar vt entregar dinero a alguien para que haga o cambio algo ilegal

sobra f resto que queda después de consumir una cosa

sobrar vi existir una cantidad de algo que no es necesaria; quedar algo después de consumir una cosa

sobrasada f gastr embutido típico de las Islas Baleares elaborado con carne de cerdo, sal, pimienta y pimentón

sobre m envoltorio de papel en el que se introducen las cartas para ser enviadas; prep indica que una cosa está encima de otra

sobredosis f cantidad excesiva de una medicina u otra sustancia que puede ser perjudicial

sobrehumano, -a adj que está por encima de las posibilidades de un ser humano

sobrenatural adj que no responde a las leyes naturales

sobrentender vt entender algo que no se expresa de forma directa pero que puede de suponerse

sobresaliente adj que está por encima de lo normal; sm calificación que corresponde a un examen excelente

sobresalir vi estar por encima de otra cosa; distinguirse de los demás por alguna cualidad

sobresaltar vt causar impresión a alguien; pronl experimentar cierta impresión de manera repentina

sobrevivir vi seguir viviendo tras un accidente o tras la muerte de otra persona

sobrino, -a s hijo o hija del hermano o hermana de una persona

sobrio, -a adj sereno

socavón m agujero que se forma en el suelo cuando éste se hunde

sociable adj que tiene facilidad para relacionarse y comunicarse con los demás

social adj de la sociedad o relativo a ella

socialismo m conjunto de ideas que defienden los derechos de la clase obrera y la importancia de los intereses colectivos

socialista adj del socialismo o relativo a él; s partidario o defensor del socialismo

sociedad f conjunto de todos los seres humanos; agrupación de personas que tienen intereses comunes y que se unen para conseguir un fin determinado

socio, -a s persona que se une a otra para alcanzar cierto objetivo; fam amigo, compañero

socorrer vt ayudar a alguien que está en peligro

socorrista s persona que ayuda a otras en situaciones de peligro en el agua

socorro m ayuda que se presta en situaciones de peligro

sofá m asiento grande y cómodo con respaldo y brazos en el que pueden sentarse varias personas

sofocante adj que asfixia

sofocar vt/pronl producir sensación de asfixia; apagar un fuego; fig hacer que alguien sienta vergüenza

soga f cuerda gruesa de esparto

soja f agr planta de un metro de altura con fruto en legumbre

sol m astr estrella que se encuentra en el centro de un conjunto de planetas; luz o calor emitidos por la estrella central del conjunto de planetas en el que se encuentra la Tierra

solapa f parte delantera de ciertas prendas de vestir que se dobla hacia fuera en forma de pico

solar adj del Sol o relativo a él; sm terreno en el que se puede edificar

soldado m mil persona que sirve en el ejército

soldar vt unir con alguna sustancia dos cosas de manera que no se puedan separar

soleado, -a adj de los días en los que luce el sol o de un lugar donde da el sol

soledad f situación de no tener o no estar en compañía

solemne adj relativo a las ceremonias extraordinarias e importantes

soler vt tener algo por costumbre; ser frecuente

solicitar vt pedir alguna cosa siguiendo los procedimientos adecuados

solicitud f petición formal redactada por escrito con la que se pretende conseguir algo de cierto organismo o institución

solidaridad *f* actitud de apoyo a las personas o grupos que se encuentran en situaciones económicas, sociales o políticas especialmente problemáticas y conflictivas

solidez *f* estabilidad, seguridad

sólido, -a *adj* firme, estable

solista *s más* persona que canta o toca un instrumento en solitario

solitario, -a *adj* relativo al lugar en el que no suele haber nadie; *adj/s* que no tiene compañía

sollozar *vt* llorar respirando de forma entrecortada

sollozo *m* gemido emitido cuando se llora respirando de forma entrecortada

solo, -a *adj* único; que no tiene ningún añadido; que no tiene compañía; **a solas** sin compañía

sólo *adv* únicamente

soltar *vt/pronl* quitar las ataduras a alguna cosa; dejar de sujetar alguna cosa; liberar a una persona o a un animal que estaba retenido; *pronl fig* comenzar a hablar o a andar por primera vez un niño pequeño; alcanzar cierta soltura al realizar una actividad; vencer la timidez al relacionarse con otras personas

soltero, -a *adj* que no está casado

soltura *f* facilidad para hacer cierta actividad

solución *f* hecho de solucionar; lo que soluciona un problema o una dificultad; *mat* resultado de una operación

solucionar *vt/pronl* resolver un problema o una dificultad

sombra *f* falta de luz o claridad; espacio al que apenas llega la luz y en el que no hace calor; imagen proyectada en una superficie cuando un cuerpo recibe cierta cantidad de luz; parte de una plaza de toros en la que no da el sol; *fam* persona que sigue a otra a todas partes; *fig* espíritu de una persona muerta

sombrero *m* prenda de vestir formada por una copa y una más o menos grande que se utiliza para cubrir la cabeza

sombrilla *f* especie de paraguas que se utiliza para resguardarse del sol

sombrío, -a *adj* relativo al lugar en el que no recibe mucha luz; *fam* triste, melancólico

someter *vt* imponer con la fuerza la autoridad de una o varias personas sobre otra o sobre otras; explicar a alguien cierto asunto para que exprese su opinión sobre el mismo; *vt/pronl* dejar a un lado o renunciar a los propios deseos, opiniones e intereses en favor de los de otra persona; hacer que alguien soporte cierta acción; *pronl* rendirse a una autoridad

somier *m* parte de la cama formada por muelles o láminas de madera sobre la que se coloca el colchón

son *m* sonido que resulta agradable al oído; *sin ton ni ~ fam* sin razón aparente

sonajero *m* juguete para bebés formado por pequeños cascabeles unidos a un mango que se agita para producir sonido

sonámbulo, -a *adj* que realiza ciertas actividades mientras duerme

sonar *vi* emitir un sonido; *fam* provocar un recuerdo vago; resultar una palabra correcta o incorrecta en un determinado momento; ser muy mencionado; *vt/ pronl* limpiar la nariz de mocos con ayuda de un pañuelo

sonido *m* conjunto de vibraciones de los cuerpos que se transmiten a través del aire y son recibidas por el oído

soniquete *m* sonido repetitivo y desagradable

sonoro, -a *adj* que emite o puede emitir sonidos

sonreír *vi* reír sin emitir sonidos

sonriente *adj* que sonríe

sonrisa *f* gesto que hacemos al reír con los labios y los músculos de la cara

sonrojar *vt/pronl* hacer que a alguien se le ponga la cara roja de vergüenza

soñar *vt/i* representarse imágenes o acontecimientos en la mente durante el sueño; *fig* desear algo improbable o difícil de conseguir

sopa *f gastr* caldo al que se añaden otros ingredientes como pasta, arroz o pan

sopapo *m* bofetada, tortazo

sopero, -a *adj* relativo a los utensilios de cocina utilizados para servir o tomar sopa; *sf* recipiente hondo utilizado para servir la sopa

soplar *vt* expulsar aire con la boca con fuerza; correr el viento

soplete *m* instrumento utilizado para soldar metales

soplido *m* aire expulsado de forma brusca por la boca

soplo *m* hecho de soplar

soplón, ~ona *adj fam* que transmite información en secreto

soponcio *m fam* desmayo; impresión muy fuerte que sufre una persona cuando se asusta o cuando recibe cierta información; ataque de nervios

soportal *m* conjunto de columnas cubiertas situadas a

la entrada de algunos edificios o alrededor de algunas plazas

soportar *vt* aguantar un peso o una carga; *fig* tolerar ciertas circunstancias difíciles

soporte *m* objeto o instrumento que sostiene algo

sor *f rel* tratamiento utilizado cuando nos dirigimos a una religiosa

sorber *vt* aspirar con los labios una bebida; *vt/i* hacer ruido al beber

sorbo *m* hecho de sorber; cantidad de líquido que se aspira de una vez

sordera *f* ausencia o pérdida de la capacidad de oír

sordo, -a *adj/s* que no puede oír; *adj* que hace poco o ningún ruido; que tiene un sonido grave y apagado; *estar más ~ que una tapia fam* no oír absolutamente nada

sordomudo, -a *adj/s* que no puede oír ni hablar

sorprendente *adj* que sorprende

sorprender *vt* provocar sorpresa; descubrir a alguien que no esperaba ser visto en determinada situación

sorpresa *f* impresión inesperada que produce algo; *por ~* de forma inesperada

sortear *vt* dejar que la suerte decida algo, especialmente cuando se trata de la entre-ga de un premio; evitar un obstáculo o una dificultad

sorteo *m* acto en el que la suerte decide a quien corresponde cierto premio

sortija *f* anillo muy adornado

sosegar *vt/pronl* tranquilizar a alguien

sosería *f* ausencia de gracia, soltura o encanto

sosiego *m* tranquilidad, paz; descanso; reposo

soso, -a *adj* que no tiene sal o tiene muy poca; *fig* sin gracia o encanto

sospecha *f* suposición que se tiene de algo

sospechar *vt* suponer algo en función de una serie de indicios; *vi* creer que una persona ha sido la culpable de cierto delito

sospechoso, -a *adj/s* que da motivos para desconfiar; que parece culpable de un delito

sostén *m* objeto que sirve de base a otra cosa y la sujeta; sujetador

sostener *vt* sujetar una cosa; mantener una idea

sota *f* carta de la baraja española con la imagen de un hombre joven

sotana *f* vestimenta larga de color negro que utilizan algunos sacerdotes

sótano *m* parte de una casa que se encuentra por debajo del nivel de la calle

souvenir *m* objeto que se compra como recuerdo

spray *m* sustancia líquida que sale en forma de pequeñas gotitas del recipiente que la contiene

sprint *m dep* última parte de una carrera

squash *m dep* juego de pelota que consiste en lanzar ésta contra una pared con la ayuda de una raqueta

stop *m* señal de tráfico que obliga a detener el vehículo

su *pron* suyo

suave *adj* liso, sin asperezas

suavidad *f* cualidad de los cuerpos lisos y blandos

suavizante *adj* que hace que algo sea más suave

suavizar *vt* hacer que algo sea más suave

subasta *f* sistema de venta en el que cada objeto es entregado a la persona que ofrece más dinero a cambio

subastar *vt* vender de manera que los objetos pasen a manos del mejor comprador

subcampe|ón, _ona *s* participante de una competición que consigue el segundo puesto

súbdito, -a *s* ciudadano de un país

subida *f* ascenso; terreno inclinado por donde se puede subir

subir *vi* ascender a un lugar que se encuentra situado a mayor altura; acceder a un medio de transporte; *vt/i* aumentar la cantidad, la intensidad o el valor de algo; *vt* recorrer cierta distancia por un terreno ascendente

súbito, -a *adj* repentino

subjetivo, -a *adj* que depende de la opinión de cada persona

subjuntivo *m gram* modo verbal utilizado para expresar duda o posibilidad

sublevar *vt/pronl* hacer que una o varias personas se opongan por la fuerza a una autoridad

submarino, -a *adj* del fondo del mar o relativo a él; *sm* barco capacitado para navegar bajo el agua

subnormal *adj* de la persona con deficiencia mental que tiene afectado su desarrollo psíquico

subordinado, -a *adj* que depende de alguien o de algo

subrayar *vt* marcar una línea debajo de una palabra o frase para destacar su importancia; *fig* dar importancia o resaltar alguna cosa

subterráneo, -a *adj* que se encuentra situado debajo de la tierra

suburbio *m* barrio situado en la periferia de una ciudad en el que vive gente sin muchos recursos económicos

subvencionar *vt* dar una ayuda económica para la realización de una actividad

suceder *vi* ocurrir un hecho

sucesión *f* serie de acontecimientos que se siguen unos a otros; relevo de una persona por otra en un trabajo o en una actividad

sucesivo, -a *adj* que va después de otra cosa

suceso *m* hecho, acontecimiento

suciedad *f* basura, porquería

sucio, -a *adj* que tiene manchas o porquería; que se ensucia con facilidad; que se ensucia; que no cuida su aseo personal; *fig* indecente

sucursal *f* oficina perteneciente a cierta empresa que depende de otra mayor o más importante aunque realiza sus mismas funciones

sudadera *f* prenda de vestir muy cómoda que cubre el torso y los brazos

sudamericano, -a *adj/s* de América del Sur o relativo a esta parte de América

sudar *vi* expulsar el sudor a través de los poros de la piel

sudeste *m* punto o lugar del horizonte situado entre el sur y el este

sudoeste *m* punto o lugar del horizonte situado entre el sur y el oeste

sudor *m* líquido transparente que expulsamos a través de los poros de la piel

sudoroso, -a *adj* que suda o está lleno de sudor

sueco, -a *adj/s* de Suecia; *sm* lengua oficial de este país; *hacerse el sueco fam* hacerse el despistado

suegro, -a *s* lo que es una persona con respecto al marido de su hija o a la esposa de su hijo

suela *f* parte inferior de un zapato que permanece en contacto con el suelo

sueldo *m* dinero que se entrega periódicamente a alguien por su trabajo

suelo *m* superficie de la tierra; piso o pavimento

suelto, -a *adj* que no está pegado o unido a otra cosa; que no está sujeto; *sm* dinero en moneda

sueño *m* hecho de dormir; hecho de soñar; lo que se sueña; ganas de dormir; *fig* idea o proyecto deseado que está lejos de realizarse; objetivo que una persona se plantea en la vida

suero *m med* sustancia líquida que se inyecta en el organismo con fines curativos

suerte *f* fuerza que no se puede prever y que decide el desarrollo de los acontecimientos

suficiente *adj* que tiene la

cantidad o grado que se necesita; *sm* calificación que demuestra haber adquirido los conocimientos básicos en una materia

sufijo *m* grupo de letras que se colocan al final de una palabra para modificar su significado

sufrimiento *m* dolor físico o psíquico que se padece por algún hecho desgraciado

sufrir *vt* padecer un dolor físico o psíquico; soportar o tolerar alguna cosa

sugerencia *f* idea que se propone como solución a algo o como consejo

sugerir *vt* proponer una idea

suicidarse *pronl* quitarse la vida por voluntad propia

suicidio *m* hecho de quitarse la vida voluntariamente

suizo, -a *adj/s* de Suiza; *sm gastr* bollo elaborado con harina, huevos y azúcar

sujetador *m* prenda de vestir femenina que sostiene el pecho

sujetar *vt* sostener o agarrar algo o a alguien fuertemente

sujeto, -a *adj* fijo, que no se mueve

sult|án, _ana *s* príncipe o gobernante más importante en algunos países islámicos

suma *f* conjunto de cosas que han sido reunidas; *mat* operación por la que añadimos una cantidad a otra

sumar *vt* reunir dos o más cantidades o cosas

sumergir *vt/pronl* introducir algo o a alguien en un líquido de forma que éste lo cubra por completo

suministrar *vt* proporcionar a alguien algo que necesita

súper *adj fam* maravilloso; *sm fam* supermercado

superar *vt* pasar un límite o una marca; ser mejor que otra persona en algo; tener éxito al enfrentarse a una dificultad; *pronl* hacer algo mejor que antes

superficial *adj* relativo a la superficie; *fig* que no atiende a la razón o a lo que es verdaderamente importante

superficie *f* parte externa de una cosa; parte plana de un objeto sobre la que pueden colocarse cosas; extensión de tierra

superfluo, -a *adj* no necesario, que está de más

superior *adj* que está más alto que otra cosa; que tiene más categoría o mayor calidad

superioridad *f* ventaja de una persona sobre otras

superlativo, -a *adj* muy bueno

supermercado *m* mercado de grandes dimensiones donde el cliente abona el precio total de su compra a la salida

superstición f creencia que no depende de la razón ni de la fe religiosa

supersticioso, -a adj que cree en supersticiones

superviviente adj que sigue viviendo tras un accidente o tras la muerte de otra persona

suplemento m aquello que sirve de complemento a otra cosa

suplente adj/s que cumple la función de otro

suplicar vt pedir algo con humildad

suplicio m sufrimiento físico que padece una persona a modo de castigo

suponer vt imaginar algo como posible; implicar

suposición f creencia en algo que puede ser cierto

supositorio m med medicamento elaborado en pasta que tiene forma ovalada y se introduce por el recto

supremo, -a adj superior, máximo

suprimir vt anular o eliminar una cosa

supuesto, -a adj que se considera cierto o posible pero que no se ha demostrado; **por supuesto** con seguridad

sur m punto situado frente al norte y a la derecha del lugar por donde sale el sol

suramericano, -a adj sudamericano

sureste m punto y lugar del horizonte situado entre el sur y el este

surf m dep deporte que consiste en deslizarse por el mar sobre una tabla

surgir vi aparecer algo

suroeste m punto y lugar del horizonte situado entre el sur y el oeste

surtidor, -a adj que surte o proporciona algo; sm fuente de la que brota agua

surtir vi proporcionar algo necesario

suspender vt colgar una cosa de manera que queda sujeta sólo por un punto; fig no superar un examen

suspense m misterio

suspenso, -a adj que no ha superado un examen; sm calificación de un examen que no tiene el nivel que se exigía

suspirar vi respirar profundamente para expresar deseo o dolor

suspiro m hecho de suspirar

sustancia f materia sólida, líquida o gaseosa

sustantivo m gram clase de palabra que sirve para dar nombre

sustitución f relevo de una persona en una actividad

sustituir vt ocupar una persona o cosa el puesto de otra

sustituto, -a s persona que ocupa el lugar de otra

susto *m* impresión repentina provocada por la sorpresa o el miedo

susurrar *vt/i* hablar en voz muy baja

susurro *m* ruido o sonido producido al susurrar

suyo, -a *adj* indica posesión con respecto a la tercera persona

T

tabaco *m* planta de hojas grandes que alcanza gran altura y se utiliza para hacer cigarros; cigarro elaborado con esta planta

tabarra *f fam* cosa molesta o muy pesada; *dar la ~* molestar a alguien

taberna *f* establecimiento parecido a un bar en el que se sirven bebidas y comidas

tabique *m* especie de pared no demasiado gruesa que separa dos estancias

tabla *f* trozo de madera plano y poco grueso que suele tener forma rectangular; trozo plano y poco grueso de cualquier material duro; doblez realizado en una prenda de vestir a modo de adorno; lista de términos colocados en un determinado orden; *mat* lista de números ordenados de manera que nos permitan conocer el resultado de ciertas operaciones matemáticas; *tener ~s fam* tener mucha experiencia en algo

tablado *m* superficie hecha

con tablas que se apoya en el suelo mediante un armazón de madera o de hierro

tablao *m* local o escenario destinado a espectáculos de cante y baile flamenco

tablero *m* tabla grande de madera o de cualquier otro material duro; superficie plana para jugar a ciertos juegos de mesa; plancha de madera o corcho que se cuelga en la pared y se utiliza para colocar sobre ella determinada información

tableta *f* trozo rectangular de chocolate o turrón

tablón *m* tabla muy gruesa

tabú *m* cosa o hecho que no se puede mencionar debido a ciertos prejuicios sociales

taburete *m* asiento sin brazos ni respaldo en el que sólo puede sentarse una persona

tacaño, -a *adj* que se preocupa excesivamente por el dinero y le cuesta darlo

tacatá *m* especie de asiento de plástico o tela sujeto a un armazón de madera o metal

tachadura

que sirve para que los niños pequeños aprendan a andar

tachadura f tachón

tachar vt tapar algo que está escrito haciendo rayas sobre ello; atribuir a alguien cierto defecto o cualidad negativa

tachón m conjunto de rayas que se hacen sobre algo que está escrito para taparlo

tachuela f chincheta

taco m trozo pequeño y grueso de madera o de otro material que se utiliza para llenar un hueco o para fijar algo; pieza de plástico pequeña, alargada y hueca que se introduce en la pared o en cualquier otra superficie para colocar un clavo o tornillo de manera que quede totalmente asegurado; conjunto de papeles colocados de forma ordenada en un montón

tacón m parte del zapato formada por una pieza más o menos alta situada a la altura del talón, que permanece en contacto con el suelo

taconear vi golpear el suelo con el tacón una y otra vez

táctico, -a adj de la táctica o relativo a ella; sf procedimiento que se sigue para hacer algo de la manera más rápida o conveniente

táctil adj del tacto o relativo a él

tacto m sentido que nos per-

mite percibir las cosas al tocarlas; hecho de percibir algo tocándolo; fig habilidad que posee una persona para tratar a los demás sin molestarles ni herirles

tajada f trozo cortado de un alimento; fig beneficio

tajante adj firme, que no admite duda ni discusión

tal adj igual, semejante a algo; permite hacer referencia a algo que se ha mencionado; se utiliza para referirse a alguien o algo indeterminado; adv de igual modo; ~ vez quizá

taladradora f máquina que sirve para taladrar grandes superficies

taladrar vt hacer agujeros perforando una superficie dura con un instrumento acabado en punta

taladro m aparato eléctrico de pequeño tamaño que sirve para taladrar; agujero hecho con dicho instrumento

talante m estado de ánimo de una persona en un determinado momento

talar vt cortar árboles por la parte inferior del tronco

talco m piedra de color blanco o gris que se emplea para la fabricación de pinturas, cerámica, tiza o productos suavizantes para la piel

talego m saco de tela

talento *m* capacidad que tiene una persona para hacer muy bien cierta actividad; persona que posee dicha capacidad; inteligencia, razón

talgo *m* tren articulado y muy estable que alcanza gran velocidad

talismán *m* objeto al que se atribuyen poderes mágicos o la capacidad de atraer la buena suerte hacia la persona que lo posee

talla *f* estatura de una persona; medida de las prendas de vestir que utilizamos habitualmente; escultura de piedra o madera

tallar *vt* medir la estatura de una persona; hacer una escultura dando forma a la piedra o a la madera; labrar una joya

taller *m* lugar donde se hacen o enseñan ciertas actividades manuales o artísticas; establecimiento donde se reparan máquinas o ciertos aparatos

tallo *m* parte de las plantas que crece perpendicular al suelo y de la que brotan las ramas, las hojas, las flores y los frutos

talón *m* parte posterior del pie de una persona; cheque; **pisar los talones** seguir a alguien muy de cerca

talonario *m* especie de bloc formado por un conjunto de hojas que se cortan por una línea de puntos

tamaño *m* conjunto de las medidas de una persona o de una cosa

tambalear *vi/pronl* moverse alguien o algo de un lado a otro por falta de equilibrio

también *adv* sirve para afirmar la igualdad o la conformidad con algo que ya se ha mencionado; añade una idea más a algo que ya se ha dicho

tambor *m* mús instrumento formado por una caja cilíndrica cubierta por una membrana de piel que se golpea con dos palillos; recipiente cilíndrico donde se envasa el detergente en polvo

tampoco *adv* se utiliza para negar una cosa después de haber negado otra

tampón *m* especie de esponja empapada en tinta donde se mojan los sellos para imprimirlos; sello que se imprime sobre un documento; objeto alargado, absorbente y de pequeño tamaño que utilizan las mujeres durante la menstruación

tan *adv* expresa igualdad de una cosa con otra

tanatorio *m* conjunto de estancias donde se vela a los muertos

tanda *f* conjunto de cosas que poseen ciertas características comunes; cada una de las veces que sucede algo

tango m mús baile y canción típicos de Argentina; variedad del cante y baile flamenco

tanque m vehículo de combate diseñado para poder desplazarse por terrenos abruptos e irregulares; depósito de grandes dimensiones que se utiliza para almacenar agua u otros líquidos

tantear vt calcular algo de forma aproximada; fig ensayar una cosa

tanto, -a adj se utiliza para indicar una cantidad no determinada; en gran cantidad; sm punto a favor que se obtiene en un juego o deporte; **estar al tanto de** estar enterado de algo; **entre tanto** mientras; **ni tanto así** nada; **ser las tantas** ser muy tarde

tapa f pieza con la que se cierra un recipiente; pieza que sirve para cubrir algo; cada una de las dos piezas de cartón que cubren por delante y por detrás un libro; gastr pequeña cantidad de comida que se sirve en algunos bares para acompañar las bebidas

tapadera f tapa ancha que sirve para cerrar ciertos recipientes; fig persona o cosa que se utiliza para ocultar a

alguien o algo que no interesa que se sepa

tapar vt cerrar o cubrir algo que está abierto o destapado; vt/pronl colocar una cosa delante o encima de otra de manera que ésta no se vea; ponerse ropa encima para protegerse del frío; vt fig tratar de esconder los defectos o las malas acciones de alguien

taparrabos m trozo pequeño de piel que utilizan los hombres de ciertas tribus para cubrir sus genitales

tapete m trozo de tela o de plástico que se coloca sobre una mesa o sobre un mueble como adorno

tapia f pared que sirve como valla para separar un terreno o una propiedad; **estar sordo como una ~** fam no oír absolutamente nada

tapiar vt cerrar un terreno o una propiedad con una tapia; tapar un hueco construyendo una pared delante

tapicería f conjunto de telas utilizadas para hacer cortinas y tapizar el mobiliario de una casa o de una oficina

tapicero, -a s persona que se dedica a hacer cortinas y tapizar muebles; persona que tiene por oficio hacer tapices

tapiz m paño grande de tela en el que se representan figuras o escenas con hilos de diferentes colores y que se utiliza como adorno para cubrir las paredes

tapizar vt forrar con tela una pared o un mueble; cubrir una pared con tapices

tapón m pieza que sirve para tapar un recipiente; conjunto de vehículos agrupados en un trayecto que dificulta la circulación de otros vehículos

taponar vt tapar un agujero; impedir el paso por cierto lugar

taquigrafía f sistema de escritura con signos que permite escribir a gran velocidad

taquígrafo, -a s persona que utiliza la taquigrafía

taquilla f ventanilla donde se venden entradas para un espectáculo o billetes para ir a algún sitio en cierto medio de transporte

taquillero, -a adj del espectáculo que tiene mucho éxito y permite recaudar mucho dinero; s persona que trabaja en una taquilla vendiendo entradas o billetes

taquillón m mueble de madera, pequeño y de poca altura, que suele colocarse en la entrada de las casas

tara f defecto que disminuye el valor de una cosa o el mérito de una persona; defecto físico o psíquico grave

tarado, -a adj/s que tiene alguna tara; fam tonto, loco

tarántula f zoo araña venenosa, de tamaño grande, negra y peluda, que vive entre las piedras

tararear vt reproducir en voz baja la melodía de una canción

tardanza f retraso o lentitud al hacer algo

tardar vi emplear cierta cantidad de tiempo en hacer algo; emplear más tiempo del que es necesario o conveniente para hacer algo

tarde f espacio de tiempo comprendido entre el mediodía y el anochecer; adv en las últimas horas del día; después del momento o del tiempo necesario o conveniente para algo; **buenas ~s** se utiliza para saludar por la tarde

tardío, -a adj que se retrasa o sucede después del tiempo en que se esperaba

tardón, -ona adj/s fam que tarda mucho en hacer las cosas

tarea f actividad que una persona debe realizar en un tiempo determinado

tarifa f precio fijo que hay que pagar por recibir o utilizar cierto servicio

tarima f superficie de madera colocada a cierta altura del suelo

tarjeta f trozo de cartulina rectangular en el que figuran los datos personales de alguien; trozo de cartulina que lleva algo escrito; lámina plástica que se utiliza como sistema de pago; *dep* cartulina de cierto color que el árbitro muestra a un jugador para indicarle una sanción

tarot m juego de naipes que se utiliza para adivinar el porvenir

tarrina f recipiente pequeño con tapa que contiene ciertos alimentos

tarro m recipiente con tapa, de vidrio o de barro, cilíndrico y más alto que ancho que se utiliza para guardar ciertos alimentos

tarta f *gastr* pastel grande, de forma redondeada o rectangular, hecho con bizcocho y adornado con guindas, nata y otros ingredientes

tartaja adj/s fam tartamudo

tartamudear vi hablar cortando o repitiendo las sílabas de una misma palabra

tartamudo, -a adj/s que tartamudea

tartera f recipiente que se cierra de forma hermética y que sirve para llevar comida

tarugo m trozo de madera corto y grueso

tarumba adj fam aturdido

tasar vt establecer el precio o el valor de algo

tasca f taberna

tatarabuelo, -a s abuelo o abuela de los abuelos de una persona

tataranieto, -a s nieto o nieta de los nietos de una persona

tatuaje m dibujo tatuado en la piel

tatuar vt grabar un dibujo con tinta bajo la piel de manera que no pueda borrarse

taurino, -a adj de la corrida de toros o relativo a ella

tauro m signo del horóscopo; adj/s que ha nacido bajo este signo

taxi m coche destinado al transporte de viajeros de un sitio a otro de una ciudad

taxista s persona que conduce un taxi

taza f recipiente pequeño, ancho y con asa que se utiliza para tomar leche u otras bebidas calientes; retrete

tazón m especie de taza grande y sin asa

te pron forma reflexiva que indica la segunda persona del singular

té m planta cuyas hojas se utilizan para hacer infusiones estimulantes; infusión preparada con estas hojas

teatral adj del teatro o relativo a él

teatro m edificio o lugar donde se representan obras dramáticas; obra literaria que está pensada para ser representada ante un público

tebeo m revista infantil en la que las historias se cuentan a través de dibujos

techo m parte superior de una construcción; cara interior de esta superficie y paralela al suelo de una habitación

tecla f pieza de un instrumento musical que se pulsa con los dedos para producir un sonido; pieza similar que pone en funcionamiento un aparato o una máquina

teclado m conjunto de teclas de un instrumento musical, de un aparato o de una máquina

teclear vi pulsar las teclas de un instrumento musical, de un aparato o de una máquina

técnico, -a adj relacionado con el conocimiento de los métodos específicos a utilizar en el ámbito de un determinado arte, ciencia o actividad; de las palabras o expresiones propias de cierto arte, ciencia o actividad; s persona que domina los conocimientos y los métodos correspondientes a un determinado arte, ciencia o actividad; sf método propio de

cierto arte, ciencia o actividad

teja f pieza de barro cocido que se coloca cubriendo los tejados

tejado m cubierta de un edificio

tejemaneje m fam engaño para conseguir algo

tejer vt formar una tela enlazando unos hilos con otros

tejido m material resultante de tejer hilos

tela f tejido formado por hilos enlazados entre sí; trozo de dicho tejido; adv fam mucho; ***poner en - de juicio*** dudar de algo

telar m máquina para tejer; fábrica de tejidos

telaraña f tela en forma de red que tejen algunos animales como las arañas

tele f fam televisión; televisor

telediario m programa de televisión en el que se informa cada día de las noticias de actualidad

teleférico m medio de transporte formado por una cabina que se desplaza por uno o varios cables colgados a gran altura

telefonazo m fam llamada telefónica

telefonear vi llamar por teléfono

telefónico, -a adj del teléfono o relativo a él

telefonillo *m* aparato que sirve para comunicar el interior y el exterior de un edificio

telefonista *s* persona que se encarga de recibir y derivar llamadas en una oficina o en una central telefónica

teléfono *m* sistema eléctrico de comunicación que trasmite el sonido de la voz humana a distancia; aparato que recibe y transmite sonidos mediante este sistema

telegrafiar *vt* enviar un mensaje por medio del telégrafo

telegráfico, -a *adj* del telégrafo o relativo a él

telégrafo *m* sistema de comunicación que permite enviar y recibir mensajes a distancia a través de cierto código; aparato que permite enviar y recibir dichos mensajes

telegrama *m* mensaje que se comunica a través del telégrafo

telele *m fam* desmayo

telenovela *f* serie de televisión por capítulos y cuyo argumento suele centrarse en las aventuras amorosas de sus protagonistas

telepatía *f* fenómeno consistente en la comunicación de mensajes o sensaciones entre dos personas a través de la mente, sin utilizar ningún tipo de lenguaje

telescopio *m* instrumento alargado y cilíndrico que se utiliza para observar los astros

telesilla *m* medio de transporte formado por una especie de silla que se desplaza por un cable suspendido a gran altura y que sirve para acceder a las cumbres de las montañas

telespectador, -a *s* espectador de televisión

teletexto *m* servicio informativo de televisión que se emite en forma de texto escrito

televidente *s* telespectador

televisar *vt* emitir imágenes por televisión

televisión *f* sistema de transmisión de imágenes y sonidos a distancia; *fam* televisor

televisivo, -a *adj* de la televisión o relativo a ella

televisor *m* aparato receptor de las imágenes y sonidos emitidos a distancia

telón *m* cortina que cierra el escenario de un teatro

telonero, -a *adj* del artista que actúa antes de la figura principal en un espectáculo

tema *m* idea o asunto central de un texto, de un discurso o de una conversación; argumento de una obra literaria o de una película; canción u obra musical

temblar *vi* agitarse una persona o un animal con movimientos involuntarios, rápidos y continuos; *fig* sentir miedo o estar muy nervioso

temblor *m* movimiento involuntario y rápido del cuerpo de una persona o de un animal que se repite de manera continua y que puede estar provocado por el frío, el miedo o el nerviosismo; movimiento similar de un objeto; ~ **de tierra** terremoto

tembloroso, -a *adj* que tiembla

temer *vt* tener miedo de alguien o de algo; pensar en que algo malo va a suceder

temeroso, -a *adj* que causa temor; que tiene miedo

temible *adj* que causa temor

temor *m* sensación de angustia que experimenta una persona cuando cree que va a suceder algo malo o que existe un peligro cercano

temperamento *m* carácter de una persona; *fig* forma de ser de las personas enérgicas y firmes

temperatura *f* grado de calor de un cuerpo; grado de calor de la atmósfera; fiebre

tempestad *f* tormenta muy fuerte; gran agitación de las aguas del mar provocada por la violencia del viento y de las tormentas

templado, -a *adj* no demasiado caliente; moderado, sin excesos

templar *vt/pronl* calentar algo para quitarle el frío

temple *m* estado de ánimo de una persona; capacidad de una persona para permanecer tranquila

templo *m rel* edificio destinado al culto de un dios

temporada *f* período de tiempo indeterminado que se considera como un conjunto; **de ~** propio de una época determinada

temporal *adj* del tiempo o relativo a él; que no es permanente; *sm* tormenta muy fuerte en la tierra o en el mar

temprano, -a *adj* que aparece o sucede antes del tiempo o del momento en que se espera; *temprano adv* antes de lo esperado; en las primeras horas del día

tenaz *adj* que se mantiene firme hasta conseguir lo que desea

tenaza *f* herramienta formada por dos piezas alargadas y curvadas por uno de sus extremos que se articulan para poder cortar, apretar o sujetar algo con fuerza

tendedero *m* lugar donde se tiende la ropa después de lavarla para que se seque

tendencia *f* dirección que sigue alguien o algo

tender vt colgar la ropa lavada en cuerdas o alambres para que se seque; vt/pronl tumbar a una persona o a un animal sobre una superficie; ~ *una trampa* engañar a alguien con cierto fin

tendero, -a s persona que posee o trabaja en una tienda de comestibles

tendón m conjunto de tejidos que unen los músculos a los huesos del cuerpo

tenedor m cubierto formado por un mango alargado unido a una parte más ancha terminada en tres o cuatro púas, que se utiliza para pinchar los alimentos sólidos y llevarlos a la boca

tener vt ser dueño de algo; poseer cierta cualidad o característica; incluir algo dentro de sí; disponer de alguien o de algo; mantener cierto parentesco o cierta relación con una persona; manifestar determinada actitud o sentimiento hacia alguien o hacia algo; recibir o experimentar algo; sufrir cierta enfermedad; estar obligado a hacer algo; vt/pronl sostener a alguien o algo sin dejar que se caiga; mantenerse alguien o algo firme y derecho; ser necesario; impers ~ *que ver con* estar relacionado con alguien o con algo

teniente m mil grado correspondiente a la categoría inferior a la de capitán; persona que sustituye a otra en cierto cargo

tenis m dep juego en el que compiten dos jugadores y que consiste en lanzar la pelota con ayuda de una raqueta de un lado a otro de la pista y por encima de una red colocada a baja altura en el centro del campo; ~ *de mesa* pimpón

tenista s dep persona que juega al tenis

tenor m mús cantante de ópera que tiene el tono de voz más agudo dentro de las voces masculinas

tensar vt poner algo tenso

tensión f estado en que se encuentra un cuerpo cuando se le estira mucho; situación de oposición o enfrentamiento entre personas o grupos; estado de ánimo de la persona sometida a grandes presiones emocionales; sensación de nerviosismo y excitación que experimenta una persona cuando está impaciente por conseguir algo

tenso, -a adj que está muy estirado; que resulta violento; que está nervioso

tentación f impulso repentino que nos lleva a hacer algo malo o poco recomendable

ternura

tentáculo *m* apéndice largo y blando que presentan ciertos animales invertebrados y que sirve para agarrar o sujetarse a algo

tentar *vt* tocar algo con las manos para examinarlo por medio del tacto; provocar tentación

tentempié *m fam* comida ligera que se toma a media mañana o a media tarde para recuperar fuerzas

teñir *vt* dar a algo un color diferente al que tenía aplicándole un tinte; *vt/pronl* cambiar el color original del pelo de una persona aplicándole un tinte

teología *f* ciencia que estudia a Dios y el conocimiento que el hombre puede alcanzar sobre lo divino

teoría *f* conocimiento de las cosas al margen de su aplicación práctica; conjunto de reglas y principios en que se fundamenta una ciencia; conjunto de reglas o principios que explican cierto fenómeno; idea o razonamiento con que se intenta explicar algo que no puede demostrarse

teórico, -a *adj* de la teoría o relativo a ella; que parece posible pero que no está demostrado; *s* persona que domina la teoría de una determinada ciencia

terapia *f* tratamiento de una enfermedad

tercio *m* cada una de las tres partes en que se ha dividido una cosa

terciopelo *m* tela formada por hilos que se cortan dejando una superficie que resulta muy suave al tacto

terco, -a *adj* que defiende algo hasta el final aunque no lleve razón

tergal *m* tela de fibra muy resistente

terminación *f* hecho de terminar o terminarse; parte final de algo

terminante *adj* que no admite discusión

terminar *vt* poner fin a algo; *vt/pronl* acabar o gastar algo; *vi/pronl* tener fin una cosa

término *m* final de algo; límite de un territorio

termita *f zoo* pequeño insecto que vive en colonias y se alimenta de la madera

termo *m* recipiente con cierre hermético que permite conservar el calor de los alimentos que contiene

termómetro *m* instrumento que sirve para medir la temperatura

ternero, -a *s zoo* cría de la vaca; *f gastr* carne de este animal

ternura *f* sentimiento de afecto o cariño hacia alguien o hacia algo

terquedad f actitud de las personas obstinadas

terracota f pequeña figura de arcilla que se utiliza como adorno

terraplén m pendiente del terreno

terraza f balcón; parte plana del tejado de una casa que no está cubierta con tejas y a la que se puede acceder desde el interior de la vivienda

terremoto m temblor producido en la superficie de la tierra que tiene su origen en el movimiento de masas del interior

terreno m espacio de tierra; fig ámbito de trabajo o acción en el que se demuestran mejor las cualidades de alguien o de algo; dep campo de juego; **ganar ~** fig avanzar, conseguir cierta ventaja; **preparar el ~** fig establecer las condiciones necesarias para algo; **saber el ~ que pisa** fam conocer muy bien el asunto que se está tratando

terrestre adj de la Tierra o relativo a ella

terrible adj que provoca miedo o temor; muy malo, horroroso; relativo a la forma de ser de las personas que tiene mal carácter

territorio m extensión grande de tierra; extensión de tierra correspondiente a una determinada región o país; terreno en el que habita un animal o un grupo de animales que lo defienden frente a la invasión de otros animales de la misma especie

terrón m masa de tierra pequeña y dura; masa pequeña y dura de otras sustancias como el azúcar

terror m miedo muy intenso

terrorífico, -a adj que provoca terror

terrorismo m delito que consiste en perseguir ciertos objetivos políticos o sociales mediante la violencia

terrorista s relativo al terrorismo; que practica el terrorismo

terso, -a adj liso, sin arrugas

tertulia f reunión de personas para conversar sobre cierto tema o asunto; conversación que mantienen dichas personas

tesón m empeño por hacer o conseguir algo

tesorero, -a s persona encargada de guardar y administrar el dinero de un colectivo

tesoro m conjunto de dinero, joyas y otros objetos de valor reunidos y guardados en cierto lugar; conjunto de riquezas escondidas; conjunto de bienes y riquezas de un país; fig persona o cosa que tiene un gran valor para otra o para otras

test m prueba que permite evaluar las características psíquicas y psicológicas de una persona; prueba médica que permite comprobar el estado físico de una persona; examen de preguntas cortas que generalmente se contestan marcando con un signo la respuesta correcta

testamento m declaración que hace una persona para dar a conocer como quiere que se repartan sus bienes después de que haya muerto

testarudo, -a adj que no modifica fácilmente su opinión aunque esté equivocado

testículo m cada uno de los dos órganos sexuales masculinos en los que se forman los espermatozoides

testificar vt declarar alguien como testigo en un juicio

testigo s persona que presencia cierto suceso; jur persona que declara en un juicio para aportar pruebas

testimonio m declaración que hace una persona afirmando o asegurando algo; prueba que sirve para demostrar que algo es cierto

teta f parte del cuerpo de las mujeres y de las hembras de los mamíferos donde se produce la leche cuando tienen un hijo o una cría

tetera f recipiente que se utiliza para hacer y servir el té

tetilla f teta del hombre o de los machos de los mamíferos

tetina f pieza de goma en forma de pezón que se coloca en el biberón para que el niño chupe el líquido que contiene

tetra-brik m recipiente de cartón que permite conservar ciertos productos líquidos durante cierto tiempo sin que se estropeen

tetraedro m mat cuerpo que tiene cuatro lados triangulares e iguales

textil adj del tejido o relativo a él

texto m conjunto de palabras que forman un escrito

tez f piel del rostro

ti pron forma que indica la segunda persona del singular y puede sustituir a tú

tibio, -a adj templado

tiburón m zoo pez grande y alargado que tiene varias filas de dientes puntiagudos

tic m movimiento involuntario de cierta parte del cuerpo que se repite con cierta frecuencia

ticket m tique

tic-tac m sonido del reloj

tiempo m duración de las cosas; período durante el cual sucede o existe algo; período de que se dispone para hacer algo; época del año; clima propio de cierta región o de cierta época del año; edad de los bebés o de las crías de los animales; *dep* cada una de las partes en que se divide un partido; *a un ~* a la vez; *con ~* sin prisa; *dar ~ al ~* esperar el tiempo que sea necesario; *del ~* a la temperatura del ambiente; *de un ~ a esta parte* desde hace algún tiempo; *en ~s* en épocas anteriores; *hacer ~* entretenerse con algo mientras se espera; *pasar el ~* distraerse con algo; *perder el ~* dejar que pase el tiempo sin hacer algo útil

tienda *f* establecimiento en el que se venden determinados productos; conjunto de palos o tubos cubiertos con una tela que se monta al aire libre y sirve de vivienda

tierno, -a *adj* que se corta con facilidad; reciente; que muestra afecto, cariño y dulzura

tierra *f* planeta en el que habita el hombre y en el que se desarrolla la vida tal como se conoce; parte de ese planeta que no está ocupada por el agua; materia que constituye el suelo natural; suelo; terreno dedicado al cultivo; región o país; lugar donde ha nacido una persona; *echar por ~ fig* estropear o hacer fracasar; *echar ~ sobre fig* tapar un asunto para que no se de a conocer

tieso, -a *adj* recto, firme, derecho; poco flexible; *fig* muy serio; antipático; orgulloso; *quedarse tieso fig* tener mucho frío; experimentar una fuerte impresión; morir en el acto

tiesto *m* recipiente de barro o de plástico que sirve para cultivar plantas pequeñas

tigre, -sa *s* animal salvaje, muy fuerte y veloz, cuya piel es de color amarillo con rayas negras

tijera *f* utensilio que sirve para cortar y está formado por dos hojas de acero con un solo filo unidas en forma de aspa

tila *f* infusión que tiene efectos tranquilizantes

tilde *f gram* signo que se coloca encima de la vocal de la sílaba que se acentúa

timar *vt* robar a alguien mediante engaños; engañar a alguien en una venta o en un trato no cumpliendo lo que se había prometido

timbal *m mús* instrumento parecido al tambor pero con una caja semicircular metálica

timbrazo *m* sonido muy fuerte de un timbre

timbre *m* aparato que produce un sonido cuando se presiona sobre él y que sirve para llamar o avisar; *más* manera de sonar de un instrumento musical

timidez *f* cualidad de tímido

tímido, -a *adj/s* que tiene dificultades para relacionarse con otras personas por falta de seguridad en sí mismo

timo *m* hecho de timar

timón *m* pieza que sirve para dirigir las embarcaciones

tímpano *m* parte del oído en forma de membrana que permite la percepción de los sonidos

tinaja *f* recipiente de barro ancho y muy grande que se utiliza para guardar líquidos

tinglado *m fig* enredo, lío

tiniebla *f* oscuridad

tino *m* habilidad para acertar en algo; facilidad para hacer las cosas con precisión

tinta *f* sustancia líquida de color que se utiliza para escribir, dibujar o imprimir algo; *zoo* sustancia líquida de color oscuro que expulsan ciertos animales marinos; *saber de buena ~ fam* estar muy bien informado

tinte *m* sustancia que se utiliza para teñir; tintorería

tintero *m* recipiente que contiene la tinta que se utiliza para escribir

tintinear *vi* sonar una campanilla; producir algo un sonido parecido al de una campanilla

tintineo *m* sonido producido por una campanilla o por otros objetos similares

tinto *adj/s* del vino de color muy oscuro elaborado con uvas negras

tintorería *f* establecimiento donde se limpia o se tiñe la ropa

tío, tía *s* hermano o hermana de los padres de alguien

tiovivo *m* atracción de feria formada por una plataforma redonda que gira y en la que se colocan caballos, barcas y coches en movimiento sobre los que se puede montar

típico, -a *adj* que es característico de alguien o de algo

tipo, -a *sm* objeto que representa al resto de los de su clase; grupo de personas o de objetos con las mismas características; forma del cuerpo de una persona; *mantener el tipo fam* conservar la calma en una situación difícil

tique o **tíquet** *m* billete que permite utilizar cierto medio de transporte u otro servicio durante determinado número de veces; recibo que demuestra que hemos pagado algo

tiquismiquis *adj/s fam* que

pretende que todo esté hecho siempre a la perfección

tira f trozo largo y estrecho de cierto material

tirachinas m palo pequeño terminado en dos ramas a las que se ata una goma que sirve para lanzar piedras a cierta distancia

tirado, -a adj fam muy barato; muy fácil; sf distancia que hay de un lugar a otro; turno en un juego de mesa

tirador, ~a s persona que dispara; sm picaporte de una puerta o de una ventana; asa de un objeto del que se tira para abrirlo o cerrarlo

tiranía f pol forma de gobierno en la que el poder corresponde a una persona que se ha impuesto por la fuerza y actúa según su voluntad

tirano, -a adj/s que consigue el gobierno de un país por la fuerza e impone su voluntad; fig que abusa del poder que tiene para obligar a los demás a hacer lo que él quiere

tirante adj que está muy estirado; fig que resulta muy incómodo o violento; sm tira que sujeta a los hombros una prenda de vestir

tirar vt arrojar un objeto con fuerza en una determinada dirección; dejar caer algo; poner algo en la bolsa que contiene la basura; hacer

que se caiga alguien o algo; disparar con un arma de fuego; hacer una fotografía; participar en un juego de mesa cada vez que llega el turno correspondiente; vi hacer fuerza para arrastrar algo; pronl lanzarse desde cierta altura; echarse al suelo; fig permanecer durante un tiempo en cierto lugar o realizando una actividad

tirita f tira de tela o de plástico que tiene en el centro un trozo de gasa y que se utiliza para proteger las heridas

tiritar vi temblar a causa del frío

tiritera f fam temblor intenso provocado por el frío o por la fiebre

tiritona f tiritera

tiro m hecho de lanzar algo en una dirección determinada; disparo realizado con un arma de fuego; sonido producido por un disparo; herida provocada por un disparo; **salir el ~ por la culata** fam resultar algo al revés de como se esperaba; **sentar como un ~** fam sentar algo muy mal

tirón m movimiento que se hace al tirar con violencia de algo; **de un ~** de una sola vez

tirotear vt/pronl disparar muchas veces seguidas con un arma de fuego

tiroteo m hecho de tirotear

tisana f infusión elaborada con hierbas medicinales

títere m muñeco hecho con madera, tela, pasta o plástico que se mueve por medio de hilos o introduciendo la mano en su interior; *fig* persona que se deja manejar por otros

titiritero, -a s persona que maneja los títeres

tito, -a s *fam* tío

titubear vi hablar de forma entrecortada por no saber qué palabras elegir o como pronunciarlas; *fig* dudar acerca de lo que conviene hacer en cierta situación

titubeo m hecho de titubear

titular adj/s que ejerce determinada profesión o desempeña cierto cargo teniendo el título necesario para ello; *jur* que es propietario de algo; sm cada una de las frases de una revista o periódico que aparecen escritas con letras oscuras y de mayor tamaño; vt poner título a una obra

título m palabra o conjunto de palabras que da nombre a una publicación o a una obra teatral, cinematográfica o musical; tratamiento que se da a ciertas personas pertenecientes a las clases sociales más altas; documento que prueba que alguien posee la preparación necesaria para poder ejercer cierta profesión

tiza f barra pequeña de arcilla blanca que se utiliza para escribir en las pizarras

toalla f pieza de tela suave que se utiliza para secar el cuerpo después de lavarlo; **tirar la ~** *fam* rendirse

toallero m barra o aro que se utiliza para colgar las toallas

tobillo m cada una de las dos partes del cuerpo humano que unen las piernas con los pies

tobogán m rampa de metal o de plástico por la que se deja resbalar sentada una persona para divertirse

tocadiscos m aparato formado por un plato giratorio y una aguja que sirve para reproducir el sonido grabado de un disco

tocado, -a adj *fig* medio loco; sm peinado y adorno en la cabeza de la mujer

tocador m mueble que tiene un espejo en la parte superior y se utiliza para arreglarse frente a él

tocar vt poner la mano sobre un objeto; *mús* hacer sonar un instrumento musical; interpretar una obra musical; vi llegar el momento adecuado para hacer algo

tocayo, -a s persona que se llama igual que otra

tocino *m* grasa del cerdo que se utiliza como alimento

todavía *adv* aún, hasta este momento; incluso

todo, -a *adj* que se considera por entero o de manera completa; *sm* cosa entera o que se considera como la suma total de todas sus partes; *todo* por completo; *ante todo* por encima de cualquier otra cosa; *sobre todo* principalmente

todopoderoso, -a *adj* que lo puede todo; *sm* Dios

toldo *m* cubierta de lona que se extiende sobre cierto lugar para dar sombra y proteger del calor

tolerancia *f* capacidad para soportar algo malo o molesto; respeto hacia las opiniones e ideas de los demás

tolerar *vt* soportar algo malo o molesto; respetar las opiniones e ideas de los demás; permitir algo; admitir que el organismo determinadas sustancias

toma *f* hecho de hacerse dueño de algo; ocupación de cierto lugar por la fuerza; *med* dosis de un medicamento; cada una de las veces que se da de mamar o el biberón a un bebé

tomar *vt* coger algo con la mano; aceptar alguien algo que se le ofrece; comer o beber algo; utilizar un vehículo de transporte público; adoptar ciertas características; interpretar algo de una determinada forma; ocupar un lugar por la fuerza; ~*la con* tener manía a alguien y demostrarlo constantemente

tomate *m* fruto que se cultiva en las huertas, tiene forma redonda, color rojo intenso y es muy jugoso; *ponerse como un* ~ *fam* ponerse muy colorado

tomatera *f agr* planta del tomate

tómbola *f* rifa con papeletas en la que se pueden ganar distintos objetos como premio

tomillo *m bot* planta aromática de hojas pequeñas y flores blancas o rosadas

tomo *m* cada una de las partes encuadernadas por separado en que se divide una obra literaria; *de* ~ *y lomo fam* muy grande o importante

ton, sin ~ *ni son exp adv* sin motivo o razón alguna

tonalidad *f* entonación; gama de tonos de un mismo color

tonel *m* recipiente de madera, con formas redondeadas y de tamaño muy grande

tonelada *f* unidad de peso

tónico, -a *adj/sm* que da fuerza y energía; *sm* líquido que se utiliza para limpiar el cutis; *sf* bebida transparente con gas que tiene un sabor amargo

tono *m* cualidad de los sonidos que permite ordenarlos en más o menos graves o agudos; manera de decir las cosas una persona en función de su forma de ser o de su estado de ánimo; *fuera de ~* poco adecuado

tontada *f* tontería

tontaina *adj/s fam* tonto

tontear *vi* decir o hacer tonterías; coquetear

tontería *f* cualidad de tonto; dicho o hecho tonto; *fig* algo sin importancia

tonto, -a *adj* de algo que demuestra falta de inteligencia o que no tiene una base razonable; *fig* sin sentido o sin un motivo aparente; *fam* cariñoso, mimoso; *adj/s* que habla o actúa con poca inteligencia o sin razonar las cosas de manera adecuada; ingenuo, sin malicia; que no sabe aprovechar las oportunidades que se le presentan; sensible, sentimental; deficiente mental; *a lo tonto* sin pensarlo mucho; *a tontas y a locas* sin orden; *hacer el tonto* hacer o decir tonterías; *hacerse el tonto* fingir una persona que no se da cuenta de algo

tontorr|ón, ~ona *adj/s fam* tonto

tontuna *f* tontería

tope *m* parte saliente de un objeto; pieza de un mecanismo que sirve para impedir que pase de cierto límite; *fig* límite superior que puede alcanzar algo con respecto a una determinada característica; *a ~ fam* al máximo

topless *m* moda de baño femenina que consiste en llevar sólo la parte inferior del bikini; espectáculo en el que las mujeres aparecen desnudas de cintura para arriba

topo *m zoo* mamífero pequeño de pelo oscuro y hocico puntiagudo que vive bajo tierra y posee fuertes uñas que le permiten excavar galerías en el suelo

toque *m* hecho de tocar algo débilmente y por un instante; golpe suave que se da sobre algo; sonido provocado por un golpe de este tipo; sonido producido por ciertos instrumentos musicales; *fig* detalle que hace que alguien o algo sea especial

toquetear *vt* tocar algo de manera repetida

toquilla *f* especie de pañuelo de hilo en forma de capa corta que se ponen las mujeres sobre los hombros; prenda de abrigo con esta misma forma que se utiliza para envolver a los bebés

tórax *m* parte del cuerpo humano situada a la altura del pecho, entre el cuello y el abdomen; cavidad formada por las costillas en la que se encuentran el corazón y los pulmones

torbellino *m* remolino de aire; *fam* persona muy inquieta que no puede estar sin hacer nada

torcer *vt* doblar algo que era o estaba recto; inclinar algo que estaba derecho; *vt/pronl* dar vueltas al extremo de un objeto flexible; doblar un miembro del cuerpo con un movimiento forzado; *vi* cambiar de dirección en un camino o en una calle

torcido, -a *adj* que no está recto o derecho

tordo, -a *adj/s* de la caballería que tiene el pelo blanco y negro; *sm zoo* pájaro de color gris y amarillo que tiene el pico negro y delgado

torear *vt* actuar según ciertas reglas frente a un toro en la plaza hasta darle muerte

toreo *m* hecho de torear; arte y técnica de torear

torero, -a *adj* del toreo o relativo a él; *s* persona que se dedica al toreo; *sf* chaqueta corta, ajustada y normalmente sin botones; *saltárselo a la* _ *a fam* no tener en cuenta las normas establecidas

tormenta *f* fenómeno atmosférico que se caracteriza por fuerte viento, lluvia intensa y la aparición de rayos y truenos

tormento *m* sufrimiento físico que se utiliza como castigo para obligar a alguien a confesar algo; *fig* sufrimiento psíquico muy preocupación constante y muy intensa

tormentoso, -a *adj* relativo a la situación atmosférica típica de las tormentas; *fig* relativo a las relaciones tensas y problemáticas

tornado *m* tormenta caracterizada por vientos muy fuertes que alcanzan gran velocidad y ocasionan remolinos que pueden provocar graves destrozos

torneo *m* antigua forma de combate a caballo entre varios caballeros armados; competición entre varios participantes

tornillo *m* pieza de metal formada por una superficie cilíndrica con marcas en forma de espiral y una cabeza redonda con una ranura que permite hacerla girar para introducirla en otra pieza u objeto; *faltarle un* _ *fam* estar un poco loco

torno *m* máquina que permite hacer girar un objeto sobre sí mismo para darle forma; especie de ventana giratoria colocada en el hueco de una pared que permite pasar cosas de una estancia a otra; **en ~** alrededor; **en ~ a** en relación con

toro *m zoo* mamífero de gran tamaño que tiene la cabeza grande y provista de dos cuernos curvos, el pelo corto y duro y la cola larga y terminada en abundante pelo; *pl* fiesta popular española que consiste en torear toros en una plaza; **coger al ~ por los cuernos** *fam* enfrentarse con decisión a un problema o dificultad

torpe *adj* que se mueve con dificultad; poco hábil

torpedo *m mil* proyectil cilíndrico con gran cantidad de carga explosiva que se lanza bajo el agua

torpeza *f* dificultad para moverse; falta de habilidad o inteligencia; dicho o hecho inoportuno

torre *f* construcción cuadrada o cilíndrica más alta que ancha; estructura metálica construida para sujetar los cables que conducen la energía eléctrica

torrencial *adj* relativo a las lluvias muy fuertes y abundantes

torrente *m* corriente de agua que se forma cuando llueve mucho y que se mueve con gran fuerza e intensidad

torreón *m* torre grande situada junto a un castillo

torrija *f gastr* dulce hecho con pan mojado en leche o vino, rebozado en huevo, frito en aceite y cubierto de azúcar

torso *m* parte del cuerpo humano comprendida entre el cuello y la cintura

torta *f gastr* masa redondeada de harina que se cuece en el horno; *fig* tortazo

tortazo *m* golpe que se da a alguien en la cara con la mano abierta; caída o golpe

tortel *m gastr* dulce de hojaldre que tiene forma circular y un agujero en el centro

tortícolis *f med* dolor en el cuello que dificulta el movimiento

tortilla *f gastr* plato elaborado con huevos mezclados con otros ingredientes

tortita *f* torta pequeña

tórtolo, -a *s zoo* pájaro de color pardo y cola estrecha y oscura; *pl fam* pareja de enamorados

tortuga *f zoo* reptil con un caparazón que se mueve muy lentamente; *fam* persona o vehículo muy lento

tortura *f* sufrimiento físico que se utiliza como castigo para obligar a alguien a confesar algo; sufrimiento psíquico o preocupación constante y muy intensa

torturar vt provocar en alguien una tortura

tos f expulsión brusca y ruidosa del aire almacenado en los pulmones

tosco, -a adj poco fino o poco delicado

toser vi tener tos

tostada f trozo de pan tostado que suele tomarse para desayunar acompañado de mantequilla y mermelada

tostador m aparato que sirve para tostar el pan

tostar vt/pronl poner un alimento al fuego hasta que tome un color dorado y sin que llegue a quemarse

tostón m fig persona o cosa molesta y pesada

total adj que incluye todos los elementos; sm conjunto de todos los elementos que forman un grupo

totalidad f conjunto de todos los elementos que forman un grupo

tóxico, -a adj/sm que es venenoso

tozudo, -a adj/s testarudo

traba f enganche que sirve para sujetar una cosa a otra para impedir que se mueva; fig problema u obstáculo que impide o dificulta la realización de cierta acción

trabajador, -a adj que trabaja mucho; s persona que realiza un trabajo manual a cambio de un salario

trabajar vi realizar una actividad que exige esfuerzo físico o mental; ejercer cierto oficio o profesión a cambio de un sueldo; esforzarse mucho en algo; vt perfeccionar cierto conocimiento o actividad; cultivar la tierra; dar forma a una materia con las manos

trabajo m actividad que exige esfuerzo físico o mental; oficio o profesión que ejerce una persona a cambio de un sueldo; lugar donde se desarrolla dicho oficio o profesión; esfuerzo que se hace para conseguir algo

trabajoso, -a adj que exige un gran esfuerzo

trabalenguas m juego que consiste en repetir de forma muy rápida una serie de palabras que resultan difíciles de pronunciar

trabar vt unir una cosa con otra o con otras; fig impedir o poner dificultades a la realización de una acción; pronl engancharse con algo; hablar de manera entrecortada

trabilla f cada una de las tiras verticales que llevan ciertas prendas de vestir en la cintura y sirven para sujetar el cinturón

traca f conjunto de petardos y cohetes colocados a lo largo de una cuerda que estallan sucesivamente

tracción f hecho de arrastrar o tirar de algo para que se mueva

tractor m vehículo de motor que tiene las dos ruedas traseras de mayor tamaño que las dos delanteras y que se utiliza para las tareas de campo

tradición f conjunto de ideas, creencias y costumbres que se transmiten de unas generaciones a otras y permanecen invariables a lo largo del tiempo

tradicional adj de la tradición o relativo a ella

traducción f hecho de traducir algo a otra lengua; texto que se traduce a otra lengua

traducir vt explicar en una lengua lo que está expresado en otra; explicar algo de manera distinta a como se ha expresado para facilitar su comprensión

traductor, -a s persona que se dedica a traducir; f aparato electrónico que traduce palabras o frases simples de una lengua a otra

traer vt llevar a alguien o algo hasta donde se encuentra la persona que habla; tener alguien algo puesto o llevarlo consigo; contener ciertos artículos una publicación; pronl fam planear algo sin que nadie lo sepa

traficante s persona que se dedica a traficar

traficar vi comerciar con ciertos productos de manera ilegal

tráfico m hecho de traficar; circulación de vehículos por las calles y por las carreteras

tragaperras f fam máquina de juego que funciona introduciendo en ella una moneda

tragar vt/pronl hacer pasar algo desde la boca hasta el interior del aparato digestivo; fig comer mucho y muy rápidamente; creer una persona todo lo que otra le cuenta aunque sea algo extraño o inverosímil; soportar algo que resulta pesado, molesto o desagradable

tragedia f obra dramática que tiene un final desgraciado; fig suceso triste y doloroso

trágico, -a adj de la tragedia o relativo a ella; adj/s autor de tragedias

trago m cantidad de líquido que se traga de una vez; copa de una bebida alcohólica

tragón, ~ona adj/s que come mucho

traición f comportamiento de la persona que engaña a otra que confiaba en ella; a ~ sin que pueda defenderse

traicionar *vt* hacer traición; engañar a alguien a su pareja

traicionero, -a *adj* hecho a traición; *adj/s* traidor

traidor, -a *adj/s* que comete traición; *adj fig* que parece inofensivo pero en realidad es dañino y perjudicial

traje *m* conjunto de prendas de vestir que se pone cada día una persona; conjunto de prendas de vestir formado por un pantalón o una falda y una chaqueta a juego

trajín *m* hecho de trajinar

trajinar *vi* realizar una actividad o un movimiento muy intenso

trama *f* forma en que se enlazan las distintas partes de una obra literaria o de cierto asunto; argumento de una novela, de una película o de una obra de teatro

tramar *vt* planear algo con mucha habilidad y de forma oculta para engañar o perjudicar a alguien

tramo *m* cada una de las partes en que se divide una superficie de gran extensión; conjunto de escalones comprendido entre dos rellanos de una escalera de teatro

trampa *f* aparato que se utiliza para cazar animales engañándolos para que se acerquen a él; *fig* plan que se establece para engañar a alguien causándole cierto daño o perjuicio o para conseguir algo de él

trampilla *f* puerta situada en el suelo que se abre hacia arriba y comunica una estancia con otra inferior

trampolín *m* tabla flexible que sirve para impulsar a alguien que salta sobre ella; tabla de estas características colocada a cierta altura y junto a una piscina para lanzarse al agua desde ella; *fig* circunstancia que favorece que alguien pase a ocupar una posición social o económica más elevada

tramposo, -a *adj/s* que hace trampas

trancazo *m* golpe dado con un palo grueso y fuerte; *fam* catarro

tranquilidad *f* ausencia de ruido o actividad; capacidad para mantener la calma en ciertas situaciones

tranquilizar *vt/pronl* poner tranquilo

tranquilo, -a *adj* que está quieto o que se mueve muy poco; que no tiene ruido o actividad; que sabe mantener la calma y no se pone nervioso

transatlántico, -a *adj* que está al otro lado del océano Atlántico; *sm* barco de grandes dimensiones destinado al transporte de pasajeros

transbordador, ~a *adj* que sirve para hacer un transbordo; *sm* embarcación que circula entre dos puntos de un río o de un canal transportando pasajeros, mercancías y vehículos; funicular

transbordo *m* cambio de personas de una línea o de un vehículo a otro en un viaje

transcurrir *vi* pasar el tiempo; sucederse los acontecimientos a lo largo de un determinado período de tiempo

transeúnte *adj/s* que pasa andando por cierto lugar; persona que está temporalmente en un lugar pero que no vive en él de manera habitual

transexual *adj/s* que manifiesta un profundo deseo de pertenecer al sexo opuesto

transformación *f* hecho de transformar o transformarse

transformar *vt/pronl* hacer que alguien o algo cambie sus características

transfusión *f med* introducción de la sangre de una persona en las venas de otra para reponer la pérdida provocada por una hemorragia

transición *f* paso de un estado o de una situación a otra

transistor *m* aparato de radio

transitar *vi* caminar por cierto lugar

transmisor, ~a *adj/s* que transmite; *m* aparato que sirve para enviar señales a distancia

transmitir *vt* hacer llegar a alguien cierto mensaje o cierta información; emitir por radio o por televisión cierto programa; contagiar una enfermedad

transparencia *f* propiedad de los cuerpos que dejan pasar la luz y permiten ver lo que hay detrás de ellos

transparentar *vt/i/pronl* dejar un cuerpo que pase la luz a través de él y que se vea lo que hay detrás; *pronl fig* verse la silueta del cuerpo a través de una prenda de vestir por ser ésta demasiado fina

transparente *adj* que deja pasar la luz y permite ver lo que hay detrás

transportar *vt* llevar algo de un lugar a otro

transporte *m* hecho de transportar; medio o vehículo que se utiliza para transportar pasajeros o mercancías

transportista *s* persona que se dedica al transporte de mercancías

tranvía *m* especie de tren eléctrico que circula por raíles y está destinado al transporte de pasajeros por el interior de algunas ciudades

trapecio m especie de barra colgada del techo con dos cables que se utiliza para hacer diversos ejercicios en un gimnasio o en el circo

trapecista s persona que trabaja en un circo realizando ejercicios en el trapecio

trapero, -a s persona que se dedica a recoger, comprar y vender ropa vieja y otros objetos usados

trapo m trozo de tela viejo, roto o que no sirve para nada; paño que se utiliza para limpiar; pl fam prendas de vestir femeninas; *sacar los ...s sucios fam* dar a conocer los defectos o los errores de una persona

tras prep después de; en busca de

trascendencia f importancia de algo

trasero, -a adj que está detrás; sm culo, nalgas; sf parte posterior de un objeto o de un edificio

trasladar vt/pronl llevar algo de un lugar a otro; cambiar el lugar de trabajo o de residencia; cambiar la fecha o la hora de cierto acto

trasluz m luz que pasa a través de un cuerpo que no permite ver con exactitud lo que está detrás de él

trasnochar vi acostarse muy

tarde o pasar la noche sin dormir

traspasar vt atravesar un cuerpo con un instrumento puntiagudo; pasar un líquido a través de un cuerpo; pasar de cierto límite

trasplantar vt poner una planta en un lugar diferente al que se encontraba; med realizar un trasplante

trasplante m med sustitución en el cuerpo de una persona de un órgano enfermo por otro sano perteneciente a otra

trastada f fam travesura

trastazo m fam golpe

trastero, -a adj/sm habitación pequeña para dejar trastos

trasto m objeto viejo o inútil; objeto que ocupa mucho espacio; fam persona muy traviesa; *tirarse los ...s a la cabeza fam* discutir de forma violenta

trastornar vt provocar una gran molestia; cambiar los planes por razones externas; vt/pronl hacer que alguien se sienta inquieto o intranquilo; alterar el estado de ánimo o las facultades mentales de una persona

trastorno m hecho de trastornar o trastornarse; med alteración de la salud

tratado m obra que trata sobre una determinada materia

tratamiento *m* forma de tratar a alguien; proceso por el cual se transforma o se modifica cierto producto; *med* conjunto de técnicas y medicamentos que se aplican para curar una enfermedad

tratar *vt* comportarse con alguien de cierta manera; dar a una persona el tratamiento que le corresponde según su posición social o la relación que se tenga con ella; *med* someter a alguien a un tratamiento médico; *vt/i/ pronl* tener relación con una persona

trato *m* hecho de tratar o tratarse; acuerdo entre dos partes

trauma *m* impresión muy fuerte que marca la personalidad de alguien; *med* traumatismo

traumatismo *m med* lesión orgánica producida por un golpe violento

través, **a ~ de** *exp adv* por medio de

travesía *f* viaje por mar o por aire; camino o calle estrecha que une otros dos caminos o calles más importantes; parte de una carretera que atraviesa una ciudad

travesti *m* persona que se viste con ropas propias del sexo opuesto

travestido, -a *s* travesti

travesura *f* acción que un niño realiza sin mala intención y que causa algún daño

travieso, -a *adj* que hace travesuras; inquieto, revoltoso

trayecto *m* recorrido que se hace para ir de un lugar a otro

trayectoria *f* línea que describe un objeto en movimiento; dirección que sigue alguien o algo al desplazarse de un lugar a otro

trazar *vt* dibujar líneas; *fig* elaborar un proyecto o un plan; describir en pocas palabras las principales características de alguien o de algo

trazo *m* línea que se hace al dibujar; perfil de una figura

trébol *m bot* planta que crece muy pegada al suelo y que tiene las hojas agrupadas de tres en tres

trecho *m* distancia que hay de un lugar a otro

tregua *f* suspensión temporal del combate en una guerra; **dar una ~** interrumpir por un tiempo algo que resulta molesto o doloroso

tremendo, -a *adj* que asusta o provoca terror; muy grande; que dice o hace cosas sorprendentes; que es muy travieso; **tomárselo a la tremenda** *fam* darle más importancia de la que realmente tiene

tren m vehículo destinado al transporte de pasajeros y mercancías que está formado por varios vagones enganchados unos detrás de otros y que circula sobre una vía arrastrado por una locomotora; *a todo* ~ *fam* muy deprisa; *estar como un* ~ *fam* ser muy atractivo; *para parar un* ~ *fam* muy fuerte o muy intenso

trenca f especie de abrigo corto con capucha

trenza f peinado que consiste en enlazar entre sí tres mechones largos de pelo formando un solo cuerpo

trepar vi subir a cierto lugar ayudándose con los pies y las manos; crecer las plantas agarrándose a cierta superficie

tresillo m sofá en el que pueden sentarse tres personas

treta f forma hábil y astuta de conseguir algo engañando a alguien

triangular adj del triángulo o relativo a él

triángulo m mat figura formada por tres lados y tres ángulos; mús instrumento formado por una barra metálica doblada con la forma de esta figura y que se toca golpeando dicha barra con una varilla

tribu f sistema de organización social de ciertos pueblos primitivos que viven en contacto con la naturaleza formando grupos de personas que tienen la misma lengua y la misma cultura y que están dirigidos por un jefe que asume la máxima autoridad

tribuna f superficie elevada desde donde una persona habla al público; plataforma desde donde puede contemplarse un espectáculo

tribunal m jur conjunto de personas encargadas de juzgar a alguien según lo establecido por la ley; conjunto de personas encargadas de emitir un juicio sobre cierto asunto

triciclo m especie de bicicleta pequeña con tres ruedas que utilizan los niños

tricolor adj de tres colores

trigal m campo sembrado de trigo

trigo m agr planta cuyo fruto crece en forma de espiga y se utiliza para hacer harina

trillar vt triturar el trigo u otros cereales para separar el grano de la paja

trillizo, -a adj/s cada uno de los tres hermanos nacidos en un mismo parto

trimestral adj que se repite o sucede cada tres meses; que dura tres meses

trimestre m período de tiempo de tres meses

trinar vi cantar los pájaros; **estar que trina** fig fam estar muy enfadado

trinchera f mil zanja excavada en el suelo donde se meten los soldados para defenderse del enemigo

trineo m vehículo provisto de esquís que se utiliza para desplazarse por la nieve

trino m sonido que emiten los pájaros cuando cantan

trío m grupo formado por tres personas que tienen algo en común

tripa f parte del cuerpo humano donde están el estómago y los intestinos; trozo de piel del intestino de algunos animales

triple adj que es tres veces mayor; que está formado por tres partes o tres elementos iguales

triplicar vt/pronl hacer que algo sea tres veces mayor

trípode m instrumento formado por tres barras que se apoyan en el suelo y que sirve para sujetar un objeto a cierta altura

triptongo m conjunto de tres vocales que se pronuncian unidas en una misma sílaba

tripulación f conjunto de personas que se encargan de manejar los mandos y aten-

der al público en un barco o en un avión

tripulante s persona que forma parte de una tripulación

tripular vt manejar los mandos de un barco o de un avión

triste adj que siente tristeza; que produce tristeza

tristeza f sentimiento de pena y amargura frecuentemente acompañado de un fuerte deseo de llorar

trist|ón, ~ona adj un poco triste

triturar vt partir algo en trozos muy pequeños

triunfador, ~a adj/s que triunfa

triunfal adj relativo al triunfo

triunfar vi vencer a otro o a otros en una lucha o en una competición; tener éxito

triunfo m victoria en una lucha o en una competición; éxito obtenido en algo

trocear vt dividir algo en trozos

trofeo m objeto que se entrega como recuerdo a los primeros clasificados o al vencedor de una competición

trola f fam mentira

trombón m mús instrumento de viento parecido a una trompeta pero de mayor tamaño

trompa f zoo prolongación de la nariz de algunos animales, como el elefante;

fam nariz muy grande; *mús* instrumento de viento formado por un tubo de metal enroscado

trompazo *m fig* golpe muy fuerte

trompeta *f mús* instrumento de viento formado por un tubo de metal que se ensancha en el extremo opuesto a la boquilla

trompicón *m* tropezón; *a trompicones* *fig* con muchas dificultades

tronar *vi* producir los truenos su sonido característico

tronchar *vt/pronl* romper una rama o el tallo de una planta; *pronl* reírse mucho y sin poder parar

tronco *m* parte fuerte y robusta de un árbol de la que salen las ramas; cuerpo de una persona o un animal excluyendo la cabeza y las extremidades

trono *m* asiento grande y muy adornado que se coloca en un lugar elevado y donde se sientan los reyes u otras personalidades importantes

tropa *f mil* conjunto de personas que constituyen las categorías inferiores de un ejército

tropezar *vi* chocar los pies con algún obstáculo haciendo que perdamos el equilibrio; chocar una persona o un objeto con algo que hace

que se detenga o cambie de dirección; *fig* encontrarse con alguien o encontrar algo por casualidad; encontrar cierta dificultad al hacer algo; cometer un error

tropezón *m* choque de los pies con un obstáculo que nos hace perder el equilibrio; *fig* error que comete una persona

tropical *adj* del trópico o relativo a él

trópico *m* cada una de las dos regiones de la Tierra que se caracterizan por un clima especialmente cálido y húmedo; cada uno de los dos círculos imaginarios que rodean la Tierra por estas regiones

tropiezo *m* choque de los pies con un obstáculo que nos hace perder el equilibrio

trotar *vi* andar un caballo al trote; cabalgar sobre un caballo que va al trote

trote *m* forma de andar de los caballos que se desplazan de manera rápida pero sin llegar a correr

trozo *m* parte que se separa de un todo

trucha *f zoo* pez de río comestible que tiene la carne de color rosado

truco *m* procedimiento que se utiliza para engañar a alguien o conseguir algo con habilidad y astucia; procedimiento empleado por los magos para lograr efectos sorprendentes

trueno *m* ruido fuerte que sigue a un rayo en las tormentas

tu *pron* tuyo

tú *pron* indica la segunda persona del singular

tubería *f* tubo por el que circula un líquido o un gas

tubo *m* conducto alargado de metal o de otro material que suele tener forma cilíndrica; recipiente cilíndrico que se cierra con un tapón por uno de sus extremos

tuerca *f* pieza de metal que tiene un agujero en el centro con marcas en forma de espiral en las que ajusta la rosca de un tornillo

tuerto, -a *adj/s* que carece de un ojo

tufo *m* olor desagradable

tulipán *m bot* planta de hojas lisas que tiene una flor grande y de color muy vivo; flor de esta planta

tumba *f* lugar en el que se entierra a una persona que ha muerto; **llevárselo a la ~** *fam* morir sin revelar un secreto; **ser una ~** *fam* estar muy callado o guardar un secreto

tumbar *vt/pronl* poner a alguien o algo en posición horizontal sobre una superficie

tumbona *f* especie de silla de

tela en la que se puede estar casi tumbado

tumor *m med* bulto que se forma en algún órgano del cuerpo debido a una anomalía en el funcionamiento de ciertas células

tumulto *m* ruido y alboroto provocado por la presencia de un grupo muy numeroso de personas en cierto lugar

tunda *f* paliza que se da a alguien

tundra *f* paisaje típico de los países de clima frío y seco que se caracteriza por terrenos llanos y de escasa vegetación

túnel *m* camino excavado bajo tierra

túnica *f* vestido largo y muy ancho

tuno, -a *adj/s* granuja, pícaro; *sm* miembro de una tuna; *sf mús* conjunto formado por estudiantes universitarios que cantan vestidos con un traje corto, medias negras y gorra adornada con cintas de colores

tuntún, al ~ *exp adv* sin pensar en las consecuencias

tupé *m* mechón de pelo levantado sobre la frente

turbante *m* adorno oriental formado por una tira larga de tela que se enrolla en la cabeza

turbar *vt* alterar el estado o el desarrollo normal de algo

turbio, -a *adj* que no es transparente; *fig* confuso

turbo *adj/sm* relativo a los vehículos equipados con un motor especial que aumenta su potencia

turbulento, -a *adj* turbio, confuso, desordenado; de la corriente agitada de un líquido

turco, -a *adj/s* de Turquía; *sm* lengua oficial de Turquía y de otros países

turismo *m* práctica habitual de viajar a diversas regiones o países por placer y para conocer lugares y costumbres diferentes; conjunto de personas que viajan por este motivo

turista *s* persona que hace turismo

turístico, -a *adj* del turismo o relativo a él

turnar *vi/pronl* relevar de forma ordenada una persona a otra en la realización de cierta actividad

turno *m* orden establecido para que una persona releve a otra en la realización de una actividad

turrón *m* dulce típico de Navidad que se elabora con azúcar y almendras

turulato, -a *adj fam* asombrado, sorprendido

tutear *vt* tratar a una persona de tú y no de usted

tutor, ~a *s jur* persona autorizada por la ley para hacerse responsable del cuidado de un menor y de la administración de sus bienes; profesor encargado de orientar a los alumnos de un determinado curso acerca de cualquier tema educativo

tutoría *f* actividad, cargo, autoridad propia del tutor

tutti-frutti *m gastr* helado con frutas

tuyo, -a *pron* indica posesión con respecto a la segunda persona

U

ubicar vi/pronl estar colocada una persona o una cosa en un sitio

uf interj expresa cansancio

ujier m portero de un palacio o de un tribunal

úlcera f herida que aparece en la piel o en otros tejidos del cuerpo

ultimar vt finalizar algo

ultimátum m última propuesta que se hace a una persona con la que se trata de llegar a un acuerdo

último, -a adj/s que no tiene a nadie o nada por detrás; adj que ha ocurrido recientemente; que es definitivo; **estar en las últimas** estar a punto de morirse; **ir a la última** seguir la moda más actual; **por último** finalmente; **ser lo último** ser inaceptable

ultrajar vt ofender gravemente a alguien

ultramar m territorio que está al otro lado del mar

ultramarino, -a adj que está al otro lado del mar

ultratumba adv más allá de la muerte

ultravioleta adj relativo a ciertos rayos de luy que no pueden verse

umbilical adj relativo al ombligo

umbral m parte inferior de una puerta

umbría f parte de un terreno que está a la sombra

un, una art se utiliza delante de un nombre e indica su género y su número

unanimidad f hecho de tomar una decisión con la que todos los miembros de un grupo están de acuerdo

undécimo, -a pron que ocupa el lugar número once

ungüento m líquido espeso con el que se unta el cuerpo

único, -a adj/s relativo a la cosa de cuyas características no existe otra igual; fig poco frecuente o habitual

unicornio m animal imaginario con forma de caballo que tiene un cuerno grande y recto en mitad de la frente

unidad f característica de todo aquello que no puede ser dividido; cada uno de los elementos de un conjunto tomados por separado

uniformar vt/pronl hacer que dos o más personas o cosas sean iguales o semejantes; hacer que una o varias personas lleven uniforme

uniforme adj que es igual o semejante; sm traje que

identifica a las personas que realizan cierto trabajo

unión f hecho de juntar varias personas o cosas para formar un conjunto; relación de comunicación o entendimiento entre dos o más personas; matrimonio

unir vt juntar varias personas o cosas formando un conjunto; vt/pronl hacer que dos o más personas o entidades actúen de manera conjunta; pronl entrar a formar parte de un grupo; casarse

universal adj que es conocido en todas partes; relativo a todo el mundo; relativo al universo

universidad f institución dedicada a la enseñanza superior donde se pueden estudiar diferentes carreras

universitario, -a adj relativo a la universidad; s persona que estudia en la universidad

universo m conjunto de todo lo que existe

uno, una sm primer número; pron indica que se toma un único elemento de un conjunto; se utiliza para referirse a alguien o a algo indeterminado; **lo uno por lo otro** indica que una cosa se compensa con otra; **no dar ni una** no acertar nunca; **uno por uno** primero uno y luego otro; **unos cuantos** algunos

untar vt extender una sustancia grasa sobre una superficie; fig sobornar a alguien; pronl mancharse con cierta sustancia

uña f lámina dura y transparente situada en la punta de los dedos; **con ~s y dientes** con toda la fuerza posible; **estar de ~** estar a la defensiva; **ser ~ y carne** estar dos personas muy unidas

urbanidad f comportamiento correcto y ajustado a las normas de educación

urbanización f conjunto de viviendas de características similares situado a las afueras de una población que tiene sus propios servicios y zonas de recreo; conjunto de acciones destinadas a la construcción de viviendas

urbano, -a adj relativo a la ciudad

urgencia f necesidad de que algo se haga lo antes posible; pl med parte de un hospital dedicada a la asistencia de los enfermos que están muy graves y necesitan cuidados inmediatos

urgente adj que necesita ser realizado lo antes posible

urgir vi ser muy urgente

urinario, -a adj relativo a la orina; sm retrete

urna f caja de vidrio con una abertura en la parte superior para depositar las papeletas de una votación

urraca *f* ave de color negro y blanco que tiene la cola larga y el pico muy fuerte

usar *vt/i* emplear una cosa para hacer algo; *vt* gastar cierto producto; ponerse de manera habitual cierta prenda de vestir; *pronl* estar de moda

uso *m* empleo que se da a algo; manera de usar algo

usted *pron* indica la segunda persona y se utiliza para hablar con una persona de mayor edad o a quien se tiene respeto

usual *adj* que es frecuente o habitual; que se usa mucho

usurero, -a *s* persona que se dedica a prestar dinero a cambio de que le devuelvan una cantidad mucho mayor a la prestada

utensilio *m* instrumento o herramienta que se puede usar con las manos

útero *m* órgano femenino donde se desarrolla el feto antes de nacer

útil *adj* que puede ser bueno para algo; que puede servir para conseguir un fin

utilidad *f* hecho de poder servir algo para cierto fin; beneficio que se obtiene de algo

utilización *f* empleo que se da a algo

utilizar *vt* emplear una cosa para hacer algo

uva *f* fruto de la vid, de tamaño pequeño que aparece agrupado en racimos y del que se extrae el vino

uvi *f med* parte de un hospital donde se mantiene aislados a los enfermos más graves

V

vaca *f* hembra del toro; **estar como una ～** *fam* estar una persona muy gorda

vacaciones *f pl* días de descanso de la actividad habitual

vaciar *vt/pronl* dejar algo vacío; sacar, verter o arrojar el contenido de una vasija u otra cosa

vacilación *f* hecho de vacilar; *fig* inseguridad en el momento de decidirse

vacilante *adj* poco firme; *fig* indeciso

vacilar *vi* moverse algo por estar poco firme; *fig* estar alguien indeciso; *fam* hacer o decir cosas en broma

vacío, -a *adj* que no tiene contenido en su interior; que no está ocupado; que tiene menos gente que de costumbre; *sm* lugar muy profundo, abismo

vacuna *f med* medicamento que se introduce en el cuerpo de las personas o animales para prevenir enfermedades

vacunar *vt/pronl med* administrar una vacuna; *fig* vivir alguien una experiencia desagradable en la que se aprende para el futuro

vacuno, -a *adj* del ganado bovino o relacionado con él

vado *m* zona poco profunda de un río por la que se puede cruzar de una orilla a otra; parte baja de las aceras que facilita el acceso de los coches a los garajes o fincas

vagabundo, -a *adj* persona que va de un lugar a otro sin tener un trabajo ni un domicilio fijo

vagar *vi* caminar sin ir a algún sitio concreto

vagina *f* parte del cuerpo de la mujer y de las hembras de los mamíferos por donde nacen los hijos

vago, -a *adj* poco exacto o poco claro; *adj/s* que no le gusta trabajar, perezoso

vagón *m* cada uno de los coches de un tren que van unidos entre sí y están destinados al transporte de personas o de mercancías

vagoneta *f* vagón de pequeño tamaño destinado a llevar determinados materiales o productos de un lugar a otro

vaguear *vi* no querer trabajar cuando hay que hacerlo

vaho *m* vapor que despiden los cuerpos en determinadas condiciones

vaina f funda de cuero u otro material en la que se guardan algunas armas o instrumentos de metal cuando no se utilizan; *bot* cáscara tierna y larga en la que están encerradas las semillas de ciertas plantas

vainilla f planta cuyo fruto aromático se utiliza para elaborar ciertos dulces

vaivén m movimiento continuo de un lado a otro

vajilla f conjunto de platos, fuentes, vasos, tazas y otros recipientes que se utilizan para servir la comida

vale m papel que se puede cambiar por un objeto o por dinero; documento que prueba la entrega de cierta mercancía; ~ de acuerdo

valentía f ausencia de miedo; hecho o hazaña heroica

valer m conjunto de características y cualidades por las que se aprecia a alguien o algo; *vt* tener las cosas un determinado precio; ser útil o servir para algo; *pronl* desenvolverse sin ayuda de nadie en determinadas circunstancias

valeroso, -a adj que tiene valentía

validez f cualidad de válido

válido, -a adj que vale porque resulta útil o adecuado

valiente adj/s que no tiene miedo

valioso, -a adj que vale mucho

valla f conjunto de tablas que se colocan alrededor de un lugar para cerrarlo o para protegerlo; soporte para colocar publicidad

vallado m cerco de tablas, estacas u otro material que se construye alrededor de un lugar para cerrarlo

vallar vt poner una valla

valle m llanura de tierra situada entre montañas

valor m precio de una cosa; importancia de una cosa o de un hecho; utilidad de algo; ausencia de miedo

valoración f hecho de valorar

valorar vt establecer el precio de una cosa; reconocer y apreciar el valor o el mérito de alguien o de algo; analizar una determinada situación o circunstancia para ver cuales son sus ventajas e inconvenientes

vals m *mús* baile de origen alemán que se baila en parejas dando vueltas una y otra vez

válvula f aparato que controla la entrada y la salida de un líquido o de un gas

vampiro m ser imaginario que representa a un muerto viviente que sólo se deja ver por las noches y se alimenta de la sangre que chupa a los seres vivos; *fig* persona que se hace rica explotando a otras

vanguardia *f* movimiento ideológico, literario y artístico que se adelanta a las ideas y gustos de su época

vanidad *f* deseo de mostrar constantemente las propias cualidades para ser alabado por ellas

vanidoso, -a *adj/s* que tiene vanidad

vapor *m* estado gaseoso que alcanza un líquido por efecto del calor

vaquero, -a *adj/s* relativo a las prendas de vestir hechas con una tela de algodón muy lisa y resistente que suele ser de color azul; *s* persona que se dedica al cuidado del ganado vacuno

vara *f* rama de un árbol larga, fina y sin hojas; palo largo y delgado

varear *vt* hacer que caigan los frutos de los árboles golpeando las ramas con una vara

variable *adj* que varía o puede variar; que suele cambiar con frecuencia

variación *f* pequeña modificación de algo

variado, -a *adj* que constituye una unidad formada por cosas diferentes

variar *vt* hacer pequeñas modificaciones en algo; dar va-

riedad a algo; *vi* cambiar de forma o estado

varicela *f med* enfermedad contagiosa producida por un virus que se caracteriza por la aparición de pequeños granos rojos en la piel

variedad *f* diferencia que hay entre los elementos de un conjunto variado; conjunto de cosas diversas

varilla *f* barra de metal larga y delgada

vario, -a *adj* diferente; variado; *pl* unos cuantos

varón *m* persona del sexo masculino

varonil *adj* que tiene características relacionadas con el sexo masculino

vasallo, -a *adj/s* que está bajo la autoridad de alguien superior a quien debe obedecer

vasco, -a *adj/s* de la comunidad autónoma del País Vasco; lengua hablada en el País Vasco y en Navarra

vasija *f* recipiente pequeño y hondo que se utiliza para guardar líquidos o conservar ciertos alimentos

vaso *m* recipiente de cristal o de plástico que se utiliza para beber

vasto, -a *adj* muy grande o muy extenso

váter *m* wáter

vaya *interj* expresa asombro, admiración o fastidio

vecindario *m* conjunto de los vecinos de un edificio, un barrio o una población

vecino, -a *s* persona que vive en el mismo edificio, barrio o población que otras

vega *f* terreno llano y fértil por el que pasa un río

vegetación *f* conjunto de plantas existentes en cierto territorio

vegetal *adj* de las plantas o relativo a ellas; *m* ser vivo que crece y vive en el suelo

vegetariano, -a *adj/s* que se alimenta sólo de vegetales; *adj* de esta alimentación o relacionado con ella

vehículo *m* cualquier tipo de transporte que permite llevar personas o mercancías de un lugar a otro

vejez *f* último período de la vida de una persona que ha alcanzado una avanzada edad

vejiga *f* órgano interno del cuerpo en forma de bolsa donde se almacena la orina procedente de los riñones antes de ser expulsada al exterior

vela *f* cilindro de cera con una mecha en su interior que se prende para que dé luz; trozo grande de tela que tiene forma triangular y que se sujeta al mástil de una embarcación para recibir el impulso del viento

velar *vi* estar sin dormir durante el tiempo destinado al sueño; *fig* cuidar a alguien o algo con mucho interés; *vt* pasar la noche junto a un enfermo o junto al cadáver de una persona; *pronl* estropearse un carrete fotográfico por haberle dado la luz

velatorio *m* lugar preparado para pasar la noche junto al cadáver de una persona

velero *m* barco de vela

veleta *f* pieza de metal que se coloca en el tejado de un edificio y sirve para señalar la dirección en que sopla el viento; *s fig* persona que cambia constantemente de opinión

vello *m* pelo muy corto, fino y suave que cubre la piel del ser humano

velo *m* tejido muy ligero con que se cubre algo; prenda femenina de tul, gasa u otra tela delgada de seda o algodón que sirve para cubrir la cabeza, el rostro y el cuello

velocidad *f* rapidez con que se hace algo; cada una de las cinco marchas de un automóvil

veloz *adj* que se mueve o actúa con rapidez

vena *f bio* conducto por donde circula la sangre hacia el corazón

venado *m zoo* ciervo

vencedor, -a *adj/s* que vence

vencer 446

vencer *vt* quedar el primero en una competición; derrotar a un enemigo; conseguir controlar un deseo o un sentimiento; superar una dificultad o una desgracia

venda *f* tira de tela o gasa que se coloca alrededor de cierta parte del cuerpo para protegerla o para impedir que se mueva

vendaje *m* conjunto de vendas que se colocan alrededor de cierta parte del cuerpo para protegerla o para impedir que se mueva

vendar *vt* cubrir algo con una venda o con un vendaje

vendaval *m* viento muy fuerte

vendedor, ~a *s* persona que se dedica a la venta de ciertos productos

vender *vt* dar un producto o un servicio a cambio de cierta cantidad de dinero; ofrecer algo a cambio de cierto precio para el que quiera comprarlo

vendimia *f* recolección de la uva; época del año en la que se lleva a cabo dicha recolección

vendimiador, ~a *s* persona que trabaja en la vendimia

vendimiar *vt* recoger la uva de las viñas cuando ya está madura

veneno *m* sustancia que introducida en el cuerpo o aplicada sobre él en cierta cantidad puede provocar graves trastornos o incluso la muerte

venenoso, -a *adj* que tiene veneno o puede envenenar

venezolano, -a *adj/s* de Venezuela

venganza *f* daño que se hace a alguien que nos ha hecho daño con anterioridad

vengar *vt/pronl* responder a un daño provocando otro daño a la persona que nos lo ha hecho

venida *f* hecho de venir

venidero, -a *adj* que está por venir o suceder

venir *vi* moverse o desplazarse alguien hacia el lugar en que estamos en el momento de hablar; llegar cierto momento; empezar, tener origen en algo; *sin ~ a cuento* *fam* sin tener relación con lo que se está diciendo; *~se abajo* desanimarse mucho

venta *f* hecho de vender; cantidad de cosas que se venden de una sola vez

ventaja *f* característica que hace que una persona o una cosa sea superior a otra; beneficio, ganancia

ventajoso, -a *adj* que tiene ventajas

ventana *f* abertura que hay en las paredes de los edificios para que entre luz y ventilación al interior; hoja u hojas de madera u otro material con las que se cierra dicha abertura

ventanal m ventana grande

ventanilla f ventana de un vehículo; ventana pequeña donde se atiende al público en oficinas, bancos, taquillas y despachos de billetes

ventilación f hecho de ventilar o ventilarse el aire de una habitación

ventilador m aparato formado por un motor que mueve unas aspas protegidas por una rejilla y que se utiliza para dar aire

ventilar vt/pronl renovar el aire de una habitación cerrada; exponer algo al aire para eliminar cierto olor

ventosa f objeto de goma que adhiere a una superficie al ser apretado contra ella; zoo órgano que poseen ciertos animales en la boca o en las extremidades y que les sirve para sujetarse o para atrapar a sus presas

ventrículo m una de las partes en las que se divide el corazón

ventrílocuo, -a adj/s se dice de la persona que puede hablar sin mover los labios

ver vt/i percibir una imagen por los ojos; vt observar o examinar algo; comprender o entender algo; visitar a una persona; asistir a un es-

pectáculo; pronl encontrarse o imaginarse en una determinada situación; a ~ expresa interés o curiosidad

veranear vi pasar el verano en un lugar distinto de donde se vive de manera habitual durante el resto del año

veraneo m hecho de veranear

veraniego, -a adj del verano o relativo a él

verano m estación del año entre la primavera y el otoño

veras, de ~ exp adv de verdad

verbal adj gram del verbo o relativo a él; de las palabras o que se expresa con ellas; que se hace sólo de palabra y no por escrito

verbena f fiesta popular que se celebra en algunas poblaciones por la noche y al aire libre

verbo m gram clase de palabra que expresa una acción

verdad f concepto o expresión que se ajusta a la realidad; coincidencia entre lo que se dice y lo que se siente o piensa; **de** ~ en serio

verdadero, -a adj que se ajusta a la verdad; real; sincero o que dice la verdad

verde adj/sm del color de la hierba; adj de las plantas que aún no están secas; de la leña recién cortada; de los frutos que aún no están maduros; de los lugares destinados a parques o jardines; del movimiento cultural o político que defiende el medio ambiente; *fig* inexperto; *sm* hierba, césped; **poner ~** *fig* criticar

verdor *m* color verde intenso; *fig* vigor de las plantas

verdoso, -a *adj* de color parecido al verde

verdugo *m* encargado de ejecutar las penas de muerte; *fig* persona muy cruel

verdulero, -a *s* persona que vende verduras; *sf fig* mujer maleducada y grosera

verdura *f* agr hortaliza con hojas verdes

vergonzoso, -a *adj* que causa vergüenza; *adj/s* que siente vergüenza

vergüenza *f* sensación provocada por algo que resulta indigno; timidez que alguien experimenta en ciertas situaciones

verídico, -a *adj* que dice la verdad o es verdad

verja *f* reja que sirve como puerta o como cerca

vermut *m* bebida alcohólica que se obtiene del vino

verruga *f* pequeño bulto blando y redondeado que aparece en la piel

versión *f* cada una de las interpretaciones que puede tener cierto hecho

vértebra *f* cada uno de los huesos en que se encuentra dividida la columna vertebral

vertebrado, -a *adj/s* que tiene columna vertebral

vertedero *m* lugar donde se vierten basuras o escombros

verter *vt/pronl* derramar un líquido o pequeñas partículas de algo

vertical *adj* que está perpendicular a la línea del horizonte

vértice *m* extremo puntiagudo de algo

vértigo *m* sensación de miedo provocada por la altura o por la velocidad

vestíbulo *m* patio o habitación situada a la entrada de una casa o de un edificio

vestido *m* prenda de vestir femenina de una sola pieza

vestimenta *f* vestido; vestuario

vestir *vt/pronl* cubrir el cuerpo con ropa; confeccionar ropa para otra persona; *fig* adornar algo; *vi* resultar elegante

vestuario *m* conjunto de prendas de vestir que utiliza una persona; estancia utilizada en ciertos lugares públicos para cambiarse de ropa

veta *f* franja de cierto mineral situada bajo tierra

veterano, -a *adj/s* que ha ejercido mucho tiempo una

449

vida

actividad y tiene mucha experiencia en ella; **mil** del militar que ha estado en el ejército o en una guerra
veterinario, -a *adj* de la veterinaria o relativo a ella; *s* persona que se dedica a la veterinaria; *sf* ciencia que estudia las enfermedades de los animales y esta profesión
vez *f* cada una de las ocasiones en que se repite una acción; ocasión en que algo tiene lugar; turno que corresponde a una persona; *a la ~* al mismo tiempo; *a veces* que no ocurre siempre; *de ~ en cuando* con poca frecuencia; *tal ~* quizá
vía *f* raíl de ferrocarril; carril por donde se desplaza el tren; camino terrestre, marítimo o aéreo por donde se transita y se llega a cierto lugar
viajante *adj/s* que viaja; *s* comercial que viaja para negociar ventas
viajar *vi* trasladarse de un sitio a otro utilizando algún medio de transporte
viaje *m* hecho de viajar
viajero, -a *adj/s* que viaja en un vehículo, sobre todo, público
vial *adj* del tráfico y de la circulación o relativo a ellos
víbora *f zoo* serpiente venenosa; *fig* persona que habla siempre con mala intención

vibración *f* hecho de vibrar
vibrante *adj* que vibra
vibrar *vi* moverse algo de un lado a otro con movimientos pequeños y muy rápidos
viceversa *adv* al contrario
vicio *m* actitud o comportamiento que se considera perjudicial para la salud de la mente o del cuerpo; afición que gusta mucho
vicioso, -a *adj/s* que tiene algún vicio; que tiene cierto comportamiento poco recomendable
víctima *f* persona o animal que sufre algún daño o muere como consecuencia de un accidente o de la acción de alguien
victoria *f* triunfo que se obtiene al vencer al enemigo en una lucha o en una competición
victorioso, -a *adj* que ha conseguido la victoria
vid *f agr* planta de hojas grandes y planas cuyo fruto es la uva
vida *f* propiedad de los seres vivos por la cual nacen, crecen, se reproducen y se relacionan con su medio ambiente; periodo de tiempo que transcurre desde el nacimiento hasta la muerte; duración de una cosa; modo de vivir de una persona; energía, vitalidad; animación; *amargarse la ~* pen-

15 Uni Español

sar en cosas que producen dolor y sufrimiento; *a ~ o muerte* con gran peligro de morir; *dejarse la ~ fig* esforzarse mucho; *ganarse la ~* trabajar para poder vivir; *jugarse la ~* exponerse a una situación de peligro; *la otra ~* existencia después de la muerte; *perder la ~* morir; *quitarse la ~* suicidarse

vídeo *m* sistema para grabar y reproducir imágenes y sonido mediante una cámara, una cinta y un televisor; aparato que permite reproducir imágenes y sonidos grabados mediante este sistema; cinta grabada que puede ser reproducida por este aparato

videoclip *m* canción grabada en vídeo

videoclub *m* tienda donde se pueden comprar o alquilar cintas de vídeo

videojuego *m* juego para ordenador

vidrio *m* material duro y transparente que se rompe con facilidad

viejo, -a *adj* que existe desde hace mucho tiempo, que está gastado o estropeado por el uso; *adj/s* que tiene mucha edad y está en la última etapa de su vida

viento *m* corriente de aire que se genera en la atmósfera; cuerda que se utiliza

para sujetar las lonas de las tiendas de campaña; *contra ~ y marea fig* a pesar de las dificultades; *~ en popa fig* muy bien

vientre *m* parte del cuerpo donde se encuentran los órganos digestivos y urinarios

viernes *m* quinto día de la semana

viga *f* pieza larga y gruesa de madera o hierro que se utiliza en la construcción para sujetar los techos

vigente *adj* que tiene valor en el momento actual

vigía *s* persona encargada de vigilar una zona desde un lugar elevado

vigilancia *f* hecho de vigilar a alguien o algo

vigilante *s* persona encargada de vigilar cierto lugar

vigilar *vt* observar con atención a una persona, un objeto o un lugar para evitar problemas o dificultades

vigor *m* fuerza o energía; capacidad del hombre o de los animales para desarrollar actividades que exigen un gran esfuerzo

villa *f* casa grande y lujosa con jardín situada en el campo y que se utiliza durante las vacaciones

villancico *m* canción típica de Navidad

villano, -a *adj/s fig* que realiza acciones poco nobles

vinagre *m* producto líquido y agrio que se obtiene del vino y se utiliza en la alimentación

vinagrera *f* recipiente para servir el vinagre

vinagreta *f gastr* salsa elaborada con aceite, vinagre, cebolla y otros ingredientes que se toma fría acompañando a ciertos platos de verdura, carne o pescado

vinajera *f* cada una de las dos jarras pequeñas que utiliza el sacerdote durante la misa para servir el agua y el vino

vino *m* bebida alcohólica que se obtiene de la uva

viña *f* terreno plantado con muchas vides

viñedo *m* terreno grande plantado con vides

viñeta *f* cada uno de los dibujos que forman un tebeo

viola *f mús* instrumento de cuerda parecido al violín pero de mayor tamaño

violación *f* hecho de no respetar una ley o una norma; delito que se comete cuando se realiza el acto sexual con una persona por la fuerza y en contra de su voluntad

violador, -a *adj/s* que viola a otra persona

violar *vt* desobedecer una ley o una norma; obligar a otra persona a mantener relaciones sexuales por la fuerza y en contra de su voluntad

violencia *f* uso de la fuerza para conseguir algo o para causar un daño

violento, -a *adj* que tiene una gran fuerza; que utiliza la violencia para conseguir sus propósitos

violeta *adj/sm* del color morado claro; *sf pl* planta de jardín cuyas flores son de este color

violín *m mús* instrumento de cuerda pequeño tamaño que se sujeta con el hombro y la barbilla y suena al rozar sus cuerdas con un arco

violinista *s mús* persona que toca el violín

violón *m mús* contrabajo

violonchelo *m mús* instrumento de cuerda más grande que la viola y más pequeño que el violín, que se sujeta entre las rodillas apoyándolo en el suelo y se hace sonar rozando sus cuerdas con un arco

virar *vt/i* cambiar de dirección

virgen *adj/s* que no ha mantenido nunca relaciones sexuales; *f rel* la madre de Jesucristo

virgo *m* sexto signo del horóscopo; *adj/s* de la persona nacida bajo este signo

virtud *f* cualidad moral que se considera buena

virtuoso, -a *adj/s* que tiene muchas virtudes

viruela *f med* enfermedad infecciosa que se caracteriza por la aparición de fiebre alta y ampollas con pus

virus *m* organismo que provoca ciertas enfermedades; *inform fig* programa que se introduce y se transmite fácilmente de un ordenador a otro y que puede llegar a destruir las memorias informáticas

viruta *f* lámina pequeña y muy delgada que se arranca al trabajar la madera u otros materiales

viscoso, -a *adj* que es pegajoso y espeso

visera *f* parte delantera y sobresaliente de una gorra que evita que nos dé el sol en los ojos

visibilidad *f* posibilidad de ver o de ser visto; distancia a que pueden verse los objetos desde una posición determinada

visillo *m* cortina muy fina que se coloca en la parte interior de los cristales de las puertas o ventanas para impedir que se vea el interior de la estancia desde fuera

visión *f* capacidad de ver; imagen que se ve como si fuera real sin serlo; capacidad para entender o comprender las cosas; opinión o punto de vista sobre cierto tema o asunto

visita *f* hecho de visitar a una persona o un lugar; *med* hecho de reconocer el médico a un enfermo

visitante *adj/s* que visita a alguien o un lugar

visitar *vt* ir a ver a una persona a su casa o al lugar en que se encuentra; viajar a un lugar para conocerlo; *med* reconocer el médico a un enfermo

visón *m zoo* mamífero carnívoro de cuerpo alargado, cola larga y pelo suave de color marrón

víspera *f* día que precede a otro

vista *f* sentido que nos permite percibir algo por los ojos; hecho de percibir algo por los ojos; *pl* paisaje que puede contemplarse desde un determinado lugar; **saltar a la ~** ser evidente

vistazo *m* mirada superficial y rápida

visto, -a *adj* muy conocido, poco original

vistoso, -a *adj* que llama la atención por su belleza

visual *adj* relativo a la visión

vitalidad *f* fuerza y energía para vivir; ánimo y ganas de hacer muchas cosas

vitamina *f bio* sustancia que forma parte de los alimentos y es necesaria para el crecimiento y desarrollo normal de los seres vivos

vitrina f mueble con puertas de cristal que sirve para tener ciertos objetos expuestos a la vista

vitrocerámica f material muy resistente al calor que se utiliza para fabricar cocinas

viudo, -a adj/s de la persona cuyo cónyuge ha muerto

víveres m pl conjunto de alimentos almacenados para distribuirlos entre un grupo de personas

vivero m lugar donde se cultivan plantas para llevarlas después a otro lugar

vividor, -a s que disfruta de la vida al máximo

vivienda f casa o construcción donde vive una persona

viviente adj que vive

vivir vi tener vida; tener todo lo necesario para la vida; obtener de cierta actividad o recurso todo lo necesario para la vida; pasar la vida o gran parte de ella en cierto lugar; habitar una persona en una casa; fig actuar en la vida de cierta manera

vivo, -a adj/s que tiene vida; fig intenso, fuerte; relativo al fuego que está en plena actividad; sm borde de un objeto; **en vivo** en directo

vocablo m palabra

vocabulario m conjunto de palabras de una lengua; conjunto de palabras de una lengua que se utilizan en una determinada región o en una actividad concreta; listado que contiene estas palabras con sus correspondientes definiciones

vocación f especial interés que siente una persona hacia una determinada profesión, actividad o forma de vida

vocal adj de la voz o relativo a ella; sf sonido que se produce cuando el aire sale de la boca sin chocar con ningún órgano; cada una de las letras que corresponden a estos sonidos

vocálico, -a adj de las vocales o relativo a ellas

vocear vi dar voces

vociferar vi hablar dando voces

vodka s bebida alcohólica muy fuerte de origen ruso

volador, -a adj que vuela o puede volar

volandas, en - exp adv por el aire, sin tocar el suelo

volante adj que vuela; que va o se lleva de un lugar a otro sin quedarse fijo en ninguno; sm tira de tela que se coloca como adorno en ciertas prendas de vestir o en algunas colchas, cortinas o faldillas; pieza redonda que sirve para dirigir un vehículo de un lugar a otro

volar *vi* desplazarse por el aire; *fig* viajar en avión o en helicóptero

volcán *m* grieta en la cumbre de una montaña por la que salen cenizas, lava y humo; montaña en la que aparece esta grieta

volcánico, -a *adj* relativo al volcán

volcar *vt* inclinar o torcer una cosa hacia un lado total o parcialmente de manera que caiga o se vierta su contenido; *vi/pronl* quedar boca abajo de manera brusca un vehículo como consecuencia de un choque o de una maniobra

voleibol *m dep* deporte en el que compiten dos equipos y que consiste en golpear la pelota con la mano haciéndola pasar de un lado a otro del campo de juego por encima de una red y sin que toque el suelo

voltereta *f* vuelta que da una persona en el aire o en el suelo describiendo con su cuerpo un círculo

voltio *m* unidad de medida de la corriente eléctrica

volumen *m* espacio que ocupa una cosa; medida de ese espacio; intensidad de un sonido

voluminoso, -a *adj* que ocupa mucho espacio

voluntad *f* capacidad que tie-nen las personas para decidir lo que quieren hacer; intención o deseo; capacidad de una persona para hacer un gran esfuerzo

voluntario, -a *adj* que se hace por decisión propia; *adj/s* que colabora en la realización de cierta actividad sin tener obligación de hacerlo y sin recibir nada a cambio

volver *vi* regresar al punto de partida; *pronl* girar la cabeza o el cuerpo hacia un determinado lugar

vomitar *vt/i* expulsar de forma brusca por la boca el contenido del estómago

vómito *m* hecho de vomitar

vomitona *f* vómito grande y muy repetido

vos *pron* indica la segunda persona del singular

voseo *m am* uso de la forma 'vos' en lugar de 'tú'

vosotros, -as *pron* indica la segunda persona del plural

votación *f* hecho de votar

votante *adj/s* que vota

votar *vt/i* dar una persona su voto a favor o en contra de las diferentes opciones que se someten a elección

voto *m* opinión de una persona con respecto a las diferentes opciones que se someten a elección; *rel* conjunto de promesas que debe hacer una persona antes de ingresar en una orden religiosa

voz f sonido que produce al hablar el aire que sale de los pulmones; grito; *fig* derecho que tiene una persona a manifestar su opinión acerca de algo; rumor; cantante; *correr la ~ fam* extenderse cierta información; *a ~ en grito* o *a voces* en voz muy alta; *levantar la ~ a* hablar o contestar a alguien sin el respeto que merece; *llevar la ~ cantante fam* ser la persona que dirige algo

vuelo m hecho de volar; viaje en avión o en helicóptero; *levantar el ~* echar a volar; marcharse definitivamente; *no oírse el ~ de una mosca fam* estar todo en silencio

vuelta f regreso al punto de partida; movimiento circular que se hace alrededor de un punto hasta volver a la posición inicial; paseo; curva de un camino o de una carretera; dinero que sobra al pagar algo; *dar una ~* dar un paseo; *dar ~s fig* pensar mucho en algo; *no tener ~ de hoja fam* no admitir discusión; *poner de ~ y media fam* insultar a alguien o hablar mal de él

vuestro, -a *pron* indica posesión en la segunda persona del plural

vulgar *adj/s* que no destaca; de mal gusto; que no tiene educación

vulgaridad f cualidad de vulgar; dicho o hecho vulgar

vulva f órgano sexual externo femenino

W

walkie-talkie *m* aparato emisor y receptor de radio portátil

walkman *m* pequeño casete portátil provisto de auriculares

wáter *m* aseo, retrete

water-polo *m dep* juego que se practica en una piscina y que consiste en introducir la pelota en la portería del equipo contrario lanzándola con la mano

western *m* película cuya acción se desarrolla en el oeste de los Estados Unidos durante la época de la colonización

whisky *m* bebida alcohólica que se obtiene de la cebada y de otros cereales

windsurf *m dep* ejercicio acuático que consiste en desplazarse por el mar sobre una tabla con una vela empujados por el viento

X

xenofobia *f* odio y rechazo hacia los extranjeros

xenófobo, -a *adj/s* que siente o muestra xenofobia

xilofón o **xilófono** *m mús* instrumento formado por una serie de láminas planas de madera o metal que se golpean con unas mazas

Y

y *conj* se usa para unir palabras, oraciones

ya *adv* ahora, en este momento; *interj fam* se usa para indicar que nos hemos dado cuenta de algo

yacer *vi* estar tumbado o acostado; estar un cadáver enterrado en cierto lugar

yacimiento *m* lugar en el que aparecen minerales, fósiles o restos de antiguas culturas

yanqui *adj/s fam* de los Estados Unidos de América

yate *m* barco de lujo que funciona a motor o a vela

yedra *f bot* hiedra

yegua *f zoo* hembra del caballo

yema *f* parte central del huevo, de color amarillo y que está rodeada por la clara

yerba *f* hierba

yerno *m* hombre con respecto a los padres de su mujer

yesería *f* establecimiento donde se hace yeso

yeso *m* sustancia que se endurece al secarse y que se utiliza como material de construcción

yeti *m* fantástico ser gigantesco, con figura humana y completamente cubierto de pelo que habita en las montañas nevadas

yo *pron* indica la primera persona del singular

yodo *m quím* elemento sólido de color oscuro que aparece en el suelo y en el mar

yoga *m* técnica de relajación cuya finalidad es alcanzar la perfección del espíritu

yogur *m* alimento cremoso que se obtiene de la leche

yonqui *s* persona que depende de la droga

yóquey o **yoqui** *s* persona que monta y compite en carreras de caballos

yo-yó *m* juguete formado por dos pequeños discos unidos por un eje en el que se enrolla un cordón que permite hacerlo subir y bajar

yudo *m dep* lucha entre dos personas utilizando sólo llaves con las manos y los pies

yudoca *s* que practica el yudo

yugo *m* instrumento de madera que se coloca sobre el cuello de dos animales para que no se separen al tirar de un carro o de un arado

yugoslavo, -a *adj/s* de Yugoslavia

yugular *adj* de la garganta, del cuello o relativo a ellos

yunque *m* instrumento de hierro sobre el que se coloca el metal para darle forma

yunta *f* par de animales que tiran de un arado

yuppy *s* ejecutivo joven

yute *m* *bot* planta de cuya corteza se extrae una fibra con la que se fabrican tejidos

Z

zafarse *pronl* irse de un sitio o esconderse para evitar encontrarse con alguien

zafiro *m* mineral de color azul oscuro muy utilizado en joyería

zaguán *m* vestíbulo

zalamería *f* demostración de cariño muy exagerada

zalamero, -a *adj/s* que hace zalamerías

zamarra *f* chaqueta hecha de lana o de piel

zambomba *f* *mús* instrumento formado por una especie de tambor que tiene en el centro una varilla que produce sonido al frotarla con las manos humedecidas

zambombazo *m* golpe fuerte

zambullida *f* hecho de zambullirse

zambullir *vt/pronl* meter de golpe debajo del agua

zampar *vt fam* comer mucho y con mucha rapidez

zanahoria *f* *agr* planta de huerta cuya raíz es de color naranja y comestible

zancada *f* paso largo que da una persona al andar

zancadilla *f* hecho de cruzar alguien una pierna por delante de la pierna de otro para hacerlo caer

zanco *m* cada uno de los dos palos largos con soportes para apoyar los pies a los que se sube una persona para parecer más alta

zancudo, -a *adj fam* que tiene las piernas largas

zángano, -a *sm zoo* macho de la abejas

zanja *f* foso largo y estrecho

zanjar *vt* hacer zanjas

zapatería *f* establecimiento donde se hacen o se venden zapatos

zapatero, -a *s* persona que hace, arregla o vende zapatos

zapatilla *f* zapato de tela

zapato *m* pieza de piel con la parte inferior de suela que protege los pies

zapping *m* hecho de cambiar constantemente de una cadena de televisión a otra

zar *m* antiguo emperador de Rusia

zarandear *vt/pronl* mover de un lado a otro con fuerza

zarina *f* mujer del zar

zarpa *f* mano o pie de ciertos animales que tienen las uñas muy fuertes

zarpar *vi* salir un barco del puerto

zarpazo *m* golpe dado con una zarpa

zarza *f* bot arbusto con ramas fuertes y llenas de espinas

zarzal *m* lugar poblado de zarzas

zarzamora *f* fruto morado y dulce de la zarza; zarza

zarzuela *f* mús obra dramática española en la que hay partes habladas y partes cantadas

zigzag *m* línea que forma ángulos hacia dentro y hacia fuera de forma alternativa

zombi *adj/s fam* atontado

zona *f* parte de un espacio

zoo *m* zoológico

zoología *f* ciencia que se dedica al estudio de los animales

zoológico, -a *adj* de la zoología o relacionado con ella; *sm* lugar con jardines y espacios adaptados para que puedan vivir en ellos animales salvajes y para que éstos puedan ser visitados por el público

zoquete *s* pedazo de madera grueso y corto; *adj/s fam* de la persona que tarda mucho en entender las cosas

zorro, -a *s zoo* mamífero carnívoro con el pelo de color pardo, el hocico puntiagudo y la cola larga y gruesa; *adj/s fig* astuto

zueco *m* especie de zapato con la suela de madera y abierto por la parte del talón

zumbar *vi* producir un sonido continuo y desagradable

zumbido *m* sonido producido al zumbar

zumo *m* líquido que se obtiene de las frutas y de ciertos vegetales

zurcido *m* hecho de zurcir un roto

zurcir *vt* coser un roto de manera que no se note

zurdo, -a *adj/s* que es más hábil con la mano y con la pierna izquierda que con la mano y con la pierna derecha

zurra *f fam* conjunto de golpes o azotes que se dan a una persona

zurrar *vt fam* golpear a alguien

zurrón *m* bolsa grande de piel que se lleva colgada del hombro

zutano, -a *s fam* nombre que se da a una persona cualquiera

Los nombres geográficos más importantes

Los continentes, países y regiones aparecen seguidos de los nombres de los habitantes. Los demás nombres geográficos se presentan con explicaciones.
* Los nombres geográficos con asterisco designan las comunidades autónomas españolas.

Afganistán *m*	**afgano, -a**
África *f*	**africano, -a**
África *f* **del Sur**	**sudafricano, -a; surafricano, -a**
África *f* **del Norte**	**norteafricano, -a**
Albania *f*	**albanés, -esa**
Alemania *f*	**alemán, -ana**
Alpes *mpl*	cordillera europea
Amazonas *m*	río sudamericano
América *f* **Central**	**centroamericano, -a**
América *f* **Latina**	**latinoamericano, -a**
América *f* **del Norte**	**norteamericano, -a**
América *f* **del Sur**	**sudamericano, -a; suramericano, -a**
Andalucía* *f*	**andaluz, -a**
Andes *mpl*	cordillera sudamericana
Angola *f*	**angoleño, -a**
Antártida *f*	continente
Arabia *f* **Saudí**	**árabe saudí**
Aragón* *m*	**aragonés, -esa**
Argelia *f*	**argelino, -a**
Argentina *f*	**argentino, -a**
Ártico *m*	región polar
Asia *f*	**asiático, -a**
Asturias* *fpl*	**asturiano, -a**
Atenas	capital de Grecia
Atlántico *m*	océano

Australia *f*	*australiano*, *-a*
Austria *f*	*austriaco*, *-a*
Balcanes *mpl*	*balcánico*, *-a*
Baleares* *fpl*	archipiélago de España
Báltico *m*	mar de Europa
Barcelona	ciudad de España
Belén	ciudad de Palestina
Bélgica *f*	*belga*
Belgrado	capital de Serbia
Berlín	capital de Alemania
Bielorrusia *f*	*bielorruso*, *-a*
Bogotá	capital de Colombia
Bolivia *f*	*boliviano*, *-a*
Bósforo *m*	estrecho entre Europa y Asia
Bosnia-Herze-	*bosníaco*, *-a*; *bosnio*, *-a*
govina *f*	
Brasil *m*	*brasileño*, *-a*; *am* *brasilero*, *-a*
Bruselas	capital de Bélgica
Buenos Aires	capital de Argentina
Bulgaria *f*	*búlgaro*, *-a*
California *f*	*californiano*, *-a*
Camboya *f*	*camboyano*, *-a*
Camerún *m*	*camerunés*, *-esa*
Canadá *m*	*canadiense*
Canal *m* **de la**	brazo de mar de Europa
Mancha	
Canarias* *fpl*	archipiélago de España
Cantabria* *f*	*cantábrico*, *-a*
Caracas	capital de Venezuela
Caribe *m*	mar de América Central
Castilla *f*	*castellano*, *-a*
– La Mancha*	
– León*	
Cataluña* *f*	*catalán*, *-ana*
Centroamérica *f*	*centroamericano*, *-a*
Chile *m*	*chileno*, *-a*
China *f*	*chino*, *-a*
Chipre *f*	*chipriota*

Colombia *f*	*colombiano*, *-a*
Congo *m*	*congoleño*, *-a*
Copenhague	capital de Dinamarca
Córdoba	ciudad de España
	ciudad de Argentina
Corea *f*	*coreano*, *-a*
Costa Rica *f*	*costarricense*
Croacia *f*	*croata*
Cuba *f*	*cubano*, *-a*
Danubio *m*	río de Europa
Dinamarca *f*	*dinamarqués*, *-esa*
Dublín	capital de Irlanda
Ecuador *m*	*ecuatoriano*, *-a*
Egipto *m*	*egipcio*, *-a*
El Salvador	*salvadoreño*, *-a*
Escandinavia *f*	*escandinavo*, *-a*
Escocia *f*	*escocés*, *-esa*
Eslovaquia *f*	*eslovaco*, *-a*
Eslovenia *f*	*esloveno*, *-a*
España *f*	*español*, *-a*
Estados *mpl* **Unidos de América**	*estadounidense*
Estocolmo	capital de Suecia
Etiopía *f*	*etíope*
Europa *f*	*europeo*, *-a*
Extremadura* *f*	*extremeño*, *-a*
Filipinas *fpl*	*filipino*, *-a*
Finlandia *f*	*finlandés*, *-esa*
Francia *f*	*francés*, *-esa*
Gabón *m*	*gabonés*, *-esa*
Galicia* *f*	*gallego*, *-a*
Gibraltar *m*	*gibraltareño*, *-a*
Gran Bretaña *f*	*británico*, *-a*
Granada	ciudad de España
Grecia *f*	*greco*, *-a*
Groenlandia *f*	*groenlandés*, *-esa*

Guatemala f	**guatemalteco, -a**
Guayana f	**guayanés, -esa**
Haití m	**haitiano, -a**
Hawai m	**hawaiano, -a**
Holanda f	**holandés, -esa**
Honduras f	**hondureño, -a**
Hungría f	**húngaro, -a**
India f	**indio, -a**
Indonesia f	**indonesio, -a**
Inglaterra f	**inglés, -esa**
Irak, Iraq m	**iraquí**
Irán m	**iranio, -a**
Irlanda f	**irlandés, -esa**
Isla f **de Pascua**	isla de Chile
Islandia f	**islandés, -esa**
Israel m	**israelí**
Italia f	**italiano, -a**
Jamaica f	**jamaicano, -a**
Japón m	**japonés, -esa**
Jerusalén	ciudad de Israel
Jordania f	**jordano, -a**
Kenia f	**keniano, -a**
Kuwait m	**kuwaití**
La Habana	capital de Cuba
La Paz	capital de Bolivia
La Rioja*	**riojano, -a**
Letonia f	**letón, -ona**
Líbano m	**libanés, -esa**
Liberia f	**liberiano, -a**
Libia f	**libio, -a**
Lima	capital de Perú
Lisboa	capital de Portugal
Lituania f	**lituano, -a**
Londres	capital del Reino Unido
Luxemburg m	**luxemburgués, -esa**

Madagascar *m*	*malgache*
Madrid*	capital de España
Málaga	ciudad de España
Malasia *f*	*malayo, -a*
Malta *f*	*maltés, -esa*
Mediterráneo *m*	mar de Europa
Mares *mpl* **del Sur**	Pacífico meridional
Marruecos *m*	*marroquí*
México, Méjico *m*	*mexicano, -a; mejicano, -a*
Misisipí *m*	río estadounidense
Misurí *m*	río estadounidense
Mónaco *m*	*monegasco, -a*
Mongolia *f*	*mongólico, -a*
Montevideo	capital de Uruguay
Moscú	capital de Rusia
Murcia*	ciudad de España
Navarra* *f*	*navarro, -a*
Nepal *m*	*nepalí*
Nicaragua *f*	*nicaragüense*
Nigeria *f*	*nigeriano, -a*
Nilo *m*	río de África
Noruega *f*	*noruego, -a*
Nueva York	*neoyorquino, -a*
Nueva Zelanda *f*	*neozelandés, -esa*
Pacífico *m*	océano
País *m* **Vasco***	*vasco, -a*
Países *mpl* **Bajos**	*neerlandés, -esa*
Pakistán *m*	*pakistaní*
Panamá *m*	*panameño, -a*
Paraguay *m*	*paraguayo, -a*
París	capital de Francia
Perú *m*	*peruano, -a*
Pirineos *mpl*	cordillera de España
Polinesia *f*	*polinesio, -a*
Polonia *f*	*polaco, -a*
Portugal *m*	*portugués, -esa*
Praga	capital de la República Checa
Puerto Rico *m*	*puertorriqueño, -a*

Quito	capital de Ecuador
Reino m **Unido**	→ **Gran Bretaña**
República f **Dominicana**	*dominicano*, *-a*
República f **Checa**	*checo*, *-a*
Roma	capital de Italia
Rumania, Rumanía f	*rumano*, *-a*
Rusia f	*ruso*, *-a*
Sahara m	desierto de África
Santiago	capital de Chile
Senegal m	*senegalés*, *-esa*
Serbia f	*serbio*, *-a*
Sevilla	ciudad de España
Siria f	*sirio*, *-a*
Sudáfrica f	*sudafricano*, *-a*; *surafricano*, *-a*
Sudamérica f	*sudamericano*, *-a*; *suramericano*, *-a*
Sudán m	*sudanés*, *-esa*
Suecia f	*sueco*, *-a*
Suiza f	*suizo*, *-a*
Tailandia f	*tailandés*, *-esa*
Tejas m	*tejano*, *-a*
Terranova f	isla del Atlántico
Toledo	ciudad de España
Tunicia f, **Túnez** m	*tunecino*, *-a*
Turquía f	*turco*, *-a*
Ucrania f	*ucraniano*, *-a*
Uruguay m	*uruguayo*, *-a*
Valencia*	ciudad de España
Varsovia	capital de Polonia
Vaticano m	*vaticano*, *-a*
Venezuela f	*venezolano*, *-a*
Zaragoza f	ciudad de España
Zurich	ciudad de Suiza

Las siglas y abreviaturas más usadas en español

a área
(a) alias
AA.EE. Asuntos Exteriores
a/c a cargo, a cuenta
a.c. año corriente
a. C. antes de Cristo
a/f. a favor
ALADI Asociación Latinoamericana de Integración
Apdo. Apartado
art., art.º artículo
ATS Ayudante Técnico-Sani-
tario
atte. atentamente
Av(da). Avenida
AVE Alta Velocidad Española
AVIACO Aviación y Comercio, S.A.
BANESTO Banco Español
de Crédito
BARNA Barcelona
BBV Banco de Bilbao Viz-
caya
BOE Boletín Oficial del Estado
BUP Bachillerato Unificado
Polivalente
c/ cargo
C/, c/ calle
C.ª compañía
cap., cap.º capítulo
c/c cuenta corriente

c.c. centímetro(s) cúbico(s)
CC. Código Civil
CC. OO. Comisiones Obreras
CDS Centro Democrático y
Social
CE Comunidad Europea
CEDE Compañía Española
de Electricidad
CEI Comunidad de Estados
Independientes
CELAM Conferencia Epis-
copal Latinoamericana
CEOE Confederación Espa-
ñola de Organizaciones Em-
presariales
CEPSA Compañía Española
de Petróleos, S.A.
CEPYME Confederación Es-
pañola de la Pequeña y Me-
diana Empresa
CI Cédula de Identidad
Cía. Compañía
CiU Convergència i Unió
(*partido catalán*)
cm centímetro(s)
CNT Confederación Nacio-
nal de Trabajadores
COI Comité Olímpico Inter-
nacional
CON Comité Olímpico Na-
cional
COPE Cadenas de Ondas
Populares Españolas

468

C.O.U. Curso de Orientación Universitaria
C.P. Código Postal
CSCE Conferencia de Seguridad y Cooperación en Europa
CSIC Consejo Superior de Investigaciones Científicas
cta. cuenta
CV caballo(s) de vapor
D. Don
Da. Doña
d.C. después de Cristo
DGT Dirección General del Turismo
D.N.I. Documento Nacional de Identidad
Dr., Dra. doctor, doctora
dra. derecha
E Este
Ed. Edición
EE.UU. Estados Unidos
EGB Enseñanza General Básica (*en España, de 8 a 13*)
E.M. Estado Mayor
EME Estado Mayor del Ejército
ENAGAS Empresa Nacional del Gas
ENDESA Empresa Nacional de Electricidad
E.P.D. en paz descanse
e.p.m. en propia mano
ESO Educación Secundaria Obligatoria
ETA Euskadi Ta Askatasuna
etc. etcétera
Exca. Excelencia
Excmo. Excelentísimo
FF.AA. Fuerzas Armadas

FF.CC. Ferrocarriles
FM Frecuencia Modulada
FMI Fondo Monetario Internacional
FN Fuerzas Navales
FP Formación Profesional
gr. gramo
gral. general
h hora
HB Herri Batasuna
Hnos. hermanos
ib. ibidem
IBI Impuesto sobre bienes inmuebles
ICEX Instituto Español de Comercio Exterior
ICONA Instituto para la Conservación de la Naturaleza
íd. ídem
Ilmo. Ilustrísimo
INDO Instituto Nacional de Denominaciones de Origen
I.N.E. Instituto Nacional de Estadística
INEM Instituto Nacional de Empleo
I.N.I. Instituto Nacional de Industria
IPC Índice de Precios al Consumo
IRPF Impuesto sobre la Renta de las Personas Físicas
ITV Inspección Técnica de Vehículos
IU Izquierda Unida
IVA Impuesto sobre el Valor Añadido
izq. izquierda
J.C. Jesucristo
JJ.OO. Juegos Olímpicos

kg kilogramo(s)
km kilómetro(s)
km/h kilómetros por hora
kwh kilovatio-hora
l litro
Lic(do). licenciado
LRU Ley de Reforma Universitaria
Ltda. Limitada
m metro(s), minuto(s)
M.ª María
MC Mercado Común
MEC Ministerio de Educación y Ciencia
mg miligramo(s)
mm milímetro(s)
MOPT Ministerio de Obras Públicas y Transportes
mts. metros
NAFTA North American Free Trade Agreement
N Norte
n/ nuestro
n/c nuestra cuenta
NE Nordeste
NIF Número de Identificación Fiscal
NN.UU. Naciones Unidas
NO Noroeste
n/o nuestra orden
nº número
N.S. Nuestro Señor
ntro. nuestro
núm. número
O Oeste
OCDE Organización de Cooperación y Desarrollo Económico
OEA Organización de Estados Americanos

OID Oficina de Información Diplomática
OIT Organización Internacional del Trabajo
OMS Organización Mundial de la Salud
ONCE Organización Nacional de Ciegos Españoles
ONU Organización de las Naciones Unidas
OPEP Organización de Países Exportadores de Petróleo
OTAN Organización del Tratado del Atlántico Norte
OVNI Objeto Volante No Identificado
p. página
p.a. por autorización
pág., págs. página(s)
PCE Partido Comunista Español
p.d. por delegación
P.D. posdata
p.ej. por ejemplo
PIB Producto Interior Bruto
PM Policía Militar
PNB Producto Nacional Bruto
PNV Partido Nacional Vasco
p.o. por orden
p.p. por poder
PP Partido Popular
pral. principal
prof. profesor
P.S. post scriptum
PSOE Partido Socialista Obrero Español
pta. peseta

pt(a)s. pesetas

p.v. pequeña velocidad

PVP precio de venta al público

PYME Pequeñas y Medianas Empresas

q.e.p.d. que en paz descanse

RACE Real Automóvil Club de España

R.A.E. Real Academia Española

RENFE Red Nacional de Ferrocarriles Españoles

RNE Radio Nacional de España

r.p.m. revoluciones por minuto

rte. remite(nte)

RTVE Radiotelevisión Española

S Sur

s. siglo

S. San, Santo

s.a. sin año

S.A. Su Alteza

S.A. Sociedad Anónima

S.A.R. Su Alteza Real

S.E. Su Excelencia

SE Sudeste

SIDA Síndrome de Inmunodeficiencia Adquirida

S.M. Su Majestad

SME Sistema Monetario Europeo

s/n sin número

SO Sudoeste

SP Servicio Público

Sr. Señor

Sra., Sras. Señora, Señoras

Sres. Señores

S.R.L. Sociedad de Responsabilidad Limitada

Srta. Señorita

SS Seguridad Social

S.S. Su Santidad

SS.MM Sus Majestades

Sta., Sto. Santa, Santo

t., T. tomo

Talgo Tren Articulado Ligero Goicoechea Oriol

TAV Tren de Alta Velocidad

TC Tribunal Constitucional

Tel. teléfono

TIR Transportes Internacionales en Ruta

TV Televisión

TVE Televisión Española

UCI Unidad de Cuidados Intensivos

Ud., Uds. usted, ustedes

UE Unión Europea

UGT Unión General de Trabajadores

UME Unión Monetaria Europea

URSS *hist* Unión de Repúblicas Socialistas Soviéticas

USO Unión Sindical Obrera

UVI Unidad de Vigilancia Intensiva

v. véase

V.B., V°B° Visto Bueno

Vd., Vds. usted, ustedes

vg., v.gr. verbigracia

VIH Virus de Inmunodeficiencia Humana

vol., vols. volumen, volúmenes

ZUR Zona de Urgente Reindustrialización

Verbos irregulares

HABER

Indicativo
Presente

he	hemos
has	habéis
ha	han

Pretérito indefinido

hube	hubimos
hubiste	hubisteis
hubo	hubieron

Futuro

habré	habremos
habrás	habréis
habrá	habrán

Subjuntivo
Presente

haya	hayamos
hayas	hayáis
haya	hayan

TENER

Indicativo
Presente

tengo	tenemos
tienes	tenéis
tiene	tienen

Pretérito indefinido

tuve	tuvimos
tuviste	tuvisteis
tuvo	tuvieron

Futuro

tendré	tendremos
tendrás	tendréis
tendrá	tendrán

Subjuntivo
Presente

tenga	tengamos
tengas	tengáis
tenga	tengan

Imperativo

ten	tened

SER

Indicativo
Presente

soy	somos
eres	sois
es	son

Imperfecto

era	éramos
eras	erais
era	eran

Pretérito indefinido	
fui	fuimos
fuiste	fuisteis
fue	fueron

Subjuntivo

Presente

sea	seamos
seas	seáis
sea	sean

Imperativo

sé	sed

ESTAR

Indicativo

Presente

estoy	estamos
estás	estáis
está	están

Pretérito indefinido

estuve	estuvimos
estuviste	estuvisteis
estuvo	estuvieron

Subjuntivo

Presente

esté	estemos
estés	estéis
esté	estén

Imperativo

está	estad

ABRIR

Participio

abierto

ANDAR

Pretérito indefinido

anduve	anduvimos
anduviste	anduvisteis
anduvo	anduvieron

CABER

Indicativo

Presente

quepo	cabemos
cabes	cabéis
cabe	caben

Pretérito indefinido

cupe	cupimos
cupiste	cupisteis
cupo	cupieron

Futuro

cabré	cabremos
cabrás	cabréis
cabrá	cabrán

Subjuntivo

Presente

quepa	quepamos
quepas	quepáis
quepa	quepan

CAER

Indicativo

Presente

caigo	caemos
caes	caéis
cae	caen

Pretérito indefinido

caí	caímos
caíste	caísteis
cayó	cayeron

Subjuntivo

Presente

caiga	caigamos
caigas	caigáis
caiga	caigan

Gerundio

cayendo

Participio

caído

CUBRIR

Participio

cubierto

DAR

Indicativo

Presente

doy	damos
das	dais
da	dan

Pretérito indefinido

di	dimos
diste	disteis
dio	dieron

Subjuntivo

Presente

dé	demos
des	deis
dé	den

DECIR

Indicativo

Presente

digo	decimos
dices	decís
dice	dicen

Pretérito indefinido

dije	dijimos
dijiste	dijisteis
dijo	dijeron

Futuro

diré	diremos
dirás	diréis
dirá	dirán

Subjuntivo

Presente

diga	digamos
digas	digáis
diga	digan

Imperativo

di	diced

Gerundio
diciendo

Participio
dicho

ESCRIBIR

Participio
escrito

FREÍR

Participio
frito, freído

HACER

Indicativo
Presente

hago	hacemos
haces	hacéis
hace	hacen

Pretérito indefinido

hice	hicimos
hiciste	hicisteis
hizo	hicieron

Futuro

haré	haremos
harás	haréis
hará	harán

Subjuntivo
Presente

haga	hagamos
hagas	hagáis
haga	hagan

Imperativo

haz	haced

Participio
hecho

IMPRIMIR

Participio
impreso

IR

Indicativo
Presente

voy	vamos
vas	vais
va	van

Imperfecto

iba	íbamos
ibas	ibais
iba	iban

Pretérito indefinido

fui	fuimos
fuiste	fuisteis
fue	fueron

Subjuntivo
Presente

vaya	vayamos
vayas	vayáis
vaya	vayan

Imperativo
ve(te)
vamos (vámonos)
id(os)

Gerundio

yendo

Participio

ido

MORIR

Participio

muerto

OÍR

Indicativo

Presente

oigo	oímos
oyes	oís
oye	oyen

Imperfecto

oía	oíamos
oías	oíais
oía	oían

Pretérito indefinido

oí	oímos
oíste	oímos
oíste	oísteis
oyó	oyeron

Subjuntivo

Presente

oiga	oigamos
oigas	oigáis
oiga	oigan

Imperativo

oye	oíd

Gerundio

oyendo

Participio

oído

PODER

Indicativo

Futuro

podré	podremos
podrás	podréis
podrá	podrán

Pretérito indefinido

pude	pudimos
pudiste	pudisteis
pudo	pudieron

Gerundio

pudiendo

PONER

Indicativo

Presente

pongo	ponemos
pones	ponéis
pone	ponen

Pretérito indefinido

puse	pusimos
pusiste	pusisteis
puso	pusieron

Futuro

pondré	pondremos
pondrás	pondréis
pondrá	pondrán

Subjuntivo
Presente

ponga	pongamos
pongas	pongáis
ponga	pongan

Imperativo

| pon | poned |

Participio

puesto

PRENDER

Participio

preso, prendido

PROVEER

Participio

provisto

QUERER

Indicativo
Pretérito indefinido

quise	quisimos
quisiste	quisisteis
quiso	quisieron

Futuro

querré	querremos
querrás	querréis
querrá	querrán

Subjuntivo
Imperfecto

quisiera	quisiéramos
quisieras	quisierais
quisiera	quisieran

RESOLVER

Participio

resuelto

ROMPER

Participio

roto

SABER

Indicativo
Presente

sé	sabemos
sabes	sabéis
sabe	saben

Pretérito indefinido

supe	supimos
supiste	supisteis
supo	supieron

Futuro

sabré	sabremos
sabrás	sabréis
sabrá	sabrán

Subjuntivo
Presente

sepa	sepamos
sepas	sepáis
sepa	sepan

SALIR

Indicativo
Presente

salgo	salimos
sales	salís
sale	salen

Futuro

saldré	saldremos
saldrás	saldréis
saldrá	saldrán

Subjuntivo

Presente

salga	salgamos
salgas	salgáis
salga	salgan

Imperativo

sal	salid

TRAER

Indicativo

Presente

traigo	traemos
traes	traéis
trae	traen

Imperfecto

traía	traíamos
traías	traíais
traía	traían

Pretérito indefinido

traje	trajimos
trajiste	trajisteis
trajo	trajeron

Subjuntivo

Presente

traiga	traigamos
traigas	traigáis
traiga	traigan

Gerundio

trayendo

Participio

traído

VALER

Indicativo

Presente

valgo	valemos
vales	valéis
vale	valen

Futuro

valdré	valdremos
valdrás	valdréis
valdrá	valdrán

Subjuntivo

Presente

valga	valgamos
valgas	valgáis
valga	valgan

VENIR

Indicativo

Presente

vengo	venimos
vienes	venís
viene	vienen

Pretérito indefinido

vine	vinimos
viniste	vinisteis
vino	vinieron

	Futuro		Pretérito indefinido
vendré	vendremos	vi	vimos
vendrás	vendréis	viste	visteis
vendrá	vendrán	vio	vieron

Subjuntivo
Presente

venga	vengamos		Subjuntivo
vengas	vengáis		*Presente*
venga	vengan	vea	veamos
		veas	veáis
	Imperativo	vea	vean
ven	venid		
			Imperativo
	Gerundio	ve	ved
	viniendo		

VER

			Gerundio
	Indicativo		viendo
	Presente		
veo	vemos		*Participio*
ves	veis		visto
ve	ven		

	Imperfecto		
veía	veíamos		
veías	veíais	**VOLVER**	
veía	veían		*Participio*
			vuelto

Numerales

Cardinales

0 cero		**60** sesenta
1 uno (un), una		**70** setenta
2 dos		**80** ochenta
3 tres		**90** noventa
4 cuatro		**100** cien, ciento
5 cinco		**101** ciento un(o)
6 seis		**200** doscientos, -as
7 siete		**300** trescientos, -as
8 ocho		**400** cuatrocientos, -as
9 nueve		**500** quinientos, -as
10 diez		**600** seiscientos, -as
11 once		**700** setecientos, -as
12 doce		**800** ochocientos, -as
13 trece		**900** novecientos, -as
14 catorce		**1000** mil
15 quince		**1998** mil novecientos
16 dieciséis		noventa y ocho
17 diecisiete		**2000** dos mil
18 dieciocho		**5000** cinco mil
19 diecinueve		**10000** diez mil
20 veinte		**20000** veinte mil
21 veintiuno, veintiún		**50000** cincuenta mil
22 veintidós		**100000** cien mil
30 treinta		**200000** doscientos mil
31 treinta y un(o)		**500000** quinientos mil
40 cuarenta		**1000000** un millón (de)
50 cincuenta		**2000000** dos millones (de)

Ordinales

1.°	primero (primer)	40.°	cuadragésimo
2.°	segundo	50.°	quincuagésimo
3.°	tercero (tercer)	60.°	sexagésimo
4.°	cuarto	70.°	septuagésimo
5.°	quinto	80.°	octogésimo
6.°	sexto	90.°	nonagésimo
7.°	sé(p)timo	100.°	centésimo
8.°	octavo	101.°	centésimo primero
9.°	noveno, nono	200.°	ducentésimo
10.°	décimo	300.°	tricentésimo
11.°	undécimo	400.°	quadringentésimo
12.°	duodécimo	500.°	quingentésimo
13.°	décimo tercero (o tercio)	700.°	septingentésimo
14.°	décimo cuarto	900.°	noningentésimo
15.°	décimo quinto	1000.°	milésimo
16.°	décimo sexto	1001.°	milésimo primero
17.°	décimo sé(p)timo	1409.°	milésimo quadringentésimo nono
18.°	décimo octavo		
19.°	décimo nono	2000.°	dos milésimo
20.°	vigésimo	3000.°	tres milésimo
21.°	vigésimo primero	10000.°	diez milésimo
22.°	vigésimo segundo	100000.°	cien milésimo
23.°	vigésimo tercero	500000.°	quinientos milésimo
30.°	trigésimo	1000000.°	millonésimo
31.°	trigésimo primero	2000000.°	dos millonésimo

Números quebrados

½	medio, media	¾	tres cuartos
1½	uno y medio	⅕	un quinto
⅓	un tercio	3⅘	tres y cuatro quintos
⅔	dos tercios	⅙	un sexto
¼	un cuarto	1/12	un dozavo